浙江师范大学中国语言文学一流学科建设成果

元代中期
馆阁文人传记研究

邱江宁
唐云芝 等
著

中国社会科学出版社

图书在版编目（CIP）数据

元代中期馆阁文人传记研究/邱江宁等著．—北京：中国社会科学
出版社，2019.3
ISBN 978－7－5203－4014－4

Ⅰ．①元…　Ⅱ．①邱…　Ⅲ．①王恽（1226－1304）—人物研究
②虞集（1272－1348）—人物研究③黄溍（1277－1357）—人物研究
④欧阳玄（1283－1357）—人物研究　Ⅳ．①K825.41

中国版本图书馆 CIP 数据核字（2019）第 022321 号

出 版 人　赵剑英
责任编辑　郭晓鸿
特约编辑　许红亮
责任校对　张依婧
责任印制　戴　宽

出　　　版　中国社会科学出版社
社　　　址　北京鼓楼西大街甲 158 号
邮　　　编　100720
网　　　址　http://www.csspw.cn
发 行 部　010－84083685
门 市 部　010－84029450
经　　　销　新华书店及其他书店

印　　　刷　北京明恒达印务有限公司
装　　　订　廊坊市广阳区广增装订厂
版　　　次　2019 年 3 月第 1 版
印　　　次　2019 年 3 月第 1 次印刷

开　　　本　710×1000　1/16
印　　　张　31.75
插　　　页　2
字　　　数　407 千字
定　　　价　108.00 元

目　　录

绪论 元朝的特性与元代馆阁文人传记创作的维度

    元朝是中国古代唯一由北方游牧民族所建立的全国统一王朝①。这也就意味着元朝游牧民族统治和大一统的特征会相当深刻地影响到元代社会与元代思想文化包括文学创作等在内的所有物资生产和文化生产的内容。在诸多社会形态和文化形态的呈现与反映之中，恐怕没有哪一种形态的内容能像元代尤其是元代中期以来的馆阁文人传记创作那样切近而又具体地将元朝的特性展现出来。

    何以必须将时间断限为元代中期以来？何以必须是中期以来的馆阁文人？馆阁文人的传记创作又在怎样的维度上实现了更切近、更具体地表现元朝特性的结果？这非常令人迷惑，却又非常具有探究的旨趣。

    元王朝是由游牧贵族建立的王国而循入中原王朝并走向南北一统的轨道，这一特性使得有关元朝文化建设的讨论往往需要从元朝中期开始。考察元朝的历史，就不能不追溯大蒙古国与它的关系。由《元史》本纪的修撰可以看到，元朝的历史起于元太祖成吉思汗。《元史》在讨论元王朝的

---

    ① 张帆：《元朝的特性——蒙元史若干问题的思考》，赵汀阳、贺照田主编《学术思想评论》第一辑，辽宁大学出版社1997年版，第457—480页。

起始时，写道："起朔漠，并西域，平西夏，灭女真，臣高丽，定南诏，遂下江南，而天下为一"①，"起朔漠②，并西域，平西夏"等事情是发生于成吉思汗的时代，而"灭女真"发生于窝阔台时期，"定南诏，遂下江南"的历史任务是由忽必烈完成的。"1206年，成吉思汗在斡难河（今鄂嫩河）源被蒙古贵族拥戴为大汗，标志着大蒙古国的建立。此后历经窝阔台、贵由、蒙哥三代大汗，直到1260年忽必烈即位于汉地为止，这半个世纪的历史在蒙元史上被称为大蒙古国时期。狭义的元朝概念，专指从忽必烈即位到1368年元亡为止的历史；而广义的元朝概念，也包括了大蒙古国这一阶段。在这段时间里，蒙古贵族四出征伐，所向披靡，建立了横跨欧亚，亘古未有的庞大帝国。大蒙古国半个世纪的统治，对蒙元历史、漠北草原历史乃至中国历史都产生了相当重要的影响"③，所以从广义的元朝概念的角度来看，元朝的历史应该在1206—1368年这个时间段。再考察即位于汉地的忽必烈王朝，经过四年与阿里不哥的争汗之战后，表面上胜利了的忽必烈并不能遏制蒙古帝国分裂的局面，正如《剑桥中国辽西夏金元史》所指出的那样"面临对他的大汗地位的这种有限的承认，忽必烈变得更加认同中国，并且寻求他成为中国皇帝的支持"④，忽必烈最终选择了将他所统治的王朝并入中原王朝建邦置业的思路：1264年8月，用刘秉忠议，定都燕京，改称中都，改年号为"至元"；1267年决定迁都位于中原

① （明）宋濂等：《元史》卷五八《地理志一》，中华书局1976年版，第1345页。
② 《元史》卷一《太祖本纪一》载，成吉思汗的十世祖"独乘青白马，至八里屯阿懒之地居焉"（第1页）；陈得芝《成吉思汗墓葬所在与蒙古早期历史地理》指出，成吉思汗的祖先居于鄂嫩河上游与支流吧勒济河合流的地方，成吉思汗诞生于鄂嫩河上游呼拉赫河（《蒙古秘史》指为"乞沐儿合小河"），"元年丙寅，帝大会诸王群臣，建九斿白旗，即皇帝位于斡难河之源，诸王群臣共上尊号曰成吉思皇帝"。（《中华文史论丛》2010年第1期）鄂嫩河即斡难河，位于蒙古小肯特山东麓，而之后的蒙古帝国大汗选拔的忽里台大会基本在斡难河进行。
③ 张帆：《元朝的特性——蒙元史若干问题的思考》，赵汀阳、贺照田主编《学术思想评论》第一辑，辽宁大学出版社1997年版，第461页。
④ ［德］傅海波、［英］崔瑞德编：《剑桥中国辽西夏金元史》，史卫民等译，中国社会科学出版社2007年版，第463页。

的中都；1271 年改国号"元"。另外，元朝最终下江南，平定南宋的时间在 1276 年[①]，大一统的元王朝至此年基本确立。关于元朝的馆阁建设虽然可以追溯至忽必烈中统建元之初[②]，但直至至元二十三年（1286）以后，程钜夫江南访贤、宋宗室子弟赵孟頫北进入仕元廷之后，元朝的馆阁终于成为国家大一统之后、南北文人共同聚集的馆阁。1286 年这个时间点，既是蒙元王朝发展的中间节点，也是元朝南北多族馆阁文群逐渐形成的时间节点。多族文人群体的形成是真正有以讨论"元朝作为游牧民族统治的大一统王朝"的思想文化与文学创作问题的重要基础。而且更值得注意的是，1286 年之后，随着元朝政府对功臣、勋爵、宗教领袖的封赐、立碑表彰形式的兴起，馆臣们奉旨为勋臣及勋臣先人、宗教领袖作碑记、铭状的情形非常频繁，由于这种国家层面上的鼓励和推动，许多地方贤达、显宦寻求馆阁文人作墓铭、碑记的情况也相应跟进。这种情形一直持续到元王朝晚期，即约 1350 年前。

元王朝"起朔漠，并西域，平西夏，灭女真，臣高丽，定南诏，遂下江南，而天下为一"，在这一进程中，由实施分封制、怯薛制、千户百户制等政治制度的游牧国家，到逐渐入主中原、一统南北，建立"北逾阴山，西极流沙，东尽辽左，南越海表"[③] 的大一统王朝，它不仅经历了由草原本位到汉地本位的政治制度的极大转型，而且实现了国家疆域范围、人口迁徙、人民种族、文化思想信仰等多方面的极大跨越。对于元王朝这一特性具有综合认知、观照基础，并有机会、有资质以文字叙录和表现的是元代中期以来形成的南北多族馆阁文人群体。相比较而言，对于其时极

---

① 南宋朝廷向元朝递交降表的时间是至元十三年（1276），而陆秀夫等抗元余部在崖山海战失败，与南宋小皇帝卫王赵昺赴海而死的时间在至元十六年（1279）。

② 中统二年（1261），忽必烈以王鹗为翰林学士承旨，至元元年（1264）正式置翰林兼国史院，至元十二年（1275）又别立蒙古翰林院。

③ 《元史》卷五八《地理志一》，第 1345 页。

大疆域范围中生存的绝大多数普通民众以及普通士子而言，除了法制不全给他们造成缺乏秩序和稳定感，"虐政所加，无从控告"①的生活困苦之外，更重要的是，资源、信息的极大不对等使他们在知识储备和见识拓展等方面与馆阁文人相比相形见绌，这让他们综合地认知和展现国家大一统背景中的复杂多样性非常困难。事实上，元朝由大蒙古国分裂而形成，元朝所具有的许多蒙古特性以及蒙古国时期的复杂历史和人物关系，往往"中禁深秘，外不得闻，惟帝知之，故虽没世，犹不能忘"，唯有国家须"特崇其爵于百揆上"②，方令馆臣书写、记录以表彰之，虽然馆臣们也可能因为中闱禁密而不能全得事之详，难免在叙录中混淆不清，但其文字毕竟有以触及。以最简单的事实而言，在元代政治和社会格局中，漠北、上都是非常不容忽略的所在，但对于绝大多数汉地普通民众以及普通士子来说，不仅极难涉足这些地方，而且很难有机会深入知晓这些地方的人、事等内容。而对于元代馆臣而言，以职事所涉，他们不仅可以有机会前往上都等地，而且可以借助地位和职事的便利，更顺捷地深入了解时代变化进程中的典型人物与事件，并将它们表达和呈现出来。以发动于天历元年（1328）的"两都之战"，并决定了元朝最后两位皇帝元文宗、元顺帝命运的燕帖木儿生平重大事件为例，马祖常作为重要馆臣曾在1329年奉元文宗之旨作《太师太平王定策元勋之碑》，在1333年奉顺帝之旨作《敕赐太师秦王佐命元勋之碑》。借由马祖常的碑记文，整个事件经过、战争现场、战争所导致的社会重大变革以及传主的精神气质等浮出暗昧的历史烟尘而进入世人眼帘。而就传记的写作性质而言，

---

① （元）许衡：《许衡集》卷七《慎微》，毛瑞芳、谢晖、周少川校点，吉林文史出版社2010年版，第117页。

② （元）姚燧：《姚燧集·牧庵集》卷一三《皇元高昌忠惠王神道碑铭并序》，查洪德编辑点校，人民文学出版社2011年版，第186页。

"传者，传也，纪载事迹以传于后世也"①，《四库全书总目》亦云"传记者，总名也，类而别之。则叙一人之始末者，为传之属；叙一事之始末者，为记之属"②，作为纪实性文体，元代乃至历代馆阁文人的传记实际都可能是最有以具体地靠近和展现其所属时代复杂性的重要载体，而元代馆阁尤其是元代中期以来的馆阁文人的传记创作也诚可谓切近而又综合观照元代社会政治经济、思想文化、文学思潮、宗教信仰甚至民俗土物等内容的最为生动的载体之一。

元朝作为中国历史上一个极具特性的王朝，元代中期馆阁文人在以碑记、墓铭、传状等形式的传记创作，为其时从帝王皇族到勋臣世家、宗教领袖以及地方贤达和显要等类型传主进行弘扬和书写之际，不仅以具体传主的生命行程和家国境遇非常切近地表现了元朝政治制度转型和王朝大一统进程中的许多鲜为人知却具体典型的细节，更由于馆阁文人群体作为一个时代创作的重要参与者与引领者，他们也的确在传记主题内容和书写态度以及表现手法上实现了许多维度上的突破。

一

蒙古人崛起西北再进入中原，成为一统南北的统治者，并使蒙古族成为中华民族大家庭中的一员，是其不断征略的结果，并非既有的、先存的事实③。在这个结果实现的过程中，从1200年前后到1279年，蒙古人不仅经历了蒙古高原上氏族部落的统一，还由于发动了对西夏、金朝、大理、宋朝以及东南亚、中亚、东欧等多个国家、区域的征服战争，实现了疆域开拓上的多维度的突破。就这一点而言，蒙元王朝疆域的极大突破必

---

① （明）徐师曾：《文体明辨序说》，罗根泽校点，人民文学出版社1962年版，第153页。
② （清）纪昀：《四库全书总目》卷五九《史部·传记类二》，中华书局1965年版，第531页。
③ 萧启庆：《蒙元史新研·近四十年来大陆元史研究的回顾》，允晨文化实业股份有限公司1994年版，第508页。

然会内在且深刻地刺激和改变着纪实性强且最有可能贴切反映国家及社会转型的元代馆阁文人的传记创作。

世祖至元后期，随着南方馆臣的大举北进，元朝馆阁文人群体的逐渐成熟，元代朝廷一方面树碑作记以表彰功臣，另一方面尤其是延祐以后，又"推恩群臣，考视品秩，荣其祖祢，及其曾大父"①，这使得元代中期以来馆阁奉旨作神道碑铭的情形非常频繁，以1300年至1350年间的50年为例，有百余篇（应该有更多作品）馆阁文人奉旨撰写的传记碑铭，而且这些写作的馆阁文人基本上涵盖了元代中期的馆阁领袖和正统文坛盟主。尽管馆臣们奉旨撰写碑铭的传主，无非功勋大臣、皇族显亲、宗教领袖、文人大家等，但值得注意的是，由上述蒙元王朝从成吉思汗到忽必烈等几代汗王的征略情形可以看到，在中国传统历史上没有哪个王朝破灭了如此多王朝和部落而形成疆域如此辽阔的大一统格局，元代中期以来的馆阁文人的传记创作也正是通过重要人物的生平载记，将元代社会由疆域开拓而带来的社会问题生动而具体地展现出来，进而也实现了元代传记在内容表现维度上的深度突破。

皇庆元年（1312），刚即位的仁宗皇帝即为高唐王阔里吉思加封勒碑，翰林学士刘敏中奉旨撰写铭文《敕赐驸马赵王先德加封碑铭》，而早在大德九年（1305），元廷下诏谥封驸马高唐王阔里吉思为高唐忠献王，并推恩三代，在颂扬先世勋德之际，翰林大学士阎复即应家属之请作《驸马高唐忠献王碑铭》。惊动两任翰林大学士撰写碑铭的驸马阔里吉思及其家族在蒙元王朝的地位非常崇高，由于阔里吉思之死是出于对忽必烈家族的忠勇，所以他死后，他本人以及他的先人被元廷一再加封。而借由刘敏中以及阎复这两位馆臣为阔里吉思及家族所撰写的碑铭，则可以看到12—13世

---

① （元）袁桷：《袁桷集校注》卷二六《奉政大夫同知东昌路总管府事蔡公神道碑铭》，杨亮校注，中华书局2012年版，第4册，第1290页。

纪西北游牧民族之间的反复分裂与合并以及蒙元王朝政局的复杂动荡。13
世纪初，成吉思汗吞并西北诸部之际，阔里吉思的曾祖阿剌兀思剔吉忽里
选择跟随成吉思汗而对抗乃蛮，并兵合蒙古而攻打乃蛮。阿剌兀思剔吉忽
里这一选择并没有得到部落所有人的支持，所以他最终为部落异己者所
害。阎复在碑铭中写道：

> 太祖圣武皇帝起朔方，并吞诸部。有国西北，曰带阳（即乃蛮太
> 阳部）罕者，遣使卓忽难来谓忠武曰："天无二日，民无二王，汝能
> 为吾右臂，朔方不难定也。"忠武素料太祖智勇，终成大事，决意归
> 之。部众或有异议，忠武不从，即遣麾下将秃里必答思赍酒六榼，送
> 卓忽难于太祖，告以带阳（太阳）之谋。时朔方未有酒醴，太祖祭而
> 后饮，举爵者三，曰："是物少则发性，多则乱性。"使还，酬以马二
> 千蹄、羊二千角。上诏忠武："异日吾有天下，奚汝之报，天实监
> 之。"且约同征带阳（太阳），会于某地。忠武先期而至，既收带阳
> （太阳），天兵下中原，忠武为向导，南出界垣，留居镇守，为畴昔异
> 议所害。①

在 12 世纪，乃蛮部落是蒙古高原最强势的部落，1203 年，成吉思
汗灭克烈部，乃蛮太阳汗遣使约汪古一起对抗蒙古，而阿剌兀思剔吉忽
里选择投靠成吉思汗，并与蒙古人共同对抗乃蛮，阿剌兀思剔吉忽里与
长子被害之后，其妻携次子孛要合及侄子镇国由界垣逃难云中，云中为
蒙古人征服之后，镇国被封为北平王，娶成吉思汗的女儿齐国大长公主
阿剌海别吉，其子聂古鰾亦娶成吉思汗第四子拖雷的女儿独木千为妻。
而太阳汗乃蛮部被蒙古人大败之后，太阳汗之子屈出律西逃，遂引发之

---

① （元）阎复：《驸马高唐忠献王碑铭》，李修生主编《全元文》，凤凰出版社 2004 年版，
第 9 册，第 261—262 页。

后成吉思汗的第一次西征。阿剌兀思剔吉忽里的次子孛要合即以龆龀之龄追随成吉思汗西征，归来继封北平王，并继娶镇国之妻。刘敏中在碑铭中指出，镇国的妻子即成吉思汗的女儿齐国大长公主（皇庆时，封为皇高祖姑赵国大长公主）阿剌海别吉。孛要合有三子，长子君不花娶定宗贵由汗的长女叶里迷失公主为妻，又跟随宪宗蒙哥汗攻打南宋，一直到钓鱼山，并在钓鱼山战役有攻坚拔垒之功。第三子拙里不花在镇守云南时去世。次子爱不花，也即阔里吉思的父亲，娶忽必烈之女月烈公主，作为帝婿，爱不花参与了一系列稳定元朝政权的战争：中统初阿里不哥与忽必烈的争汗之战（1260—1263）、平定李璮之乱（1262）以及讨伐由昔里吉、脱脱木儿、药木忽儿、撒里蛮等集结部众而形成的西北之乱（1277），皆功劳甚大。

到爱不花为止，阎复和刘敏中的碑铭，简要地概述了汪古部的起源、部长几代人追随成吉思汗几代汗王征略天下的进程。这个过程中，阔里吉思家族第一代投靠成吉思汗，不仅使得金朝的阴山边墙丧失意义，而且协助成吉思汗共同攻灭太阳汗乃蛮部；第二代跟随成吉思汗西征；第三代跟随蒙哥汗平宋、追随忽必烈平定各种内乱，一个家族中各个鲜活的个体历史映射着蒙元王朝征略和一统天下的进程。这个过程中，关于蒙古人的公主联姻制、收继婚制、元朝一统进程中的动荡以及蒙古贵族女性参与政治的权利等信息含量极其丰富的内容约略其中，并使得传记的表现维度被迫突破。可以看到，这种叙述突破体现于馆臣被迫面对复杂的民族起源以及多变的政治格局和多语的现实环境及民族风俗等。

首先，是对复杂的民族起源与多语环境的适应与表现。刘敏中、阎复的碑铭都写到，阔里吉思家族来自汪古部，始祖为唐代沙陀雁门节度使李克用之后，是汪古部人，世为部长。阎复的碑铭写道"始祖卜国，汪古部人，世为部长。亡金堑山为界，以限南北，忠武王一军扼其冲"①，金元时期阴山以北部族或译雍古王孤、瓮古、旺古、汪骨、汪古惕，借助拉施都丁《史集》的解释还知道，金朝皇帝为了防御蒙古、克烈、乃蛮等部，修筑了一道大墙，蒙古语叫"unkuh"，交给该部守卫，因此得名汪古。也就是说，汪古部落所以名为汪古，即因该部落为金朝戍守阴山边墙以防御乃蛮、蒙古、克烈等阴山以北的部落而得名。由于阿剌兀思剔吉忽里在成吉思汗崛起之初投靠他，所以两家约为世代亲家，互称"按达"（即安答，anda，契交）、"忽答"（quda，亲家）。阎复在碑铭中写道："镇国已卒，继封北平王，尚齐国大长公主，仍约世婚，敦交友之好，号按达忽答。"②就蒙古人破灭多个王朝，征服无数部落和民族，从而建立疆域极其辽阔的蒙元帝国这个角度来看，元代复杂的民族起源和多语环境几乎是它必然的特征，而馆臣们奉旨撰写的传记在典型、具体地体现着这个特征，也不期而然地在内容表现维度上大有突破。像虞集奉旨为权臣燕帖木儿家族撰写《句容郡王（土土哈）世绩碑［铭］，应制》，叙述其民族——钦察族的起源时写道：

> 钦察之先，武平北折连川安塔哈山部族也。后迁西北，即玉黎北里之山居焉。土风刚悍，其人勇而善战。有曲年者，乃号其国曰钦察，为之主而统之。曲年生唆末纳，唆末纳生亦纳思。太祖皇帝征乞思火都，火都奔亦纳思，遣使谕取之，弗从。及我师西征，亦纳思老不能理其国。岁丁酉，亦纳思之子孙忽鲁速蛮自归于太宗，而宪宗受命帅师已及其国，忽鲁速蛮之子班都察举众来归，从讨蔑乞思有功。世祖皇帝西征大理，南取宋，其种人以强勇见信用，掌刍牧之事，奉

① （元）阎复：《驸马高唐忠献王碑铭》，《全元文》，第9册，第261页。
② 同上。

马湩以供玉食。马湩，尚黑者，国人谓黑为哈喇，故别号其人哈刺赤。①

有关虞集的这段钦察民族起源的叙述，早在阎复的《枢密句容武毅王碑》中也有叙述：

> 公钦察人。其先系武平北折连川按答罕山部族，后徙西北绝域，有山曰玉理伯里，襟带二河，左曰押亦，右曰也的里，遂定居焉，自号钦察。其地去中国三万余里，夏夜极短，日暂没辄出。川原平衍，草木盛茂，土产宜马，富者有马至万计。俗衽金革，勇猛刚烈，盖风土使然。公之始祖曲年，高祖唆末纳，曾祖亦纳思，世为钦察国王。太祖征蔑乞国，其主火都奔钦察，遣使谕亦纳思曰：“汝奚匿子负箭之麋？亟以相还，不然祸且及汝。”亦纳思谓使者曰：“逃鹯之雀，翳荟犹能生之，吾顾不如草木耶！”岁丁酉，宪宗在潜邸，奉命薄伐，兵已叩境。公之父班都察举族迎降，从征麦怯思国。世祖征大理、伐宋渡江，率其种百人侍左右。以其俗善刍牧，俾掌尚方马畜，岁时撞马湩以进，其色清彻，号黑马乳，因目其属曰哈喇赤，盖华言黑也。②

对照阎复、虞集两任翰林大学士的传记内容，可以看到，钦察族在曲年的时代号其国曰钦察。在第三代亦纳思时期，由于成吉思汗西征蔑乞国，钦察国保护了逃亡的蔑乞国火都等，从而受到蒙古人的攻打并逐渐衰弱，第四代忽鲁速蛮在丁酉年（1237）前往蒙古朝见元太宗窝阔台，而其时拔都所率西征军中蒙哥之师已至其地，于是忽鲁速蛮之子班都察举族投降。复杂的部落、民族背景以及多语环境依旧是元代馆臣们传记写作上的

---

① （元）虞集：《虞集全集·道园类稿》卷三八《句容郡王世绩碑［铭]，应制》，王颋点校，天津古籍出版社2007年版，第1018—1019页。
② （元）阎复：《枢密句容武毅王碑》，《全元文》，第9册，第265页。

重要突破点，同时这也给他们的写作造成了困扰。比起虞集的写作时间，阎复的写作要早许多，也可能更接近事实。对比可以发现，在虞集的叙述中，提到导致钦察部落衰落的"乞思""蔑乞思"，在阎复的叙述中是指"蔑乞国"，阎复还提到了"麦怯思国"。实际上，"蔑乞国"是火都在投奔钦察之前曾经统治的部落，而"麦怯思"则是在钦察归降蒙古之后，协助蒙古征服的区域，是阿兰的都城。而虞集由于模糊了一些民族的概念和历史的内容，很有可能在撰写《句容郡王世绩碑》时抄录了阎复的记载，且将这段历史理解为：火都投奔钦察之前是"蔑乞思"国主，而钦察投靠蒙古之后参与征服的也是"蔑乞思"，于是将阎复所记火都所属之"蔑乞"国改为"蔑乞思"国，并将钦察投降蒙后从征的"麦怯思"混淆改为"蔑乞思"，造成了叙录的错讹①。在虞集的叙录中，还指出，由于钦察人掌刍牧之事，奉黑马乳以供玉食，遂被别号曰哈剌赤。这一内容借由阎复的叙述可以知道，由于钦察人所生活的区域"去中国三万余里，夏夜极短，日暂没辄出，川原平衍，草木盛茂，土产宜马"，故钦察人"其俗善刍牧"，钦察人岁撞黑马乳以奉蒙古贵族，遂被蒙古人称作"哈喇赤"。另外，虞集和阎复都将"哈喇赤"训作"黑色"之意，这其中也恐有语义的误解②。据《元史·兵志三》"马政"条载"世祖中统四年，设群牧所，隶太府监。寻升尚牧监，又升太仆院，改卫尉院。院废，立太仆寺，属之宣徽院。后隶中书省，典掌御位下、大斡耳朵马。其牧地，东越耽罗，北逾火里秃麻，西至甘肃，南暨云南等地，凡一十四处，自上都、大都以至玉你伯牙、折连怯呆儿，周回万里，无非牧地。马之群，或千百，或三五十……牧人曰哈赤、哈喇赤；有千户、百户，父子相承任事。自夏及冬，

---

①　刘迎胜：《"拔都西征"决策讨论及相关问题》，《中国历代战争史》，第13册，军事译文出版社1983年版，第477页。

②　谢咏梅：《蒙元时期的兀剌赤与哈剌赤》，《南开大学学报》2001年第3期，第57—59页。

随地之宜，行逐水草，十月各至本地"①，从《元史》这段记述知道"哈喇赤"是马夫、牧马人的意思。在《元史》的这段中还记述道"太庙祀事暨诸寺影堂用乳酪……俾哈赤、哈剌赤之在朝为卿大夫者，亲秣饲之，日酿黑马乳以奉玉食，谓之细乳"②，内容再次叙及哈喇赤，讲其职责在养马之余，须供奉细乳，即黑马乳以供祭祀及贵族饮用，所以哈剌赤的本意是马夫、牧马人，他们酿制黑马乳的这个职责被元人强调，结果"哈剌赤"的意思就被窄成"黑色"之意了。这样看来，无论阎复还是虞集都在职责所需而叙录钦察土土哈家族的世绩时，在内容上早已突破了他们的知识范畴，虽然会有一些知识误解，但却不能掩盖他们在传记内容表述维度上大有突破的特点。

其次，复杂的政治格局是元代馆臣们奉旨所作传记的主要表述内容，也是他们传记表述维度的重要突破点。在刘敏中、阎复所撰写的阔里吉思碑铭、虞集的《句容郡王（土土哈）世绩碑［铭］，应制》以及之后马祖常的两篇为燕帖木儿撰写的碑铭中，不仅很细致地描述了阔里吉思家族的影响力以及土土哈家族如何在参与平定和镇压蒙元时期的各类宗王叛乱中确立该家族在蒙古政权中不可动摇的地位，成为元代色目第一显贵家族，而且也深邃地展示了元蒙政权格局的扑朔、复杂背景。综观蒙古黄金家族的谱系，成吉思汗去世后，1229 年，其第三子窝阔台成为大汗，到 1251年，窝阔台的弟弟拖雷的长子蒙哥被推选为大汗，帝系由窝阔台家族转到拖雷家族，这一转换导致了蒙古帝国皇族内部的分裂，蒙古的内乱也因此而起。1259 年，蒙哥去世，其二弟忽必烈与三弟阿里不哥发生争汗大战。而之前成吉思汗分封的诸王在选择支持不同阵营的同时，在自己的征服地区建立了钦察汗国、察合台汗国、伊利汗国和窝阔台汗国等实际上独立的

① 《元史》卷一○○《兵志三》，第 2553—2554 页。
② 同上书，第 2554 页。

国家。争汗大战以忽必烈取得胜利而结束，忽必烈既是大汗，又是元朝的君王，四大汗国的统治者同奉入主中原的元朝为宗主国，与元朝驿路相通，但经常爆发边界冲突。这其中尤其是从至元五年（1268）直至大德十年（1306）前后的"海都之乱"，给元朝造成巨大困扰。可以看到，在虞集叙述土土哈生平从至元十四年（1277）那木罕被脱脱木、昔里吉劫持，土土哈即誓请决战，由此战而成名之后，到大德元年（1297）二月去世，二十余年间，几乎都在参与平定"海都之乱"所涉及的各种诸王之乱：从至元十四年（1277）王子开始，此后十五年（1278）正月，追失列吉逾金山，二十三年（1286）六月，海都兵入寇，奉诏抵御。二十四年（1287），诸王乃颜（成吉思汗同母幼弟、帖木格斡赤斤的玄孙）叛于东藩，宗王也不干反，渡秃刺河，与也不干战，大败之。十一月征乃颜余党于哈刺，诛兀达海，尽降其众。二十五年（1288），也只里王为叛王火鲁哈孙攻甚急，五月从成宗移师援之，败诸兀鲁灰，还至哈刺温山。夜渡贵列河，败哈丹军。二十六年（1289），海都犯金山，抵杭海岭（杭爱山脉），协助皇孙晋王，以其军陷阵入战。二十八年（1291），哈刺赤军数盈万，秋，帅其军北猎汉塔海。二十九年（1292），掠地金山，虏海都之户三千。三十年（1293），春，次欠河，尽收其众，海都闻之，领兵至欠河，又败之。元贞元年（1295），再还守北边。元贞二年（1296）秋，诸王从海都者皆来降。大德元年（1297），还边。二月去世。虞集的碑铭对于土土哈战绩的记录详尽到了时间环节的年、月、日，事迹环节所涉的人、地、事件过程，以及人物态度及表现和事后的具体封赏。碑铭中，虞集描述土土哈的作战态度写道：

> 出则被坚执锐，以率虎罴之士，入则操刀匕以事割烹，执罂杓以进渖饮。亲幸委任，已见于当时。……二十六年，海都犯金山，抵杭海岭。皇孙晋王帅兵御之，敌先据险，我师不利。王独以其军陷阵入

战，翼晋王出。明日追骑大至，王伏兵面殿之。七月，世祖亲巡北边，召见王而慰之，曰："昔太祖与其臣之同患难者，饮班术河之水以记功。今如之，事何愧昔人？卿其勉之。"海都等战既数败，又知上亲征，遂引兵去。车驾还都，大宴。上谓王曰："朔方人来，闻海都言，战者人人如土土哈，吾属何所容身哉？"论功行赏，先钦察之士。以建康、庐、饶旧籍租犀为哈剌赤户，又以俘获之户千七百赐之，官一子以督赋。①

从虞集的描述中就能看到土土哈及其所率钦察军士所以能够在元朝显扬赫著的，的确是凭借其披坚执锐、身先士卒、忠勇无比的态度深切地感染影响了忽必烈家族。在马祖常为燕帖木儿所作的《太师太平王定策元勋之碑》中也有类似的表述，例如这段：

乙亥，宿三河，夜二鼓，侦者报王禅兵夺居庸关路六口。丙子，裹粮趋榆河，未战，闻大驾出宫亲督将士，亟请见上奏事，曰："凡军事一以付臣，愿陛下班师，抚安黎庶。"上旋宫。②

泰定五年（1328）七月庚午（十日），泰定帝在上都崩。丞相倒剌沙专政，试图谋立泰定帝幼子为帝。而早在泰定帝三月车驾上都之际，泰定帝已身染重病，燕帖木儿等一帮武将就已做好政变的准备，所以泰定帝崩于上都消息传到大都之后，留守大都的燕帖木儿即于八月甲午（三日）发动政变，进而引发"两都之战"。与此同时，燕帖木儿派人通知武宗的两个儿子和世㻋、图帖睦尔回大都。八月丙辰（二十五日），处于江陵的弟弟图帖睦尔先到达大都城外，于是图帖睦尔被燕帖木儿等

---

① 《虞集全集·道园类稿》卷三八《句容郡王世绩碑［铭］，应制》，第1019—1020页。
② （元）马祖常：《太师太平王定策元勋之碑》，《全元文》，第32册，第454页。

扶持成为元文宗。之后，在和世㻋、图帖睦尔的争帝过程中，燕帖木儿又坚定地支持图帖睦尔，并毒死和世㻋，再扶持元文宗即位。以此，燕帖木儿对于元文宗即位的翊戴之功无有能出其右者。以上所引一段即叙述"两都之战"极为激烈的居庸关一役。其时，元文宗曾自作主张，亲自出宫去慰问将士，燕帖木儿得知后，特意请求元文宗不要参与战事；而其本人则"每与敌战，亲冒矢石"，元文宗担心他有不测，让他只以"大将旗鼓督战"，但燕帖木儿则表示："凡战，臣先之。敢后者，臣论以军法。"① 在非战时候，燕帖木儿"昼则率宿卫士以扈从，夜则躬擐甲胄绕幄殿巡护"，正因为他在元文宗即位过程中无以复加的忠勇与功勋，所以文宗即位后，特旨昭告天下曰："燕帖木儿勋劳惟旧，忠勇多谋，夺大义以成功，致治平于期月，宜专独运，以重秉钧。授以开府仪同三司、上柱国、太师、太平王、答剌罕、中书右丞相、录军国重事、监修国史、提调燕王宫相府事、大都督、领龙翊亲军都指挥使司事。凡号令、刑名、选法、钱粮、造作，一切中书政务，悉听总裁。诸王、公主、驸马、近侍人员，大小诸衙门官员人等，敢有隔越闻奏，以违制论。"② 马祖常在碑记撰写中对于传主燕帖木儿在具体大战中时间、地点以及言语、行动的纪实表述既为燕帖木儿本人在当时获得无人能及的荣耀与权力作了切实的注脚，也使得作为馆臣的马祖常以及虞集等人的传记以唯一的记述者身份，切入到了当时极其复杂且残酷的蒙古皇族权力斗争和军事战争现场，从而给那些无法重现的现实留下最独有的文字表述。再回到前文一再点到的阔里吉思事迹，阎复和刘敏中都有记述，应该是时间更近的阎复的描述确切些：

---

① （元）马祖常：《太师太平王定策元勋之碑》，《全元文》，第 32 册，第 454 页。
② 《元史》卷一三八《燕铁木儿传》，第 3332 页。

宗王也不干叛，率精骑千余，并行旬日。追及之时，天盛暑，将战，北风大起。众请勿战，王曰："盛暑得风，天赞我也。"策马以先，大败敌军，杀掠殆尽，叛王以十余骑窜。是役也，王身中三矢，一矢断其髮。凯旋，诏赏黄金二镒，白金千镒，圣上御极之初，特颁金印，封高唐王，驸马封王，盖自王家始。王以西北未庭，请往征之，诏初不允，请至再三，方许之。将行誓曰："边尘不清，义不旋辕。"大德改元，夏四月，与敌遇于伯牙思，或谓俟大军毕至，战未晚也。王曰："丈夫为国死敌，奚以众为。"于是鼓噪而进，大破敌军，杀伤甚众，擒将卒百余人以献。诏嘉其勇果，赐以先王所御貂裘、宝鞍、缯锦、七百介胄、兵器有差。二年秋，诸王将帅会于边，共筹边事，咸谓："往岁敌无冬至之警，宜各休兵境上。"王曰："今秋俟骑至者甚寡，所谓鸷鸟将击，必匿其形。兵备不可弛也。"众不以为然，王独严兵以待，是冬敌果大至，彼众我寡，三战三却之。王乘胜追奔逐北，深入险地，后骑莫继，不虞马伤而仆，至陷敌域。敌初待以婿礼，数欲诱降。应对之际，皆效忠保节之语，又欲妻之以女，曰："吾不睹皇太后慈颜，非圣上面命不敢为婿。"卒不能夺其志。上悯王陷敌，欲遣使理索，未得其人，王府荩臣曰："阿昔思往在戎阵，尝济王于险。"众推其可用，乃遣使敌。一见王于稠人中，首问两官万安，次问嗣子安否，语未竟，辄为左右所蔽，翌日遣还，王竟以不屈而终。①

查虞集对土土哈事迹的记述知道，宗王也不干叛乱也与海都之乱相关联，大约起事于至元二十四年（1287），阔里吉思在这场战役中，身先士卒，极其英勇，大败也不干军，以此被封高唐王，而在元朝以驸马

---

① （元）阎复：《驸马高唐忠献王碑铭》，《全元文》，第9册，第263—264页。

封王者，即自阔里吉思始。大德元年（1297），阔里吉思在伯牙思一战中再次杀伤甚多。次年冬，察合台汗笃哇率军对"岭北行省"发动突然袭击，大败元军，俘获阔里吉思，最终阔里吉思以不屈不降而死。在阔里吉思贸然行进、义不降敌以及英勇就义的言行中虽然始终包含着对忽必烈王朝的效忠，并使得他死后，事迹被元王朝一再彰表，但就馆臣的传记写作而言，正是元王朝复杂且独有的政治制度以及权力格局使得阔里吉思、土土哈以及土土哈家族的男性们以战斗为核心的人生经历成为馆臣们撰写碑记的主要表述内容。诚如朱耀廷在《正说元朝十五年》中指出，"诸王之乱是困扰元朝的几大难题之一，这是蒙古汗国的诸王分封制度、幼子守灶制度、库里台选汗制度遗留的恶果。每个黄金家族的男子，只要有一定能力，都以为可以被推举为大汗，至少可以多得到一些权力。而分封制又使之得到了部分土地、百姓、财富和军队，从而为其兴兵叛乱提供了条件和可能。而北方诸王，又对忽必烈用汉人、行汉法一直抱着对抗的态度，因而诸王叛乱在整个元代都是一个难以解决的问题"①。诸王叛乱背景既是成就土土哈家族为代表的钦察人进入权力中心、阔里吉思成为烈士的关键，也是馆臣们传记表述维度的重要突破点。

站在定居民族的视角上看，蒙古人无休止的征略行为，是穷兵黩武、灭国毁家的行径，但对于蒙古贵族而言，"任何一个蒙古大汗都有征服新疆域实行再分封的义务，一旦扩张停滞、疆域固化，必然导致内部关系紧张"，"元代的君王兼具蒙古大汗与中原帝王的双重性格，在再分封的压力下，元代的边疆政策主观上只能进而不能退"②。这样，在元代馆臣撰写的传记尤其是中期时候奉旨而撰写的碑铭、世绩，那些沙场立功

---

① 朱耀廷：《正说元朝十五帝》，中华书局 2007 年版，第 112 页。
② 胡小鹏：《试论元代边疆民族政策》，《中国边疆史地研究》2009 年第 4 期，第 27—32 页。

的赳赳武夫才是真正的主角，这些传主的人生改变着蒙元帝国的版图，也决定和拓展着元代馆臣传记表述的维度。再例如大德八年，刘敏中奉旨为伯颜撰写的碑文《敕赐淮安忠武王庙碑》，即以元朝著名统帅伯颜的事迹深邃而雍容地展现了忽必烈在平宋之际战略战术上的巨大调整。在经过近百年的杀戮之后，在与中原汉儒颇有接触并受到濡染、期望安定的愿景下，更兼蒙古人对人口稠密、繁荣富庶的南宋统辖区的渴慕，蒙古人一改以往屠戮本性，希望能平稳地获得江南的人口与财富。深明大义、兼将帅之才的伯颜以此成为忽必烈委以重托，平宋战争的主帅①。就伯颜平宋接管临安城的结果而言，南宋宫廷琴师汪元量有诗赞曰"衣冠不改只如先，关会通行满尘寰。北客南人成买卖，京师依旧使铜钱。伯颜丞相吕将军，收了江南不杀人。昨日太皇请茶饭，满朝朱紫尽降臣"，可谓生动形象地概述了伯颜完美执行忽必烈在他下江南前所嘱托的"效仿曹彬以不杀平江南"任务的情况。在刘敏中的传文中认为，伯颜乃"天生王以祚国家，而世皇能识之。世皇以大任付王，而王亦自任之"的杰出宰辅。在刘敏中的记载中，伯颜"凝峻寡言"，往往能"一语而破其归要"。在具体行事时，伯颜善取舍：阳逻堡一战，宋军拥堡自蔽以控大江北壖，而伯颜用捣虚之计，先攻取南岸，最终兵分三道，掎角以进；善驾驭："诸文武将佐，皆密悉其才用，临事遣授，各尽其当，故能所向无前，动必有成"；善用兵："纪律外严而中宽，以圣训不杀为主，威懵德怀，款附日至"；善管理：攻城之后，人请他"入视降城府藏簿帐，以知金谷户口多寡"，而伯颜却下令"诸将士敢有肆暴掠及入城者，以军法论"，于是所至犬鸡不惊，四民晏然；有礼节：江左子女玉帛，伯颜一不挂目，宋幼主与母后请见，则辞曰"但俟拜天子"，

---

① 叶新民：《伯颜与平宋战争》，《中国蒙古史学会论文选集》1980 年第 4 期，第 199—206 页。

而世祖嘉赏其功，则谢曰："惟陛下神圣，阿术勤劳所致，臣何功！"①
刘敏中的碑记借伯颜这个传主载体，以更全面的事实叙述了宋元交锋的现
场，碑记对伯颜本人夺目光彩的展现，也使得这段历史的细节抵御了时间
的磨砺而永远留驻。关于伯颜的传记，元明善在皇庆元年（1312）再次奉
旨作《丞相淮安忠武王碑》，这也可见他在元朝的影响力。

　　最后，从蒙古帝国到元王朝，其疆域的辽阔情形自不必赘言，与此
相生的民族成分的复杂性和风俗多元性也非常突出。多元的民族风俗是
疆域辽阔的元朝的特性，也是元代馆臣们传记表述中非常值得注意的
维度。

　　就其时的蒙古人而言，在成吉思汗统一大漠南北的过程中，草原上的
各部族融合形成全新的蒙古民族，"总是将被俘部众强行分散，拨与本部
各将领管辖，用这种方式使他们与蒙古部众混融为一体，以蒙古本部为核
心，如同滚雪球一般，塔塔儿、克烈、蔑儿乞、乃蛮等部逐一并入蒙古部
中。蒙古逐渐成了混杂着众多'有毡帐百姓'的庞大群体，以此陶宗仪说
蒙古有七十二种，蒙古一名即概括了众多的北方游牧部落"②。而且成吉思
汗也由此将漠北草原游牧国家的政治制度发展到了一个新阶段，由于成吉
思汗推行实施的千户百户制度，1206 年蒙古国的建立不仅标志着古代蒙古
人，也标志着塞北游牧社会完成了"低度发展的文明时期"向"经典意义
上文明时期"的过渡③。之后，蒙古人开始了长达百余年的世界征略进程。
像成吉思汗的西征，就蒙古帝国本身而言，为之后的第二次、第三次西征

---

　　①　有关伯颜这段参考邱江宁《元代馆阁文人活动系年》1304 年"刘敏中奉旨撰写伯颜碑，
题曰《敕赐淮安忠武王庙碑》"条（人民出版社 2013 年版），第 268 页。文章所引内容，汪元量
诗见《全元诗》第 12 册（中华书局 2013 年版），第 5 页；刘敏中文，见邓瑞全、谢辉校点《刘敏
中集》（吉林文史出版社 2008 年版），第 1、2 页。
　　②　罗贤佑：《元代民族史》，四川民族出版社 1996 年版，第 16、17 页。
　　③　张树栋、刘广明主编：《古代文明的起源和演进》第十三章"塞北游牧社会走向文明的历
程"，南京大学出版社 1991 年版，第 261 页。

奠定了基础，为蒙古四大兀鲁思：窝阔台汗国、察合台汗国、金帐汗国和伊儿汗国的建立和成为地跨亚、非/欧三大洲国家提供了条件。而对于中亚及中国而言，则是中亚政治史和中国民族史上的重大事件。由于蒙古人的几次西征，在 13—14 世纪，西域人东迁达到了前所未有的规模。不少中亚穆斯林和游牧民来到汉地，这些被称作色目人的民族带来了先进的文化和军事技术，一些以彪悍著称的游牧民族组成专门的军队，成为蒙古征服和镇宿汉地的重要军事力量①。对汉地来说，"我元始征西北诸国，西域最先内附，故其国人柄用尤多。大贾擅水陆利，天下名城巨邑，必居其津要，专其膏腴"②，中亚穆斯林的大量东迁，使得中土"回回③遍天下"④。而像忽必烈对南宋、日本、占城、安南、缅甸、爪哇等国的征战，则不仅使祖先的开拓事业在南亚、东亚等空间上大有拓展⑤，"更重要的是海外征伐及鼓励海外贸易的政策，给蒙元帝国已有的游牧民国家与农耕国家混合体带来海洋国家性质，从而使蒙元帝国的发展步入第二阶段，即成为横跨欧亚包括陆地海洋的前所未有的世界大帝国"⑥。蒙古人在疆域上前所未有

---

① 董飞：《成吉思汗西征史料：编年与研究》，硕士学位论文，南京大学，2013 年。

② （元）许有壬：《西域使者哈只哈心碑》，《全元文》，第 38 册，第 390 页。

③ "回回"一词，最早见于北宋沈括的《梦溪笔谈》，指唐代以来安西（今新疆南部及葱岭以西部地区）一带的"回纥"人（"回鹘"人）。"回回"可能是"回纥""回鹘"的音转或俗写。南宋时，"回回"，除包括唐代的"回纥""回鹘"外，还包括葱岭以西的一些民族。13—14世纪，蒙古西征使得信仰伊斯兰教的中亚人以及基督徒、犹太人大量东迁。他们主要以驻军屯牧的形式，以工匠、商人、学者、官吏、掌教等不同身份，散布在中国各地。"回回人是元代色目人中的一种，而且是人数较多、势力较大的一种，有时且用以泛称一切色目人。"（杨志玖：《元代回回人的政治地位》，《历史研究》1984 年第 3 期，第 112—135 页）"严格讲，它（回回）不是一个族称，而是由同一宗教的信徒组成的信仰共同体"，"元代'回回'一词，虽在很多情况下特指穆斯林，但当时无论官方文献，还是私家著述，均非专指穆斯林，即它不是元代穆斯林专用名词。原因是元人对不同宗教、种族的认识有限，概念模糊。所以，他们常常将来自西域的穆斯林诸族与同是来自西域的其他宗教信徒和种族相混"。（马建春：《元代东迁西域人及其文化研究》，民族出版社 2003 年版，第 19、23 页。）

④ （清）张廷玉等：《明史·西域传四》卷三三二，中华书局 1974 年版，第 8598 页。

⑤ 黄飞：《论忽必烈对亚洲的战争》，硕士学位论文，西北师范大学，2011 年。

⑥ 李志安：《忽必烈传》，人民出版社 2004 年版，第 475 页。

的多维度拓展使得元代的多民族风俗共存的特性极为突出，这也是元代馆
臣们传记表述中非常值得注意的维度。

　　就如前文述及的钦察人土风刚悍，善于养马，能炼制蒙古贵族都喜欢
的黑马乳等，这些民族特性使得钦察人在以征略为事的蒙元王朝极见信
用，而馆臣们叙写土土哈、床兀儿、燕帖木儿等人的世绩碑铭的时候也每
每须有直接表述。再如同为汪古部的克烈氏，姚燧在 1308 年前后奉旨所作
《皇元高昌忠惠王神道碑铭》载其家族史时指出，该族人颇善经营管理，
曾为王罕的百夫长，投靠成吉思汗之后，深得忽必烈家族的信重。姚燧总
结传主答失蛮生平写道，"迨事两朝，惟近清光，一日未尝居外，实阅四
十一寒暑，世之知者，才是职守，与从踤讨叛数事而止。自余朝夕吁谋，
左右弥缝，入宿出卫，所以奠枕九重者，其功将多。中禁深秘，外不得
闻，惟帝知之，故虽没世，犹不能忘，特崇其爵于百揆上"①。对于蒙古人
来说，打仗、围猎或为擅长之事，但如何经营、管理国家，却远非其所擅
长。这个过程中，最早归附的西域人往往成为蒙古人治理国家的得力辅助
者。而蒙古人在征略之后，在被征略区域进行"征兵、括户、置驿以及征
税"② 等工作，亦每每依赖最早归附且与其并肩作战，又文明程度更高的
西域人。像答失蛮在至元初，即奉世祖忽必烈之命经略吐蕃，是世祖派往
吐蕃的第一位使臣③。此外，又如前文中阎复在叙述阔里吉思家族事迹时，
曾有段文字这样写道：

　　　　自龆龀，太祖携征西域，还年十七，镇国已卒，继封北平王，尚
　　　齐国大长公主……齐国大长公主明慧有智略，祖宗征伐四出，尝摄留

---

　　① （元）姚燧：《姚燧集·牧庵集》卷一三《皇元高昌忠惠王神道碑铭并序》，查洪德编辑
校点，人民文学出版社 2011 年版，第 186 页。
　　② 毕达克：《吐蕃与宋代中国及蒙古的关系》，陈得芝译《国外藏学研究译文集》第 1 辑，
西藏人民出版社 1985 年版。
　　③ 张云：《答失蛮其人及其经略吐蕃考实》，《中国边疆史地研究》1993 年第 4 期。

务。军国大政，率咨稟而后行，师出无内顾之忧，公主之力居多。①

这段简短的人物事迹概述涵盖了中原两个没有的蒙古独特风俗，其一是收继婚制，所谓"父死则妻其从母，兄弟死则收其妻"②。马可·波罗也曾描述这种婚姻形式，写道："（鞑靼人）父亲去世后，儿子可以娶父亲的遗孀为妻，除了他的生母以外。他们不能娶自己的姐妹，但是他们的兄弟死后，他们可以娶嫂嫂或弟媳为妻。"③"收继婚"制作为蒙古人的特殊风俗，在蒙古人统治中原之后，依然存在。据《元史·顺帝本纪七》载："大斡耳朵儒学教授郑咺建言：'蒙古乃国家本族，宜教之以礼，而犹循本俗，不行三年之丧，又收继庶母、叔婶、兄嫂，恐贻笑后世，必宜改革，绳以礼法。'不报。"④可见"收继婚"制直至元朝末年顺帝时候依然存在。阎复碑铭中的这段文字即述阔里吉思的曾祖父孛要合在少年时期被成吉思汗带着西征，回来之后，年十七，其堂兄北平王镇国已死，于是孛要合不仅袭封了镇国北平王的封号，而且还收继了他的妻子齐国大长公主。程钜夫《故曾祖母齐国大长公主阿剌海别吉追封皇高祖姑赵国大长公主制》曾写道：

> 肇造兴邦，赖臣子翼扶之力。相成有道，实皇家肺腑之亲。褒邮宜崇，哀荣斯至。某王某故曾祖母某，神明毓粹，智略超凡。决胜运筹，凛有丈夫之风烈。起家裕后，聿开戚畹之王封。为室家之道，其义丰。为子孙之谋，其效远。追惟懿行，盍胙大邦。用衍丝纶，有光窀穸。于戏！丕谟丕烈，予亦念于前人。维孝维忠，尔尚佑于后嗣。

---

① （元）阎复：《驸马高唐忠献王碑铭》，《全元文》，第9册，第262页。
② 《元史》卷一八七《乌古孙良桢传》，第4288页。
③ [意]马可·波罗口述，鲁斯蒂谦诺笔录：《马可·波罗游记》，余前帆译注，意大利对外贸易委员会特别印刷2010年版，第122页。
④ 《元史》卷一八七《乌古孙良桢传》，第4288页。

谅存英爽，不昧钦承。可。①

这位齐国大长公主名阿剌海别吉，是成吉思汗的第三个女儿。借由她在碑铭中的出现也可引出另一个特殊的蒙古风俗——监国制。所谓监国制，即在汗位虚悬时由皇后摄政，同样各诸王宗戚的"兀鲁思"也常由妇女摄政。综观整个蒙元时期的政治格局，从成吉思汗的母亲诃额仑，成吉思汗的妻子孛儿帖兀真、女儿阿剌海别吉，窝阔台的妻子脱列那哥，贵由之妻斡兀立海迷失，到拖雷的妻子、蒙哥和忽必烈、阿里不哥、旭烈兀四位大汗的母亲唆鲁禾帖尼哈敦，忽必烈的妻子察必，等等，贵族女性在蒙元政治格局中的巨大影响力始终不容忽略。这与蒙古女性在蒙古人生活中的地位密切相关。蒙古女性的责任是"赶车，把住室搬上和搬下车，制造奶油和格鲁特，装饰和缝补皮革，那用的是（牛）筋制成的线"，"一个妇女要管二十或三十辆车，因为土地平坦。他们把牛车或驼车一辆辆连接起来，同时有一个妇女坐在头一辆上赶着车，其他的用同样的步调跟在后面"②。打仗之际，蒙古女性也随军而行，"其俗，出师不以贵贱，多带其孥而行，自云用以管行李、衣服、钱物之类。其妇女专管张立毡帐、收卸鞍马轻重车驮等物事，极能走马"③。事实上，成吉思汗实行"军政合一"的千户制使得千户内男子十五以上七十以下，一律服兵役，而男子出征之后，各种赋税、劳役就都落到女性身上。无论什么劳役，女性都能代男子履行，可以说，妇女在蒙古人的日常、迁徙以及战斗生活中都扮演着不可

① （元）程钜夫：《程钜夫集》卷三《故曾祖母齐国大长公主阿剌海别吉追封皇高祖姑赵国大长公主制》，张文澍校点，吉林文史出版社 2009 年版，第 31 页。

② ［法］鲁不鲁克：《鲁不鲁克东行纪》，［美］柔克义译注，何高济译，中华书局 1985 年版，第 218、210 页。

③ （宋）赵珙：《蒙鞑备录》，王国维笺证，《内蒙古史志资料选编》第三辑，内蒙古地方志编纂委员会 1985 年版，第 16 页。

或缺的、非常重要的角色①，所以，对应的是，蒙古妇女在蒙古政治格局中的影响力一直都非同寻常。另外，按照蒙古风俗，女婿应该在岳父家居住并服务一段时间。当成吉思汗的女婿与他的儿孙一道为国出征，他的女儿们留下管理丈夫的领地和臣民。这样，我们就可以看到阎复的碑铭中写道，镇国、孛要合等汪古部男性都在为成吉思汗的疆域开拓而奉献之际，而成吉思汗的女儿则在男人们"征伐四出"时，殿后监国。据阎复的叙述，阿剌海别吉"明慧有智略"，在成吉思汗出征之际，"军国大政，率咨禀而后行"，而成吉思汗率师出征能"无内顾之忧，公主之力居多"，程钜夫也指出阿剌海别吉"神明毓粹，智略超凡。决胜运筹，凛有丈夫之风烈"，虽然阔里吉思以军功而由驸马封王，但这其中实际有阿剌海别吉公主的影响，如程钜夫所谓"起家裕后，聿开戚畹之王封"。

除了蒙古人的独特风俗外，诸如色目、女真、高丽、汉人、南人等，蒙古人在疆域维度上的拓展有多辽阔，那么蒙古人统辖下的元朝的多民族风俗共存的特性就有多鲜明突出。毫无疑问，那些复杂多维的民族成分、政治格局以及社会风俗最终都将折射到其时人们的社会生活中，并被表现出来，就如杨允孚这首诗"撒道黄尘辇辂过，香焚万室格天和。两行排列金钱豹，钦察将军上马驼"②，作为普通的上都食尚官，杨允孚的这首诗中的内容既涉及元代的上都帝王巡幸场景，还将钦察人在朝廷中极为突出的地位描述其中。比起杨允孚有些外围的感性描述，元代馆臣们的传记却可能凭借地位与职业的优势，更为直接地通过那些勋臣、豪士的家族传以及个人世绩的撰写而将蒙元时期独特且多元的民族、政治、社会风俗等内容及其巨大影响力表述出来，这些内容自身的独特复杂性，也成就了元代尤

---

① 托雅、嵇平平：《论蒙古古代战争中的女性》，《中央民族大学学报》1995 年第 3 期。
② （元）杨允孚：《滦京杂咏》，杨镰主编《全元诗》，中华书局 2013 年版，第 60 册，第 404 页。

其是元代中期以来大为盛行的馆阁传记非常值得注意的表述维度。

二

元朝的特性除了会对馆臣们传记写作的表述维度产生实质性的影响外，实际上它还会在另外两个维度上对元代馆臣的传记写作产生影响：一是元朝的特性对元代馆臣们创作胸襟与创作格局颇有影响，二是元朝立程朱理学为官学，这使得馆臣们的传记写作"通经显文"的表现意识颇为明显。

元朝疆域多维度拓展，版图上横跨亚欧，东西方交通往来较前代更加繁荣，不仅民族众多，而且各种宗教和不同思想文化多元并存的特性，就使得元代中期馆阁文人的传记在内容上多维度拓展的同时，在创作胸襟和格局上表现出一定程度的天下皆我朝、包举宇内的态度。就游牧民族的习性而言，他们逐水草而居，春秋转徙，本来就居无定所，没有边界意识。在成吉思汗率领蒙古人崛起西北，建立大蒙古国之后，他对于子孙及臣民传播的理念便是从日出到日落的地方，开藩建汗，所以蒙古人在征略天下之际，的确有"溥天之下，莫非王土；率土之滨，莫非王臣"的气魄与愿景。而且，就蒙古人自身的信仰萨满教而言，除了它的原始程度之外，这一宗教的信仰"万物有灵"包容性使得蒙古人统治下的区域各种宗教以及思想文化并存的情形能够以"教诸色人户各依本俗行者"①的原则包容对待。同时，蒙古人以十余万众而崛起于蒙古高原，疆域的多维度拓展也使得蒙古统治者为了维护统治，倾向于利用宗教和思想文化的力量来达到控制民众的效果，这也促使蒙古统治者对待其时多种宗教和思想文化并存的情形以兼容并蓄的政策和态度因俗而治。《元史》就此曾概述写道："元起

---

① 陈高华、张帆、刘晓、党宝海校点：《元典章·新集·刑部·回回诸色户结绝不得的有司归断》，中华书局、天津古籍出版社 2011 年版，第 2217 页。

朔方，固已崇尚释教。及得西域，世祖以其地广而险远，民犷而好斗，思有以因其俗而柔其人，乃郡县土番之地，设官分职，而领之于帝师。乃立宣政院，其为使位居第二者，必以僧为之，出帝师所辟举，而总其政于内外者，帅臣以下，亦必僧俗并用，而军民通摄。于是帝师之命，与诏敕并行于西土。"① 而疆域的极其辽阔，多元新异事物的不断进入，以及统治者对于各种宗教、思想文化兼容的管理原则，种种背景因素都一定程度使得其时人们以天下皆我朝的包容心理来对待各种不同的宗教、思想文化及新鲜事物共存于一朝一氏的现实。以元文宗时候黄文仲观览上都而写作的《大都赋》中对国家疆域辽阔、交通畅达、对外往来频繁情形的夸饰来考察人们的心态：

> 大哉天朝，万古一时。渌江成血，唐不能师，今我吏之；辽阳高丽，银城如铁，宋不能窥，今我臣之。回鹘河西，汉立铜柱，马无南蹄，今我置府；交占云黎，秦筑长城，土止北陲，今我故境。阴山仇池，缺舌螺发，黥面雕题，献獒效马，贡象进犀，络绎乎国门之道，不出户而八蛮九夷。②

文宗汉化程度较高，喜好文艺，故而"当时济济夸多士，争进文章乞赐钱"③，黄文仲这篇《大都赋》很有可能也是期望进献馆阁以供上览的，所以，某种程度而言，黄文仲的表述态度更能集中且直白地彰显了元代中期代政府、朝廷发言的馆阁文人所需要的态度。由黄文仲这段文字而展现出来的这种"我朝"包容维度在馆阁文人以馆阁身份作传记时，对其中可能涉及的多种宗教、多元文化以及外来事物的情形显得态

---

① 《元史》卷二〇二《释老传》，第 4520 页。
② （元）黄文仲：《大都赋》，《全元文》，第 46 册，第 136 页。
③ （元）萨都剌：《奎章阁感兴》，《全元诗》，第 30 册，第 160 页。

度雍雅、胸襟博大。

例如馆臣们对于元代源流复杂、门派多元的宗教人物的表述态度。当然，就元朝宗教对于社会的影响力来看，诚如《元史》所论："释、老之教，行乎中国也千数百年，而其盛衰每系乎时君之好恶。是故佛于晋、宋、梁、陈，黄、老于汉、魏、唐、宋，而其效可睹矣。元兴，崇尚释氏，而帝师之盛，尤不可与古昔同语。"① 所谓帝师，是元朝对藏传佛教教主的尊号。元蒙统治者崇信藏传佛教的程度，的确是有过于以往任何时代对宗教的崇奉情形，《元史》记载："百年之间，朝廷所以敬礼而尊信之者，无所不用其至。虽帝后妃主，皆因受戒而为之膜拜。正衙朝会，百官班列，而帝师亦或专席于坐隅。且每帝即位之始，降诏褒护，必敕章佩监络珠为字以赐，盖其重之如此。其未至而迎之，则中书大臣驰驿累百骑以往，所过供亿送迎。"② 尽管这本是蒙古统治者政教合一的统治思维方式，但对于深受儒家思想浸渍的馆臣而言，还是难免会惊诧的。这样再看他们对于那些帝师及其子弟的表述就能见出其胸襟态度了。例如王磐写第一代帝师八思巴（也译发思八）：

> 庚午，师年三十一岁，时至元七年，诏制大元国字，师独运摹画，作成称旨，即颁行朝省，郡县遵用，迄为一代典章。③

这段文字写得真是"如天闲良骥，鱼鱼雅雅"，至"雍容浑穆"④ 于极致。在忽必烈即将一统南北的前夕，或许有感于"元有天下，薄海内外，人迹所及，皆置驿传，使驿往来，如行国中"⑤ 的世界性广泛交流的

① 《元史》卷二〇二《释老传》，第4517页。
② 同上书，第4520页。
③ （元）王磐：《帝师发思八行状》，《全元文》，第2册，第260页。
④ 《四库全书总目》卷一六九《集部·别集类二二》"宋学士全集提要"，第1464页。
⑤ 《元史》卷六三《地理志六》，第1563页。

背景，忽必烈期望能创造一种蒙古新字，它可以"译写一切文字"①，他把这一即使是在今天的 Computer times 也不能不堪称伟大的设想②交给小他20岁、年仅31岁的八思巴去完成，可见忽必烈对于八思巴的信赖，以及他们之间沟通的默契，而八思巴竟然不负所托，"独运摹画，作成称旨"，也足见其绝世才华。有现代学者指出，"当发布使用八思巴文的诏书时，元朝的疆域已有很大扩展，许多民族已被统一。与此相适应，创制一种全国共用的文字的必要性，自然就更感迫切了。元朝政权正式宣布建立的时间是1270年，但新义字的使用，对新政权的正式宣布是起到了不小的作用"③，则八思巴文又诚可谓"一代典章"。作为忠诚的汉儒，王磐可能不能完全理解忽必烈造蒙古新字的野心，对需要他如实记述的传主藏传佛教帝师八

---

① 《元史》卷二〇二《释老传》，第4518页。

② 忽必烈试图让八思巴创制出一种译写所有语言的文字，这一理念本来可能带来一场不仅是出版而且是思想的巨大革命，最终却无声无息地消失了，其中的原因，John Man 在其 *Kulbai Khan：From Xanadu to Superpower* 中分析道："A revolution of this nature might have been initiated under Kublai's aegis. Kublai's China had the technology, the ships, and the intercontinental links by sea and land to back his imperial ambitions. He or his extremely bright advisers might have taken the next steps, which was to turn Phags—pa's script into metal type, set it in frames and start printing. There was even a good financial reason to do this. In Europe, the push came from religion：the need to ensure that all Christian institutions were reading the same approved and error—free Bible. In Kublai's China, the push might well have come from the need to print vast amount of paper money, with complete designs and several colors to prevent counterfeiting." "There is a final, and perhaps fundamentally crucial reason why there was no Yuan printing revolution. The purpose of printing is the transmission of information, and I believe—I am sorry to say this—that the Mongols had no information they wished to transmit. Deep down, what Kublai had created was Mongolia Inc, a vast corporate entity dedicated to creating wealth and power for itself, with nothing at the end save its own eternal survival. This had always been a problem." Bantam press 2006 年版，第330、331页。（笔者译文：这一性质的革命指创制八思巴文以翻译一切语言缘起于忽必烈的支持，他统治下的中国有技术、船只还有他那连通海、陆国际线路的帝国野心。他或者他那些极其聪明的谋士可能已经进行了下一步行动——将八思巴文字变成金属模块，设置好边框进行印刷，甚至有充分的理由得到财政支持。而在欧洲，这股推动力却源于宗教：出于让所有基督机构能读到经过核实、没有错误的同样的《圣经》的需要。在忽必烈治下的中国，这种推动力可能源于印刷大量为防止伪造而复杂、多色的纸币。元朝没有出现出版革命的一个基本的也是决定性的关键原因在于，印刷的目的是传播信息，而我很遗憾，元朝没有需要传达的信息。再往深里看，忽必烈所创造的是蒙古企业，一个无所谓永恒，仅仅只致力于创造财富和权力的巨大的企业实体。这一直都是一个问题。）

③ ［美］尼·鲍培：《八思巴字蒙古语碑铭译补》，郝苏民译注，见陈庆英《元朝帝师八思巴》，内蒙古文化出版社1986年版，第144—145页。

思巴，可能更不理解，但他能以如此看似平实简达，实则含蓄精粹的语言表现蒙古最高统治者与宗教领袖之间惺惺相惜的情愫，表现八思巴缔造新字的伟大，则王磐能在忽必烈时代的馆阁中"夙有重名，持文柄、主盟吾道，余二十年"①，诚无愧也。

再如赵孟𫖯写八思巴的弟子阿鲁浑萨理，阿鲁浑萨理受学于帝师八思巴，及言归去，拜辞八思巴，而八思巴推托道"以汝之学，非为我佛弟子者，我敢受汝拜耶？勉事圣君"，待阿鲁浑萨理至京师，八思巴已上书荐之裕宗（真金太子），遂得召入宿卫，日以笔札侍左右。赵孟𫖯写阿鲁浑萨理为人道：

> 公开明廓深，喜怒不形于色，仁足以立政，智足以周物，明时务，识大体。初为世祖所知，而劝以治天下必用儒术，江南诸老臣及山林薮泽有道艺之士，皆宜招纳，以备选录。于是置集贤院，下求贤之诏，遣使天下。天下闻风而起，至者悉命公馆之，礼意周洽，皆喜过望。其有不称旨者，亦请厚赍而遣之，以劝来者。而集贤长贰，极一时名流，尽公所荐用。又请置国子监学官，增博士弟子员，优其廪，既学者益众。②

蒙古人以十余万众而征略天下，缔造了疆域横跨欧、亚、非三大洲的蒙古大帝国，如果仅仅将这种成就归功于蒙古人的能征善战，则很难看到他们在这个过程中的种种异乎寻常的包容胸襟和富于创造性的思维模式。所幸，借助元代馆臣们留下的一个个功臣勋旧、宗教领袖、能臣干吏的生

---

① （元）苏天爵：《元朝名臣事略》卷八《左丞许文正公》，姚景安点校，中华书局1996年版，第179页。

② （元）赵孟𫖯：《赵孟𫖯文集》卷七《大元敕赐故荣禄大夫中书平章政事守司徒集贤院使领太史院事赠推忠佐理翊亮功臣太师开府仪同三司上柱国追封赵国公谥文定全公神道碑铭》，任道斌点校，上海书画出版社2011年版，第135—136页。

平事迹，人们可以一窥蒙古人征略天下而获得巨大成功的阃奥。在赵孟頫的文字中，可以看到，帝师八思巴对于聪明颖悟的阿鲁浑萨理，不以一教之私而独据其才，却令其效力于更有意义的元王朝统治大业；阿鲁浑萨理亦深得乃师风范，并不以氏族之私、观念之异而献媚固宠，而是站在大一统的高度，力劝蒙古统治者广纳南北各族、各教贤人达士，尤其是对文明程度最高的南人；赵孟頫作为赵宋宗室子弟，由江南而仕进于北庭，则以欣赏甚至赞佩的态度肯定阿鲁浑萨理这位异族、异教的同僚。若仅以民族之私而见其时人们顾念生死、贪图富贵的一面，则不仅难见13—14世纪期间，蒙古人以摧枯拉朽之势而打破西域诸国、西夏、西辽、花剌子模、金朝、高丽、大理、南宋等政权的限制，"将以前闭塞之路途，完全洞开，将各民族集聚一处""使之互换迁徙"① 的繁盛与恢宏气象，而且可能忽略文明程度远逊于中原，也不能比肩西域、金朝、西夏、西辽诸国朝的蒙古人以怎样的天下皆我朝的粗豪和包举宇内的胸襟，令其时"有一材一艺者，毕效于朝"②，并使一统的王朝维系近百年的非比寻常之处。基于这一点，解读元代馆臣的传记，则确实需要透过那些被制度、氏族、语言、风俗等内容裹挟着的传主生平，来明白馆臣们在记述他们所处时代各种宗教、各种思想以及各种"奇怪物变、风俗嗜好、语言衣食有绝异者"③ 过程中所传递出来的平和雍雅态度。

另外，元朝的特性还相当程度地影响了元代馆臣的创作实践与创作理念。很有意思的是，元代馆臣们非常有意识地通过传记创作实践和传记内容本身传达他们的正统文章创作理念。元王朝确立于宗教信仰多元、各种语言猬集的环境中，最终没有选择会同群经、灵明通变、和会朱陆的意识

---

① 龚书铎主编：《白寿彝文集·中国交通史》，河南大学出版社2008年版，第318—319页。

② 《赵孟頫文集》卷七《大元敕赐故荣禄大夫中书平章政事守司徒集贤院使领太史院事赠推忠佐理翊亮功臣太师开府仪同三司上柱国追封赵国公谥文定全公神道碑铭》，第134—135页。

③ 《虞集全集·道园类稿》卷三二《跋和林志》，第405页。

形态，却"非程、朱学不试于有司"①。这其中固然有各种复杂因素的参与和左右，但不能否认的事实是，盛行于南宋后期的程朱理学直至元朝才上升成为官学，成为科举考试的必读书目，并以政府的名义要求通都大邑、海表穷乡的学子都必须由程朱理学而入于经学探研与文章写作。作为国家意识形态的传宣者和代言人，馆臣们的写作风格与时代的正统文风往往具有高度的一致性，一定程度而言，应该是每个时代的馆臣们导引着那个时代的正统文坛风气。而就元代馆阁宣力的碑铭传记写作而言，则由于其创作态度之慎重而更彰显出"通经显文"的意思。例如以下所引姚燧为元代著名骁将阿里海牙所作神道碑中的文字：

> 公鼓其孤军，留戍所余，不能倍万，名城通都，身至力取，利尽海表。图地籍民，半宋疆理。其时将相，虽瞠后尘，犹不可望公少见。最所下州，荆之南十四，淮西四，湖南九，江之西二，广西二十有一，广东、河南各四，凡五十八。自余洞夷山獠，荷毡被毳，大主小酋，棋错辐裂，连数千里，受廪听令者，犹不与存。其依日月之末光，张雷霆之余威，以会其成功者，亦一世之雄哉！今列其由省幕、戎麾与所受降登宰相者：丞相二：蒙古岱、阿里罕；平章十二：鄂啰齐、特穆尔阿里、史格、吕文焕、特穆尔巴哈、李庭、李顺、张弘范、刘国杰、程鹏飞、史弼；右丞四：索多、完颜诺海、阗出、柔落也讷；左丞四：塔齐哈、唐古特、刘深、赵修己；参政十三：贾文备、郑伊可、何玮、张鼎、樊揖、朱国宝、张荣实、囊嘉特、乌玛喇、博罗和塔拉、高达、马应龙、云从龙。都元帅、宣慰使、总管、万夫、千夫之长，又什伯是。观出其门众多，又足征公善推劳人也。

① （元）欧阳玄：《欧阳玄全集》卷五《赵忠简公祠堂记》，汤锐点校，四川大学出版社2010年版，第94页。

初，北上田租，亩取三升，户调岁惟四两。及定湖、广，税法亩取三升，尽除宋他名征。后征海南，度不足于用，始权宜抽户调三之一佐军，时以为虐，今较江浙诸省，概增倍蓰。独西南赖以轻平，其镜馆传修洁，亦甲他省。生祠所在，岳、潭、柳、雷、公安、兴安皆一，而严关与全独二。①

姚燧是元初儒学大师许衡的优秀弟子，对许衡之学"式纂厥绪，以大其承"②，能"由穷理致知，反躬实践"③，经学造诣上堪称当世名儒。经学的训练和素养，使得姚燧在创作上主张经文合流，认为"文章以道轻重，道以文章轻重"④，上所引的这段文字即在夹叙夹议中颇有春秋笔法的意味。传主阿里海牙（1227—1886）死后十四年，即 1300 年，应其学生、传主阿里海牙的孙子贯云石兄弟的请求而撰写："公薨十四年，今正奉、辅国以神道未碑，出公凡受制书与御笔及公平生行实，请燧曰：'征是为铭。'呜呼！兄弟争与昭扬先德，于其子职责已塞矣。"⑤ 蒙元历史上，阿里海牙之死一直有些让人疑惑。而读姚燧的这篇碑铭则略有感触，作者在上所引的这段文字之前有句感慨写道"尝读望诸君书，'善作者不必善成，善始者不必善终'，未尝不兴慨叹于武敏"，而略读姚燧的这篇碑铭会感到文章的写作非常像《史记》中的《李将军列传》，作者在其中对阿里海牙命运的感慨也颇类同于司马迁对李广的同情，尤其上面所引这段文字，姚燧在历数阿里海牙非凡战功之后，非常详细地罗列其手下成为朝中重臣的数据及人名，足以证明阿里海牙善于栽培人才。阿里海牙最终却以括降民

---

① 《姚燧集·牧庵集》卷一三《湖广行省左丞相神道碑》，第 192—193 页。
② （元）柳贯：《柳贯集》卷八《姚燧谥文》，魏崇武、钟彦飞点校，浙江古籍出版社 2014 年版，第 223 页。
③ 《元史》卷一七四《姚燧传》，第 4059 页。
④ 《姚燧集·牧庵集》卷四《送畅纯甫序》，第 69 页。
⑤ 《姚燧集·牧庵集》卷一三《湖广行省左丞相神道碑》，第 192 页。

为私户、自置官吏治之、岁纳租赋之罪而受到弹劾，而综观他的一生，除在战场上骁勇奋进之外，"大率以口舌降之，未尝专事杀戮。又其取民悉定从轻赋，民所在立祠祀之"①，所以上所引文中，阿里海牙曾经驻守、管理过的地方，民众都筑生祠以表感激，生祠数竟然达到八个，数据颇令人意外。姚燧颇为平实的数据罗列以及数据对比，使得个体的生死与国家制度的前后调整变化以及个体的性格特征互为因果表里，不仅传主的命运颇令人唏嘘，而且文字表述的意义与高度也陡然提升。元人称姚燧的文章能将许衡的经学结合得如"机钥之相须"②，由这段文字看来，的确是由经而文，风格"豪而不宕，刚而不厉"③ 的创作典范。也不仅仅是姚燧的传记，细读元代馆臣的传记作品，都相当程度地体现出"通经显文"的特质。无怪乎《元史》评价认为"元兴百年，上自朝廷内外名宦之臣，下及山林布衣之士"，真正以文通显于世的作者，既非纯经学之士，也非纯文艺之人，他们实际都是"通经能文"者④。

元代馆阁文们在传记创作中一方面非常努力地践行着"通经显文"的创作理念，另一方面借助传记内容本身直接传宣"通经显文"创作理念的内涵。可以看到，在元代文坛，姚燧之后，元明善被人们公认为姚燧的接续者，这种认知以及地位的确认是通过张养浩、马祖常给元明善的神道碑来估定的，在估定元明善的文坛地位之际，张养浩和马祖常都较为清晰地阐述了他们所认可和继承的"通经显文"的古文创作风气。张养浩在给元明善撰写的神道碑铭中认为古文创作风气自从韩愈、柳宗元开启之后，一直到宋朝欧阳修出现，才振衰起弊，其时又有曾巩、苏氏父子左右辅佐，古文写作风气蔚然。而之后的金朝以来则"荡然无复古意矣"。大元开启

---

① 《元史》卷一二八《阿里海牙传》，第 3128 页。
② 《柳贯集》卷八《姚燧谥文》，第 223 页。
③ 《元史》卷一七四《姚燧传》，第 4059 页。
④ 《元史》卷一八九《儒学传一》，第 4313 页。

之后，士子由于姚燧的倡导，多专心于古文，"骎骎乎与韩、柳抗衡矣"，元明善是"踵牧庵而奋者"①，马祖常认为元明善的文章："出入秦汉之间，本之于六经，以涵泳其膏泽，参之于诸子百家以骋其辨。刻而不见其迹，新而必自己出。蔚乎其华敷，锵乎其古声，倡古学于当世，为一代之文宗者，柳城姚燧暨公而已。"② 张养浩死后，孛术鲁翀定位他的创作认为，他是追随姚燧古文创作而起的杰出者，孛术鲁翀写道："圣朝牧庵姚文公以古文雄天下，天下英才振奋而宗之，卓然有成"，"张公其魁杰也"③。孛术鲁翀之后，苏天爵在给他的神道碑中定位认为，他从姚燧学古文，立言垂训，简易明白，"不蹈故常以徇人，不求新奇以惊世"，对圣贤旨意多有所阐发④，等等，不胜枚举。

应该说，《元史》概述元代百年之间的文章创作"上自朝廷内外名宦之臣，下及山林布衣之士，以通经能文显著当世者，彬彬焉众矣"⑤，这个评价并非兀然而得，实由元代碑铭传记的记述而来，其中馆臣们的传记又其大宗也。

三

综观元代中期的馆阁传记创作，那些有机会奉旨或者受托为大姓用汉文撰写碑铭、行状、墓铭的馆阁文人，诸如成宗时期的阎复、姚燧、卢挚，仁宗时的刘敏中、程钜夫、元明善、张养浩、曹元用、张伯淳，英宗时期的赵孟頫、袁桷、邓文原、同恕、蒲道源，文宗时期的马祖常、虞

---

① （元）张养浩：《故翰林学士资善大夫知制诰同修国史赠某官谥文敏元公神道碑铭》，《全元文》，第24册，第661页。

② （元）马祖常：《翰林学士元文敏公神道碑》，《全元文》，第32册，第482页。

③ （元）孛术鲁翀：《张文忠公归田类稿序》，《全元文》，第32册，第292页。

④ （元）苏天爵：《元故中奉大夫江浙行中书省参知政事孛术鲁公神道碑铭并序》，《全元文》，第40册，第276页。

⑤ 《元史》卷一八九《儒学传一》，第4313页。

集、揭傒斯、柳贯，顺帝前期的欧阳玄、许有壬、张起岩、黄溍、苏天爵、贡师泰、危素等，这些馆阁文人几乎涵盖元代中期以来的正统诗文大家，而他们的传记创作对象涉及蒙古至元代中期包括政治、军事、宗教、思想文化等多方面的重要人物，借由这些重要人物的生平履历以及世绩的描述，元朝作为中国古代唯一由北方游牧民族所建立的全国统一王朝的许多不为中原王朝所具有的特性被具体、生动且真实地展现于人们眼前。而根由人们青史留名的心理，实际上，在传统时代，历朝历代的传记无论是帝王将相还是名流士绅或者是普通民众，一旦被特意书写甚至刻碑铭记，往往是具有它们在自己时代里被肯定的内容，这其中被馆阁文人传记写作的对象，则除了馆阁文人自身超出普通文人的文化与学术的影响力之外，更由于馆阁文人所具有的国家意义而更加集中、典型地体现着时代的特征。

元代中期，自元成宗一朝以恩威并施的方式，逐渐瓦解海都叛军，馆阁文人为军功重臣撰写碑铭、墓铭一时成风。值得一提的是，元贞二年颁布的《大德改元诏》的表述"朕荷天地之洪禧，承祖宗之丕祚，仰尊成宪，庶格和平。比者药木忽儿、兀鲁速不花、朵儿朵怀等去逆效顺，率众内附，毕会宗亲，释其罪戾。适星芒之垂象，岂天意之儆予。宜推一视之仁，诞布更新之政，可改元贞三年为大德元年"①，元贞二年（1296），窝阔台汗海都、察合台汗笃哇内部分裂，这年年底，阿里不哥之子药木忽儿及兀鲁速不花、朵儿朵怀等率军归投元朝。而元成宗发布改元为大德的诏书，一则欢迎诸叛王能"去逆效顺""释其罪戾"，再则表示元朝愿意以大德而报诸叛王，从而使天下能早致和平②的态度。大德改元之后，以1301年海都病死为契机，"海都之乱"逐渐平复。元廷一方面大肆赏赐诸王及

---

① 《元典章》，第15页。
② 朱耀廷：《正说元朝十五帝》，第137页。

功臣，另一方面通过为功臣树碑立传的方式来激励群情，以此，1300 年前后，在朝廷的引领和鼓励下，馆臣们奉旨或者受功臣家属之托撰写家族功绩或世绩的情形非常频繁，从而掀起一个传记写作小高峰。

成宗朝的这一传记写作风气由于元廷皇族内乱的迭起，而被延续到元朝的其他任皇帝的统治时期，尤其明显的是武、仁兄弟帝位授受时期，和明、文及顺帝三位皇帝帝位递传的时期。从元武宗、元仁宗的即位情形来看，这场皇位之争的背后还夹杂着蒙古监国制的影响、帝后干政以及成宗朝色目派与汉法派的斗争，最终以元武宗、元仁宗这边的成功即位而表明汉法派占取了上风①。而在争夺皇位过程中的较量又激起了新朝必须要有对功臣的新一轮奉赏与颂扬。可以看到，在皇庆元年（1312）终于登基的皇弟、皇太子爱育黎拔力八达在这轮帝位之争中的功臣们进行封赠，馆臣刘敏中连续奉旨为武宗至大元年（1308）去世的哈剌哈孙撰写《敕赐太傅右丞相赠太师顺德忠献王碑》，奉旨为李孟父亲李唐撰写《敕赐推忠保德佐运功臣太傅开府仪同三司上柱国韩国公谥忠献李公神道碑铭》，元明善奉旨为月赤察儿作《太师淇阳忠武王碑》。而引人注意的是，在武宗即位过程中发挥巨大作用的阿沙不花在武宗朝"位冠百僚，爵超五等"②，但他在至大二年（1309）卒后，却没有在仁宗朝得到表彰。这其中最根本的原因便是，在武、仁位弟承过程中，阿沙不花及其兄弟康里脱脱始终是武

---

① 元成宗去世，因后继无子，皇位只能在皇侄中选择。其时，成宗之侄海山本是最合适人选，但由于成宗的皇后卜鲁罕在成宗病重之际秉政，她伙同朝中的色目派权贵欲谋立成宗的堂弟阿难答。阿难答自小由伊斯兰教徒抚养，崇信伊斯兰教，并在至元十六年（1279）袭封安西王之后，令一军 15 万人中大部分人信奉伊斯兰教。在宗教上又可得到同样信奉伊斯兰教的伊利汗国国君的奥援，故而形成觊觎皇位的势力。而支持海山的力量主要有支持汉法的右丞相哈剌哈孙、大宗正札鲁忽赤兼两城兵马都指挥使阿沙不花、海山之弟爱育黎拔力八达及其老师李孟，最终海山继位。参见朱耀廷《正说元朝十五帝》，第 141—145 页。
② （元）黄溍：《黄溍全集·金华黄先生文集》卷八《敕赐丞相冀宁文忠王祠堂记》，王珽点校，天津古籍出版社 2008 年版，第 283 页。

宗一系的亲信①。可以看到，武宗皇帝即位不到四年即去世，仁宗即位后即以"变乱旧章，流毒百姓"② 名义对武宗朝旧臣进行清算，阿沙不花之弟康里脱脱虽幸免一死③，此后却家居五年不出。阿沙不花家族直至仁宗父子朝之后，武宗之子妥欢帖睦尔即位为元顺帝后才再次显达。所以，阿沙不花兄弟的事迹，由于康里脱脱之子、铁木儿塔识在元顺帝朝的显达而由馆臣黄溍奉旨撰写《敕赐康里氏先茔碑》以及《敕赐丞相冀宁文忠王祠堂记》得到展现④。

再从明、文及顺帝三位皇帝帝位的递传情况来看，由于权臣燕帖木儿的作用，元武宗的两个儿子和世㻋、图帖睦尔以及孙子妥欢帖睦尔都被卷入帝位争夺的斗争中，并由燕帖木儿左右而即位。以此，燕帖木儿的事迹在1329年元文宗即位之初由其时著名馆臣马祖常奉旨作《太师太平王定策元勋之碑》，在1333年元顺帝即位之初，再由马祖常奉旨作《敕赐太师秦王佐命元勋之碑》，燕帖木儿的先人土土哈、床兀儿事迹也

---

① 在武、仁即位过程中，由于太后答吉爱重幼子爱育黎拔力八达，期望武宗让位于弟，武宗即派阿沙不花兄弟前往谈判。《元史·阿沙不花传》载："武宗时为怀宁王，总军漠北问：'今日材可大用者为谁？'对曰：'母弟脱脱将相才也，无以易之。'遂命从行，后果为名臣……仁宗以太子监国，遣使北迎武宗，而武宗迟回不进，遣使还报太后曰：'非阿沙不花往不可。'"《元史·康里脱脱传》又载："先是，太后以武宗迟回不至，已遣阿沙不花往道诸王群臣推戴之意。及是脱脱继往，行至旺古察，武宗在马轿中望见其来，趣使疾驰，与之共载。脱脱具致太后、仁宗之语，武宗乃大感悟，释然无疑。遂遣阿沙不花还报。仁宗即日命驾奉迎于上都。武宗正位宸极，尊太后为皇太后，立仁宗为皇太子，三宫协和，脱脱兄弟之力为多。"分别参见《元史》卷一三六《阿沙不花传》、卷一三八《康里脱脱传》，第3297—3298、3323 页。
② 《元史》卷二四《元仁宗本纪一》，第537 页。
③ 武宗在位之际，其臣子三宝奴等曾经商量废黜爱育黎拔力八达的皇太子之位，被康里脱脱坚决制止，以此康里脱脱才免于被仁宗清算的命运。《元史·康里脱脱传》载："至大三年，尚书省立，迁右丞相。三宝奴等劝武宗立皇子为皇太子。脱脱方猎于柳林，遣使亟召之还。三宝奴曰：'建储议急，故相召耳。'脱脱惊曰：'何谓也？'曰：'皇子浸长，圣体近日倦勤，储副所宜早定。'脱脱曰：'国家大计不可不慎。曩者太弟躬定大事，功在宗社，位居东宫，已有定命，自是兄弟叔侄世世相承，孰敢紊其序者！我辈臣子，于国宪章纵不能有所匡赞，何可隳其成。'三宝奴曰：'今日兄已授弟，后日叔当授侄，能保之乎？'脱脱曰：'在我不可渝，彼失其信，天实鉴之。'三宝奴虽不以为然，而莫能夺其议也。"参见《元史》卷一三八《康里脱脱传》，第3324 页。
④ 何兆吉：《元政权中的显赫家族〈敕赐康里氏先茔碑〉考略》，《西北第二民族学院学报》1994 年第2 期，第49—56 页。

由馆臣虞集奉旨撰写碑铭《句容郡王世绩碑》，1330 年元文宗再令艺文监将《燕铁木儿世家》刻板刊行①。而在明、文二帝争夺帝位过程中翊戴有功的几位重臣赵世安、赵世延等人，也由馆臣奉旨为个人或者先人事迹撰写碑铭，如马祖常在 1329 年奉旨为赵世安作《敕赐御史中丞赵公先德碑铭》等。

除了西北边乱、宫廷斗争等政治因素带来的一轮又一轮朝廷对功臣的封赏和颂扬之外，由仁宗朝对翰林国史院地位的提升、泰定帝朝对经筵侍讲形式的制度化、文宗朝奎章阁学士院的成立以及顺帝时候《辽》《金》《宋》三史的完成等因素，对于馆臣奉旨或者受臣僚及家属所托而主笔撰写碑铭、墓铭等各类形式的传记颇有促进意义，而馆臣们在文坛以及社会上崇高的地位和影响力又使得更多豪右大族以及宗教地方士绅力量也成为馆臣们大量创作传记的原因。如蒙元之际北方著名军阀董氏一族，揭傒斯曾对这个家族在元代社会的影响力有评论云"自太祖皇帝应天启运，其将相大臣父子孙曾传百数十年，称名臣者数十人，或拥旄杖节，出谋发虑，佐定海宇；或安危靖乱，行政施化，藩屏国家于外；或献可替否，拾遗补过，匡救政理于内；功不绝于信史，名不染于罪籍，天下庸人妇女皆能称说者，惟董氏而已"②。这个元代极负盛名的董氏家族也从家族功勋的开创者董俊开始，家族事迹即由其时最负盛名的馆臣撰写：如赵国忠烈公董俊的墓铭由学士李冶撰写；赵国忠献公董文炳的墓铭由学士王磐撰写；赵国忠穆公董文用的碑铭由学士阎复撰写；赵国正献公董文忠的碑铭由学士姚燧撰写；陇西郡侯昭懿公董文直的碑铭由学士虞集撰写；赵郡忠愍公董士元墓由学士阎复撰碑；赵国清献公董士珍墓由学士欧阳玄撰碑；冀国忠肃

---

① 《元史》卷三四《元文宗本纪三》，第 765 页。

② （元）揭傒斯：《揭傒斯全集·文集》卷七《大元敕赐正奉大夫江南湖北道肃政廉访使董公神道碑》，李梦生标校，上海古籍出版社 2012 年版，第 421—422 页。

公董守简墓由学士黄溍撰碑；平章忠宣公董士选墓由学士吴澄撰碑；参政肃诚公董守仁墓由学士虞集撰碑；元明善作《藁城董氏家传》《寿国忠烈董公（董俊）传》《藁城令董府君（董文直）神道碑》；虞集还为董氏作《董忠宣公家庙碑铭》《江西行省参政董公神道碑铭》《元故怀远大将军洪泽屯田万户赠昭勇大将军前卫亲军都指挥使上轻车都尉追封陇西郡侯谥昭懿董公神道碑铭》，而馆臣们对于自己能以撰写碑铭、墓记的方式郑重地参与到蒙元历史的大背景还原过程中而深感荣幸："以臣侪斯获备载述，与有荣耀，故不敢伏阙辞让。"①

据《全元文》及相关石刻文献辑本与元人文集校本，元代馆阁文人传记创作篇目 2200 余篇，而现今所存的元代中期馆臣们传记创作的数量大约占据 50%，其中仅现今所存的元代馆阁文人们奉旨所作碑铭有 150 篇左右②，这些传记在它们出现的时代所具有的影响力以及在今天所具有的历史资料意义和文学文献的研究意义都是无法估量的。

本书内容涉及元代中期四位馆阁作家的传记创作研究，以时间先后为序，这四位馆阁作家分别是王恽（1227—1304）、虞集（1272—1348）、黄溍（1277—1357）、欧阳玄（1283—1357）。这几位可以说较为典型地代表了元代中期南北馆阁的三个阶段：初期、盛期、晚期。王恽是初期北方著名馆臣代表之一，后三位都是南方作家，其中虞集是元代中期当仁不让的文坛盟主和馆臣大家，黄溍和欧阳玄二人皆为延祐（1314）首科进士，是继虞集、揭傒斯之后的馆臣代表，他们都在至正十七年（1357）去世，一定程度上代表着元代馆阁文人创作黄金时代的结束。从这四位馆阁大家的传记创作情况来看，王恽现存有传记文 80 余

① 《揭傒斯全集·文集》卷七《大元敕赐正奉大夫江南湖北道肃政廉访使董公神道碑》，第422 页。
② 这一数据由唐云芝博士统计得出。

篇，欧阳玄 50 余篇，虞集、黄溍皆在 200 篇左右。就数量而言，不能算太惊人，但是，这四位馆阁大家的传记作品对于元朝从蒙古人崛起于西北到元代中期、至正十年（1350）前，整个社会在各种矛盾激化的背景下逐渐走向崩溃之前，各阶段社会面貌的反映却是相当深邃而广泛的，不仅集中代表着其时上层意识形态倾向，而且也较为典型地体现着元代由馆阁文人努力扭转前金、旧宋时期文章风气的元代文章"通经显文"的正统文章创作风格。

可以看到，王恽作为生于金源治下的北方，成长生活于蒙元社会转型时期，并成为大一统元朝的馆阁文人，他的传记在广泛展现北方金源亡灭之后的家国沦亡景象之际，更以典型人物的生平集中深刻地描述了崛起的蒙古人征略天下的无敌气势。最著名如王恽的那篇于元贞二年（1296）奉旨撰写的关于蒙元时期著名军功家族兀良氏家族的《大元光禄大夫平章政事兀良氏先庙碑铭》。速不台（1176—1248），最初以质子身份入侍成吉思汗家族，他为人深沉而有谋略，善于用兵，勇敢无前。壬午年（1222），在参与成吉思汗亲率的第一次西征中，将花剌子模国国王摩诃末逼死于里海的一座小岛，令成吉思汗感慨嘉赏云"速不台枕干血战，为我家宣力，朕甚嘉尚，赐珠宝一银罂"；庚寅年（1230）在决定金朝灭亡的关键战役三峰山之战中，与拖雷合战而致金军"不能兵"；辛丑年（1241），在拔都率领的第二次西征中，拔都攻兀鲁思，为所败，攻秃里哥城，不能下；而速不台督战，擒兀鲁思王也烈班，三日克秃里哥城。速不台的一生都用于成吉思汗家族征略天下的事业，征战所及东至高丽，西达波兰、匈牙利，北到西伯利亚，南抵开封，诚可谓古今世界征战范围最广的将领之一，也的确无愧于成吉思汗麾下著名的"四獒"之一名号。正由于速不台的赫赫战功以及他在军中的极高威信，己酉年（1249），窝阔台之子贵由汗去世后，拖雷家族谋立蒙哥为大汗，尽管拔都与各宗室、大臣都站在蒙哥一边，却"议久未决"，而速不台一发话，"即定"①，最终这场致使蒙古帝国汗系由窝阔台家族转至拖雷家族的忽里台汗选由于速不台的发话而一锤定音，蒙古帝国命运也由于这次汗选而发生巨大转变，速不台的影响不容忽略。速不台之子兀良合台（1201—1272），孙子阿术（1227—1281），在跟随忽必烈南征大理、下江南平宋进程中也同样有着不可替代的贡献。在历述兀良家族速不台、兀良合台及阿术"三世迭将，际兴运，依末光，佐收混一之绩"②的事迹之际，王恽的碑铭也将蒙古人征略天下的进程一览收进。不仅如此，由蒙古人征略天下而导致的13—14世纪包括蒙古以及蒙古征略所及的社会巨大转型过程中的王朝覆灭、家族沦亡、个体命运升沉等，借由馆阁文臣笔下那些具体却又典型的传主生平，鲜活地封存在他们自己的时代里，令今世的人们了解之际，唏嘘感慨。

再可以看到，虞集作为元代中期最著名的馆阁大橼、《经世大典》的总裁官，他的传记作品不仅多，相当程度地包罗了蒙元社会顶层权力家族，而且对社会各个阶层尤其是中上层的精英群体颇有反映。除前文中虞集叙及的元代第一权力家族——土土哈家族外，再如虞集传记中颇有记述的贺氏家族，在虞集的传记中关于贺氏家族的作品有《贺惠愍公庙碑》《贺忠愍公神道碑铭》《贺丞相墓志铭》三篇。当然以贺氏在元王朝权力机构中的重要地位而言，虞集有三篇传记为这个家族而作，足见其作为馆臣的重要性。而有关贺氏家族的命运又和元代的一项极为重要的政治制度"两都巡幸制"密切相关。尽管元代"两都巡幸制"缘起于辽代的捺钵制，但元朝皇帝率领宫廷嫔妃、内侍以及文武百官，自至元初直至至正末，每年前往上都清署4—6个月，这一几乎贯穿整个王朝始终的政治行为实际却

---

① （元）王恽：《王恽全集汇校》卷五〇《大元光禄大夫平章政事兀良氏先庙碑铭》，杨亮、钟彦飞点校，中华书局2013年版，第6册，第2347—2348页。
② 《王恽全集汇校》卷五〇《大元光禄大夫平章政事兀良氏先庙碑铭》，第6册，第2345页。

与蒙古帝国、元王朝之间复杂的递承背景有密切关系，是理解和破译元代社会诸多问题的关键内容。值得注意的是，贺氏家族自忽必烈实行两都巡幸制之初即任职上都留守司这一重要职务。诚如虞集在《贺丞相墓志铭》中概括上都留守司的重要性所指出"供亿之计，一统之留守，故为职最要焉，自非器巨而虑周，望孚而干固，明习国家典要，深为上所信向者，殆不足以胜其任也"，这么重要的职守，贺氏家族却能"自世祖时，以属诸贺氏，至于今三世矣"。而在元代"有两个官僚家族长期执掌着上都留守和虎贲司的主要职务。一个是蒙古开国元勋扎剌儿部木黎华家族，另一个是业已蒙古化了的汉人功臣贺氏家族"[①]，木华黎是与成吉思汗一同起家的伴当，以沉毅多智、雄勇善战著称，在成吉思汗征略天下的进程中所发挥的作用就如成吉思汗自己所称誉那样"犹车之有辕，身之有臂"，意义极大，而贺氏作为汉人能在蒙古权力结构中获得如此重要的一席，绝非寻常。虞集在《贺忠愍公神道碑铭》指出贺氏家族"父、祖、子、孙世守其官，且六七十年。宫府治办，工贾通易，人用乐业，以克成厥功"[②]，此述再副以姚燧对贺仁杰任职期间的描述"乘舆岁至，比其南也，少乃数月，顿舍宴享，诸生百司，送往劳来，细而米盐、灯烛，大内之中，奔走征呼，一日数至，其所受委，不怠下忘，克当圣心，未尝取其逆怒"[③]，再联系贺家最初在忽必烈南征大理时，贺贲献金以助军资，贺胜象辇前救驾的功劳，则贺氏能确凭其忠勤而获得了自忽必烈至文宗几代蒙古统治者的信赖。当然贺氏处于如此核心的权力位置，亦必然会卷入到上层的权力斗争中去。虞集在传记记述贺胜与铁木迭儿一党的斗争事件并加以肯定写道：

---

① 陈高华、史卫民：《元大都上都研究》，中国人民大学出版社 2010 年版，第 200—201 页。
② 《虞集全集·道园类稿》卷四〇，第 1057 页。
③ 《姚燧集·牧庵集》卷一七《光禄大夫平章政事商议陕西等处行中书省事赠恭勤竭力功臣仪同三司太保封雍国公谥忠贞贺公神道碑》，第 271 页。

铁木迭儿之专政也，上数怒，欲斥去之，辄自附东宫求免。上性仁孝，每以是曲容之，而反覆睢盱益甚。公曰：吾老臣也，宁自爱其身，弗为国家去蠹乎？会其家人受富民贿，变杀人之狱，乃与平章政事萧拜住、御史中丞杨朵儿只先后奏白其罪，专政者坐免。会仁宗崩，复得为相，遂并谮害此三公者。朝廷为之惊恍，天下为之叹息，谮者以为得志……而公直亮、愤不顾身之忠，卒暴白于天下，书之信史，传之后人，为勋臣世家福泽方未艾也。……臣载笔从幸上都，见有庙奕然在国西门之外者，其署曰：敕赐故丞相、留守惠愍贺公之庙，盖都人之所作也。父老幼稚，岁时具牲牢醴齐考，击钟鼓而祭享之，依依如将见之者，盖不可强而致之也，呜呼！公之上得于君，下得于民，至于没世而不忘，何其盛哉！①

虞集于至顺三年（1332）奉旨为贺胜作《贺忠愍公神道碑铭》，实源于贺胜等与深得仁宗母亲答吉太后信重，在仁宗、英宗时期把持朝政的铁木迭儿集团斗争并被冤死的背景。以虞集在朝所处的地位，以及虞集创作上所具有的影响力，可以说虞集所撰写的每篇传记，其传主身份、传记所述内容以及虞集本人的表述倾向都与他所处的时代政治、宗教、文化以及文坛的重要人物、事件、背景密切相关，内涵丰富，不仅可读性极强，而且也极富研究意义。

至于欧阳玄，他是虞集、揭傒斯等人之后执掌馆阁文事的重要写手。与虞集的馆阁事业相比，欧阳玄并不逊色，甚至有后来居上的意思，所谓"其宠其荣，国朝百年以来一人而已"②。欧阳玄在馆阁三十年，在虞集主笔的时代，以奎章阁艺文少监的身份与修《经世大典》，之后又与修

---

① 《虞集全集·道园类稿》卷四〇，第1058页。
② （元）孔齐：《至正直记》卷一《议立东宫》，上海古籍出版社1991年版，第20页。

《至正条格》，又以总裁身份主持纂修辽、金、宋三史，元代官方的大制作欧阳玄实多预焉。欧阳玄现存的传记作品数量虽然不能与虞集等相比，但却具有同等的意义和地位。在展现元代社会的丰富复杂性方面，欧阳玄的传记尤其值得注意的一点是对 13—14 世纪"西域人东迁"高潮的书写，而《高昌偰氏家传》又是其中的代表。地理意义上的高昌，位于今新疆吐鲁番盆地。公元 9 世纪，回鹘政权被黠戛斯推翻后，大部分回鹘人向西迁徙。一支迁到葱岭以西，一支迁到河西走廊，一支迁到西州（今新疆吐鲁番）。西州回鹘又向西发展，以高昌（今新疆吐鲁番）为中心，建立了高昌回鹘政权。在成吉思汗征略天下的进程中，由于高昌回鹘较早依附，更兼其文化水平远高于蒙古人，以此高昌回鹘在元代享有较多特权，也有颇多家族获得了较高的政治与经济地位。相应地，馆臣们的传记也就较多地写到了元代高昌家族的兴盛。除了欧阳玄的这篇《高昌偰氏家传》外，赡思有《元甘肃等处行中书省平章政事荣禄大夫公神道碑》，姚燧有《皇元高昌忠惠王神道碑铭并序》，虞集有《高昌王世勋德碑》《高昌王神道碑》《昔里哈剌襄靖公神道碑》《靖州路达鲁花赤鲁公神道碑》，许有壬有《大元赠光禄大夫江浙等处行中书省平章政事柱国追封赵国公阿塔海牙公神道碑铭并序》《故嘉议大夫广东道都转运监使赠通议大夫户部尚书上轻车都尉追封高昌郡侯合剌普华公墓志铭》《故奉政大夫淮西江北道肃政廉访使赠嘉议大夫礼部尚书上轻车都尉追封恒山郡公谥正肃普颜公神道碑铭并序》，黄溍有《广东道都转运盐使赠推诚守忠全节功臣资德大夫河南江北等处行中书省右丞上护军追封高昌郡公谥忠慭合剌普华公神道碑铭》，等等。

欧阳玄《高昌偰氏家传》的典型意义在于，它用元代一个高昌家族的历史，恢宏而生动地展现了元代"西域人华化"的进程。这个华化进程可以概括表现为三个阶段：第一阶段是取得汉人姓氏，第二阶段是在汉地取得社会地位的同时努力汉化；第三阶段是取得与汉人同等的汉文化成就。借由欧阳玄的传记可以知道，高昌偰氏姓氏的来历：

> 伟兀者，回鹘转声也。其地本在哈喇和林，即今之和宁路也。有三水焉，一并城南山东北流，曰斡耳汗；一经城西北流，曰和林河；一发西北东流，曰忽尔斑达弥尔。三水距城北三十里合流，曰偰辇杰河。回纥有普鞠可汗者，实始居之，后徙居北庭。北庭者，今之别失八里城也。①

高昌偰氏的第一代先人偰文质，根据自己的家族肇基于偰辇杰河，所以命家族之姓为偰氏："吾宗肇基偰辇，今因以偰为氏，盖木本水源之意也。"而偰文质的这一取得汉姓的过程，是包括高昌人在内的元代西域人华化的重要历程。高昌偰氏家族从偰文质的祖父岳璘帖穆尔追随太祖征讨获得军功，进而家族逐步东迁至汉地富庶区域，到偰文质一代，不仅基本融入汉文化，更受到汉文化的深刻影响而有意识地记录本民族、本家族的历史。在欧阳玄的这篇传记中，他交代他的传记是基于偰文质本人准备好的基础资料完成的，偰文质本人认为自己的家族自高祖、曾祖以来，皆"勤瘁王家，翊兴大业"，若不努力载记，则"俛仰陈迹"，很可能湮没于历史的硝烟长河中，"无以示来者"，所以才"谨具世次履历"②，请擅长汉文表述的欧阳玄加以撰次。偰文质的这种有意识的史传行为，是元代传记体现为大量西域人传记特色的重要背景原因。另外，高昌偰氏在元代诸多高门大族中特出的一个重要因素还在于这个家族由于非常重视汉化教育，竟然在整个元代的 16 次科举考试中，有 9 位进士及第，不仅远高出其他西域人华化的水平，而且可以与汉人分庭抗礼，这便让当时以及当今的

---

① 《欧阳玄全集》卷一一《高昌偰氏家传》，第 328 页。
② 同上书，第 331 页。

人们不得不对元代西域人华化的成绩刮目相看。高昌偰氏家族的华化历程是整个元代东迁西域人华化进程的典型缩影，欧阳玄的传记创作能捕捉到这个典型，实际上是时代的选择。作为极富史传意识的馆阁高层，欧阳玄身处于蒙古人建立的大一统王朝，以华夷同尊的意识和态度书写那个时代的独特风貌，既是元代馆臣的必然写作倾向，也是他们的传记写作在总体上必然区别于其他时代的重要特色。

最后还要说到黄溍。比起其他三位馆臣，黄溍有个特殊之处在于，他是婺州学派的重要代表，学生又是《元史》总裁官宋濂，这使得黄溍在与上述几位同样具有清晰的史传意识的同时，他的所知所想以及所记所录被他的学生宋濂很好地保存下来，这为全面研究作为馆臣的黄溍的传记提供了极大的方便。黄溍传记值得研究的内容非常丰富，而就传记反映元朝特性的视角而言，黄溍进入馆阁、奉旨创作的传记更加值得注意。虽然黄溍与欧阳玄同为延祐首科进士，但是，黄溍的仕途却比欧阳玄要曲折得多，直至至顺二年（1331）在御史中丞马祖常的荐举下才进入馆阁。不过，值得注意的是，在元王朝政权及于崩溃前夕的"至正更化"背景下[1]，黄溍在至正七年至至正十年（1347—1350）奉旨创作了一批传记，数量约有21篇，不仅超过长期职事馆阁的虞集奉旨撰写传记的数量，而且频繁程度远超于之前乃至之后的任何一位馆臣。且不论黄溍的这些传记写作的主人公是谁，反映了什么元代社会特性，颇有意味的是"至正更化"的性质对于黄溍奉旨作传行为的影响。元王朝政权崩溃之前的这场由脱脱主持进行的"至正更化"尽管是蒙古统治阶层的一次断尾求生的变革行为，但是，推究元王朝以游牧民族而统治在管理制度和政治智慧上比蒙古人更有经验，人口数量远胜于蒙古以及色目为代表的统治阶层的中原定居民族，对蒙古

---

① 郭军：《元末"至正更化"探究》，硕士学位论文，西北师范大学，2015年。

统治者以及被统治的民众都有许多不适和不能调和的矛盾。到元代中晚期，这种由制度不适而带来的各种社会矛盾到了全面爆发和激化的地步，为求统治的长治久安，蒙古统治阶层被迫实行制度改革。而终元一朝，的确也是黄溍的传记中才对这一政治变革颇有反映。例如黄溍的《翰林待制柳公墓表》写道：

> 今天子更化之初，登用儒雅，而中朝诸老，多已凋落。近臣以公名闻于上，乃以翰林待制、承务郎兼国史院编修官起公于家。公幡然出见使者，退谓人曰："吾老矣，忝列职禁林，傥缘次对，而获陈尧、舜之道，以裨圣政之万一，岂非幸欤？"会有诏复行贡举法，留主文衡于乡闱，竣事乃行。到官仅八阅月，俄以疾卒于寓舍，至正二年十一月九日也。①

又如黄溍《集贤大学士荣禄大夫史公神道碑铭》写道：

> 更化之后，复以老人召拜集贤大学士、荣禄大夫。中书集议救灾，众皆默然，公独上言三十三事，及录本朝诛阿合马、清冗职诏。②

从黄溍传记中的这两段叙述来说，缘于"至正更化"登用儒雅的愿景，柳贯被征召，而柳贯也期待以尧舜对国家的更化政治有所裨益，也是缘于朝廷更化的美好愿景，史惟良复出，并从汉法角度再引当年忽必烈朝汉儒与回回人斗争中，以阿合马被诛来预示汉法实施的意义等。黄溍本人作为"至正更化"的智囊人物，他的表述既有事实依据也颇有意味，这也深刻地反映出元代馆阁传记创作与政治背景的密切关系。"至正更化"以元朝游牧民族统治体制中的根本性问题以及社会各种矛盾和弊病积重难返

---

① 《黄溍全集·金华黄先生文集》卷三，第724页。
② 同上书，第681页。

而在至正九年（1349）前后失败，黄潽在此期间的传记作为，也可以说是为元代中期馆臣黄金时代的终结作了较为完美的注解。

本著中，王恽、虞集、欧阳玄、黄潽的传记研究分别由王培培、宋启凤、唐云芝、江梦佳四位研究生撰写完成，本序写作中参用的元代传记创作数据以及书稿正文后面的附录由唐云芝整理完成。

第一章　王恽传记研究

　　王恽(1227—1304)，字仲谋，号秋涧，卫州汲县人。中统初（1260），受姚枢征辟为翰林修撰，因李璮叛乱受牵连归乡，后一直受汉地世侯史氏一族眷顾，为幕僚。至元五年（1268），拜监察御史，后历任平阳路判官、翰林待制、福建宪使。至元三十年（1293），上万言书觐见世祖皇帝，授翰林学士、嘉议大夫。王恽自少好学，用功于儒业，以才干见称，"自少至老，未尝一日不学《易》，簦方停笔"，"绾持文柄，独步一时"，"一时诏制辞命，皆出其手"①。青年时在苏门山读书，因此有机会受教于元好问、王磐、刘祁、杨奂等金源文史大家。王恽一生勤于笔耕，著述颇丰，有《相鉴》五十卷、《汲郡志》十五卷，以及包括笔记、诗文在内的《秋涧大全文集》一百卷。这些著述均成为研究元史及元代文学的重要资料。王恽曾参与《世祖实录》的编纂工作，其中他编写的《圣训》六卷，明修元史时多有借鉴。传记是王恽创作中的一个重要文类。据杨亮点校的《王恽全集汇校》，王恽现存有传记文72篇，包括行状5篇、传7篇、墓志铭6篇、碑铭33篇、表碣5篇、碣铭16篇，涉及传主、家族60余位。

---

① （元）王公孺：《大元故翰林学士中奉大夫知制诰同修国史赠学士承旨资善大夫追封太原郡公谥文定王公神道碑铭》，《全元文》，第13册，第260、256页。

一 王恽传记之宏大历史再现

王恽作为元初北方文坛的一代盟主，其"《秋涧集》是后世研究元代文史最重要资料之一，可以说是元代文史之渊薮"①，这一认知主要源于王恽作品中碑传创作占据相当的篇幅。碑传文的主要功能在于突出表现传主的德行以彰显其人格魅力，但王恽却在发挥其主要功能的基础之上使一代恢宏历史得以再现，足彰其"备见一代之史"的行文观念。作为曾三入翰林、制诰奏议多出其手的北方汉人文臣，王恽善于在对传主的私人撰述中融入历史质素，从单篇传记来看或许只是对传主所在历史时空的铺垫，但观其所有传记作品并分析整合，易代之历史则跃然于眼前。这种宏大历史的再现并不是王恽偶然得之，是源于王恽"遇事论列，随时记载，未尝一日停笔"②的记史习惯，更是其个人所处的历史语境以及自身史学实践共同孕育的结果，可以说是历史和个人的双向选择。

（一）"备见一代之史"：王恽传记对易代之际历史的呈现

"备见一代之史"是王恽创作尤其是碑传写作中秉持的重要理念。中统年间，王恽入职翰林，与王鹗等人谋划修前代之史。在"近又闻国史院于亡金《实录》内采择肇造事迹"后，王恽就访野史一事而大加议论，并针对翰林院收集史料的困境给出了解决方案。首先王恽肯定了"野史"所具有的价值："切惟古者修史，虽野史传闻，不以人废。"③在此基础上，王恽就翰林院收集史料"数年已来，所得无几"的窘状提出建议：

> 然当间从征诸人所在尚有，旁求备访，所获必富。不然，此辈且

① 杨亮：《〈王恽全集汇校〉前言》，第23页。
② （元）：王公孺：《秋涧先生大全文集后序》，《全元文》，第13册，第252页。
③ 《王恽全集汇校》卷八四《论收访野史事状》，第8册，第3477页。

老，将何所闻？合无榜示中外，不以诸色等人，有曾扈从征进，凡有记忆事实，许所在条件，或口为陈说，及转相传闻，事无巨细，可以投献者，官给赏有差。如此庶望人效众美，国就成书，使鸿休盛烈，晦而复明，备见一代之史，顾不盛欤。①

可见王恽给翰林院的建议是不能局限于从前代《实录》中采集史事，所谓口耳相传的"野史"也自有其价值，当探访历史亲历者，集结更多史料以呈现出整体的历史面貌，如此才能铸就国书而"备见一代之史"。

王恽对"备见一代之史"创作理念的坚持深刻地影响着其传记文学的创作。王恽撰有《秋涧集》一百卷，所涉文学体裁众多，其传记作品却不过百篇，这在他浩如烟海的文学作品中只如沧海一粟，然而王恽于为数不多的传记作品中在彰显传主生平德行之上，围绕蒙元在中原地区的政治发展进程，将蒙元战争攻伐的推进、蒙元对地方宗教的接纳及利用过程、中州文人在蒙元世侯辖地的活动概况以及战乱中的民生民情一一呈现，这些给后世考察易代历史面貌提供了极大的便利，也说明了王恽传记在内容上的历史独特性。

1. 对蒙元战争的叙录

王恽作为元初北方文人之宗主，三入翰林，"文定公于是时独以文词称雄，或以制诏播告四方、训迪臣下，多出公手"②。因此其传记中少不了奉敕之作，其目的在于歌功颂德以表朝廷嘉奖，能够获此殊荣的大多都是在蒙元肇建中有特殊贡献的人。王恽传记中人物活动所跨时间横度与蒙元南下伐金到元廷肇建并趋于稳定的时间轴相吻合，因此很多武将参与了蒙元剪金取宋的宏大战争史，成为功勋世臣而入王恽之传记，这些传记分开

① 《王恽全集汇校》卷八四《论收访野史事状》，第 8 册，第 3477 页。
② （清）张金吾：《爱日精庐藏书志》卷三三《秋涧先生大全集一百卷》，柳向春整理，吴格审定，上海古籍出版社 2014 年版，第 622 页。

来看，或许只是一鳞一爪，只描写刻画了个别人物在蒙元征战中的角色或反映了某一战役的进程，但我们把王恽传记中所有与蒙元征战相关的作品放在一起加以考察，就可以发现，这些作品非常真实地描绘了蒙元浩荡恢宏的攻伐史，显示了易代之际蒙元与金、宋战争局势演变的过程，更显示了王恽对蒙元战争史的整体把握。王恽传记中以人物为主线刻画了蒙元自南下伐金到元初灭宋这段时间内蒙元战争史的发展轮廓，在兀良家传及史天泽、张思忠、聂祯等人的传记中多有涉及，纵观相关篇章，蒙元之灭金、伐宋、西征的进程以及蒙元攻伐进程中所暴露的诸多问题及矛盾在王恽传记中多有体现，并值得深思。

《大元光禄大夫平章政事兀良氏先庙碑铭》是王恽于元贞二年（1296）的奉敕之作。兀良家族"三世迭将，际兴运，依末光"，有"佐收混一之绩"，诏制曰："阿术乃祖乃父自太祖朝服劳王室，多树功阀，名高诸将，可嘉赠谥。"① 可见三代兀良家族对蒙元攻伐史的参与度极高，家族中三代名将之攻伐如丝似缕地串联于蒙元战争史。王恽奉旨为其家族作碑铭以彰其功绩，其记述重点就在于兀良三代之攻战伐掠的征战过程，碑铭中共记录大小战役三十五处，其中速不台参与战役九处，不良合歹参与七处，阿术参与十九处。速不台所参与战役主要是蒙古部落时期的战争及少数与金将展开的战役；兀良合歹则主要参与了从忽必烈远征西南与云南各势力展开的较量；碑铭中涉及战役最多、最详的阿术不仅从其父征西南诸夷，亦是元廷征伐南宋的主力，传记中所涉十九处战役皆是与南宋的交手。以武将为传主的传记中战役记述众多并非罕见，王恽的可贵之处就在于其传记中几乎把整个战争的推演悉数记述于内，这在阿术攻伐谋略的一生中尤为显著。阿术作为兀良家族战功卓著的第三代，深

---

① 《王恽全集汇校》卷五〇《大元光禄大夫平章政事兀良氏先庙碑铭》，第6册，第2345页。

入参与了蒙元与南宋的对战，而且蒙宋战争后期，南宋实际上已逐渐丧失战斗力，蒙元在两淮以压倒性优势取得节节胜利。王恽在此着墨尤为用力，对战争中每个阶段的进展、城池的攻掠以及人物对战争的推动作用都做了极尽可能的历史还原，把原本对阿术的歌功颂德陡然转换成蒙宋双方在战场上的较量，个人传记却如史书般波澜壮阔。传记中以阿术征战为主线将蒙宋战争的最后阶段描绘得荡气回肠，这不仅是军事力量的碰撞，更是蒙宋双方智慧与胆略的对抗。传记中详写了多次战役，如在襄阳之战中阿术"立虚寨，设疑火"，以空城之计引宋军深入，"筑鹿门、新城、白河等堡"① 以绝宋军粮饷。又如在芜湖战场与宋平章贾似道、宋将夏贵的多次周旋中，阿术利用智慧谋略辨别其投诚真伪，又能在南宋擅长的水战船战中多次以计略取得成功，使宋将败退投降。这些战役虽只是蒙元战争史中的一隅，却充分展现了蒙古军队的骁勇善战和极强的学习能力，以小见大地说明了蒙元能够在短时间内拥有混元合一、盛世一统之局面的必然性。

《大元光禄大夫平章政事兀良氏先庙碑铭》是王恽传记中最能体现其再现蒙元宏大战争进程意识的作品，作品中的兀良家族三代人分别参与了蒙元不同阶段的战争，速不台参与的第二次西征② 与兵围汴京的蒙金战争、兀良合歹参与的西南诸夷战争和阿术参与的蒙宋战争，这些历史现场皆载于王恽笔下。王恽这篇为兀良氏所作家传可谓兀良氏传记中最早、最详的一篇传记，后世撰史多从其中采集史料，宋濂与王袆总编之《元史·阿术传》中虽刻意以时间之先后排列其生平，所有时间与事迹之前后顺序、战

---

① 《王恽全集汇校》卷五〇《大元光禄大夫平章政事兀良氏先庙碑铭》，第6册，第2351页。
② 蒙古史上一共有三次大规模的西征，第一次是元太祖十四至十九年（1219—1224），成吉思汗率军与花剌子模国进行的一场战争。第二次是元太宗八年至十四年（1236—1242）窝阔台汗遣拔都等诸王率军征服伏尔加河以西诸国的战争。第三次是元宪宗二年至世祖中统元年（1252—1260），蒙哥汗派其弟旭烈兀率领十万大军攻波斯的战争。

役之因果，甚至是人物之语言都极为相近，比如记述阿术识破宋将计谋一段：

> 六年七月，大霖雨，汉水溢，宋大将夏贵、范文虎相继以兵来争，又遣兵出没东岸林谷间。公按观兵势，谓诸将曰："此虚形，不可与战，宜整舟师以备新堡。"众从之。明日，南船果趣新堡，大破之，杀、溺、生擒者五千，获斗舰百余艘。①

《元史》中则如是记载：

> 六年七月，大霖雨，汉水溢，宋将夏贵、范文虎相继率兵来援，复分兵出入东岸林谷间。阿术谓诸将曰："此张虚形，不可与战，宜整舟师备新堡。"诸将从之。明日宋兵果趋新堡，大破之，杀溺生擒者五千余人，获战舰百余艘。②

由上可观，这两段文字记述几乎一模一样，王恽撰写兀良家传是"谨按家略序而系之以辞"③，以其家族的略记而成6000余字之文，《元史》成书时间与王恽撰写此篇传记的时间相隔七十二年，且不说兀良家的自序可能早已不传，就《元史》编纂的快捷性上来讲，《元史》在很大程度上直接使用了《秋涧集》当中的史料，由此可见此篇传记对蒙元攻伐史研究的意义。

与兀良氏碑铭相似者还有王恽的《大元故宣武将军千户张君家传》《大元故大名路宣差李公神道碑铭》《故金吾卫上将军景州节度使贾公行状》《大元故广威将军屯田万户聂公神道碑铭》等，这些传记都是蒙元战

---

① 《王恽全集汇校》卷五〇《大元光禄大夫平章政事兀良氏先庙碑铭》，第6册，2351页。
② 《元史》卷一二八《阿术传》，第2063页。
③ 《王恽全集汇校》卷五〇《大元光禄大夫平章政事兀良氏先庙碑铭》，第6册，2346页。

争史的载体，如《大元故大名路宣差李公神道碑铭》中记录李益立山所参与的第二次与第三次西征中兵攻阿思部的惨烈，《大元故广威将军屯田万户聂公神道碑铭》与《大元故宣武将军千户张君家传》中聂祯和贾德在两淮战场上襄樊之战中与南宋的百般周旋，这些都是研究蒙元战争史真实可靠的资料。

王恽生于金末，幼年时虽经历了金朝的覆灭和亲人死于战乱的痛苦，北渡后安稳的童年记忆并没有使王恽有太多强烈的家国之悲，所以王恽在传记中对战争推演的描述更多还是站在蒙元史臣的角度来写"皇元天纵神武，戡定区夏"①"大元以神武戡定区夏"②"皇元以神武戡定区宇，剪金取宋，保塞一军号称雄胜"③，显示出王恽对蒙元征战有着强烈的自豪之情，但这并不影响王恽在传记中直言不讳地陈述蒙元在攻城略地中的负面事实。如《大元故大名路宣差李公神道碑铭》虽意在歌颂人物事迹，却也在另一面展现了蒙古杀戮的事实："明年戊子春，从攻沙洲，破之。帝怒不时下，欲屠其城。"④ 兀良氏之碑铭言："泰州守将开北门纳我师，执庭芝等出，继奉命戮扬州市。"⑤《故金吾卫上将军景州节度使贾公行状》："太师闻变赫怒，拥盛兵为屠城之举。"⑥《故蠡州管匠提领史府君行状》中史忠提前向蒙古将领进贡牛酒，才免遭屠城，而"邻乡多被屠掠"⑦。此种事在蒙元之攻伐中屡见不鲜，王恽虽未对其评议，但从他对李益立山、阿术、贾德等人拯救遭受屠城百姓之作为而称赞他们有"古良将风"中能够感受到王恽对蒙元屠城这种粗暴行为的反感。

---

① 《王恽全集汇校》卷五一《大元国故卫辉路监郡塔必公神道碑铭》，第6册，第2385页。
② 《王恽全集汇校》卷五一《大元故大名路宣差李公神道碑铭》，第6册，第2377页。
③ 《王恽全集汇校》卷五八《大元故广威将军屯田万户聂公神道碑铭》，第6册，第2575页。
④ 《王恽全集汇校》卷五一《大元故大名路宣差李公神道碑铭》，第6册，第2378页。
⑤ 《王恽全集汇校》卷五〇《大元光禄大夫平章政事兀良氏先庙碑铭》，第6册，第2355页。
⑥ 《王恽全集汇校》卷四七《故金吾卫上将军景州节度使贾公行状》，第6册，第2239页。
⑦ 《王恽全集汇校》卷四七《故蠡州管匠提领史府君行状》，第6册，第2244页。

战争史的发展脉络是整个易代之际社会发展的风向标，通读王恽传记，给读者印象最深刻的就是他对蒙元攻伐史极尽详细之叙述。无论是西征战事、远征云南，还是与南宋在两淮流域的周旋在蒙元攻伐史上都有其非常重要的政治战略意义，王恽传记中的叙述所展现的不仅仅是战争发展的过程，更重要的是在朝代更迭、异族质素介入之历史大背景中宋元之间精彩的军事较量。蒙元攻伐史正是王恽传记中易代宏大历史再现的序幕。

2. 对北方著名道教太一教的展现

太一教由卫州人萧抱珍创立于金天眷初年，创立之初即"受箓为门徒者，岁无虑千数"①，是北方道教三大教派（全真教、太一教、大道教）中创立最早的教派，因此在蒙金战争爆发之前就已经有了深厚的民众和政治基础。王恽与太一教渊源极深，据王恽《家传》中记载，其祖母韩氏"晚嗜道家，教号妙清"②，而韩氏的叔父乃是太一教二代度师萧道熙，因此太一教与王恽之间有着非常深厚的家族渊源。此外，太一教为王恽家乡卫州的地方教派，王恽又为当地文学大家，因此与太一教相关的碑传墓志、庙观记文等皆请王恽为其撰写。王恽在传记中的记述基本涵盖了太一教发展之始终以及其宗教内核，与蒙元关系的建立和发展是王恽记述之重点，而这段关系的更迭是研究太一教发展的重要线索。陈垣先生称："秋涧知太一教掌故特详……今太一有《秋涧集》，其文献亦赖以不亡，秋涧不啻为太一之太史也。"③ 太一教影响范围并不广阔，所存不过两百多年，王恽传记中对太一教的记载显得弥足珍贵，后世对太一教的认知大多从《秋涧集》而来，因此其文献意义重大。

---

① 《王恽全集汇校》卷六一《故太一二代度师先考韩君墓志铭》，第 6 册，第 2660 页。
② 《王恽全集汇校》卷四九《南郦王氏家传》，第 6 册，第 2299 页。
③ 陈垣：《南宋初河北新道教考》，中华书局 1989 年版，第 84 页。

就传记作品内容而言，王恽所作有关太一教的传记有：至元十六年
（1279）应五代祖师李居寿请王恽为太一二代萧道熙（1157—？，字光远，
汴州人）作《太一二代度师赠嗣教重明真人萧公行状》；至元十九年
（1282）应六代度师李全祐之请为太一五代度师李居寿（1221—1280，字
伯仁，卫州汲县西晋里人）作《太一五祖演化贞常真人行状》；至元二十
年（1283）为道教提点张善渊（1206—1275，字几道，赵郡平棘人）作
《故真靖大师卫辉路道教提点张公墓碣铭》；为彰德路道教事霍真（字明
道，系出安阳县）作《提点彰德路道教事寂然子霍君道行碣铭》；至元二
十四年（1287）为太一二代先考（韩矩，其先为大梁望族）作《故太一二
代度师先考韩君墓碣铭》、太一三代度师之先考（王守谦，字受益，博之
堂邑人）作《太一三代度师先考王君墓表》；至元二十六年（1289）为卫
辉路道教提点张居祐（1218—1289，字天锡，汲郡人）作《凝寂大师卫辉
路道教都提点张公墓碣铭》。这些传主或是太一教信徒，或是一代度师，
或是教主亲属，篇幅不多，却都与太一教有着莫大的关联，因此文献价值
极高。王恽与太一六代度师李全祐"有夙昔之雅"①，多篇与太一教相关的
传记是应其所请而作，与太一教的家族渊源也使王恽对太一教所知甚详，
因此王恽在传记中呈现出了太一教在易代之际的发展轨迹，记载中多涉及
蒙元对太一教的接纳过程以及太一教从兴起到衰落过程中所透露出的宗教
内核和蒙元间的政治关系。

借由王恽的传记可以知道，蒙元南下前，太一教在众教派中是最受宠
遇的一支。一祖萧抱珍、二祖萧道熙、三祖萧志冲都曾受过金朝国主之礼
遇。大定九年（1169），金赐太一教万寿额碑，"是后声教大振，门徒增
盛，东渐于海矣"。大定十四年（1174），金召海内名僧宗主天长观事，萧

---

① 《王恽全集汇校》卷六一《提点彰德路道教事寂然子霍君道行碣铭》，第6册，第2669页。

道熙欣然前往，后其门徒"不阅月，户外之履满矣"①。可见，太一教在金季就注重倚靠政治力量扩大其影响范围，其门徒由数千人扩大到数万人②。贞祐年间，蒙金战争爆发，卫州遭屠城浩劫，"国朝癸酉岁，天兵北动，奄奠中夏。明年，分道而南，连亘河朔，卫乃被围。粤三日城破，以州旅拒不即下，悉驱民出泊近甸，无噍类殄歼。初，星妖下流淇上，群儿气吐成谣，哄歌里陌间，曰'团栾冬，半破年。寒食节，绝人烟'之谶，寻罹厄，实贞祐二年春正月十有二日也"③。因此以卫州为宗教中心的太一教势力在此次浩劫中遭到严重打击，太一四代度师萧辅道逃生。王恽传记中并未存四代度师萧辅道之碑铭，其事迹皆在真靖真人张善渊和太一五代度师萧居寿传中，在卫州沦陷后，萧辅道积极致力于太一教的重建，重新修复了太一教总部万寿观。易代丧乱之际，萧辅道审时度势开始与蒙元政治力量接触。金天兴年间，萧辅道"应大将撒吉思请，主新卫昭顺圣后祠"④，后于1246年受忽必烈及其母唆鲁禾帖尼的召见，这是太一教发展的重要历史转折，"既至，上询所以为治者，师以爱民立制、润色鸿业、用隆至孝者数事为对，上喜甚，锡之重宝，辞不受"⑤。而后，太一教在蒙元势力的支持下事业大兴。1252年，萧辅道再次受召北觐，忽必烈指定李居寿为太一五代度师。萧辅道逝后，忽必烈升太一万寿观为太一广福万寿宫，这标志着太一教在蒙元的支持下得到了进一步的发展。忽必烈与萧辅道的私人关系十分亲密，1259年，忽必烈南巡，居万寿宫，追忆萧辅道，有"清而能容，光而不曜。富文学，知变通。向朕在潜，与之同处。何音容乍远，

① 《王恽全集汇校》卷四七《太一二代度师赠嗣教重明真人萧公行状》，第6册，第2234、2235页。
② （金）王若虚：《滹南遗老集》卷四二《太一三代度师萧公墓表》，《丛书集成初编》本，中华书局1985年版，第273页。
③ 《王恽全集汇校》卷三九《堆金塚记》，第5册，第1888页。
④ 《王恽全集汇校》卷六一《凝寂大师卫辉路道都提点张公慕碣铭》，第6册，第2671页。
⑤ 《王恽全集汇校》卷三八《清跸殿记》，第5册，第1866页。

冠履遽遗，殊用怅然"之叹，这种深厚的私人关系使太一教在五代度师萧居寿的带领下达到全盛。凭借四代度师与蒙元建立的政治基础，太一教不断得到蒙元的支持，关系也日益密切：

> 至元三年，以京师刘氏宅赐师为斋洁待问之所。六年春，皇嗣请师祷祀上真……八年，螟蝗为灾，命师即岱宗汾睢设驱屏法供，秋乃大熟。十年正月，就上都大安阁演金箓科仪……十一年，特旨于奉先坊创太一广福万寿宫……十五年，奉旨祭七元星君于西府钟室。[①]

通过王恽传记中的记载，可见太一教在与蒙元的不断接触中，逐渐成为了蒙元日益信任的一支教派，广福万寿宫的肇建更是标志着太一教达到了鼎盛，但是拥有如此鼎盛之景的太一教在太一六代度师后便逐渐销声匿迹，的确有些非同寻常，究其原因，太一教之教宗教义以及与蒙元间相互倚靠利用的实质性关系当是症结所在。

从王恽传记可以看到最得蒙元统治者倚赖的是太一教浓厚的符箓道派色彩，这正投合蒙古民族实用至上的民族观念。《太一二代度师赠嗣教重明真人萧公行状》中有"既贬，师乃陈宝箓法物，具香火升堂，以二代嗣事谕众"[②]。另据王鹗《国朝重修太一广福万寿宫之碑》中认为太一教是萧抱珍在恐符箓道派天师教不传的基础上建立起来的，掌教易姓为"萧"也是对天师教维护一姓传袭之传统的模仿，所以太一教的符箓派色彩是非常浓重的。符箓派长于斋醮法事、呼风唤雨之术，王恽对此在传记中多有记载，《太一三代度师先考王君墓表》中述三代度师萧志冲入道之因时谈道："然阖门善良，薄于世味，奉道之心亟若饥渴，闻太一教以符箓济度世厄，

---

① 《王恽全集汇校》卷四七《太一五祖演化贞常真人行状》，第 6 册，第 2251 页。
② 《王恽全集汇校》卷四七《太一二代度师赠嗣教重明真人萧公行状》，第 6 册，第 2234 页。

所在奔走，惟恐其后。"① 又如载太一二代萧辅道之祈雨之况："师乃书飞雷救旱符一道，张净几上，复咒法水数石，令州将已下人酌水沃符，毕，雨即来矣。"② 另外，太一教对民众的抚慰性存在也是其受蒙元拉拢的又一力因。太一教的符箓色彩使饱受战乱困扰的民众有了精神寄托，而太一教度师若萧辅道之类，在卫州遭屠城浩荡后，为死难者殓葬尸骨，设醮祭奠，这给在水深火热中的民众以极大的精神抚慰，蒙元与太一教拉拢政策逐渐使太一教成为了其聚集民心、控制民众的一股重要政治力量。然而在太一五代度师后，蒙元已在中原地区站稳脚跟，之前为所利用的长处已没有太大的意义，道教教派又甚多，同以符箓为所称道的正一教势头正盛且普遍认为正一教乃是符箓派之正宗，所以，蒙元统治者也就默认了太一教向正一教靠拢，最终并入正一教的事实。另外，太一教自五代度师时全盛后，其教派风气每况愈下，对此王恽也颇有微言："然修道为教，有体有用，体虽具而用不彰，其为道也亦已微矣。"③ 王恽对太一教失其宗教根本、空有其表的现状进行了委婉的批评，从而说明了太一教最终走向没落的根本原因。

值得注意的是，另一道教教派全真教因与蒙元政治关系建立较早，得到了充分的发展，而王恽只有一篇《大元故清和妙道广化真人玄门掌教大宗师尹公道行碑铭》，是为丘处机之徒尹志平所作。这篇传记虽然篇幅不长，仍可观全真教与蒙元初期接触的始终，从而在对全真教的全面了解上洞悉同为道教流派的太一教走向没落的深层原因。据碑铭载，全真教始倡于重阳真人王喆，"逮长春丘公应期济度，道乃大行，风声洋溢，丕冒海隅"。全真教之发扬始自丘处机，蒙金战争爆发前丘处机在山东各地已经

---

① 《王恽全集汇校》卷六一《太一三代度师先考王君墓表》，第 6 册，第 2662 页。
② 《王恽全集汇校》卷四七《太一二代度师赠嗣教重明真人萧公行状》，第 6 册，第 2235 页。
③ 《王恽全集汇校》卷三八《万寿宫方丈记》，第 5 册，第 1874 页。

有大量信徒，名声远扬，因此金、蒙、南宋都对全真教有拉拢之意，"太祖圣武皇帝遣便宜刘仲禄起长春于宁海之昆仑山"，丘处机审时度势应成吉思汗之请，"金、宋交聘，公坚卧不起"。①丘处机凭借自己敏锐的政治眼光投身蒙元，带领包括尹志平在内的道行储备者十八人西行。此次西行是全真教教史上的转折点，丘处机巧妙地利用成吉思汗寻长生之术的原始信仰，阐述了治国治世之思想，同时将全真教派的内丹学说融入其中，得到了成吉思汗的完全信任，呼其为"神仙"。正是此次与蒙元的接触使全真教返回燕京后在北方迅速发展开来。尹志平接任全真教后，全真教发展到了新的高度，尹志平为蒙元统治者主讲《道经》，兴复了佑德、云台二观，太平、宗圣、太一、华清四室。1236年，奉旨试经云中，度千人为道。全真教的发展之所以能迅速且稳定，不仅得益于蒙元的支持，还得益于其教内自身的文化水平，若尹志平"世以儒业擢进士第"②，有《葆光集》《北游录》传于世，其实全真教诸多重要人物都有文集传世，诸如马钰《渐悟集》、刘处玄《仙乐集》、丘处机《磻溪集》等。文集的传世使其教宗教义得以保存流传并维持其独特性，避免了太一教与其他教派融合的命运。

王恽对待道教的态度其实是有些不满的，他在《卫州胙城县灵虚观碑》中有"仆，儒家者流，道不同，不相为谋"③之语，说明以"有用之学"为毕生所求的他对以法术丹药立身的道教在元朝的过高地位表示不满。王恽始终认为无论是与自己有着家世渊源的太一教，还是势力范围甚广的全真教，与他自己所坚持的信条是"道不同"的，不满之情显而易见。王恽以史家之眼光，放下自己的偏见记述太一教和全真教在易代

① 《王恽全集汇校》卷五六《大元故清和妙道广化真人玄门掌教大宗师尹公道行碑铭》，第6册，第2531—2532页。
② 同上书，第2531页。
③ 《王恽全集汇校》卷五三《卫州胙城县灵虚观碑》，第6册，第2441页。

情境中的发展历史，足见其史家风范。相比于太平盛世，宗教在易代之际的存在与发展所包裹的社会内涵要复杂许多，王恽传记中近乎完整地呈现了太一教在金元更迭之际的发展脉络，但这种呈现并不局限于平铺直叙，而是揭开其历史面纱从更容易切入的历史视角将其真实的一面呈现给后世。

3. 对蒙元时期世侯区域文士活动的展现

蒙金易代之际，世侯群体成为了北方地区一支活跃的军事、政治力量，更成为汉文化实现复兴的主力军。世侯群体对文化的复兴主要体现在两个方面：一是广泛接纳金朝遗民文人；二是在所辖地实行积极的文化政策。东平严氏、真定史氏等皆在领地招纳贤才、广建私塾，发展文教事业、培养后备人才，使饱经战火摧残的汉文化实现了短暂复兴。王恽家乡卫州当时为真定史氏辖邑。史天泽宽容的文化政策吸引了众多文人，史天泽《家传》中载："北渡后，名士多流寓失所，知公好贤乐善，偕来游依，若王滹南、元遗山、李敬斋、白枢判、曹南湖、刘房山、段继昌、徒单颙轩，为料其生理，宾礼甚厚，暇则与之讲究经史，推明治道。"① 卫州由王昌龄代为管理，当地大兴文教、农桑井然之景吸引了大批文士入驻卫州，王恽在《故真定五路万户府参议兼领卫州事王公行状》中写了当时的文化盛景："制徒单云甫肥遁邻邑，闻公之典卫也，幡然来归，为治堂黉，极宾礼，选子弟之开敏者从而师之。自是，郡之文风尤为熠兴。又曹取斋通甫由赵来依，疽发背，自病至终，公医拯殡送，曲尽友义。北渡后，元遗山号称一代士林之宗，爱慕高义，乃有'今而后，寒士知所归'之叹。"② 显然卫州在当时吸引了一大批若徒单公履、曹居一、元好问等金源文人，

① 《王恽全集汇校》卷四八《开府仪同三司中书左丞相忠武史公家传》，第6册，第2281页。
② 《王恽全集汇校》卷四七《故真定五路万户府参议兼领卫州事王公行状》，第6册，第2228页。

这些文人在卫州开课授徒，使卫州成为了当时小型的文化中心。王恽受其父王天铎结交名士、典藏文集的家族影响，自幼跟随众多金源遗老学习并向来以"儒者"自称，对诗书簪礼的孺慕已深深根植于其血液中，而且王恽早年在卫辉苏门求学的经历，使他的传记得以以卫州苏门为辐射中心，对那些以北方汉地世侯治理区为主要活动地点的文人活动多有记述。这种记述不仅仅局限于文人的活动交往，更展现了文人在易代之际的价值选择和情感倾向，对文人所撰文集的刻意保留也使得易代文学成果能流传于后世。

苏门在卫辉之北，亦称百门山，苏门为"苏门山"的简称，王恽在《总尹汤侯月台图诗序》中盛赞苏门之湖光水色："苏门山水明秀，为天下甲，盖有东南佳丽潇洒之胜，而无卑湿蒸炎之苦，诚中州之江南也。"[1] 因此苏门成为了历代文人墨客隐逸驻足之地。易代之际，姚枢、王磐等隐居于此开馆授徒，王磐有诗《百门泉二首》（其二）曰："孤客南来无著处，相宜只有百门泉。"[2] 而王恽在苏门求学于王磐、姚枢等人，与一些同辈也建立了非常深厚的情谊，如《哀友生季子辞》中的季武（1231—1264，字子文，世为青齐人）、《故吏部尚书高公祭文》中的高鸣（1209—1274，字雄飞，真定人）、《御史中丞王公诔文》的王博文（1223—1288，字子勉，号西溪，东鲁人）、《故正议大夫前御史中丞王公墓志铭》中的王复（1226—1289，字子初，号春山）等，这些人与王恽都有同辈之谊。王复在其父王昌龄的安排下与王恽同为王磐门下弟子，二人情同手足且王恽常亲切呼其为"子初兄"。王博文与王恽相知更早，据王恽在《御史中丞王公诔文》中回忆："年甫弱冠……继以宾师，主善共城。始拜公面，欢如

---

① 《王恽全集汇校》卷四一《总尹汤侯月台图诗序》，第5册，第1975页。

② （元）王磐：《百门泉二首》（其二），《全元诗》，第3册，第7页。

平生。忘年定交，实为畏兄。"① 王恽在《秋涧集》中为王博文所作诗文达二十余篇，足可见二人情谊之深厚。季武则是王恽幼年同窗，共同学于赵鹏、徒单公履等当时名流。季武早年与王恽同学于张文纪学舍，"既长，从泌阳赵公业词赋"②，徒单公履来卫时又共同求经问学。季武喜好作诗，善于推敲诗之体格音律，可惜英年早逝。

王恽传记中对同辈的记载，彰显了北方文士之学术传承。其在《碑阴先友记》中记载的王天铎四十二位生前好友，则使北方汉地名士得以在历史留名。《碑阴先友记》可视为四十二人的简传合集，王恽录四十二人之名号、文学践履于其中，有官职者录以官职，有文集者录以文集，王磐、刘祁、杨果、赵鹏、石盏德玉、王昌龄、徒单公履、曹居一等皆在其中，可以说保存了以卫州为中心的北方汉地文士之风采。除了以卫州文人活动为中心的记载外，王恽传记中另有《浑源刘氏世德碑铭》梳理刘氏族人自金季以来的文学实践和文学走向；《故卓行刘先生墓表》中刘德渊以史为业的史学追求；《大元故濛溪先生张君墓碣铭》中张著习伊洛性理之学以及其典雅有法、理明辞约和以"自得"为主的文学特点等。王恽传记中所辑文人之文学活动和文学特点不胜枚举，他们代表了易代之际北方文学所呈现出来的活力，也代表了北方文人以一己之力继承前人所学力求恢复汉地文化的倾向。

易代之际，文人们疲于奔命，在异族入侵改朝换代的历史语境中，文人们出现了不同的人生选择和情感倾向。就王恽而言，入仕乃是"有用"于世的一种方法，积极入仕者在其传记中占了大多数，若王博文、王复等都积极寻求机会入仕蒙元，王博文官至御史中丞，王复则袭父职治理卫州，这恰好符合以元好问、姚枢等为首的北方汉地文人的主流倾向，然而

---

① 《王恽全集汇校》卷六四《御史中丞王公诔文》，第 7 册，第 2756 页。
② 《王恽全集汇校》卷六五《哀友生季子辞》，第 7 册，第 2756 页。

王恽传记中也有一些追求现世安稳、隐逸于世之辈。《故南塘处士宋公墓志铭》中宋珍善谈玄论道，为耶律楚材器重而力荐其于蒙元，然宋珍婉拒道："吾志在长林丰草、清泉白石，金马玉堂非所乐也。"① 宋珍对朝政并不感兴趣，有良田十亩，日以琴书自娱，"所交皆一时俊人，如王慎独之恺悌，张邻野之谐傲，蕴藉如杨西庵，才镒若姚雪斋，王鹿庵之品洁一世，商左山之凝重朝石"②。宋珍所居之所，也成为很多文人的安乐园，"过其居者燕乐衎衎，必极欢而后去"③。《故善士张君墓碣铭》中张从礼与宋珍同样有着隐逸以诗酒为乐的人生态度，张从礼拒绝了世袭之官职，认为"三釜五鼎，非所愿也"④，其品格高洁为商挺等人钦佩。若宋珍、张从礼之流，他们或是因为改旗易帜的情感因素，或是因为汉人仕途逼仄的现实，并没有随主流倾向入仕蒙元，而是在自己的安乐乡以读书耕种为业，这也代表了易代之际一部分文人的人生选择和情感倾向。王恽虽追求"有用"于世，但仕途之艰也让其身心俱疲，因此若宋珍、张从礼之流对王恽来说是"青山白云之仙"⑤ 般的存在，足可观其仰慕之情。另有《员先生》传中的员炎，他嗜酒业诗、性格怪诞，因自觉不受上级尊重弃官而去，以诗悠游于诸公之间，晚年落魄，家徒四壁唯有诗酒，易代之时可谓是潇洒之流。

易代丧乱，文人们自顾不暇，致使许多前人文集散佚不传，王恽少年时受父亲王天铎广泛搜集文集之影响，在传记中对名流文士所创作、编纂或收藏的文集也加以保留，虽只是保留其名称卷数，但对文集之传世和文人文化活动的研究仍有所帮助。王恽传记中所辑文集及见表1：

① 《王恽全集汇校》卷四九《故南塘处士宋公墓志铭》，第6册，第2332页。
② 同上。
③ 同上。
④ 《王恽全集汇校》卷六一《故善士张君墓碣铭》，第6册，第2649—2650页。
⑤ 《王恽全集汇校》卷四九《故南塘处士宋公墓志铭》，第6册，第2333页。

表1　　　　　　　　　　王恽传记所辑文集

人物	出处	文集	文集概况
刘祁	《浑源刘氏世德碑铭》	《神川遯士集》二十二卷、《处言》四十三篇、《归潜志》三卷	《神川遯士集》《处言》皆不可考 《归潜志》:金末文学史料评论集
刘汲	《浑源刘氏世德碑铭》	《寿藏记》《西岩集》	《寿藏记》:刘汲行迹的个人记录 《西岩集》:释老之书
张著	《大元故濛溪先生张君墓碣铭》	《濛溪集》五百余篇	诗文杂著
荆祐	《故赵州宁晋县善士荆君墓碣铭》	板行《五经》,保存《泰和律义篇》《广韵》	
员炎	《员先生传》	《洛阳怀古分韵得发字》《隆得宫》《宴集东平湖亭》《高唐道中》《济南金线》《扇尾羊》《马酮》	古诗
撒夺		《函谷道人集》	诗集
王天铎	《南郦王氏家传》《金故忠显校尉尚书户部主事先考府君墓志铭》	《王氏纂玄》	集历代易说编纂而成
王宇	《南郦王氏家传》	类注《刑统》《进禄》	吏学工具书
赵侃	《卢龙赵氏家传》	《祀典乐志辨》三十卷	郊祀礼仪书
刘德渊	《故卓行刘先生墓表》	《三为书》	
勾龙瀛	《碑阴先友记》	《姓谱》	工具书

人物	出处	文集	文集概况
王之纲	《碑阴先友记》	《盐铁诸论》	经济用书
杨弘道	《碑阴先友记》	《小亨集》十卷	诗文杂著,现存六卷
李居寿	《太一五祖演化贞常真人行状》	《易传》《皇极》《三式》	道教书籍
尹志平	《大元故清和妙道广化真人玄门掌教大宗师尹公道行碑铭》	《葆光集》三卷、《北游录》	《葆光集》:道家诗文杂著 《北游录》:北上觐见之所见所闻

表1内容只是将王恽在传记中提及的文集及概况辑入,而且表中所列文集大多已佚,只有少数流传至今,王恽在传记中对它们的有意保留使一部分文士在易代历史情境中的文学活动也保存了下来,这些人中很多只是易代历史洪流中的小人物,若员炎之类,王恽在其传记中记载了其仅存的七首诗并全诗收录,这不仅给我们更完整地展现了员炎之古怪性格、落魄生活,也给我们提供了了解此类文人在易代之际活动的更多视角。

4. 对华北区域民生民情的展现

王恽传记作品所记载的内容在时间轴上横跨13世纪,而13世纪的中国华北正处于受蒙元攻伐统治的阶段,在这段历史演进的过程中,地方下层百姓的生活情态是对历史最真实的反映,所有因历史演进而催生的典章政策、社会痼疾等在民众身上往往有最真实的显现。金朝后期内忧外患,不仅备受蒙古攻伐,其内部也不断发生叛乱,这给以农业种植为主要经济支撑的北方地区造成了前所未有的重创。王恽曾辗转于河南、河北、山东等地为官,对底层百姓生活有着深刻体悟,这在《秋涧集》中多有体现,其作品中虽少有为下层商人、农民等作的传记,但地方民众的生活实态却在诸如官吏、名将类的传记中屡见不鲜，这些地方实态反映了中原战乱引起的诸多社会问题以及元初下层管理机制中的各种弊端。

百姓生活的稳定性不仅取决于国家政局的安稳与否，更取决于地方治安的好坏，易代之际盗贼尤为猖獗，这是多年战乱引发的首要社会问题。这些盗贼多是战乱时代占山为寇的山民，如王恽《故真定五路万户府参议兼领卫州事王公行状》中记录淇县之盗："朝歌介邶、鄘之间，地迫山麓，灌莽极目，盗闯出没，越人于货，行者苦之。"① 匪盗的横行使当地官吏往往自顾不暇，影响其长远发展，王恽在周惠传中论道："又分当相、魏、汲三会之郊，盗贼囊橐其间，日御人为寻常，邦君邑长顾目前不遑，奚暇远图哉？"② 这些山贼盘踞时间较长，有的在当地根深蒂固，人多势众为地方之大患，如晋江安溪的山贼："晋江之安溪土贼张大老、方德龙啸聚畲洞无赖二万余人，时出抢略，为一方大患者几三十年。"③ 又如南京路之盗贼："许、蔡郊有剧盗，号贼李三，党结甚众，轩涊嚣啸。"④ 他们集结成群，常与官府作对，王恽在《大元故中奉大夫浙东道宣慰使陈公神道碑铭》中就写时任浙东宣慰使的陈祐因遇玉山匪盗剽城而死，玉山匪贼在南宋时就是一大地方灾患，而元接手江淮后，此种情况并没有得到很好改善，强烈的民族情绪混杂着积聚多年的匪气，使元廷命官死于非命。匪贼猖獗一直是元廷的心头大患，世祖朝就有多项明文法令规定以监督地方官吏的捕盗效率，王恽传记中同样记载了捕盗有功的官吏，若王道、刘济、

---

① 《王恽全集汇校》卷四七《故真定五路万户府参议兼领卫州事王公行状》，第 6 册，第 2227 页。

② 《王恽全集汇校》卷五四《淇州创建故江淮都转运使周府君祠堂碑铭》，第 6 册，第 2476 页。

③ 《王恽全集汇校》卷五五《大元故中顺大夫徽州路总管兼管内劝农事王公神道碑铭》，第 6 册，第 2514 页。

④ 《王恽全集汇校》卷五四《大元故中奉大夫浙东道宣慰使陈公神道碑铭》，第 6 册，第 2464 页。

境"，"致虚耗元胎，商旅不通"①，给蒙元之经济发展带来严重不便，史楫奏请立"银钞相权"法，规范货币流通中纸币与白银的关系，从而达到了"度低昂而为重轻，变涩滞而为通便"②的效果。王恽对"银钞相权"法的记载具有非常重要的史料价值，王文成在《从"钱楮并用"到"银钞相权"——宋金元时期传统中国的市场结构与货币流通》中在谈到王恽载史楫一事时讲道："史料中正式出现了'银钞相权'之名。以白银为基准计价标准发行纸币、储备白银、流通纸币的新的货币流通格局，至此正式确立。"③

此外，元代吏弊深重、吏权深广，往往能对地方的发展有决定性的作用，而地方官吏欺压百姓、贪污腐败之风尤甚，王恽传记中对此也有记载。如《大元故中顺大夫徽州路总管兼管内劝农事王公神道碑铭》中王道上奏请置执法官以抑吏权，"如是则吏畏政肃"④；《故正议大夫前御史中丞王公墓志铭》中"魏，河朔巨镇，吏重而俗嚣"，特召王复前去治理，王复有"清心不如省事，省事莫若先杀吏权"⑤之言论，说明吏权之滥用已经成为了蒙元基层社会的痼疾，而这也给元朝百年内覆灭埋下了导火线。

综合上论，可以看到，王恽传记以"备见一代之史"的目的，对易代之际的历史动乱与社会动向皆有较为自觉的叙录与展现。是以通过王恽的传记可以比较清晰地看到蒙元与金宋的军事较量，太一教从兴盛走向没落的前因后果，以王磐、姚枢等为首的文人在卫州之盛况、文集之概貌，以

① 《王恽全集汇校》卷五四《大元故真定路兵马都总管史公神道碑铭》，第6册，第2470页。
② 同上。
③ 王文成：《从"钱楮并用"到"银钞相权"——宋金元时期传统中国的市场结构与货币流通》，《思想战线》2014年第6期。
④ 《王恽全集汇校》卷五五《大元故中顺大夫徽州路总管兼管内劝农事王公神道碑铭》，第6册，第2512页。
⑤ 《王恽全集汇校》卷四九《故正议大夫前御史中丞王公墓志铭》，第6册，第2340页。

及与蒙元王朝华北地区底层社会发展有密切关联的民生百态。这些内容是王恽传记的历史独特性所在。

（二）"日以书史振励"：王恽传记"存史"特征的形成渊源

王恽一生勤于治史读书，"日以书史振励厥志"① 是他对自我的鼓励，也是其一生的真实写照。在这样的人生信条下，王恽在跨越两朝的成长和仕宦经历中对文学创作的坚持，其所接触的诸如王磐、元好问等金源遗老的"存史"倾向以及地方史籍和元廷修撰的治史经验使王恽形成了根深蒂固的"备史""存史"的观念，也因此成就了其传记展现宏大历史、涵盖内容广阔的特征。

1. 生金仕蒙经历在传记创作中的折射

王恽传记涵盖易代之历史内容宏阔，记录了不同阶级、不同职业等各式人物在易代之际的生平际遇、悲欢离合，这与王恽生金仕蒙的独特人生经验息息相关，尤其是入仕蒙元的人生经历。王恽生逢乱世，但其能于离乱之际把握机遇而入仕蒙元，在承平之世为官几十载，见证了金季的衰乱、蒙元的肇建和大一统的局面，因此王恽在历史的急剧演变中对社会面貌有了充分的体验和高度的接纳，也让其对社会历史的感知触角深入到易代之际的各个层面，作品中历史的呈现也更加真实丰满。

王恽世家河南卫州汲县，远祖务农。贞祐二年（1214），蒙古军破卫，王恽曾祖王经及曾祖妣吕氏死于战乱。王恽于金正大四年（1227）生于汴梁，时金朝在蒙古军骑兵势如破竹的攻势下早已将国都徙居汴梁，王恽之父王天铎亦随之居于京城。王天铎当年擢金吏员甲首，后为户部主事，王恽此时年幼，对汴梁"当时风物有能记忆者，但如隔世梦寐中见尔"②。王

---

① 《王恽全集汇校》卷四一《文府英华叙》，第 5 册，第 1972 页。
② 《王恽全集汇校》卷七二《跋樗轩寿安宫赋西园杂诗后》，第 7 册，第 3052 页。

恽在汴梁度过的童年时期正是金朝在蒙古大军的军事压迫下日渐崩溃的阶段，金正大七年（1230），窝阔台率拖雷、蒙哥大举伐金，金节节败退，蒙古军不久便趋兵至汴京。天兴三年（1234），汴京攻陷，金哀宗自缢于幽兰轩，末帝承麟皇帝亦为蒙古军所害。金亡后，汴梁受兵日久又遭蒙古军队的掳掠而"岁饥人相食"①，蒙将速不台遂下令纵民北渡自救，王天铎亦于此时前后带王恽北渡还乡。王恽当时年幼，虽对战争的残酷还没有一个完整的概念，但是作为北渡难民中的一员，百姓因战乱寒殍而死的情景给王恽留下了难以磨灭的印象："岁壬辰，金人撤守，天兵徇取之。明年，京城大饥，人相食，出逃死北渡者日不下千数。既抵河津，人利其财贿，率不时济，殍死风雪间及已济而沉溺者，亦无虑千百数。"② 这是金朝亡国之史给王恽留下的最深刻的印象。时家乡卫州已沦陷十余年，在蒙元的治理下亦已进入相对平稳状态，王天铎返回卫州后，先是在耶律买奴幕下任行台从事，助其括诸道户口，后便隐居于家终日以经史自娱。王恽返回卫州后于乡校读书，父亲王天铎醉心于书籍的整理又广交天下名士，给王恽创造了良好的读书条件。王天铎"以儒业起家"的教育理念使王恽自小对诗书义理崇敬有加，遂勤奋就学，《元日示孙阿鞑六十韵》中有载："吾年八九岁，入学乡校间。外傅既善诱，汝曾从勉旃。暮观子夜后，晨读霜月边。日课字三百，熟诵例半千。十三至十六，诗赋填全篇。"③ 时姚枢、王磐在苏门共城开学授徒，王恽得以从其学习经史，既而又有机会从刘祁、杨奂等学习，"十九学苏门，遂亲经史筵。潜窥义理窟，弄笔势翩翩。遗山紫阳翁，鹿庵暨神川。四老铸颜手，诲我扣两端。腾口为奖藉，孺子有足观。自后虽努力，已为家务缠"④。时卫州是史天泽之封邑，其下属王昌

---

① 《元史》卷一二一《速不台传》，第 1966 页。
② 《王恽全集汇校》卷五三《卫州胙城县灵虚观碑》，第 6 册，第 2440 页。
③ 《王恽全集汇校》卷三《元日示孙阿鞑六十韵》，第 1 册，第 89 页。
④ 同上。

龄在当地大兴教化，对名士礼遇有加，元好问、张德辉、郝经、窦默等人皆来归附，因此王恽又得机会从他们问学。在苏门共城求学和求访名士的经历是王恽是人生中极为宝贵的一笔财富，这不仅使王恽接受了金源遗老正宗的文史之道和理学的洗礼，使其打下坚实的经史功底，亦让王恽日后的仕蒙之路因受其师友的提携而自然平畅。

王恽正式仕蒙始自姚枢的征召，姚枢在宣抚东平时辟王恽为详议官，后推荐其至京师任中书省掌记官，此时蒙元中书省初建，漠北军事紧急，因此忽必烈将中书省一分为二，一部分随忽必烈出征，中统二年（1261）王恽因善算财务而得以随驾赴开平擢中书省详定官，负责管理文书和政令的具体实施。北上的经历使王恽得以见证元廷中书省初建之态，王恽亦作《中堂事记》以记录中书省的机构组织、元廷与宋廷的关系以及时臣的奏议等。同年，王恽授翰林修撰、同知制诰、兼国史院编修官，史天泽、杨果又力荐王恽为左司都事掌管中书省各房事务，《元史·百官志》载："翰林兼国史院，轶正二品。……修撰三员，从六品。"① 说明王恽此时已身居高位，基本实现了其仕途理想。中统三年（1262），李璮事变，王文统涉嫌密谋被杀，王恽因与王文统关系密切也受牵连革职归乡。归乡后王恽虽潜心于读书和家乡县志的撰写，但仍多次表明自己的从政心迹，若《戊辰门帖子》中"里人莫讶三冬蛰，一寸丹心用有时"②、《戊辰后正月七日雪》中"近日化工无弃物，总将春泽到蒿蓬"③。至元五年（1268），元始建御史台，蛰伏了五年的王恽经张德辉、高鸣推荐拜监察御史，后授承直郎、平阳路总管府判官，在政时革弊勤政、洞明狱情使民风大化。至元十四年（1277）授翰林待制，王磐称其文章精妙。至元十五年（1278），王

---

① 《元史》卷八七《百官志三》，第1454—1455页。
② 《王恽全集汇校》卷二四《戊辰门帖子》，第3册，第1185页。
③ 《王恽全集汇校》卷二四《戊辰后正月七日雪》，第3册，第1184页。

恽授朝列大夫、充河北河南道提刑按察副使，明年改授燕南河北道提刑按察副使。本以为仕途从此平顺的王恽约在此时经历了其仕途中的第二次地震，《文定王公神道碑铭》载："十八年，除行台治书侍御史。不赴。"[1]王恽任命之所以被搁浅主要是受王著刺杀阿合马一事的影响，据《元史》载："益都千户王著，以阿合马蠹国害民，与高和尚合谋杀之。壬午，诛王著、张易、高和尚于市，皆醢之，余党悉伏诛。"[2] 王恽改任时恰逢阿合马一事，初王恽是站在王著之立场的，为其作《义侠行（并解题）》中曰："予为王著作《剑歌行》，继更曰《义侠》。"[3] 王恽虽认为王著的刺杀行为非正理，但依然觉得阿合马恶贯满盈、祸及天下，并有"君不见悲风潇潇易水寒，荆轲西去不复还。狂图祇与蚍蜉蠓，至令恨骨埋秦关"[4] 之语为王著慨叹。这恰好与忽必烈初对阿合马一案的态度相反。当年阿合马治罪，诛其党羽，王恽又与其党羽郝祯关系密切[5]，因此王恽当时的处境十分尴尬，任命也暂时被搁浅，于是在赴中议大夫、治书侍御史的途中便作罢。经历过如此政治地震的王恽后任山东东西道提刑按察副使，任职仅一年就以疾辞职还卫州。六年后起用为福建闽海道提刑按察使，也是仅一年便以疾北上还京。至元三十年（1293），王恽见世祖于柳林行宫，进万言书陈朝廷各项事务，授翰林学士、嘉议大夫。成宗元贞元年（1295），加通议大夫、知制诰同修国史，王恽之仕途止于此。

纵观王恽"生金仕蒙"的人生历程，8岁时金亡，52岁时宋灭，对蒙元的认可和对历史骤变的广泛接受浸盈于王恽的文学创作中。入仕之后的

---

① （元）王公孺：《文定王公神道碑铭》，《全元文》，第13册，第257页。
② 《元史》卷十二《世祖本纪九》，第162页。
③ 《王恽全集汇校》卷九《义侠行（并解题）》，第2册，第338页。
④ 同上书，第339页。
⑤ 王恽尝与郝祯同在东平史侯幕。至元十七年（1280），王恽应郝祯之请作《资德大夫中书右丞益津郝氏世德碑铭》，可见两人关系非同一般。又据《元史》卷一二载，阿合马一党落网后，郝祯被视为阿合马一党而被剖棺戮尸。

王恽，仕途虽非一帆风顺，但能在蒙元肇建之初亲身参与中央机构的建立、朝廷政令的颁布实施，为地方官员时亦能体察民情，洞察社会底层风貌。在蒙元肇建之初，王恽选择积极用世，在《上元仲一书记书》中直接表达了"今日之出，可谓千载一时也"①的入仕愿望，编《承华事略》《相鉴》等储君治世书籍以展现自己的尽忠之切。《木兰花慢》中"葵心要须倾日"②、《水龙吟》中"总道丹心为国"③皆能知晓王恽仕元的热情，即便是在仕途奔波的劳苦中亦有"君恩未报惭"④的内疚之情。李璮事变，王恽寓居家乡亦不忘自己有志于世的经世理想，"然觉吾胸中耿耿者尚在"⑤而撰写《中堂事记》，至今仍是研究元初典章制度及汉法实行的第一手资料。元灭南宋实现大一统时，王恽对元南北相通、多元混融的盛景甚是欣慰"玉华城郭，炊烟巷陌，酒旗风袅"⑥，而其常年为地方官员，对下层百姓的生活有深刻体悟，对易代之际下层百姓的惨淡生活多有记载，若《鹊桥仙·其七》中：

> 五穷作祟，百端相滞，破帽一风吹碎。邯郸道上断人行，销铄尽、元龙豪气。商颜绮季，当时不起，误甚汉家经济。书生薄相到还元，要结末、黄斋滋味。⑦

但王恽作为元初汉臣，其在朝堂的境地受多方牵连而险象丛生，加之体疾不断，便衍生出退隐之心，正如《如梦令》所云："仕宦须求遭遇。不顾已沾泥絮。穰穰世间人，总被虚名引去。引去，引去，光景促于朝

---

① 《王恽全集汇校》卷三五《上元仲一书记书》，第5册，第1752页。
② 《王恽全集汇校》卷七五《木兰花慢（其五）》，第7册，第3138页。
③ 《王恽全集汇校》卷七四《水龙吟（其六）》，第7册，第3112页。
④ 《王恽全集汇校》卷一三《元日夜灯下即事》，第2册，第533页。
⑤ 《王恽全集汇校》卷八〇《中堂事记序》，第8册，第3309页。
⑥ 《王恽全集汇校》卷七四《水龙吟（其四）》，第7册，第3111页。
⑦ 《王恽全集汇校》卷七七《鹊桥仙（其七）》，第8册，第3327页。

暮。半世随波从众，几被狙翁调弄。富贵苦相谩，一枕槐根春梦。春梦，春梦，况复此身无用。"① 王恽在文学作品中对现实及心境的直接描摹不仅是他个人在历史浮沉中的真实写照，更是易代之际元初社会现状及士人心态的真实写照。

2. 王恽对金源遗老"存史"倾向的传承

蒙金战争在造成社会动乱的同时，也使大量珍贵文献流失散佚，而蒙古民族重物质掠夺轻汉地文化的政治策略亦使得北方文化及文学发展举步维艰。若元好问、刘祁、王磐等金源遗老对"史之不存"怀有强烈的忧患意识，"备史"的紧迫感油然而生，"存史"成为了以元好问为代表的北方文人思想中重要的组成部分，因此，私人存史成为了时代的风向，元好问的《壬辰杂编》、刘祁的《归潜志》、刘秉忠的《论治要》、杨奂的《天兴近鉴》、王鹗的《汝南遗事》等皆是易代文人"因存史意识而生成的以文存史"之举动，"元好问等遗民作家多用散文创作达到存史目的，尤其是一些碑铭文字，犹如史书的人物传记"②。在北方这样时代风向的引导下，在元好问等为首的金源文人存史之举的影响下，包括王恽在内的绝大多数汉地文人形成了较为清晰强烈的"存史"倾向。

《文定王公神道碑铭》中载："弱冠受教于鹿庵王公，诗文字画已有声。紫阳、遗山一见，为指授所业，期以国士。杨西庵、曹南湖、高吏部、徒单颢轩爱其材器，折行辈与交，极口为延誉。"③ 王恽在苏门共城求学时结交师友众多，王恽的经史才略多得益于此。而论及王恽记录日常见闻之"备史"意识的养成，则直接受刘祁影响颇多，王磐、元好问、王鹗亦多有助力。

---

① 《王恽全集汇校》卷七七《如梦令（和曲山韵）》，第 8 册，第 3254 页。
② 邵丽光：《元代散文研究》，博士学位论文，河北师范大学，2011 年，第 38 页。
③ （元）王公孺：《文定王公神道碑铭》，《全元文》，第 13 册，第 256 页。

刘祁出自浑源著姓，其家族是金朝历史上有名的进士之家，曾有"四世八进士"的科举成绩，成为能代表金季文学发展流向的文学世家。据王恽《碑阴先友记》记载，刘祁是王天铎的好友，王恽从少年时便遂刘祁学习文史知识，《玉堂嘉话》对此多有记述，七律诗《追挽归潜刘先生》记载了王恽少年时求学刘祁的情景："我自髫髦屡拜公，执经亲为发颛蒙。道从伊洛传心事，文擅韩欧振古风。"① 据《归潜志》卷一三《游林虑西山记》中载："癸卯之冬十月，祁自苏门徙居相台。"② 另刘祁为史秉直所作墓志铭提及，刘祁与史天泽约于 1244 年相识于卫州，这说明刘祁曾流寓卫州并且曾在苏门寓居，时值王恽在苏门求学，《浑源刘氏世德碑铭》中王恽亦有"念不肖尝问学于神川先生"③ 之语，这充分说明了刘祁与王恽的师徒关系。

刘祁晚年根据自己的见闻和亲身经历著成《归潜志》，这是一本研究金代历史的重要著作。其在《归潜志》序中有云：

> 独念昔所与交游，皆一代伟人，人虽物故，其言论、谈笑，想之犹在目。且其所闻所见可以劝戒规鉴者，不可使湮没无传，因暇日记忆，随得随书，题曰归潜志。"归潜"者，予所居之堂之名也。因名其书，以志岁月，异时作史，亦或有取焉。④

据上述记载，可见刘祁有随时随手记载史料的习惯，《归潜志》"纪哀宗亡国始末"⑤，为金史的编纂提供了大量原始资料，符合刘祁"异时作史，亦或有取焉"的创作目的。刘祁撰史的态度十分审慎："若夫所传不

---

① 《王恽全集汇校》卷一六《追挽归潜刘先生》，第 2 册，第 734 页。
② （金）刘祁：《归潜志》卷一三《游林虑西山记》，崔文印点校，中华书局 1983 年版，第 162 页。
③ 《王恽全集汇校》卷五八《浑源刘氏世德碑铭》，第 6 册，第 2570 页。
④ 《归潜志》卷首《归潜志序》，第 1 页。
⑤ 《四库全书总目》卷一四一《子部·小说家类二》"归潜志提要"，第 1202 页。

真及不见不闻者，皆不敢录。"① 王恽从刘祁问学并熟读《归潜志》，因此其熟识金朝史实和金源遗老之事，从而王恽的史学积淀更加深厚。另王恽在刘祁身边耳濡目染，亦形成了随手记载史实的习惯，其中统年间所撰述的《中堂事记》以日记体的形式记述了自己北上开平的经历，"异时有索野史，求史臣中舍之所遗逸者，不无一得于斯焉"②。这种故意保存史料以备异时撰史取用的目的与刘祁撰写《归潜志》是一致的。

王恽求学于王磐而后同仕翰林的师友关系是非常清楚明了的。王磐与姚枢在苏门开学授徒之时，亡金文士多在此处，因此王天铎慕名而去将王恽送于苏门读书。《提点彰德路道教事寂然子霍君道行碣铭》中载："国朝甲辰、乙巳间，鹿庵先生教授共城，不肖亦忝侍几仗。"③《中丞王公祭文》中亦载有其事："爰自垂髫，以及于冠，授业苏门，各伸志愿。"④ 中统二年（1261），王磐与王恽同在翰林国史院任职，他们谈经论道，王恽在《玉堂嘉话》中关于王磐的记述就多达二十五条，皆是读书治世之良方。后世论及王磐与王恽，皆普遍认为王恽之文法多取自王磐，史学取自刘祁。《玉堂嘉话》中亦多有文字记载王磐教导王恽之语：

> 鹿庵先生说："为学务要精熟，当镕成汁、泻成锭、团成块、按成饼。"恽以谓作文字尤当如是。⑤

> 鹿庵先生曰："作文之体，其轻重先后犹好事者以画娱客，必先示其寻常，而使精妙者出其后。"⑥

王磐的确对王恽为文之法度教导有加，也使王恽能承金源文学之旨，

---

① 《归潜志》卷一一《录大梁事》，第130页。
② 《王恽全集汇校》卷八〇《中堂事记序》，第8册，第3309页。
③ 《王恽全集汇校》卷六一《提点彰德路道教事寂然子霍君道行碣铭》，第6册，第2667页。
④ 《王恽全集汇校》卷六四《中丞王公祭文》，第7册，第2753页。
⑤ 《王恽全集汇校》卷九七《玉堂嘉话》卷五，第9册，第3897页。
⑥ 《王恽全集汇校》卷九四《玉堂嘉话》卷二，第9册，第3821页。

但是王恽的史学修养之养成不仅仅得益于刘祁，也当肇发自王磐。王恽求学苏门期间，王磐"于是日就《通鉴》中命题，或有其义而亡其辞，或存其辞而意不至者，课之以为日业"①。以《资治通鉴》为教本，讲解前代之往事，剖析其文辞法度，使王恽在未及弱冠时便涉足史学史法，并对此产生浓厚兴趣。《玉堂嘉话》中王磐对王恽的史学教导多集中在撰写法度上，"鹿庵先生尝以历代史学试问于不肖恽，对曰：'自《史》、《汉》而下，文字率猥并无法。如《新唐书》虽事增于前，辞省于旧，字愈奇而气愈索，不若《新五代》一唱而三叹，有余音者矣'"②。可见王恽同王磐一样十分注重辞意的表达到位，这是与其在苏门求学时王磐以《资治通鉴》为教本的教学宗旨是一致的。

王恽编写《文府英华》多是受王磐的启发，王恽有感于其以《通鉴》命题的教学方法，"因睹古人临大节，处大事，征伐号令，涣汗云为之际，含章时发，以之功业成而声名白者，良窃慨慕焉"③。上自战国，下至金季，凡是有用于当世的文章统一编纂成《文府英华》一书。《文府英华》中有大量借古喻今的史料，充分显示了王恽的史学才能和备史意识。中统年间，王磐与王恽二人同在翰林国史院负责典献文书，那时元廷虽还未有修史的打算，但王恽等人已开始讨论孰为正史的问题，并广泛搜集史料以备他日修史之用。可见就史学而言，王恽求学苏门时，王磐对其起到了启蒙作用，二人同朝为官，朝夕相处，王磐对王恽亦多有提拔照应，其身后强大的政治资源使毫无背景又多次深陷政治斗争的王恽得以官居三品，既有翰林院的文书经历，又有地方官员对民生民情的体验，这对王恽平日积累史料史材亦多有助力。

---

① 《王恽全集汇校》卷四一《文府英华叙》，第 5 册，第 1972 页。
② 《王恽全集汇校》卷九四《玉堂嘉话》卷二，第 9 册，第 3821—3822 页。
③ 《王恽全集汇校》卷四一《文府英华叙》，第 5 册，第 1972 页。

　　元好问为金朝一代名儒，是金季文坛当之无愧的宗主。其为文为诗之法度为当时文士孺慕，王恽亦是其中一员。据王恽《遗山先生口诲》载："遗山先生向与颐斋张公自汴北归，过卫。先君命录近作一卷三十余首为贽，拜二公于宾馆，同志雷膺在焉。"王恽青年时拜见元好问，以其诗求元好问指教，得到了元好问的悉心教导，对王恽之诗"笔以数语攫其非是，且见循诱善意，而于体要工拙、音韵乖叶尤切致恳"。可见元好问对王恽的诗作做了详细批改。金元之际，元好问对人才爱惜有加，他对王恽之才学给予了强烈的肯定，以"况老成见远，斯文将在，后来汝等，其勖哉毋替"①之语对王恽等人加以勉励。就现有资料而言，元好问与王恽或许只有这一面之缘，《秋涧集》中事关元好问的记述也多是王恽对其诗文法度的评判，但王恽在文章中多次提及与元好问的师徒关系，其子王公孺撰写碑铭中记载王恽受教于元好问或许是有攀附之嫌，但是不得不承认的是，元好问作为金代文坛大家的确受到像王恽这样的晚辈后学的拥护爱戴，其诗文乃是金源文学之正宗，况且元好问亦是较早投身于蒙元的中州儒士，其在后辈文士心中的地位可想而知，因此元好问之诗文及治世思想为时人所推崇亦是情理之中。

　　王恽素来仰慕元好问之诗学文章，对其存史之举自然是倍加推崇，元好问撰写《中州集》"书未就而卒"，王恽有感于此，在《追挽元遗山先生》中感叹："野史亭②空遗事坠，荒烟埋恨九原深。"③元好问撰史未成的遗憾给王恽以启发，其在文学创作和仕宦过程中注重史料的保存也就不足为奇了。另外，元好问以史册散佚无存而主张以碑铭传记作存史之用，他在《嘉议大夫陕西东路转运使刚敏王公神道碑铭》中曰："岁己酉冬十

① 《王恽全集汇校》卷四五《遗山先生口诲》，第6册，第2166页。
② 元好问有志于撰修《金史》，但《金国实录》在万户张柔家，元好问多次拜访而不可得，于是驻亭于家为潜心著述之地，并名之曰"野史"。
③ 《王恽全集汇校》卷一七《追挽元遗山先生》，第3册，第756页。

月，故户部尚书王公之子元庆涕泗为某言：'先公弃诸孤养余三十年矣。惟是转徙南北，无归祔之望。乃今始克襄事。墓当有碑，碑例有铭。今属笔于子，使不肖孤获免于有不称之罪，则瞑目为无憾矣！敢百拜以请。'某以为，先大夫有功吾晋乡里，晚生与受其赐。今史册散逸，既无以传信，名卿巨公立功、立事之迹不随世磨灭者，繄金石是赖。诚得属辞比事，以相兹役，虽文字暗陋，岂敢不勉！"①王恽对元好问之仰慕在其文中多有表达，而元好问这种以墓志碑铭作为存史工具的主张应对王恽产生了很大影响。

相比于刘祁、王磐、元好问，王鹗与王恽并没有真正意义上的师徒关系，其对王恽的影响乃是于翰林院中的言传身教。王鹗乃是金朝遗老，任蔡州汝阳令时撰有《汝南遗事》以记录金哀宗在蔡州之活动详情。元兵南下，世侯张柔爱惜其才而救之，后经荐而为忽必烈潜邸幕僚。王鹗于中统元年（1260）授翰林学士承旨，后王恽入职翰林与王鹗多有交往。王恽在《玉堂嘉话》中记载了许多王鹗治世的言论。同元好问一致，王鹗在当时也是有积极修金史之倾向的。《玉堂嘉话》卷一中载：

> 其立史院奏帖有云："自古有可亡之国，无可亡之史。兼前代史纂，必代兴者与修，盖是非与夺待后人而可公故也。"公又亲笔作《金史大略》付恽，如帝纪、列传、志书，卷秩皆有定体，其传须三品有显烈者立。又云："太史张中顺，金一代天变皆有纪录。就此公未老，可亟与论定，亦是志书中一件难措手者。切念。"②

王鹗为翰林之首，蒙元肇建翰林，王鹗以撰写前代之史为其首要职

---

① （金）元好问：《元好问全集》卷一八《嘉议大夫陕西东路转运使刚敏王公神道碑铭》，姚奠中主编，山西人民出版社1990年版，上册，第502页。
② 《王恽全集汇校》卷九三《玉堂嘉话》卷一，第9册，第3779—3780页。

责，撰写大纲并积极寻访金朝遗老，又将其委托于王恽，《玉堂嘉话》卷八中所列金史之修撰提纲是王恽认真思索后的成果，王恽将其交于王鹗进行审核，得到首肯。然而王恽不久后便遇李璮事变而离职，修金史一事也因此中断，但王恽与王鹗所拟定的提纲的确为后来脱脱修金史提供了基础。

刘祁、王磐、元好问、王鹗等金源文人对王恽之修史备史意识的影响是显而易见的。王恽秉承前人之遗诲，广泛收集史料，《秋涧集》中多是对金元之事的记载，为后世修史及了解易代之面貌提供了比较真实全面的文献，这也是《秋涧集》之价值所在。

3. 史馆编纂史籍经历对王恽的重要影响

王恽于中统二年（1261）首选为翰林修撰①，之后，王恽又两次出入翰林，与翰林院众人一直在为修史做准备，然修史一事在元初因"正统"问题的归置而一直被搁浅，直到至正三年（1343）才抛开上述问题正式下诏修史。虽修史一事在元前期难产，但王恽仍没有放弃修史事业，因此，他在中统年间修家乡县志《汲郡图志》，初入翰林时撰写金史提纲，晚年编纂《世祖实录》的治史经验，此外又撰写若《乌台笔补》《中堂事记》《玉堂嘉话》等著，这些著述经历是王恽能够有能力再现易代宏大历史的直接原因。

《汲郡图志》又名《汲郡志》，是王恽继承王天铎遗志历时五年为家乡卫州撰写的地方县志。中统三年（1262），王恽赋闲在家，因观王天铎生前为修汲郡县志而广泛收集的遗书有感，而"述先君之志"所编写。汲郡是王恽的家乡，《元史》卷五八《地理志》载："卫辉路，下。唐义州，又为卫州，又为汲郡。金改河平军。元中统元年，升卫辉路总管府，设录

①　（元）王构：《翰林王公大全文集序》，《全元文》，第13册，第133页。

事司。户二万二千一百一十九，口一十二万七千二百四十七。"① 卫州的地理位置十分优越，"卫得天中桑土之野，北通燕赵，南走京洛，太行峙其西，大河经其南，河山之间盘盘间一都会也"②。卫州倚据其优越的地理位置，在属史天泽分邑后由王昌龄代为治理，于是农桑井然、文教大兴，昌盛一时。

王天铎与王恽北渡辗转返回卫州后，有将近四十年的时间在卫州度过。在一代动荡中，卫州作为世侯辖地给王恽一家人提供了温饱所在，也让王天铎与王恽父子得以与当时文士名流相交而由吏转儒，父子二人对卫州的深厚感情可想而知。《汲郡图志引》中记载王天铎训诫王恽一段："世郡人也，生于斯，长于斯，宦学于斯，聚族属于斯，由宋而金而皇朝，百有五十余祀，不谓之遗俗，可乎？"③ 基于对汲郡的乡情和父亲的寄托，王恽整理王天铎之遗书着手撰书，王恽在修汲郡县志之初遇到了很大的困难，由于战乱旧志文献"征文献则坠简已亡，怀旧俗则高年无几"，"于是聚书一室，研精致思，蠹蟫群言；外则访诸耆宿，杂采传记碑刻，复为按行属邑以覆其得"④。另其友人赵净知苏门事甚详，附赠王恽苏门事迹一编，才使得《汲郡图志》的编纂顺利进行。《汲郡图志》中分人物、政教、风俗等篇，"及论其郡国之本末，舆地之因革，牧守政教之贤否，土产风俗之醇醨，山泽利益之隐显，人物古今之盛衰"⑤。王恽对这些资料进行分析考察，剔除赝误，才使得专著信史以传后人。王恽又在其后著《辩论》等篇，合成十五卷为《汲郡图志》。《汲郡图志》在元以后便不可得见，所以王恽治史笔触亦无法得窥，但从《汲郡图志引》中可知王恽非常注重史

---

① 《元史》卷五八《地理志（一）》，第 914 页。
② 《王恽全集汇校》卷四一《汲郡图志引》，第 5 册，第 1967 页。
③ 同上书，第 1967—1968 页。
④ 同上书，第 1967 页。
⑤ 同上。

料的真实性，力求对汲郡之人文土地风貌有较全面的记述，"王恽史才历来为人称道，此书所作，当可见其治史之一斑"①。王恽传记中祖籍在卫州或在卫州任职的传主有十余人，曾寓居于卫州的则更多，王恽编纂《汲郡图志》，对卫州事甚详，因此这一经历显然使王恽撰写传记时更得心应手，亦更加真实可信。

王恽三入翰林，中间辗转于各地任职，前两次入职翰林院虽不得修治史册，但他潜心于史料的汇校整理，给后世修史提供了极大的便利。易代之际，前史之修撰为文士心中大石，他们就孰为正史、如何修撰始终争论不休，修史一事一搁再搁。王恽初入翰林时曾在王鹗指教下列金史提纲，《玉堂嘉话》卷八有载王恽所列修撰金史之提纲，有帝纪自金太祖至哀宗九章，志书含天文、地理、礼乐、刑法、食货、百官、兵卫七章，列传含忠义、隐逸、儒行、文艺、列女、方技、逆臣七章，另标注选传主之品从、功业等标准，可以说该提纲已具备一代之史的基本规模。当时翰林院已对修金史做了充足准备，且王鹗告诫王恽曰："王相修史事，宜急不宜缓。多半采访，切恐老人渐无。"② 无论是修撰金史所用资金、寻访旧史之法还是撰史人员的名单，翰林院都做了相关的安排，"元裕之、萧公弼奏用银二千锭，今即编修书写请俸、饮食、纸札费用"，"采访文字，令言者旌赏，隐者有罚。仲谋所宜着心。编修且要二员，直须选择魏太初、周干臣"③，甚至对翰林院撰史相关人等在撰史后的去处都做了安排，"史事早成，其他不预史事者在于文庙，自当退去。此明年话也，仲谋宜知之。书写、典史、杂使，以后必须用"④。从上述可知翰林院当时已经明确修史，且王鹗将王恽视为翰林院中修史的得力助手，总管一切大小事务，王恽所

---

① 杨亮：《〈王恽全集汇校〉前言》，第11页。
② 《王恽全集汇校》卷一〇〇《玉堂嘉话》卷八，第9册，第3975页。
③ 同上书，第3976页。
④ 同上。

列提纲也得到了王鹗的赞同。然而中统年间，元廷还未稳定，朝廷相关机构职能亦不够成熟，又经李璮事变，王磐、王恽等人相继离开翰林院，使修金史一事再次中断。此次修史虽未顺利进行，但是王恽入职翰林后，作为修史一事的主要负责人对史籍的规模、格式及与修史相关的一切事物了如指掌，这使王恽在后来编纂著述的过程中尤重视史料的积累，以寻适当的契机再次修史。

王恽自至元二十七年（1290）以疾辞任福建闽海道提刑按察使一职后，北上觐见世祖，再被授翰林学士。至元三十一年（1294），元世祖忽必烈驾崩，第二年，翰林学士承旨董文用等进《世祖实录》，同年，王恽加通议大夫，知制诰、同修国史，奉旨纂修《世祖实录》，并辑忽必烈之语作《圣训》六卷。《世祖实录》是元廷初次尝试纂修的正史，苏天爵《滋溪文稿》中曰："我国家至元间初撰祖宗实录，于时诸臣多在。及元贞初，诏修《世祖实录》，命中外百司、大小臣僚各具事迹，录送史馆，盖欲纪述一代之事，寓修诸臣列传。然以进史日期太迫，迁延至今，竟不果作。"① 当时任务紧迫，史料征引并不完备，翰林院不到半年就将此修撰完毕，所以此书还是存在许多瑕疵，但仍给明修《元史》提供了大量可靠资料。《世祖实录》是翰林院的集体编纂，虽不能完全表现王恽之史才史学，但能够参与编纂元廷第一本正史，也算了结了王恽修撰史书的愿望。

另前文曾多次提及的《玉堂嘉话》《中堂事记》《乌台笔补》等著述都是王恽有意识地记述元初政治活动和机构建制的重要文献，虽不是史籍，但其文献价值和意义却与史籍无异。以《玉堂嘉话》为例，它记录了王恽自中统二年（1261）到元贞元年（1295）在翰林院的所见所闻，内容庞杂，多有前代掌故，是为金末元初逸事类史料笔记。《玉堂嘉话》最重

---

① （元）苏天爵：《滋溪文稿》卷二六《修功臣列传》，陈高华、孟繁清点校，中华书局1997 年版，第 444 页。

要的文献价值就在于它涉及了例如文法书籍、奏议、官制、交通、科学等诸多领域，给我们呈现了易代之际原汁原味的历史面貌。王恽在收录时大多引以原文，这给后世研究元代各领域提供了第一手文献资料，若收录其中的刘郁《西使记》、李世弼《登金科记序》、修端《辩辽宋金正统》、张德辉《纪行》等内容分别对研究蒙元之交通、科举、历史、自然风貌大有裨益。《中堂事记》《乌台笔补》等则更倾向于保存元初政治生活，内容多为奏议、诏诰，如此真实地呈现易代之际的政治面貌使后世修史的资料爬梳相对容易很多。

王恽一生笔耕不辍，撰有《秋涧集》一百余卷，其他各种著述十余种。在长期的文献积累和文学创作中，王恽受前人的影响，尤注重易代史料之保存，在撰述地方史籍及编纂中央史册的过程中亦体现了其极高的史学修养，这给王恽在传记写作中以一种宏观的姿态对传主生平进行记述提供了丰富的史学经验，这也成为探讨王恽传记创作中不可轻易忽视的一部分。

二　王恽传记之易代人物群像

在上述内容中，我们已指出王恽笔下传主中有蒙元之际叱咤风云的谋臣武将、名垂千古的忠良义士，但实际上，这些人之外，王恽传记中更不乏普通的乡绅善士、政府吏员、贤学儒士、孝义贤良之辈，甚至有一技之长的管匠、医家、庖厨等平凡的众生也赫然列于其传记作品中。而且，细寻详探，会发现王恽笔下这些互不相干的人物群皆可被笼于"易代之际"的时代背景下。传记作为极具时代性的文体，王恽笔下的传主多是中原地区的常住居民，其命运身世多受蒙金或蒙宋战争的影响而成为了同时代背景下个人行藏的典型缩影，在易代之历史条件下，王恽传记中代表蒙元上层政治核心、为蒙元肇建出谋划策的武将文臣，掌握地方治理之实权、代表蒙元下层政治基础的吏员以及在易代际遇下家族升沉过程中的家族成员构成了易代历史时态中的典型人物群像。

（一）蒙元武将文臣形象

从时间轴上来看，王恽传记传主多出生于蒙古大军入主中原、局势尚未稳定之时，经历了流离迁徙和蒙古侵略带来的巨大文化冲击，也经历了元大一统之初海纳百川、包举海外的盛世之景。这些带有强烈易代印记的社会历史因素不同程度地影响着时代人物的人生际遇，而他们也在不可抗的历史际遇中成为历史的推动者、参与者。

蒙金交战之初，北方汉地社会秩序遭到了严重破坏，趁乱作恶的奸盗之徒也日益猖獗。一大批以宗族乡党为组织的集团异军突起，结寨自保，跻身为元代政治舞台上的重要一员，成为元初统治者利用其统治中原的中坚力量。以史天泽（1202—1275）为代表的真定史氏是元史上赫赫有名且位高权重的一个家族，也是元初汉地辅佐蒙元的一股重要军事和政治力量。史氏一族本以族茂财雄号乡里。贞祐初，太师木华黎南略中夏，史秉直率其子史天泽、史天倪、史天安等及乡里千余人迎降，自是史氏父子归顺蒙古大军并随军征战攻伐，史氏与蒙元王朝的君臣关系自是展开。王恽作《开府仪同三司中书左丞相忠武史公家传》，言"忠武公当草昧患难之际，愤发义勇，收合散亡，卒之芟群雄，定河朔，开国承家，光昭父兄遗业"，史天泽凭借自己出众的政治及军事才华，"唯公历事四朝，恩遇眷倚，始终不少衰"[1]。其历事元太宗、定宗、宪宗、世祖，初统略汉地为五路万户，官拜中书左丞兼枢密副使。可以说几乎参与了蒙元王朝大一统过程中的所有战争。家传对其所历战争皆有详细载述。纵观其一生，大半的

---

[1] 《王恽全集汇校》卷四八《开府仪同三司中书左丞相忠武史公家传》，第 6 册，第 2282—2283 页。

时间征战于沙场，其出众的战略才能在蒙元大一统的征战过程中发挥了极其重要的作用。蒙古大军作为身处内陆的游牧民族，铁骑虽硬但极不善水战，与南宋多次的拉锯型战役因此频频失利。而史天泽的骁勇善战以及出色的战略部署使得蒙元大军的短板反而成为征战利器，传记中对此有详述：

> 其攻襄阳也，宋以舟师数千陈峭石滩，掎角以缀我肘。太子以城不易拔，可趣利舟楫，命公往，以陈、翟二校自翼，驱猛士两舸直前捣之，彼气既夺，奋槊荡决，覆溺者万计，获焉。及取光化，复引絙首上，立陷其城。复州之役，敌盛，以斗舰三千艘锁湖面为栅，公进说曰："栅破则复当自溃。"遂募勇敢士四十辈，亲鼓而前，坏荡无遗，复惧而降。①

这段文字可观史天泽在与南宋交手的多次水战中不仅进行明确的战略规划，更是亲力亲为地冲在对战的前端，如此战役使得史天泽在与南宋的对战中积累了丰富的作战经验，这也是他在70多岁高龄受征召南下伐宋的原因。王恽所撰史氏家传共记录前后大小战役二十余处，详者十余处，如此大费笔墨地描写史天泽的戎马一生，除了王恽对他私人的仰慕，更多的还是展现了史天泽作为开国元老历事四朝的传奇经历。其为蒙元服务的一生一直身处权力顶层，而在民族等级划分森严的元朝，掌握如此权力是普通仕蒙汉人所不能企及的。

史氏一族在汉地是如同汉唐藩镇割据一般的存在，身份相似的还有东平严氏、顺天张氏、益都李氏，后世皆称其为汉地世侯，在诸家各路的政治博弈中，位高权重者非史天泽莫属。汉地世侯的确是蒙古利用来统治中

---

① 《王恽全集汇校》卷四八《开府仪同三司中书左丞相忠武史公家传》，第6册，第2276页。

原的武器，然而世侯对割据地统治的力量膨胀同样也遭蒙元忌惮，成吉思汗时就在汉地设达鲁花赤以监视大小世侯，可见即便汉人突破夷夏之防仕蒙，但是民族属性不同仍然使他们之间存在严重的信任危机，这使得汉地世侯陷入一种尴尬的政治境地。史天泽在与蒙元统治者的暗自对峙中保持着比较和睦的君臣关系，对自己政治身份的定位也有着相当清醒的认识，使得以史天泽为代表的史氏家族在诸侯削权后得善终。乱世之时最忌功高盖主，忽必烈在授史天泽河南等路宣抚使时评价史天泽"功高心小"，在笔者看来这不仅仅是一种赞誉，更是一种暗示性的警告，而史天泽的自知远远高出了忽必烈的预期。史天泽曾多次让权，初史天泽承兄职，及史天倪之子史楫稍长即让职于史楫。后其侄史权充唐邓军万户，史天泽以"一家处三要职"① 为诫请退，宪宗驻六盘山，以其子史格为帅，史天泽又奏请让于长兄史天安之子史枢。拜中书右丞之时，"公门阒萧然若无所事"，时人有劝史天泽以权力自张，他自谦道："今眷倚如此，正义军国事体猥多历练，老夫有通译其间，为诸公调达耳。相，则吾何敢当？"② 清末史学家屠寄评价史天泽："然身长中书，谦谦仅以通译自认，用心亦良苦矣。"③"用心良苦"四字是史天泽为官心态的真实写照，也正是其"用心良苦"才能做到"上不疑"，达到某种意义上的君臣契合。元初忽必烈对汉地世侯力量颇为忌惮，而李璮和王文统的叛变完全成为了忽必烈削权革诸侯的契机。王恽虽因与王文统私交甚好而受牵连革职，但他并不避讳在传记中叙及此事：

> 三年春，璮贼阴结宋人，以益都叛。上命亲王合必赤总兵讨之。凶势张甚，诏公往视。闻璮入据济南，公曰："豨突入苙，无能为

---

① 《王恽全集汇校》卷四八《开府仪同三司中书左丞相忠武史公家传》，第6册，第2281页。
② 同上书，第2280页。
③ （清）屠寄：《蒙兀儿史记》卷七八《史天泽传》，中国书店1984年版，第522页。

也。"至则进说于王曰："璮多谲而兵练，不宜力角，当以岁月毙之。"遂环以深沟高垒，奔轶应援之计略不能肆。四月，军溃出降，生擒璮。公力主斩于军门，诛同恶者数十，余人悉纵归。传檄东下，为璮守者皆降。及陛见，悉归功诸将，乃以擅杀自劾。上察公忠诚，亦不之罪。初，临轩授钺，付公颛征，诸将皆听节制，迨卒事，未尝以诏旨示人。三齐平，首奏"兵民之权不可并居一门，行之，请自臣家始"。史氏子弟即日皆解绶而退。①

相比于同时代王磐所作《中书右丞相史公神道碑》对李璮之事寥寥几笔带过，王恽虽深受李璮、王文统牵连，但对史天泽在此事中所展现的政治智慧并不吝于笔墨。李璮事变使包括史天泽在内的诸路世侯人人自危，忽必烈命史天泽带诸将从征李璮，其深意不可言会，而史天泽在处理李璮一事的一系列表现正中其下怀。在李璮投降后，史天泽力主将其斩杀，回朝后不仅将功劳都归于其他人反而以擅杀请罪，其实史天泽并没有擅杀，只是处理了李璮事变中的核心人员，其他皆免罪纵归。凭史天泽的远识其实早就预料到李氏的叛变会引发汉地世侯与元王朝之间的政治地震，信任危机将进一步扩散。虽被授权领诸将专征，出征前后并未将诏旨示人，如此以收敛锋芒。而后，史天泽又率先解兵权自剪羽翼以对其他汉地世侯起示范效应，对忽必烈削权汉地诸侯起到了推动作用。史天泽的"用心良苦"，完全成为了忽必烈的"解语花"，以对权力的淡漠掌握君臣之间的分寸是史天泽在易代之际处理异族控制机制间矛盾的政治智慧。史天泽病后，忽必烈特遣巫医驰视，赐葡萄酒、参糖等物。史天泽逝后，"讣闻，上深震悼，遣近侍致奠，赙白金若干，赠太尉，谥曰忠武，仍敕辞臣制碑

① 《王恽全集汇校》卷四八《开府仪同三司中书左丞相忠武史公家传》，第6册，第2279页。

表其勋德"①。李璮事变后，忽必烈仍然十分倚重史天泽，膺任朝廷要职并加封开府仪同三司、平章军国重事，使史天泽成为元廷汉臣中权力最大且成就最高的人。

王恽与史氏一族素来交好，为史楫作碑铭，史枢作祭文。史楫与史枢在史氏位于权力核心时都曾随史天泽南北征战，为蒙元王朝稳固中原根基，也曾与蒙古贵胄周旋于政治旋涡。时断事官也里干脱火思性尤苛刻，常使无辜者受重罚，史楫隐忍周旋不致滥及无辜。史氏自解兵权，厌倦了常年征战、政治博弈的史楫效仿叔父让职于其弟史权，终日以植花草、玩泉石为乐。通过王恽的传记，可以知晓，史氏子孙多倚门功、承袭入仕，"若论任官者之众，以真定史氏居首（五十四人），董氏次之（五十一人）"②。

如史天泽一般久居高阁的汉臣并不是大多数，但能顺应历史发展之时势助蒙元征伐、建国者却不在少数。蒙元王朝之所以能在半个世纪内剪金取宋，雄胜于世界，离不开中下层将士的冲锋陷阵。如《大元故宣武将军千户张君家传》中的张全（1196—1256）和张思忠（1236—1274）父子。张全于木华黎南略时以良家子从军跟随史氏攻城略地镇守真定，其子张思忠习父职成为了蒙元伐宋的一员得力干将。王恽所撰家传记载其"及知学，颖悟不群，既长，有谋略，善骑射"。时朝廷命诸路兵攻襄樊，张思忠首"筑堡戍，使遏宋人溯流以资寇盗"，从而"宋人为气褫"，得到主帅嘉奖。后又从伯颜、史天泽于至元十一年（1274）水陆并进鄂渚渡江讨伐南宋，屡奏嘉议破宋人船阵，于丁家洲大破贾似道，为伯颜、阿术二相所倚重。然张思忠以勤劳征战致疾，39岁时英年早逝。张氏父子"逮君遭乘

---

① 《王恽全集汇校》卷四八《开府仪同三司中书左丞相忠武史公家传》，第6册，第2280页。
② 萧启庆：《内北国而外中国——蒙元史研究》，中华书局2007年版，第305页。

机运，奋发志勇，以投风云之会"①，虽未列正史，却凝缩了众多易代之际中层汉臣的身影。这篇家传相比于王恽笔下其他家传，篇幅不长，叙述也相对简略，但是传中张思忠"尽心所事，国而忘家"的将领形象却给人留下深刻印象。

另外，诸如"拳勇绝人，捐躯殉国"并令王恽感叹"其死生义利，胸中权衡素定，绝非奋不虑死，檄取美名者"②的唐琮，随汉地世侯张柔"奋迹布衣，义同里闬，依乘风云"③的聂祯，尤其是唐琮，与聂祯剪金伐宋的经历不同，他是在元朝进一步扩充版图，远征安南时战死，"讣闻，部曲至刲股肉致祭，朝廷为嗟惜之"④。如此壮烈，可见其英勇非凡。王恽在《大元故大名路宣差李公神道碑铭》中谈到蒙元肇建所需人才时讲道："必勋伐世胄、练达时体、通习汉事、忠贞而有材望者膺选。"⑤以史天泽为代表的这些人物都是中原易代离乱之际积极顺应时代之时势变化投身于蒙元攻城略地和发展建设的个体代表，他们有才望又都功勋加身，对汉地管理了如指掌，其个人的行迹随着时代的兴变独具时代印记。

统一中原只是蒙古民族征服世界的其中一环，元王朝以蒙古铁骑驰名中外，凭借其简洁的组织体制和灵活的机动性征服亚欧大陆，成为当时幅员最为辽阔的国家，这不仅在人类战争史上极为罕见，其与多种文化相碰撞而激发的"化学反应"在整个人类文明史上也是极为壮观的。蒙古将士通兵法、擅骑射而嗜杀戮，在蒙古一统中的推进作用自不可言喻，而其在蒙古平金伐宋的中原战场则更显其鲜活个性。王恽传记中记述异族传主的作品只有寥寥几篇，多数叙述相对从简还阙略甚多，而《大元光禄大夫平

---

① 《王恽全集汇校》卷四八《大元故宣武将军千户张君家传》，第 6 册，第 2259 页。
② 《王恽全集汇校》卷五五《大元故怀远大将军万户唐公死事碑铭》，第 6 册，第 2494 页。
③ 《王恽全集汇校》卷五八《大元故广威将军屯田万户聂公神道碑铭》，第 6 册，第 2575 页。
④ 《王恽全集汇校》卷五五《大元故怀远大将军万户唐公死事碑铭》，第 6 册，第 2493 页。
⑤ 《王恽全集汇校》卷五一《大元故大名路宣差李公神道碑铭》，第 6 册，第 2377 页。

章政事兀良氏先庙碑铭》则洋洋洒洒六千余字，几尽赶超史天泽家传。兀良家族虽不居蒙古四大家族，但自祖辈到不怜吉歹世世相传，几乎横跨了蒙古自草原到中原再到一统的全过程。自速不台始兀良家族世代功勋显赫，"多树功阀，名高诸将"，这并非溢美之词，兀良家族中速不台、兀良合台、阿术祖孙三代所树功勋非一般将帅所比。速不台（1176—1248）乃是兀良氏进入蒙古军营的第一代，从战略功绩上来讲主要参与了蒙金战争。速不台初以质子入侍太祖，继为百夫长，攻桓州、破灭里吉部、征回回国，与金将合达三峰山一战对金朝形成了破坏性打击，"自是，金不能兵矣。"金亡，速不台目睹汴梁饿殍遍野、饥民相食的惨象，遂下令纵民北渡，时王恽与父王天铎亦是由此北渡还乡，因此王恽有叹"其骨而肉之之恩，尚未忘也"①。第二代兀良合歹（1200—1271）首随宪宗攻女直国，而其战功尤显赫于征西南诸夷。宪宗二年（1252），忽必烈率诸部合征大理，以期迂回攻打南宋。兀良合歹不仅骁勇善战更善于策划谋略。面对以城三面环水的滇池，兀良合台巧用心理战术，命将领击鼓七回以干扰城中守将，欲于其精神疲惫之际一举攻下。又有未降附者集众滋乱，兀良合歹"命裨将脱伯押真率麾下掩其右，合歹护尉掩其左，约三日捲而内向反围合"，"是亦治蛮之一奇也"②。第三世乃丞相阿术，"南征北讨四十年间，大小百五十战，未尝败衄"③。宪宗朝与父兀良合歹同攻西南诸夷，又与宋将夏贵、范文虎交战，屡次获胜。至元十一年（1274），阿术两次上奏伐宋，认为南宋此时兵弱于昔乃是攻坚良机，世祖允其意。王恽在传记中非常详细地记录了元宋战争的推进，记述精彩绝伦尤显阿术之将才，如与贾似道的战略周旋：

---

① 《王恽全集汇校》卷五○《大元光禄大夫平章政事兀良氏先庙碑铭》，第6册，第2347页。
② 同上书，第2349页。
③ 同上书，第2356页。

继下池州，宋平章贾似道督诸道兵扼芜湖，先是，遣行人宋京来请和。二月丁卯，师次丁家洲，公与右丞相议曰："且和议未定间，昨我船出，彼已乱射，又执我逻骑四人。宋人无信，惟当进兵。"又曰："若避似道不击，恐已降城池今夏难守。若欲实和，俟渠自来作何语，徐为思之。"①

显然南宋主动与元议和只是缓兵之计，阿术深谙其延缓策略，即便暂时议和，元朝也不会改变伐宋的意志。识破贾似道后，阿术与伯颜大战夏贵，破其两千五百艘战船，"雷鼓大震，喊声动天地"，"似道仓皇失措，舳舻簸荡，乍分乍合"，其后元朝军队对阵南宋一路高歌猛进，南宋再无招架之力。又如以火攻破孙虎臣之船阵：

七月辛未，公登石公山萆而望之，舳舻连接，旌旗蔽江，公曰："可烧而走也。"遂摘伉健善毂者千人，载以巨舰，分两翼夹射，公居中，合势进击。继以火矢著其蓬樯，烟焰赫赫，窘无所出。先是，虎臣命前船悉沉铁缆于江，示以必死。至是，欲走不能，前军争赴水，死，后军哄走。②

"南船北马"一谚反映了南北战争工具的差异，蒙古铁骑在以战马征服世界的同时也在不断克服地理障碍改变作战方式，元朝与南宋的战争实质上是与南宋水师的战争。与南宋的传统作战方式相比，元水师营建晚且不擅长，而阿术在多次水战中以奇计异谋破南宋水师，弥补元军之短板，"论者谓公智、信、仁、勇四者兼备，与孙武合云"。③阿术高瞻远瞩，对战争及政治策略的阅读能力极强，其作为主将对伐宋的坚决态度和前瞻性

---

① 《王恽全集汇校》卷五〇《大元光禄大夫平章政事兀良氏先庙碑铭》，第6册，第2353页。
② 同上书，第2354页。
③ 同上书，第2356页。

的战略眼光，为元朝后期伐宋一统中国奠定了牢靠基础。同兀良氏祖孙三代征战沙场的蒙古族将领其实不在少数，但是能够三代完全参与到蒙元一统进程中，使蒙元攻伐史成为家族奋斗发祥史，三代人物之行藏与元朝建立统一息息相关的家族却并不多见。因仕宦交游经历，王恽传记中异族传主甚少，而兀良家族的这篇家传让世人得窥蒙古将领之风范，一方面显示了王恽同为历史亲历者对蒙古军队战斗力的认可，另一方面显示了元朝作为军事强国在短时间内一统中国、征服亚欧大陆的必然性。

少数民族入主中原，统一南北，在经过短暂的家国之痛后很多北方汉族士人开始寻求入仕机会，而以忽必烈为代表的蒙古统治者也逐渐意识到于汉地行汉法必须倚仗汉臣的辅佐，正是在这样的契合下以许衡、窦默、姚枢为代表的汉族文士得以进入元廷馆阁，成为忽必烈的"智囊"，对元初政治机构的建立、经济文化的恢复发挥了关键作用。王恽曾为姚枢、郝经等作祭文，祭文不同于传记、碑铭，这种文体的最大功用不在于追述死者平生往事，而在于将作者本身对死者的感情转化为有韵律的文字以表达哀思，对死者的评述也尽在于此。

姚枢对王恽有知遇之恩，他不仅是王恽苏门求学时的老师，更在中统元年宣抚东平时，将王恽辟为详议官，使其有机会入主馆阁，姚枢的举荐使王恽的人生发生了转折，也开启了王恽入仕蒙元的篇章。王恽为姚枢作《祭中书左丞姚公文》，以极其精练的祭文形式概括姚枢谋谟庙堂的一生，并认为姚枢作为元初政治地位颇高的汉臣对蒙元的肇建和发展至关重要，所谓"国势民机，倚公安否"①。另如同为王恽恩师的郝经，王恽于至元十七年（1280）为郝经所作《祭郝奉使墓文》字字珠玑，言辞恳切且悲愤交加。郝经为中州知名文士，以上陈忽必烈经国安民之道成为金莲川幕府的

---

① 《王恽全集汇校》卷六三《祭中书左丞姚公文》，第 7 册，第 2730 页。

谋士。中统元年充国信使议和，中间遭王文统等人构陷，被宋相贾似道囚禁真州十六年之久。南宋灭，郝经回大都不久后便病逝，这使得郝经入仕蒙元的经历带有更多的悲情色彩。王恽自中统元年（1260）与郝经匆匆一别后十六年未见，这篇作于郝经去世五年后的祭文在对郝经的追思中依然有为其遭遇深感不平的愤愤之语，"而最伤公，为国出使，初馆仪真，主成和计，奉持国书，以死自誓，万介外侮，群狙内猰"①。表达了对郝经效忠蒙元之功的肯定以及其对其遭遇的悲切。除姚枢、郝经外，王恽还于至元十五年（1278）为吏部尚书高鸣作《故吏部尚书高公祭文》；于至元十六年（1279）为平章政事董文炳作《左丞董公祭文》；于至元十八年（1281）为窦默作《祭侍讲学士窦公文》等。这些人亦皆易代之际积极出世之人。

如郝经、姚枢一般出任蒙元"智囊"一角的汉地文士有很多，他们作为士大夫阶层最先突破夷夏之防，又在身处权力旋涡时坚持"陛下帝中国，当行中国事"②之汉法思想，不仅为王恽这样的后辈提供了入仕机会，也在易代之际为文士的政治选择开辟了新的道路，在遵照汉地传统制定有关礼仪制度、建立中央集权的中原模式官僚机构、恢复农业发展和推动儒学教育的普及上发挥了至关重要的作用。虽在实际演进中与异族权贵多有矛盾摩擦以致汉法在元朝的推行具有不彻底性，但是对元中后期发展却有着积极的引导作用。

（二）蒙元能吏干臣形象

与南方文士所撰传记不同，王恽传记中少见治学文士而多治世吏员，虽大多未列正史，但因其篇什最多、记述最详而成为王恽传记中具有时代

---

① 《王恽全集汇校》卷六四《祭郝奉使墓文》，第 7 册，第 2742—2743 页。
② 《元史》卷一六〇《徐世隆传》，第 2515 页。

代表性的特殊群体。据笔者统计，王恽传记作品中以吏员为传主的传记约占总篇目的三分之一，这些人物基本出生在元南北一统之前并经历了汉地政治势力的更迭，其中不乏金朝遗珠，虽也在蒙元战争中饱受残害，但易代之际所谓的家国之悲和时代失落感并没有在他们身上留下太多的痕迹。汉地之才能兼备者在经历了新主入主中原的短暂适应和冷静的政治思索后开始寻求乱世中"有用于世"的处世方法，于是多积极寻求入仕机遇，投身于元初基层官僚机构而自觉或不自觉地成为了同时代同阶层的发言者。元初吏员在国家指令的传达和实施上发挥着至关重要的作用，他们对当地治安的稳定、农业及文化的发展有着具体的实权，因此构成蒙元政治下层基础的吏员也是王恽传记中典型的人物形象。

元代徐元瑞撰《吏学指南》，举"吏"之详解，"《说文》曰：'治人者也。'谓吏之治人，心主于一，故从一。《风俗通》曰：'吏者治也，当先自正，然后正人。'《字宝》曰：'执法之人也。'"① 吏官首要职责为"治人"，"治人"则需法度，《牧民忠告》亦有"吏人盖以法律为师也"② 之语，"通习条法"乃是吏官必备之才能，因此很多吏官在出职前都有习"城旦书"或法学的经历，"城旦书"即刑法之书，如《大元故奉训大夫尚书礼部郎中致仕丁公墓碑铭》中丁居实"稍长，力学不倦，每以籍荫入杂流为慊。遂去，习城旦书"③。《顺德路同知宝坻董氏先德碑铭》中董孝良"孝良孝友纯至，幼习司空城旦书"④。《大元故奉议大夫中书兵部郎中韩君墓碑铭》中韩天麟"长业法家学，即能矞然见头角于辈行间，师以能

---

① （元）徐元瑞等：《吏学指南 外三种》，《吏称》，杨讷《元代史料丛刊》，浙江古籍出版社 1988 年版，第 16 页。

② 《吏学指南 外三种》，《法律为师》，第 279 页。

③ 《王恽全集汇校》卷五二《大元故奉训大夫尚书礼部郎中致仕丁公墓碑铭》，第 6 册，第 2408 页。

④ 《王恽全集汇校》卷五五《顺德路同知宝坻董氏先德碑铭》，第 6 册，第 2499 页。

称之"①。元初法律条例并不完善，"今天下所奉以行者，有例可援，无法可守"②，吏官直接掌握民间诉讼典宪狱情，对各种诉讼案件的处理直接显示了他们的办事能力。《故提刑按察签事刘公墓志铭》中刘济（1216—1279）年长而明吏事，中统元年（1260）补省左曹掾，后充中书磨勘官。王恽评价其"一麾出守，殆古能吏"③，"能吏"即为善于解决棘手问题的官吏。元初因诉讼条例的缺失和官吏办事效率低下常常拖延诉讼，遇案不断成了元代官场的常见现象。时刘济虽官小职卑，但断案审慎果断决不推托。真定郭文进状告白、肖二人毒杀其父，此案"岁久莫决"④，刘济"按覆薄牍，推察物情，不终日而虚实两判，镇人称英明，朝官嘉之"。⑤又有韩天麟"及为郡法曹，狱无大小，悉心极虑，必尽彼辞情而后已"。⑥陈祐将侵渔无时者"以理将命，遂折其须牙，来就约束"⑦。元代吏习严重，所谓"天高皇帝远"对当地各种实权的绝对掌握使得"酷吏"横行恣意，暴刻残忍，然亦有循吏、良吏能下顺人情，掌法但不滥用法，秉法却不苛于法。丁居实是金正大四年（1227）部掾甲首，例补尚书、吏部令史。中统建元，受举荐为真定史氏幕府咨议官。前述丁居实习城旦书，其"典宪狱情，尤所明慎"：

> 有宿盗抵法，上官主以劓刑决之，公力辩曰："时方哄动，肉刑久废，行之恐众情疑骇，且复累公。"遂处以常法。一边将以罪叛，

---

① 《王恽全集汇校》卷五六《大元故奉议大夫中书兵部郎中韩君墓碑铭》，第 6 册，第 2523 页。

② （明）陈邦瞻：《元史纪事本末》卷一一《律令之定》，中华书局 2015 年版，第 84 页。

③ 《王恽全集汇校》卷五五《故提刑按察签事刘公墓志铭》，第 6 册，第 2505 页。

④ 同上书，第 2504 页。

⑤ 《王恽全集汇校》卷五六《大元故奉议大夫中书兵部郎中韩君墓碑铭》，第 6 册，第 2523 页。

⑥ 《王恽全集汇校》卷五三《总管陈公去思碑铭》，第 6 册，第 2444—2445 页。

⑦ 《王恽全集汇校》卷五六《大元故奉议大夫中书兵部郎中韩君墓碑铭》，第 6 册，第 2523 页。

获奴从，欲杀之。公请谳于朝，左辖公曰："从逆者坐死，尚何疑？"
公曰："彼固有罪，为士师则可以戮之，况奴为主胁，宁知得已乎？"
上之，囚果纵释。后来谢，公拒绝不见，曰："向非汝私，论国
典也。"①

丁居实虽是典型的吏员出职，但是他对刑法之严苛残酷并不认同，常
从不同角度为之辩驳以免获罪者遭酷吏刑罚，其辩驳有理有据又不失
法度。

相比于丁居实的宽厚，韩澍在断案诉讼时则重教化以正民风。韩澍
（1222—1269），其"世以儒业显"，"初，见第季既多，枝叶蕃衍，门户事
繁重，故挺身吏业"，"稍长，以刀笔起家"。故其入职吏员的渊源如大多
汉地人士一样不过是为养家糊口，然而其所杂糅于人格中的儒士特征使其
不同于某些素质低下愚弄百姓的吏员，在处理诉讼时注重引导以推广儒学
之孝义贤德。对愤懑争吵而诉讼于庭的人，韩澍劝其"孝悌力田，亲仁善
邻，古之善道。初无大故，何乃至尔？"对于屡教不改者又曰："听两造，
明曲直，是不难，恐一置于罚，终身玷辱，为乡党指消，吾惜汝者此也。
傥不吾念，论如法。"② 权衡利弊之劝慰中又暗含其警示，宽厚又不失其威
严所在，因此显现出其作为一地县尹的管理智慧。另有《故将仕郎潞州襄
垣县尹李公墓碣铭》中的李瑞，李瑞曾数次不屑于为吏主掾，后学于王天
铎，通吏事以才授潞州路判官，"酒酣吐气，抵掌谈话，而英姿飒爽之余，
犹隐然溢眉睫间"③。其为官随性而颇有侠义风范。民有讼时则温言理喻劝
其退思自省，友有难时则冒连坐之危匿藏以脱其罪，概是出其天性，若李

① 《王恽全集汇校》卷五二《大元故奉训大夫尚书礼部郎中致仕丁公墓碑铭》，第6册，第
2409—2410页。
② 《王恽全集汇校》卷六〇《故将仕郎汲县尹韩府君墓表》，第6册，第2643—2645页。
③ 《王恽全集汇校》卷五九《故将仕郎潞州襄垣县尹李公墓碣铭》，第6册，第2614页。

瑞之流在蒙元混沌之际也算是潇洒之人。

蒙元肇建之初，社会治安并不稳定，民族矛盾、阶级矛盾日益严重，盗贼多流窜于田野山坳，世祖朝尤甚，因此忽必烈屡次颁布抑盗治盗的法令，落实到地方上，剿盗贼以维护治安的职责基本上由吏官承担。王恽传记中记载了不少剿盗能手，如让两万余山贼为之震惧的王道（1227—1296）。时山贼已据山抢掠三十余年，人数之多、势力之大使其难以被绳之以法。王道素以胆略闻名于乡间，"王老子来，当谨避之，勿轻出"，盗贼间私相约束之语足见王道之魄力，后王道"布耳目，设方略，不逾月，生擒贼酋廿三人，悉榜杀泉市，余众骇散"。当地百姓歌其"药不暝眩而疾袪，非良医而谁乎？兵不血刃而贼除，非智士而谁乎？"① 另若陈祐。王恽所作陈祐神道碑铭载其兼开封府尹间，"许、蔡郊有巨盗，号贼李三，党结甚重，轩�嚣啸，公然剽劫，凶焰动两河间，及公来，逸去。以计捕获，即挝杀之，万口称快"。玉山贼寇出剽时，众人劝陈祐及时撤离，其曰："吾守土臣，义不当避。去之，民曷依？""俄凶党突入，众寡不敌，遂遇害。"陈祐之死很有英雄主义悲剧色彩，当时"人士素服哭祭，皆失声，愿留葬起祠以奉"。王恽与陈祐同为官僚，私下亦是好友，初陈祐遇害之前五月"三入予梦，皆有明征"②，有诗《归梦谣》："五更归梦东南长，越州城府山苍苍。我游不省梦中客，浮云楼观争翱翔。节斋枉驾来就见，上帝遥喜瞻清光。倒衣走欲降阶接，陈公出避朱门傍。斯须往谒登西堂，要话久别倾肝肠。"③ 陈祐讣告至，王恽恸哭良久。陈祐"志弘而毅，气刚以直，学切而有用，器远而足识"④ 的人格品质深得王恽赞赏，他也

---

① 《王恽全集汇校》卷五五《大元故中顺大夫徽州路总管兼管内劝农事王公神道碑铭》，第6册，第2514页。

② 《王恽全集汇校》卷五四《大元故中奉大夫浙东道宣慰使陈公神道碑铭》，第6册，第2464—2465页。

③ 《王恽全集汇校》卷八《归梦谣》，第2册，第300页。

④ 《王恽全集汇校》卷六五《故中奉大夫浙东宣慰使赵郡陈公哀辞》，第7册，第2773页。

是继史天泽后，王恽以神道碑铭、去思碑铭、哀辞三种形式以纪念之的唯一之人。时王恽与许衡谈事君治民仁政之道时，许衡云"闻获玉山贼首害陈宣慰祐者，斩扬州市"①，言下之意是相对于刑罚，以"仁心"教化盗寇效果更张，而王恽立即表示不赞同："若陈为善之心，不宜罹此。今若是，命也。如果得其贼，天理为不泯矣！"② 有对陈祐表示不理解的声音："玉山贼，门庭寇也，终宋亡而不克揃；新昌，下邑也，恶而无所预，盍去诸？"③ 王恽立即反驳道：

> 公之不去者，以弭祸乱、怀新附，分也；事不辞难，患不苟免，志也。去之，民何赖焉？贼或有知，使洞贯之诚一言开悟，于以穷根窟，扫余孽，宣威海道，以靖东南，在公为弗难。不幸拥马直前，言未及谕，而凶锋哄加。盖公之所能者天也，其不能者命也。向使因鼠辈而丧厥守，以偷生而为得计，名节委地，坐视民残，是岂公之志也哉？况公生平忠谊表表，审量素定，晚节操履益坚，其遇当行可为，得少伸抱负，分一死久矣。④

以忠义、节操而死乃是志士仁人共同的理想风范，王恽对陈祐以身御盗、不弃民而去的行为给予了很高的评价："堂堂节斋，明是义兮。"⑤ 虽为陈祐感到哀伤惋惜，但仍赞同其做的生死抉择。元初许多官吏办事效率低下，甚至官盗勾结以图私利，陈祐舍生取义的行为不仅给王恽极大的震撼，也影响了元廷官僚之风气。

汉地本沃野千里，是农业耕种之沃土，但在蒙古与金和南宋的长期对

---

① 《王恽全集汇校》卷九六《玉堂嘉话》卷四，第9册，第3879页。
② 同上书，第3879—3880页。
③ 《王恽全集汇校》卷六五《故中奉大夫浙东宣慰使赵郡陈公哀辞》，第7册，第2773页。
④ 同上书，第2773—2774页。
⑤ 同上书，第2775页。

峙中，百姓为躲避战乱而四处奔走，黄河南北大贫，田地荒芜、荆榛蔽野，农业生产一再中断，"当是时也，始经壬辰之革，河南拱北，城郭墟厉，居民索寞。自关而东，千有余里，悉为屯戍之地，荒芜塞路，人烟杳绝，惟荷戈之役者往来而已"①。两淮地区也残破尤甚，"系在前南北边徼中间，歇闲岁久，膏肥有余，虽有居民耕种，甚是稀少"②。与前期蒙古统治者盲目将耕地圈为牧场不同的是，世祖朝逐步认识到因地制宜对农业生产的重要性，因此部署并执行了一系列恢复农业生产的措施，很快使中原华北地区的农业得以恢复发展，也给元朝创造了大量税收，后来农业税收之高低甚至成为了元朝的考官标准。基于税收的压力和汉人本身对农耕文化的自觉恢复，中下层官吏在所属地域的治理中尤重视土地涵养、水利建设、劝课农桑等一系列与农业生产息息相关的措施，积极展开复兴农业的工作，在严峻的政治形势下为元初农业经济的发展和恢复起到了重要作用。王昌龄（1197—1259）本是史氏幕府参议官，宪宗时史天泽受封于卫州后，派王昌龄进行治理。卫州"民疲事剧"。王昌龄到卫州后尤其注重当地的农业发展，"哀民之困于茧丝也，均徭平赋以畜其力"，"楗堤防以捍水灾，课农桑以抑手游"。时卫州泉水与淇水依地势相合，雨水充足，时常决堤冲毁田地庄稼，王昌龄"为堤黑荡陂以御之"③，了绝水患。又大兴水利，引水造渠，灌溉良田百余顷。在王昌龄的治理下，卫州大化，成为史天泽采邑之腹地。与王昌龄一样兴水利者还有刘济、王复等。刘济"自总角，姿严格，不知为儿嬉"，"及长，明吏事"④。为太原路总管府判官时有山名罕山，"每沟浍秋泛，害及关坊"⑤，刘济率众造渠十余里以使

---

① （元）姬志真：《洛阳县朱葛村栖云观碑》，《全元文》，第 2 册，第 103 页。

② 《王恽全集汇校》卷九一《开种两淮地土状》，第 9 册，第 3742—3743 页。

③ 《王恽全集汇校》卷四七《故真定五路万户府参议兼领卫州事王公行状》，第 6 册，第 2227 页。

④ 《王恽全集汇校》卷五五《故提刑按察签事刘公墓碑铭》，第 6 册，第 2504 页。

⑤ 同上。

洪水分流，不仅除了水患，还使数百顷农田得到灌溉。王复（1226—1289）承其父王昌龄之职管卫州事，至元八年（1271）治归德府时城内大水，环城为海，王复"遂相水冲，循横堤，疏二渠，一注汲淇，一达河故道，水随退，得腴田万顷佃贫民，仍请廪粟，得万五千石活饥殍者"。水患革除后，王复自知不可让百姓又遭水难，于是建堤坝、筑垄堤以绝后患，"故水去而民益亲"①。"夫治国之道，养民为本；养民之术，务农为先。"② 涵养土地、劝课农桑者又如赵鹏、韩澍。赵鹏"量田畴为可溉约束，又置鼓畜犬于田畔以警其奸窃"，"及课植桑，岁至三十万株，县以之致富焉"③。对于横恣不法者，赵鹏给以田牛，充农户籍，使其改过自新。韩澍为汲县府尹时认为农业生产乃是风化之本，以劝农为务，"课户丁，剧蓁薄，植桑果"④，亲自下视田间以检视农户是否勤于耕种。元初官吏腐败者甚多，为讨好蒙古贵胄，与之联合起来实行土地兼并者也不在少数，如以上官吏能守公尽职，以一己之力在所辖地兴水利以灌良田除水患，劝农桑以养土地复耕种也是难能可贵。元初农业生产在短期内得到迅速发展，而在大力恢复农业生产的恢宏历程中，这些官吏作为政策的执行者虽只是构成历史的渺小一员，其功绩亦是斑斑可见。

王恽传记中的中下层官吏为儒学在汉地的复兴和推广也起到了积极作用。金元易代时汉地世侯多接纳流寓汉地之儒士，王昌龄亦在史氏幕府之列。在治理卫州期间，王昌龄大兴文教，礼贤下士，在保护儒士并为他们提供政治与物质的避难所上不遗余力，使得卫州有了与汉地最大的文教中心东平不相上下的地位。王恽身逢王昌龄和史天泽在卫州礼遇贤才、大兴教化之时，得以从姚枢、王磐、元好问等从学问道，获益匪浅，因此对其

---

① 《王恽全集汇校》卷四九《故正议大夫前御史中丞王公墓志铭》，第6册，第2340页。
② 《吏学指南 外三种》，《一曰务农业》，第344页。
③ 《王恽全集汇校》卷五二《金故朝请大夫泌阳县令赵公神道碑铭》，第6册，第2405页。
④ 《王恽全集汇校》卷六〇《故将仕郎汲县尹韩府君墓表》，第6册，第2643页。

大兴儒学教化有比别人更深的体悟。王昌龄对文教的投入与他由儒转吏的身世经历有着必然的关系，"吾少业儒，以时艰罔卒所志，然胸中绪馀之气勃勃然日新矣"。对其子王复又教导曰："我不愿若富贵，能儒素起家，弊庐饘粥，生养死葬足矣。"① 王昌龄垂暮之年以作诗赋词为乐，所交如杨奂、郑子周、董瑞卿等皆是一时名士，在元统治者"重吏轻儒"的文化背景下，仍渴望能以儒业起家，着实代表了时人之主流思想，可见儒学之明经道义、崇文尚贤仍然是元初士人心中的乌托邦。元一统前"教化衰而礼乐废，礼乐废而祀典亡"②"吏治者鲜推其本，以簿书狱讼为务；为士者不思根极圣道，以大学自任，区区从事于章句之末"③，以儒学为内核的汉地文化萎靡不振，没有元廷的支持，士人之奔走呼号始终无法奏效。元肇建之初，忽必烈在一众汉臣的奏请下下令发展地方官学，亦称为庙学。庙学是传播儒家经典和儒家思想的重要教育阵地，地方大兴夫子庙有力地促进了地方儒学的普及。《解州闻喜县重修庙学碑铭》载："爰自京师，达于郡邑乡遂，率建教官，勉士以德，趋民于学，其比隆致治之意。"④ 地方官吏建立庙学以推风化是其为政的重要内容。

另有刘济"崇儒学以敦教本"⑤，又有陈祐、周惠、李瑞、董柔之类以育人才、复儒学为其治理之重。无法否认，相比于其他朝代，元代由于掺杂少数民族文化色彩而喜用吏为官，导致吏治问题较为突出。但不可否认的是，易代之际的时代环境与独特的历史条件带来了别具特色的元代吏治与基层管理面貌，"重吏轻儒"的政治形态，也给时人带来一些新的挑战和机遇。王恽本人亦是由吏治才学得以征召，仕宦经历中又多与中下层官

---

① 《王恽全集汇校》卷四七《故真定五路万户府参议兼领卫州事王公行状》，第 6 册，第 2229 页。

② 《王恽全集汇校》卷五三《平阳府临汾县重修后土庙碑》，第 6 册，第 2434 页。

③ 《王恽全集汇校》卷五二《绛州重修夫子庙碑》，第 6 册，第 2426 页。

④ 《王恽全集汇校》卷五三《解州闻喜县重修庙学碑铭》，第 6 册，第 2437 页。

⑤ 《王恽全集汇校》卷五五《故提刑按察签事刘公墓碑铭》，第 6 册，第 2504 页。

吏打交道，这促进了王恽在传记中能感同身受地去描写刻画，重现他们人生中的升沉离合和情感经验，展现元初官吏这一特殊政治群体，使这些传记的时代内涵更为深刻。

（三）豪右大家人物形象

家族是构成社会的具体单位，一个家族在历史际遇下的升沉是检验政权上层政治建筑与下层政治基础是否稳定的独特触角。王恽传记中有多篇家传及世德碑铭，除名为家传实为个人行迹撰写的《大元故宣武将军千户张君家传》《开府仪同三司中书左丞相忠武史公家传》外，还有《卢龙赵氏家传》《苏门林氏家传》《南鄘王氏家传》《泰安州长清县朱氏世系碑铭》等十四篇家传。相比于个人传记，家族传记往往在几代人的行迹中蕴含时代变迁下家族之地位、传统的演绎变化，家族在世代相传中不断改变的倾向往往代表了复杂历史环境下的时代走向。我们在王恽传记中看到，在易代之际的历史际遇下，有的家族由繁盛走向没落，有的家族始终坚持诗书礼义相传，有的则能通过几代奋斗从庖厨、管匠、医家之流混迹于朝堂，由此可观易代际遇下不同的社会趋势。因此，家族传记在王恽传记作品中占据了重要地位，它们是与历史动变相呼应的社会中独具典型意义的缩影。

卢龙赵氏、苏门林氏、南鄘王氏虽不能算作名门望族，但追述其渊源仍在地方上具有一定的社会影响，通过对比这三个家族时人在历史影动下的选择倾向，我们可以一窥其家族传统及社会风向在历史迁移下的演绎变化。若苏门林氏，在金灭前乃是诗书大家，远祖林之纯是北宋景祐年间进士，其后林家五代八进士，北宋进士五人，金朝进士三人，由宋到金三百余年以诗礼传家，代以儒显而流风善政。金末板荡，科举一度取消，林氏虽有百年世传基业，仍在战乱时受创而家世衰微，到了林通一代便以吏业、货值糊口，但后辈对林氏诗礼传家的家族传统未曾忘却，林通训诫子弟："林氏上世以诗礼传家，代有闻人。予惟早失怙恃，生长丧乱间，以糊口计，处四民末业，致殄祖祢羞。诸孙稍长，无忘读书以复世范，汝念兹无置。"① 然丧乱之间，诗书之范已消耗殆尽，后辈虽也潜心就学，但以读书复世范亦未能如其所愿。与苏门林氏有别的卢龙赵氏则以武事起家，辽亡后金季转由文事，丧乱时多避世而居不问世事，却也凭一己之力奋力守护汉地颓败的文化。卢龙赵氏之远祖赵思温（881—939）乃是五代燕帅刘仁恭之偏将，家传载其于神册二年（917）款附辽太祖耶律阿保机，助石敬瑭建立后晋，加特进检校太尉、中书门下平章事、卢龙军节度使，《旧五代史》《新五代史》《资治通鉴》等皆载有其事迹。赵思温生子十二人，女十四人，家族之庞大系繁始自于此，其后七世皆袭辽世爵，基本上以武事谋略为辽朝用。金季，卢龙赵氏失去了世袭之特权，武事谋略日渐衰微，虽有事货殖、巫医者，但研习诗书歌赋乃是家族新的风向。赵植（1118—1202），尝举进士不遇，遂隐居家乡以教授为业，其诗歌志趣不凡，拒绝了金朝征召而优游于家，后世称其"建春征君"。与赵植同辈者赵侃同样具有一定的文化素养，尤精于音律仪制。传中记载其中承安二年（1197）登歌甲首，积劳转协律郎，累官定远大将军、大乐署直长、权知太庙署事。贞祐丧乱，礼乐散失不全，赵侃以搜集礼乐自任，壬辰北渡后，赵侃隐居乡里编集郊祀集为《祀典乐志辨》三十卷。后经孔元措荐于蒙元，为大乐丞，搜访前代礼官、乐师、祭器，"中统建元以来，文物郁然，君有力焉"。赵植之子赵玟，"学问淹贯，工辞翰"②，易代后僻居研究理学。赵玟子赵铉雅淡喜读书，精于《易学》、音律、占筮。赵铉因其学识广泛、品格高雅又熟知金辽史事而为当时名流若王文统、姚枢、商挺等

① 《王恽全集汇校》卷四九《苏门林氏家传》，第6册，第2293页。
② 《王恽全集汇校》卷四八《卢龙赵氏家传》，第6册，第2267页。

所结交推崇，王文统送匾额"遗安"，姚枢、商挺则为之作文记录。单单从政治地位来看，苏门林氏及卢龙赵氏都经历了不同程度的衰微，家族传统虽未有相同流向，但其家族演变所反映出来的易代历史动荡对汉地文化之影响却是显而易见的。而若王恽家族南郦王氏则是能于时代之动变时奋发于乡野，从躬耕陇亩到处庙堂之上，实现了家族式的蜕变。

南郦王氏原陈留郡阳武县人，世代以耕种为业。王恽高祖王仲英始弃耕从士业，金明昌年间主治曹务，"终当以笔代耕"从此成为王氏家族传统的演变线路。曾祖王经多置产业居乡间，其友善爱亲、广结善缘为乡里所推重，蒙古大军破卫州，与其妻怖殁于家。王恽祖王宇"少传家学，尤明习文法"，家变后为完颜从坦知遇辟为刑曹孔目官，断狱明察审慎，有"哀矜折狱"之称，类注《刑统》《进禄》等书，梁卫间以吏业出职上达者，半数为其门生。到了王恽父亲王天铎一代，王氏已经形成了优良的读书传统，王氏家族埋头于读书研学，望以儒业传家始自王天铎。王天铎"幼知嗜学，诸弟出游嬉，独把书不置"[1]，其父王宇自其幼年便授以律学，正大四年（1227），王天铎擢吏员甲首，夙夜在公，财务、断狱皆精力过人，有"快吏元康"之誉。开兴初授户部主事，汴京沦陷后北渡助耶律买奴括户籍，后还乡里，终日以经史自娱，尤对《春秋左氏传》《西汉书》钻研有加。晚年集历代诸儒《易》说，编纂《王氏纂玄》，"所交皆海内名士，易名文通先生"[2]。另王天铎在观书研学之余收藏了大量图书，"闻一异书，惟恐弗及。其弱冠时，先君气志精强，目览手笔，日且万字，不下年，得书数千卷"[3]。王天铎能够在战乱频仍的易代之际搜集如此数量的书籍，有意识地为王恽及其兄弟创造有利于他们培养读书意识和学术精神

---

① 《王恽全集汇校》卷四九《南郦王氏家传》，第6册，第2299—2300页。

② （元）王公孺：《文定王公神道碑铭》，《全元文》，第13册，第256页。

③ 《王恽全集汇校》卷四一《王氏藏书目录序》，第5册，第1965页。

的成长环境，可见其对后世子孙以儒业起家的期望，王恽对儒学的钻研当自此始。后王恽赋闲在家期间，编纂《王氏藏书目录》，这对王恽才学的提升起到了很大作用。王恽生逢乱世，虽是由史学才能得以征召，然而其后仕途在姚枢、史天泽等的助力下也算一帆风顺，不仅在朝堂上有一席之地，更成为了元初北方文坛大家，其作品文集流传至今，也算未辜负王天铎的期许。王恽之后其子孙历代都在朝居官，直至其曾孙王逊志于至正二十八年（1368）在京城失守后投井而死，故王氏家族自王天铎起与元朝相始相终，见证了蒙元帝国的肇建和覆灭。正是因为王恽自幼在其父王天铎那里受到了诗书的良好熏陶，又谨遵其以儒业起家的训诫，加之其后游学苏门从学于王磐、元好问、杨奂等前辈，使王恽在同时代诸儒中尤为夺目，其在传记中对家族传统的书写或许是无意识的，但是潜意识之中对家学传承的重视已经尽藏于笔端。

王恽受刘邻之托为其撰写家传《浑源刘氏世德碑铭》，刘邻之所以向王恽求文以述其家世，不仅仅因为其堂兄刘祁曾是王恽的师友，背后更有复杂的历史渊源——"金亡，士之北渡者百不二三，今消磨已尽，求接见先辈、老于文辞而最知名者，莫公若也"。[①] 王恽生长离乱之间，对社会变迁有更深的情感体悟，所交皆金末元初汉地硕学大儒，与刘祁亦师亦友，史学之才受刘祁影响颇大，因此采掇遗老之余又根据自己的见闻撰成《浑源刘氏世德碑铭》，至今这篇家传仍是对浑源刘氏记录资料最详、最完整的传记作品。家传记录了浑源刘氏之兴起和几百年间家族成员在政治上的成就和文学上的传承创作，重点记载了金季到金元之交间刘氏家族之概况。浑源刘氏出自彭城望族，自刘撝夺得天会二年（1124）金朝首位词赋科状元始，刘氏在百年四世间出了八位进士，除刘撝外，还有刘汲与刘

---

① 《王恽全集汇校》卷五八《浑源刘氏世德碑铭》，第6册，第2570页。

渭，同擢天德三年（1151）进士；刘偘，大定十年（1170）进士；刘俨，承安二年（1197）进士；刘似，以恩赐于泰和三年（1203）及第；刘从益，大安元年（1209）进士乙科；刘从禹，正大七年（1230）进士，金赵秉文谓刘氏家族"丛桂蟾窟"，在当时可谓科举大家。刘氏自刘㧑起弃末耜而习进士业，刘氏之崛起始自刘㧑中金朝首位词科甲首，从此刘氏一族在金朝文坛逐渐占据一席地位。自辽代后，文体庞杂而萎靡，"公励精种学，文辞卓然天成，妙绝当世，一扫假贷剽切、牵合补缀之弊。其后学者，如孟宗献、赵枢、张景仁、郑子聃皆取法焉。金国一代，词学精切，得人为盛，由公有以振而起之也"。① 孟宗献、赵枢等皆是金朝有名的士大夫，他们在词学上对刘㧑的拥护，说明刘㧑的确开金朝词学之盛，是金朝词坛上的文学大家。刘㧑四子汲、渭、滂、濬中刘汲与刘渭同中进士，刘汲嗜放浪与山水以读书为乐，对佛学钻研有加，述《寿藏记》，有《西岩集》行于当世，而尤以刘濬一支人才鼎盛，八进士中有四人出自此支。其子刘似孝敬友爱、力学能文，刘俨则属于典型的忠君爱国传统士大夫，痛金朝之覆灭蹈河而死，这在金朝官员纷纷迎降于蒙古大军的社会趋势下是极为难能可贵的。

刘似之子刘从益亦是金季文史大家，有文集十卷，自号蓬门。后世对刘氏一族之记载以刘从益居多，赵秉文称其"器识明敏，刚直敢言，学可以辅政教，材足以济时艰"②。刘从益性格刚直，对朝廷纲纪、时政利弊多有谏言而与当权者失和，闲居生涯亦建孔子庙以讲学，树教本使风化大行。刘从益的文学修养很深，博学强记而能出口成章，以五言古诗见长。刘从益与二子刘祁、刘郁一度被视为金季"三苏"，刘祁、刘郁二人在文史上的贡献一度被视为汉代之刘歆、刘向。

---

① 《王恽全集汇校》卷五八《浑源刘氏世德碑铭》，第6册，第2566页。
② 同上书，第2568页。

王恽为刘氏作此碑铭，除却深知遗老之事，多半是顾及刘祁与其父王天铎的友情和自己与刘祁的师生之情。刘祁（1203—1250），"弱冠举进士，庭试失意，即闭户读书"，"一放意于古文间，出古赋杂说数篇"。赵秉文、杨奂、雷渊等皆称其为异才，讲六经而明圣贤心学，文章议论粹然，"士论咸谓得斯文命脉之传"①。金季丧乱时刘祁正值青年，经历了家国之变故、人情之冷暖后，刘祁北还乡里，躬耕自给，专心治学。金灭之初，蒙古统治者曾在耶律楚材的提议下以考试形式来选拔儒生，史称"戊戌试"。刘祁如诸生一样似乎看到了开科取士的希望而就试，虽然"戊戌试"只是"为了确定儒、释、道三教的人数与待遇"②，但也在一定程度上改善了儒士的生存环境。刘祁由此选充山西东路考试官，且仕途止于此。刘祁于四十八岁便病逝，有《神川遯士集》二十二卷、《处言》四十三篇、《归潜志》三卷。其中《归潜志》是刘祁的泣血之作，其以实录的方式保留了金代大量的文史资料，元修《金史》时多采用其文献。王恽对刘祁的家学十分敬仰，为其撰铭曰：

> 神川力学，洞圣心胸。明理贯道，匪文奚工。玉佩琼琚，大振辞峰。导家学之渊流，会百川而朝东。章甫适越，惜不时逢。阴相同气，先志恢洪。③

在金元文坛颓丧、唱衰之际，刘祁秉持其家学家风，虽生不逢时，却是浑源刘氏中最得祖上之家传的人，其在文史上的成就远远超过了刘氏家族中的任何一人。其弟刘郁在家传中记录并不甚详，但就其仕途而言，刘郁是幸运的。刘郁能文辞书翰，中统元年（1260）肇建中书省时辟左右司

---

① 《王恽全集汇校》卷五八《浑源刘氏世德碑铭》，第6册，第2568页。
② 陈高华、张帆、刘晓：《元代文化史》，广东教育出版社2009年版，第25页。
③ 《王恽全集汇校》卷五八《浑源刘氏世德碑铭》，第6册，第2571页。

都事而入仕元朝，后出尹新河，召拜监察御史，其作《西使记》对后世研究蒙元史和中西交通史有很大的研究价值。

"家风是家族得以维系的灵魂，而家学是一个家族构建文人群体的前提。"① 浑源刘氏能从躬耕陇亩走向诗礼簪缨，与家族成员百年间相互濡染而形成的家风家学息息相关。其家风笃志力学、文行端雅而门第清峻，其家学工诗词文章又兼具史学修养，良好的家学家风使得浑源刘氏在金季百年于文坛之上经久不衰，数百年间持身慎行，以诗礼相传，是为金蒙之际家族文学的代表，同时也代表了金季文学发展的大体流向。王恽早年游学共城期间曾问学于刘祁，又与其堂弟刘邻为官场好友，遂知刘氏家世颇详，时人若赵秉文、雷渊等对刘氏家族的成员都有或多或少的记载，然资料如此之完整、规模如此之大、评述如此之详的传记唯此篇，足见其意义所在。

综观王恽传记中苏门林氏、卢龙赵氏、南廊王氏及浑源刘氏家族在历史中的演绎变迁，皆能感受到易代动荡对家族机遇和家族传统产生的影响，若以上家族，王恽传记呈现出他们无论起身于武略攻伐还是乡间垄亩，抑或是一直以诗礼传家，对诗书的自觉靠拢和坚持在易代之际显得尤为可贵，而若林通、赵侃、王天铎、刘祁等则代表了一部分士人在易代之际对诗书儒业的选择。

王恽传记中亦有躬身于庖厨、管匠、医学的家族传记，他们所代表的行业为社会小众，其家族轨迹在易代之际同样发生了改变。如贾氏一族，在蒙古攻伐中原之初，随侍蒙古王室左右而渐趋蒙古化，其家族的演变进程在易代之际独具代表性。《大元嘉议大夫签书宣徽院事贾氏世德之碑》是王恽的奉敕之作，元贞二年（1296）贾氏子孙脱里不花上书求制，"惟

---

① 俞樟华、冯丽君：《论宋代浙江家族文学家群体》，《浙江师范大学学报》2004 年第 5 期。

贾氏三世先臣，供奉内庭，继典玉食，夙夜只勤，颇著微效。今饬终之典、表行之铭未曾蒙赠赐，敢援例以请"。时王恽为翰林待制，因此承旨为贾氏作碑铭。贾氏有别于王恽传记中其他汉人家族，他们是常伴蒙元统治者、司职皇家琐事最早的一批汉人，也是前四汗时期汉人蒙古化的代表之一。贾氏自脱里不花的曾祖被睿宗赐名"昔剌"后，其子孙后代皆改用蒙古名，若丑妮子、忽林赤、锡烈门等。贾氏远祖仕金，为庖职。国朝甲申年（1226），贾昔剌经荐觐见庄圣皇后，睿宗拖雷以其胡须稀疏且颜色偏黄，遂赐名"昔剌"，后贾昔剌从睿宗身边，料理其膳食起居，睿宗对贾昔剌厚爱有加，因贾昔剌不适和林风土而徙居濂州，后又召至身边："贾某在吾左右，饮食起居殊安适也。"① 中统建元后，贾昔剌以能特授提点尚食、尚药二局，兼领进纳御膳生科。其子丑妮子从忽必烈征大理，屡建奇功。丑妮子有三男两女，皆侍奉皇室贵族左右。长子忽林赤袭父职，提点尚食、尚药二局，兼领进纳御膳生科，后授嘉议大夫、签宣徽院兼尚膳监事，出入禁闼三十余年；二子买狗幼事裕宗皇帝，官奉训大夫、典膳署令；三子寄狗自幼侍安西王，官至怀远大将军、陕西屯田总管府达鲁花赤，其子锡烈门掌膳局提点；二女幼侍中宫。贾氏家族从贾昔剌始就成为了蒙古皇室的私属家眷，子孙长在深宫而混迹于蒙古贵胄间，在蒙古宫廷长期浸淫于蒙古文化的特殊文化环境中，他们受蒙古文化的浸染习蒙古语、用蒙古名，深受蒙古贵族信赖，与他们也保持着较为深厚的感情。碑铭中记载忽林赤病卒，"讣闻，上哀悼竟日。阖朝诸臣吊哭，皆失声，下至庖丁宰士，绋送长号者无虑数百人"②。不同于武将大臣，贾氏以庖厨入侍蒙古王室身边，职业的特殊性决定了贾氏在政治上少受蒙古统治者猜

---

① 《王恽全集汇校》卷五一《大元嘉议大夫签书宣徽院事贾氏世德碑铭之碑》，第6册，第2369—2370页。
② 同上书，第2372页。

忌，因而能较快地得到信任和倚重，逐渐对朝堂之事也有涉足。贾昔刺在睿宗时承蒙恩眷，"命与贵近商确大事"①，丑妮子征大理时随木华黎左右运筹帷幄，寄狗、脱里不花皆官至一般由蒙古或色目人担任的达鲁花赤，可见蒙古王室的确把贾氏作为亲近，而贾氏家族作为蒙古皇室家眷历经五代，不再满足于职管皇室饮食起居而逐渐涉足到更深更广的政治领域。贾氏婚姻皆由皇室安排，昭睿顺圣皇后分别以苏氏、毛氏宫女赐给贾昔刺、丑妮子父子，到了忽林赤这一代则实现了蒙汉通婚，"夫人忽八察，皇叔安西王与同乳哺"，这位夫人"爽朗而不掩其柔，严恪而不失其和"②。蒙汉结合的婚姻在蒙汉民族融合上发挥了直接作用，一方面使贾氏家族的蒙古化程度也在不断加深，另一方面加快了蒙古汉化的进程。

与贾氏同为蒙古家臣的孙公亮一家，初以管匠技艺得蒙古统治者的赏识而出入宫闱，与贾氏有着相似的际遇。孙氏世家浑源横山里，孙公亮之父孙庆文于成吉思汗"贮储戎具为亟"之际以管匠身份投身蒙古，成吉思汗因其解时需而赐名"也可乌兰"，充诸路甲匠总管。孙公亮袭用"也可乌兰"赐名，自幼生长在漠北而"练习国典，通晓译语"③。孙公亮初袭父职为工匠总管，统领诸路杂匠工伎，出私财制甲胄献给蒙古大军。至元改号后，孙公亮在蒙元的政治层面上展开了更深的参与。先是上奏设御史台肃正纲纪，后拜监察御史政绩斐然，至元十年（1273）为山东东西道提刑按察使；十二年（1275）擢山北辽东道提刑按察副使；十三年（1276）进阶朝列；十四年（1277）升授中顺大夫彰德路总管，分佩金虎符，以减民负之三事躬请于朝；十六年（1279）冬授正议大夫，浙西道宣尉使兼行工

---

① 《王恽全集汇校》卷五一《大元嘉议大夫签书宣徽院事贾氏世德碑铭之碑》，第6册，第2370页。
② 同上书，第2372页。
③ 《王恽全集汇校》卷五八《大元故正议大夫浙西道宣慰使行工部尚书孙公神道碑铭》，第6册，第2586页。

部事；二十二年（1285），授江西等处行工部尚书。纵观孙公亮之仕途，已不再局限于管匠工艺，逐渐身居要职，对蒙元政事提出的意见也颇具建设性，其所提出的减民负之三事使当地百姓受益颇深。孙公亮与王恽于至元戊辰（1268）同擢御史，二人为同级官员亦是官场知己，此篇虽是躬请之作，但王恽写起来情感真挚而行云流水。

贾氏以庖厨近侍蒙古统治者左右，孙氏以管匠技艺入侍元廷，汴梁申氏则以医术奋发于易代之际，实现了由司职御医到朝列大夫的转变。申氏世代以医术精湛见闻于世，宋徽宗时申天禄以擅婴儿科而供奉内庭为医。宣和战乱，申氏避祸徙家秦州，仍以祖业谋生。金季板荡，申氏子孙流寓陕、虢间，后定居南阳。申仲康继承祖业，对禁方秘诀悉究其理而以才德兼称，身处罹难间"过客病困逆旅及贫无资者，家置病寮，躬进汤剂糜粥，既平复，量给路费以遣之"①，因此在当地深得人心。此时，申氏和蒙元还未有交集。至元六年（1269），申仲康之子申敬以医学明敏、用药精湛而选充太医。申敬一直随世祖忽必烈左右典司药食、修制汤剂、品藻药性，忽必烈称赞其："汝身虽小，口甚辨博。"二十七年（1290），申敬"读书励行，有士君子之操"，因而由御药院使升朝列大夫，得以列朝堂之上与士大夫论政②。蒙元重实用意义而使方技有出职机会，固然有其弊端，但也为有才德的人提供了更多入仕翰林的机会。

综观王恽传记中部分家传所呈现的家族演变轨迹，皆能感受到易代离乱对作为社会单位的家族造成的影响以及他们对蒙元王朝的接受和在政治上的自觉靠拢。像苏门林氏、南郦王氏、浑源刘氏等家族经历金季丧乱和蒙元入主后政治文化的冲击，家族传统的演变反映出他们在以吏学寻求入

---

① 《王恽全集汇校》卷五六《大元朝列大夫秘书监丞汴梁申氏先德碑铭》，第6册，第2520页。
② 同上书，第2522页。

仕机会的同时又无法真正舍弃诗礼传统的复杂心态，而在蒙元王朝开放包容的选官政策中，若贾氏、孙氏、申氏等世以方技传家的家族则能受时代馈赠而进阶朝列。在这个充满变数和机遇的时代里，家族的演变历程犹如一条纵深线，真实地反映着社会时态。

三 王恽传记之笔法：平实与朴雅

自《春秋》之后，古文写作皆讲究笔法，而且普遍追求文质彬彬的审美效果。而以"备见一代之史"意识主导的王恽传记创作，在笔法上呈现出的是平实与朴雅的特征：平实以叙述史事，朴雅是外在的文章表达风格。王恽传记作品之所以能清晰、具体、翔实地呈现易代之历史面貌，与其笔法之平实与朴雅不无关系。理念与实践的相互配合，也成就了其传记笔法的个人化"文质彬彬"。

（一）平实的史事叙述风格

纵观王恽近百篇的传记作品，我们看到以平实为主的史事叙述风格是其传记作品的核心气质，王恽作为治史经验丰富的一代馆阁文坛大家，他在传中以"有用"为旨归，叙述内容有利世教，叙述手法上以铺陈推演历史动态为主，以细节刻画回归历史情境为辅。作为史家典范，王恽以"中和"为核心，撰写态度公允、客观，具有实录精神，情感上审慎平和而有史家风采。以上两点共同构成了王恽传记作品的史事叙述风格。

1. 以"有用"为旨归的叙述内容和手法

前文已论及王恽是由吏起家，学"有用之学"、笔"有用之文"是王恽一生所致力追求的至高境界，因此以"有用"为原则之追求务实、不尚浮文是其为文标准。在这样的行文标准下，传记在元代成为一种主观抒情性弱化、客观叙事性增强的应用文体，有利于经世教化和回归历史之真实

是王恽传记作品的主要倾向，在历史回述的过程中，王恽注重铺陈，以传
主生平推演历史发展动态，细节处亦力求真实而使易代历史情境得以
重塑。

"有用"是易代之际北方文人所推崇的价值观，"金季丧乱，士失所
业"①，在易代之战乱现实下，文士经历丧乱，无暇品题鉴赏而转为追求仕
进，学"有用之学"是当时社会之普遍风向，王磐曾教导王恽"士之特立
者当以有用之学为心"②；胡祗遹在易代文士"或泥古溺偏，不善变化；或
曲学小材，初非适用"且"士风大沮"之际"志大学，致实用"③；元好
问、郝经等率先仕进蒙元，虽表述或行事不同，但隐藏于背后追求务实、
"有用"之学却是他们共同的旨归。王恽在时人之影动下，以"有用"为
其从学标准，认为"君子之学贵乎有用，不志于用，虽曰未学可也"④，
"有用"是王恽判断文士为文的主要标准。他在《西岩赵君文集序》中曰：
"文章，天下之公器，与造化者争衡，为之甚难，故得其正传者亦不多
见……惟就其材地，所至学问，能就以自得有用为主，仅名家而传不
朽。"⑤ 可见无论是仕蒙的人生选择还是王恽所学学问、所作文章，究其旨
归乃是"有用"二字，"有用"之学及"有用"之文必须关乎社会现实，
因此文章对现实社会的观照程度是王恽判断是否"有用"的主要标准。

以"有用"为主的撰文准则使王恽在作传记这类彰显传主之才德、记
录历史之原貌的应用文体时，尤为注重其文体功用。至元二十一年
（1284），王恽与士人韩宏一起编纂《编年纪事》，其在编《相鉴》时有感
于许多编年纪事史书多有缺漏而又极为重要，故与之增编《编年纪事》，

① 《王恽全集汇校》卷四〇《故翰林学士紫山胡公祠堂记》，第 5 册，第 1942 页。
② 《王恽全集汇校》卷四一《文府英华叙》，第 5 册，第 1972 页。
③ 《王恽全集汇校》卷四〇《故翰林学士紫山胡公祠堂记》，第 5 册，第 1942 页。
④ 《王恽全集汇校》卷四一《南廊诸君会射序》，第 5 册，第 1959 页。
⑤ 《王恽全集汇校》卷四三《西岩赵君文集序》，第 5 册，第 2049 页。

内容因书之失传而不可考，但王恽在至元二十四年（1287）为《编年纪事》所作之序中谈及史家纪事之准则时曰：

> 史书浩博，殆若山然，用之不尽，取之不竭，弟掇之者不易区别，编记之书有不得不作者。然务博者或详其不必书，从简者至略其所当取，斯盖漫然中无所主故也。大抵观史者，须当见其一代兴衰之自，要本不出君与相好尚治忽而已。如贤否之用舍，治乱之所由生，刑政之宽虐，民情之所从易，安危之机，截若影响，此理之必然也。是皆吾儒法之而为明时治平之具者，得不详且备欤？若笔之而无所用，则上下数千载之事绩，特断烂朝报耳。①

从王恽之言论可得知其对待史家撰史的态度，唯有在"当见其一代兴衰之自"的前提下，记录"贤否之用舍，治乱之所由生，刑政之宽虐，民情之所从易"等与"儒法之而为明时治平之具者"之准则相符合的有用于世教的史材史料，才能避免所编载的史料只是"断烂朝报耳"。这完全符合王恽"有用"的思想倾向。因此即便王恽传记中所记载之传主并不是王恽的单向选择，但传中人事符合儒法而有利世教却是王恽本人"有用"思想的具体呈现。

王恽传记中传主以文臣武将、地方官吏为主，传中所涉人事与治乱、刑政、民情息息相关，在这些传记中王恽在述传主之生平时将国家方略、人才任用、地方民情等诉诸笔端，若《大元光禄大夫平章政事兀良氏先庙碑铭》《大元故宣武将军千户张君家传》《开府仪同三司中书左丞相忠武史公家传》等通过传主或整个家族之征战攻伐记载了蒙元近百年的攻伐史，传中所录的荡气回肠的征战史如同蒙元王朝之诞生和建立的微缩历史，征

---

① 《王恽全集汇校》卷四二《编年纪事序》，第 5 册，第 1998 页。

伐史中所体现的双方军事谋略之交锋、城池之攻防术略都是非常珍贵的兵家经验，隐藏于人事之中的易代不同文化理念的碰撞和交会以及统治者与汉臣所建立的微妙敏感关系等也可在传中体现；以太一教为核心的七篇传记作品则通过太一与蒙元政治力量的接触呈现了太一在易代的兴衰演变，全真教所涉虽只有一篇，丘处机之西行和全真教内建设却也翔实，通过两教之对比可观蒙元对宗教的政治倾向以及宗教在易代中存亡的内外因素；在王恽传记作品中所涉历史层面最为丰富的以吏官为主的传记中，传主多是以吏起家却有文士之习的吏官，他们在不同地域、领域于易代之际的职能价值体现和由此衍生于传记中的地方民情风物是对易代之际底层社会最直接的反映和描述；即便是在为数不多的以文士为传主的传记中，也将易代北方文士以苏门为中心的活动详情、师承渊源以及他们在易代历史情境中的价值取向和盘托出。以上都是王恽传记中与"儒法之而为明时治平之具者"相对应的内容呈现，这些内容关乎社会现实，王恽在撰写中注重从普通人事中提炼内在精髓，传中人事安排也皆是建立在王恽"笔之有用"之上的自主选择。

除了对社会发展有所助益的"有用"之笔，对作为传统道德观念之核心的忠义孝悌更是王恽传记中着重表现的内容。传中所关乎孝义、邻里乡间亲友之义以及国家大义是在其"有用"的核心观点上对易代之际异族质素介入后社会风气的匡正，乃是急时代所需。王恽在《顺德路同知宝坻董氏先德碑铭》中如此盛赞董氏之孝义，董柔刲骨肉救母给其子其孙树立典范，使"乡里论笃孝者以董氏为称首"①，如此门风正是时代所尚。又如《故善士张君墓碣铭》中张从礼虽只是工技管匠之后，仍能明大义让职于其弟，以"亲老需侍，余志已定"②归于田园，郡官知张从礼之贤为之嘉

---

① 《王恽全集汇校》卷五五《顺德路同知宝坻董氏先德碑铭》，第6册，第2499页。
② 《王恽全集汇校》卷六一《故善士张君墓碣铭》，第6册，第2649页。

奖，张从礼婉辞曰："人子奉亲，理固当然，因而有加，邦之教也。"①《开府仪同三司中书左丞相忠武史公家传》中史天泽追杀武仙为兄史天倪报仇，以职让位于其侄等亦是孝爱的表现。王恽本人自是孝义之人，其母病时放弃其在苏门的学业而侍奉左右，王恽有意选择这些孝悌之事例，目的就是垂教于后人，以鉴来者。

　　除了孝义，王恽传记中亦有亲友乡里之义，更有国家大义。《故蠡州管匠提领史府君行状》中史忠于兵后出私粮五百担以救饥民；《大元故蒙轩先生田公墓志铭》中田文鼎于北渡途中救死问疾；《大元朝列大夫秘书监丞汴梁申氏先德碑铭》中申天禄家置病寮，躬进汤剂糜粥以救治过客病困逆旅及贫无资者；《管勾推公墓碣铭》中推德在贞祐兵后，与父调汤剂以抑时疫。……如此之事在王恽传记中比比皆是，易代兵荒马乱之际，诚如王恽所说："其处患难中自救不暇，能急人之急如此，何义烈哉！"②金蒙战争持续几十年，其惨烈的程度难以想象，王恽传记中所呈现的乡间亲友互助之义彰显了易代民众的互助意识，也在金蒙战后民众心理创伤未愈的情况下在一定程度上发挥了抚慰民心的作用。而有国家大义者，如《大元故宣武将军千户张君家传》中张思忠随军攻襄樊，身中流矢而战不辍，最终积劳成疾殁于军中，得年三十九岁；《大元故怀远大将军万户唐公死事碑铭》中唐琮征战安南于三江口力战而死；《大元故中奉大夫浙东道宣尉使陈公神道碑铭》中陈祐护民众奋力杀贼而亡。王恽认为"忠义，天下之大闲"③，所有死生义利之事都是当事人胸中权衡以得，并非图徼取美名。如此忠贞事迹在蒙元南下，汉地武将顺势归附却又出现武仙叛乱、李璮事变之类的历史情境中，不仅彰显了一部分汉人对蒙元的忠心，对于汉

---

① 《王恽全集汇校》卷六一《故善士张君墓碣铭》，第6册，第2650页。
② 《王恽全集汇校》卷四九《大元故蒙轩先生田公墓志铭》，第6册，第2336页。
③ 《王恽全集汇校》卷五五《大元故怀远大将军万户唐公死事碑铭》，第6册，第2494页。

现，地方志异中则更为简略，苏天爵《元朝名臣事略》中将这一段文字全部引入，对时人王磐所记只字未提，足可见王恽所写《家传》在保留历史之细枝末节和原汁原味上所下的功夫。此种笔法在兀良氏之碑铭中更为突出。兀良三代攻伐，仅阿术就参战一百五十余次，代表蒙元攻伐史之微观演变。王恽本着"有用"、务实之笔力对传记中所涉战役进行极其细致的铺陈，无论是时间的推演还是作战地点的转移抑或作战谋略、双方战略部署及人员配备的对比一一道来。就阿术所参与之伐宋，从至元元年（1264）到十三年（1276），横跨十三年，辗转两淮之庐江、滁阳、襄阳、樊城、盐山、安庆、池州、真州、扬州、泰州等地，作战线路、战场实况所述皆详，《元史》卷一二八阿术本传中对王恽之述多有借鉴，足见王恽铺陈叙述之功力所在。

王恽善于铺陈之笔力不仅体现于攻伐战略的叙述中，对于普通人事的叙述亦是如此，在《故权左司都事赵君墓铭》中王恽叙述赵谦由病到垂死的过程写道：

> 信宿，疽发于脑户，呻吟无聊，殆不能堪，医庸药妄，一刺而肆裂。越三日，予与杨易州恕谋曰："常山疡医麻泽民，今之俞跗也。适召至，若祷于院使王君仪之，可一来救药。"凡三往，得请，踵及门，中使趣去之。自是内侍不出者几浃旬。后五日，夜闻君声渐嘶，执烛起视，向壁卧，头岑岑不举矣。比明，恶臭达户外，僳从止一老伧，戆且愚，瞠不知若何。访求知故，无一人。予恻然感伤，冒臭恶，易衣衾，视其疾缓急，困则对榻衣寝。自疾亟迄盖棺，凡五旦夜。①

---

① 《王恽全集汇校》卷四九《故权左司都事赵君墓铭》，第6册，第2329—2330页。

赵谦与王恽在上都同住数月，王恽对赵谦的仕途际遇当非常了解，而在这篇传记中王恽并没有将辞藻放在赵谦的仕宦生平上，而是将大量笔墨置于其自染病到去世的整个过程。自痈疽病发到遇医庸药妄，从同僚三请名医到病重呆滞，从求访知故到垂死盖棺，王恽以亲历者的身份将赵谦人生的最后生涯记于铭中，而其中对赵谦病重之态若"呻吟无聊""声渐嘶""头岑岑不举""戁且愚，瞪不知若何"等的书写则使病情动态呈现于纸上，赵谦乃一介小人物，并未列入正史，其他文集中也未见其行迹，只在王恽的《中堂事记》中略有言语记录，这篇墓志铭虽只叙其病中时日，然其孤寂贫苦而又客死他乡的人生际遇跃然眼前，情态自然真实而别有风致，读之代入感十足而亦有感伤之情，可观易代之际同赵谦一样的普通人物他们在仕进之路上的窘迫之态。

其次，通过演述人物生平推进历史发展之动态也是王恽呈现易代历史之真实的表现。笔者前文多次谈到《大元光禄大夫平章政事兀良氏先庙碑铭》一文对研究蒙元征伐史的意义，究其原因，兀良家族三世迭将，有佐收混一之绩，王恽在碑铭中以兀良家族速不台、兀良合歹、阿术三代蒙古忠将之征战攻伐为主线，推演出蒙元初期之部落纠葛、西征方略，后期之伐金进程与攻宋路线，于家族之将才谋略传承中书写出蒙元百年间荡气回肠的攻伐建国史。《故真定五路万户府参议兼岭南卫州事王公行状》中王昌龄代史天泽总管卫州恢复农业生产及实现汉文化复兴的经历也映照出了战后北方汉地在蒙元治理下艰难复兴的民间历史。即使是茫茫历史之中的普通人物，王恽在传记中也十分注重历史因革在人物身上的印记以述历史之真实面貌，若《大元国故尚书省左右司员外郎韩公神道碣铭》中韩仁之的生际遇，王恽以易代之变为时间参照，颇有条理地叙述了韩仁充满际遇转折的一生：金正大间为州孔目官；壬辰北渡时，隐居乡间躬耕垄亩；庚子岁（1240），诏至燕京，充尚书省都事；癸卯岁（1243），北觐答宪宗所问钱粮一事；同年，授左右司员外郎；晚年好医书，优游于家。韩仁从一介布衣而成为蒙元官员，与蒙元上层权力阶级有所交集，仰仗易代之变而产生的时代机遇。这是易代之际众多普通人物的命运缩影，同时以人物生平的起承转合实现了历史转变的记述。

综上可观，王恽在"笔之有用"的思想旨归下，其传记作品在彰显传主品格德行之上进一步延伸了其作用范围，与社会发展、传统价值观紧密关联是王恽传记作品功用的体现，而从史学层面来讲，其"有用"之归向就是王恽在传记中注重真实历史的回述、历史情境的再现，因此对传主事迹的铺陈以及演述传主生平以推进历史发展动态等是王恽撰写传记中的常用手法，其传记作品的历史性亦得以彰显。王恽传记既有着映照社会现实力求对易代社会发展和社会风气匡正有利的人事安排和选择，又力求通过铺陈等手法保留历史之真实情境，这是王恽传记中呈现出来的整体取向，这种务实有用的史家笔触结合王恽以"有用"为旨归的为文倾向，给我们呈现易代历史的同时，其文史风采也可见一斑。

2. 以"中和"为核心的撰写态度和情感特征

放眼王恽之文，"中和"是其作文之审美内核。"中和"之概念语出《中庸》，金末赵秉文、元好问、王若虚等人为一扫前人尖新浮艳之风，在文学上力主"中和"，尚平易雍熙之文风，王恽本人浸淫于此时代文学风气中，在其本人所兼具的理学和史学修养下很好地继承发展了这种文风。在王恽的文学观中，在务去陈言、自得其意的基础上以"有用"为主，"方能造乎中和醇正之域"[1]，"中和"即一种雍容不迫、平淡而有蕴含的气度，王恽在其传记作品中所表现出来的史学家理性客观的撰史态度、实录精神以及审慎平和的情感特征正与其所倡导的"中和"之气遥相呼应。

---

[1] 《王恽全集汇校》卷四三《遗安郭先生文集引》，第5册，第2051页。

王恽生当宋金元之际，其传记作品之"中和"气韵的形成与时代文风之走向息息相关。金代文学作品内容单调且意旨晦涩，作品所反映的社会面十分狭窄，文学创作形式主义泛滥①。金末文坛盟主赵秉文首倡宗法欧阳修、苏轼的"风雅平易"之文而力主以"中和"为准则为人作文，另一文坛大家，狂狷不羁之士李纯甫则"宗尚奇古"。刘祁将金末文学改革中的诗学之变归于赵秉文，散文之变归于李纯甫，他在《归潜志》中载："南渡后，文风一变，文多学奇古，诗多学风雅，由赵闲闲、李屏山倡之。"②赵、李之后，王若虚承赵秉文之平易，雷渊承李纯甫之奇古，二人针对两种不同的文风在当时也多有辩驳，《归潜志》中记二人因同修《宣宗实录》所产生的文体之争，王若虚认为"实录止文其当时事，贵不失真。若是作史，则又异也"③。而雷渊则认为"作文字无句法，萎靡不振，不足观"④。王若虚好平淡纪实，雷渊则好奇峭造语，可见两种文风在当时的确难以调和。金末板荡，文人自顾不暇，元好问作为赵秉文的得意门生继承了赵秉文的文学理念，又在一定程度上吸收了李纯甫之自成一家的散文创新精神，两种文风虽在元好问身上得以调和，但总体走向还是以平易为主⑤。金末战乱，赵秉文所力倡的"中和"之气已荡然无存，元好问承继赵秉文"中和"的做人准则，也继承了其"中和"平易的创作态度⑥，郝经为其所撰《元遗山真赞》中也提到元好问为诗为文之"中和"："其才清以新，其气夷以春，其中和以仁，其志忠以勤。"⑦王恽曾学于元好

---

① 牛贵琥：《金代文学与金代社会》，《辽宁工程技术大学学报》（社会科学版）2012年第6期。

② 《归潜志》卷八，第85页。

③ 同上书，第89页。

④ 同上。

⑤ 查洪德：《理学背景下的元代文论与诗文》，中华书局2005年版，第62—63页。

⑥ 《元好问全集》卷五四《诗文自警》，下册，第506页。

⑦ （元）郝经：《元遗山真赞》，《全元文》，第4册，第372页。

问，对其文章诗作尤为推崇，王若虚之徒刘德渊亦是王恽好友，王恽曾为刘德渊作《故卓行刘先生墓表》，故王恽与赵秉文一脉渊源甚深。王恽在其文中明确主张作文应具"中和"之气，他在《遗安郭先生文集引》中谈到"中和"时曰："然必需道义培植其根本，问学贮蓄其穰茹，有渊源精尚其辞体，为之不辍，务至于圆熟，以自得有用为主，浮艳陈烂是去，方能造乎中和醇正之域，而无剽切捞攘、灭裂荒唐之弊""故诗文温醇典雅，曲尽己意，能道所欲言，平淡而有涵蓄，雍容而不迫切。"① 又在《兑斋曹先生文集序》中再作详解："俾中和之气冲融粹盎，裕四体而适独坐，如大羹玄酒，寄至味于淡泊者，庶几知先生之所尚云。"② 王恽眼中所谓"中和"必是一种平易优雅、雍容而不迫切，如大羹玄酒般初味淡泊而愈加浓厚的感觉。而在为诗上王恽亦是承金末之平易淡泊，学元、白而追魏晋③，可见王恽本人对以"中和"为核心之平淡纪实文风的推崇，他这一推崇呼应着自赵秉文、元好问、王若虚等一干文坛领袖相继打造承继的中州文人之"中和"气韵，又用其诗文成果有意带动这一风潮。

　　就碑铭这一以歌功颂德为目的的文体而言，普遍内容短浅空疏而流于溢美之词，但是其在易代之际元好问等人主张"以碑存史"的背景下，却尤为注重平淡纪实以捍卫"中和"之气韵。元好问的传记作品可以说是易代文士作传之楷模，其在金末大家皆尽的背景下，为一代宗师而"四方碑板铭志尽趋其门"④，元好问在史册散佚的历史情境中痛"史之不存"而倡导以碑铭作存史之用，刘祁的《归潜志》更是以实录的方式记载金末之事，后人评价曰："金国事迹人物，得元好问、刘祁数君而传。"⑤ 元好问

---

① 《王恽全集汇校》卷四三《遗安郭先生文集引》，第5册，第2050—2051页。
② 《王恽全集汇校》卷四二《兑斋曹先生文集序》，第5册，第2028页。
③ 查洪德：《理学背景下的元代文论与诗文》，中华书局2005年版，第62页。
④ （元）脱脱：《金史》卷一二六《元好问传》，中华书局1975年版，第2742页。
⑤ （清）王士禛：《池北偶谈》卷一三《辽史》，文益人校点，齐鲁书社2007年版，第248页。

的传记不虚美亦不隐恶，真实地呈现了历史面貌，而刘祁的《归潜志》虽不是传记作品，但其中所记文章《录大梁事》《录崔立碑事》《辨亡》完全是秉实录精神进行撰写，若赵秉文、王磐等人，其传记作品数量虽远不如元好问，但也各自具有体格。赵秉文共有十九篇传记，篇篇雅正得体①，王磐共有传记十四篇，亦史亦文，而与王恽同时代的姚燧，其墓志碑铭作品占其总作品的三分之一，在"补史之漏"的创作目的下独具史传色彩②。可见易代之际文章大家以传记"存史"的风潮使以碑传为主的传记有着向史传靠拢的倾向，而史传撰写所要达到的审慎平和的情感标准和平淡纪实的撰写手法正是时人所倡导之"中和"气韵的表现，可以说传记作品的史传倾向是易代北方文学所追求的"中和"文风在传记这一文体中的体现。着眼王恽之传记作品，本应属于哀悼文学以叙亡者生平功德的碑铭文体有着浓厚的史传况味，这是王恽个人修养和时代气息两相作用的结果，也使王恽所追求之作文"中和"在其碑铭传记作品中有了充分的体现。

王恽传记作品向史传靠拢而具有的"中和"气韵，首先表现为史官般公允、客观的撰写态度。王恽生当金末，长于汉地世侯管辖之处，又仕宦于承平之世，因此其碑铭墓志作品中不仅有对辽金朝名臣将领的称颂，亦有对元代功臣名卿的讴歌，王恽为元朝之臣，有着对元朝盛世之象的体认和前所未有的自信，能受人之托为前朝之臣作传，本身就体现了王恽的史家体质，在传中对亡金无任何贬低之意，对一些金朝名卿遗老亦是本着史家态度评价公允、一视同仁。如王恽为赵鹏写的《金故朝请大夫泌阳县令赵公神道碑铭》，赵鹏为金朝泌阳县令，虽官微职小，但在治理泌阳一县之政上尤有法度，"设教条，督游堕，行视田里""捷圮苴漏，潴漤散，理

---

① 王昕：《赵秉文研究》，博士学位论文，黑龙江大学，2011年，第103页。
② 俞樟华、郭亚磊：《略论姚燧墓志铭的史传文学价值》，《荆楚理工学院院报》2011年第8期。

"归降"一事上，并没有多加议论，也没有带入任何情感取向，而是以客观的态度述其于金朝之事、于蒙元之功，在金时述金事，在元时述元事，不带有丝毫因朝代更替产生的褒贬抑扬，一切循历史发展自然而然地发生交会。

此外，王恽传记作品所具有的史传之实录精神也是构成其作品气韵"中和"的核心之一。在元好问所倡导的"以碑存史"的时代背景中，易代文士常以散传之体备载当世之史，因此实录精神成为了元初传记中尤为重要的一部分。文中多次提及王恽传记作品的"存史"意识和历史价值，都是源于王恽所秉持的实录风范。前一章节所述王恽在"有用"旨归下通过对人物事件的详细记载，以人物生平演述历史动态以及注重细节描写以回述历史情境等都是王恽实录精神的体现，在此不再赘语。此外，王恽传记中的实录精神还体现在其不厌其烦地在传中交代碑铭墓表之写作缘由，对所传人物之生平事迹的把握情况和作传所依据的信息来源，这在很大程度上提高了其传记作品的真实性和可靠性。若王恽为孙公亮所作《大元故正议大夫浙西道宣尉使行工部尚书孙公神道碑铭》传尾述及写作渊源："嗣子拱以墓碑来请，因忆至元戊辰宪台初立，公与不肖同擢御史，引见世祖皇帝于广寒殿。自尔议事松厅，联镳骢马，义气交孚，相得为甚欢，后偕官于相。迨岁壬辰，应聘北上，复私觐保塞，追叙契阔。"① 又如《大元故关西军储大使吕公神道碑铭》中载传主吕嗣庆之长子吕澍求铭："某自惟昔任里行，与澍妇翁孝可定交，时澍方联姻娅，自是友义日笃。于今三纪，以契以旧，有不得辞者，谨掇其义烈言言，振衰风而厉薄俗者铭之。"② 再如《浑源刘氏世德碑铭》中记："邻复欲彰先懿，昭孝思，图不

① 《王恽全集汇校》卷五八《大元故正议大夫浙西道宣尉使行工部尚书孙公神道碑铭》，第6册，第2590页。
② 《王恽全集汇校》卷五七《大元故关西军储大使吕公神道碑铭》，第6册，第2556页。

朽，念不肖尝问学于神川先生，知其家世颇详，持张、陈、李、赵、雷、王诸公铭志求述世德碑。"① 王恽在其传记作品中如此频繁地介绍求铭者何人、与传主有何交情、所征文献几何、传主生平出处等，看似与传主无多关联，但从王恽的角度来看，一是说明求传者对自己的信任，以从侧面表现自己对于墓志碑铭的写作能力，二是说明其传记作品所述传主生平皆有所据，可信而不诬。王恽传记作品力求从文本叙述和传记撰写所据实由上追求原原本本地回叙历史实况，从而不偏不倚、不美不诬，写作中代入史臣气息而使传记呈现"中和"气韵。

除了撰写态度，王恽传记作品中的"中和"更明显表现于王恽审慎平和的情感特征，这种情感特征不仅仅是传记文体的撰写要求，也是王恽个人性格的体现。

王恽在《玉堂嘉话》中借陈履常所云："士大夫视天下不平之事，不当怀不平之意。平居愤愤，切齿扼腕，诚非为己。一旦当事而发之，如决江河，其可御耶？必有过甚覆溺之至。"② 这样的观点表明了王恽所秉持之"要当豁廓然大公，物来而顺应之"的为人处世之道，这也很好地揭示了王恽能在元廷为官几十载，几经波折仍然能得以善终的原因。王恽在传记作品中书写情绪理性而自然，不失其史官风度。其在史天泽《家传》及《大元故广威将军屯田万户聂公神道碑铭》中都有提及李璮事变，《元史》中载：

> 三年四月，又以宋贾似道诱总管张元、张进等书来上。盖璮专制
> 山东者十余年，其前后所奏凡数十事，皆恫疑虚喝，挟敌国以要朝
> 廷，而自为完缮益兵计，其谋亦深矣。初以其子彦简质于朝，而潜为

---

① 《王恽全集汇校》卷五八《浑源刘氏世德碑铭》，第6册，第2570页。
② 《王恽全集汇校》卷九七《玉堂嘉话》卷五，第9册，第3914页。

私驿，自益都至京师质子营。至是，彦简遂用私驿逃归。璮遂反，以涟、海三城献于宋，歼蒙古戍兵，引麾下具舟舰，还攻益都。①

　　李璮事变是蒙元统治者与汉地世侯合作关系走向破灭的分水岭，蒙元肃清李璮、王文统一党时，王恽因与王文统交好而牵涉其中，若不是史天泽从中求情，恐怕王恽早已不保。此外，另一牵涉其中的王文统是王恽获罪之导火线，与李璮一起列《元史·叛臣传》中，但是从历史资料来看，所谓王文统与李璮同谋并没有直接证据证明，据《元史》载"人多言文统尝遣子荛与璮通音耗"②，忽必烈治罪王文统之时所谓李璮与王文统私通之"期甲子"③的证据，王文统解释亦在情理之中，《元史》中对此的记载颇有意味："文统犹枝辞傍说，终不自言'臣罪当死'。"④ 可见王文统是否真的与李璮勾结并不能定论。王文统是蒙元初期敛财大臣，"元之立国，其规模法度，世谓出于文统之功为多云"，其于政治上与以姚枢、窦默为代表的儒臣多有摩擦，王文统治罪时，"文臣皆言'人臣无将，将而必诛'"⑤，可见当时文臣之立场。王恽在当时官职相对微小，其在《故开府仪同三司中书左丞相赠太尉谥忠武史公挽词》第十三首中曰："幕围火烈燕巢倾，此际谁能托死生。一语保全微命去，圣安方丈记辞行。"⑥ 可见因受王文统牵连的确已危及到王恽性命。所以李璮事变无论是对蒙元政治发展还是王恽个人来讲其意义非同一般。王恽在史天泽《家传》和《大元故广威将军屯田万户聂公神道碑铭》中述及李璮事变一事，并没有掺杂任何

---

①　《元史》卷二〇六《叛臣传》，第3072页。
②　同上书，第3074页。
③　此处"期甲子"是忽必烈认为王文统与李璮勾结预谋政变的时间。
④　《元史》卷二〇六《叛臣传》，第3074页。
⑤　同上。
⑥　《王恽全集汇校》卷二七《故开府仪同三司中书左丞相赠太尉谥忠武史公挽词》，第4册，第1316页。

私人感情对此事大加议论，而是非常平和地将所涉人事娓娓道来，对其中所牵扯之政治内容也并未过多叙述，与李璮同为世侯的史天泽《家传》中以"三年春，璮贼阴结宋人，以益都叛"开头，以"四月，军溃出降，生擒璮"① 收尾，无任何微词，而《大元故广威将军屯田万户聂公神道碑铭》中更是以平缓的叙事笔调简单概括，同时，王恽也没有因李璮事变的重大而模糊写作焦点，仍是以传主为中心叙述其中，情感平静无波澜意动。再者，从王恽对王文统的态度上也可观其情感上的内敛。王恽于李璮事变之后所作《中统神武颂》中对王文统并没有任何视其为罪臣的言论，在《中堂事记》中对王文统的记载也没有任何诋毁斥责之意，在王恽与李璮事变相关的传记作品中，王恽亦没有将王文统牵涉其中，甚至丝毫不涉及王文统在其中的关联，可见无论王恽与王文统私交几何，他对王文统涉嫌李璮一事还是抱有自己的观点，虽与正史《元史》之中将其列为叛臣的观念不同，但结合前面王文统之罪难以定论的史实，可见王恽对此段历史极为审慎，他对王文统既没有开脱之意，也没有埋怨之情，在攸关王恽政治生涯甚至是性命的大事上，王恽在传记中所表现出来的仍是镇定、平静、审慎的史家之态。

另外，即便是在为亲友所作的传记中，王恽仍是以一种平和之态对亲友之生平不着痕迹地娓娓道来。如为陈祐作《大元故中奉大夫浙东道宣慰使陈公神道碑铭》，为其父王天铎所作《金故忠显校尉尚书户部主事先考府君墓志铭》，一为挚友，一为至亲，王恽在传中详叙二人生前往事而少有议论嗟叹抒发悲戚之情，尤其是陈祐剿玉山贼而死，王恽为其所作诗《哭节斋陈公五诗》都是悲切之语，"南望两行知己泪，西风吹却又纵横""何日下车倾腹痛，乔玄林墓哭秋风""临风痛泻长河泪，洒断江东日暮

---

① 《王恽全集汇校》卷四八《开府仪同三司中书左丞相忠武史公家传》，第6册，第2279页。

云"①，其情之悲、痛之切跃然纸上，而王恽在传记中并没有妄加议论，也没有过分抒发自己痛失友人的悲切，传中通篇无一哀字悲语，可见王恽在传记写作中所秉持之平和情感。

（二）朴雅的文章表达风格

王恽传记创作的平实笔法，使其传记作品多被《元史》直接袭用，如兀良氏《家传》。而平实的笔法又总体呈现出"朴雅"的表达风格。可以说，"朴雅"一词是对王恽文章表达风格的有力概括，"朴"意为质朴、有度，"雅"意为典雅、淳厚，王恽在传记写作中基于其对人事的深刻认知而进行张弛有度的人事安排和谋篇布局，似无技巧可言却独具匠心，质朴而精心；其作品的文辞秉"意先辞后"之机枢而事详辞约、典雅晓畅，无奇崛险怪之语，无晦涩难解之意。

王恽在《自得》中论碑碣撰述之目的曰："志者，发其心于内，故纳诸圹中以告化者；碑者，表其德于外，故植诸神道以鉴来者。又曰：志者，记其心之迹也；碣者，揭其事之著也。"② 可见碑碣墓铭此类应用性文章的本归就是载传主生平事迹之"功劳""著"者，以表彰传主品格德行、显赫功勋，流传于世以鉴来者。王恽是元初北方重要的馆阁文人，时人能请王恽撰写碑志墓铭者除却亲人好友，在当时都应是身份显赫、功勋卓著或政绩德行得到元廷认可之类，如何在传主一生浩渺之事迹中采撷事迹加以编排使传主之德行得到最大化的昭显是作传者尤为要注意的事情，王恽作为元初重要的北方馆阁文人，宏阔的人生经历使其文略宽阔，既能对历史有整体的把握，亦能从独特的政治历史角度解读历史，因此王恽在传记中所采撷传主生平之"重"就独具代表性。

---

① 《王恽全集汇校》卷一八《哭节斋陈公五诗》，第 3 册，第 811—812 页。
② 《王恽全集汇校》卷四四《自得》，第 5 册，第 2076 页。

这主要表现于王恽传记中能紧抓传主生平中与国家命运、地方发展紧密联系之处，这是著述传主生平之"重"最重要的一面。若《开府仪同三司中书左丞相忠武史公家传》中，史天泽作为蒙元位高权重的北方汉人世侯，其戎马一生，历事四朝，上不疑而下不怨，人生经历丰富，涵盖内容宏阔。王恽撰写其家传开头便直述史氏迎降蒙古及平定武仙叛乱，对史天泽之父史秉直、其兄史天倪并未着过多笔墨，且史天泽之征战生涯只详述于武仙一段，着重叙述史天泽作为北方汉人世侯在汉地之作为以及与蒙元王朝微妙敏感的关系，这就是王恽所述之独到之处。《家传》中重点对史天泽治理汉地之政治才略大着笔墨，写其除"羊羔利"、牧养真定、主治河南、分六部括户口、涵养儒士、举荐贤人等，这些都是史天泽在蒙元统治下以汉法治汉地的突出表现。另以世侯之特殊身份与蒙元的相处亦是传中"重"处，王恽在《家传》中写史天泽三让其职，皆把要权拱手于他人，又以李璮事变为契机主动显示出功成身退之态，借机主动上奏削减世侯之权，在传尾还着重写了史天泽举古例以示其对权力的淡漠：

> 有面说公以威权自张者，公因举："唐周墀为相，问于韦澳曰：'力小任重，何以能济？'澳曰：'愿相公无权。'墀愕然不知所谓。澳曰：'爵禄刑赏与天下共之，何权之有？'"又曰："某缘汗马，颇著微劳，余将何有？今眷倚如此，正以军国事体猥多历练，老夫有通译其间，为诸公调达耳。相，则吾何敢当？"言者悚服而退。①

以上文字表明了史天泽对权力的态度，史天泽作为世侯，通过让职等公开表明自己对蒙元的忠心、对权力的淡漠，以赢得蒙元统治者的信任，消除民族隔阂。王恽所传《家传》围绕史天泽的特殊政治身份多倾笔力，

① 《王恽全集汇校》卷四八《开府仪同三司中书左丞相忠武史公家传》，第6册，第2280页。

而若王磬所撰写《中书右丞相史公神道碑》虽也有涉及，但从其内容所占文章比例和详尽而言，王磬在对史天泽政治身份的把握上还是稍逊于王恽。元代北方世侯是元初极具地方统治力的团体，他们肇发于蒙古征讨金朝之时，在其后蒙元灭金平宋的过程中发挥了重要的作用，当时汉地四大世侯东平严氏、真定史氏、顺天张氏、益都李氏势头最盛，且对统治领域具有绝对的管理权，世侯不断膨胀的势力也对蒙元产生了很大的威胁，因此双方关系微妙复杂。王恽秉着史家之笔法，不能将史氏与蒙元所存之暗流涌动直述于书面，但王恽在作传时并没忽视这一关乎国家命运的特殊政治形态，而是紧抓世侯之特殊身份在《家传》中编排史天泽之一生。另一与史天泽具有类似政治身份的董文炳，为藁城董俊之子，董氏为怯薛出身之世侯，世代与蒙古皇室关系紧密，王恽在祭文中写道："功愈大而心转小，宠既厚而忧益殷。无私蓄为子孙之计，不树党收门墙之恩。"① 这四句话概括出董文炳在元廷小心谨慎的政治态度，董氏一族在元廷根基深厚，其四代子孙百余人，列显大夫、将军、国公，为元代汉人之最，董文炳深知董氏的谦卑谨慎对于自己和董氏家族安危的重要性，这是其为官的态度，亦是其所树门风。王恽所撰《左丞董公祭文》，在以悼念为主的祭文形式中，对其政治身份和政治态度有着明确的体认，文中这四句话基本概括了董文炳人生之最"重"，相比于其家族功勋，此处才是对董文炳之一生更贴切的总结。

王恽传记中对于传主生平之"重"的捕捉还表现于善于循传主生前的人生倾向作文章。在易代以战争为主的历史情境中，士人多不得志，难以实现人生理想，很多人往往崇尚文士间的应和酬唱、品题鉴赏、收藏典籍等风雅之事，在易代科举废弃的情况下，以吏出官后很多人仍崇尚文人儒

① 《王恽全集汇校》卷六三《左丞董公祭文》，第6册，第2735页。

士之典雅。兼馆阁文臣和地方官吏于一体的王恽在传记中就尤为注意传主的人生倾向。以《南郦王氏家传》中的王天铎为例，王天铎为金朝吏员户部主事，具有非常出色的吏治才能，传记中对此并不吝于笔力，但王天铎北渡后于家著书立说、典藏文集、交结文士、致力学问之事在传中亦是浓墨重彩，这主要是因为王恽深知王天铎对后代"以儒起家"的希冀和致力于文章学问的主要人生倾向，在这里作为其生平之"重"加以叙述。如果说王恽撰王天铎对诗书义理的崇尚是由于其北渡后基本无仕宦经历，那么一生任职于卫州的王昌龄则是易代之际倾向于儒学并力求文化复兴的典型人士。王恽在《故真定五路万户府参议兼岭南卫州事王公行状》中不仅抓住王昌龄治理卫州的方法和所得政绩作文章，对王昌龄本人不忘少年时嗜好儒业、渴望儒素起家的人生愿景亦铺以三分之一的篇幅，相比于《河间府志》卷二二王昌龄传中对此的只字未提，王恽传记中对此的把握可见其笔力非同一般。其他若《故金吾卫上将军景州节度使贾公行状》中以贾德所言："大丈夫在世，不能除暴治乱，建功名于时，掇取富贵，戴履两间，宁无愧怍？"[1] 以此建功立勋的人生倾向为中心，详叙其攻强盗、击海寇，助力蒙元东征西讨的一生；《共嚣老人石盏公墓碣铭》中围绕石盏德玉之隐逸人生态度记述其贫而有乐、处变不惊的生活等。

史天泽《家传》中载其不忘故将士之功，赏罚分明之事；《故正议大夫前御史中丞王公墓志铭》中结尾载王复教诲训斥忘孝之人；《大元国故卫辉路监郡塔必公神道碑铭》记塔必迷失"晨起坐堂上"询问民情，朝堂上有不懂蒙古语者，"不动声色，徐以数语应之"[2]；《大元故奉训大夫尚书礼部郎中致仕丁公墓碑铭》中载丁居实拒百姓瓜果之奉；等等，在颇有小说之风致的《员先生传》中亦在传后载其用金饼易妾、后为人窃去一事以

---

① 《王恽全集汇校》卷四七《故金吾卫上将军景州节度使贾公行状》，第6册，第2239页。
② 《王恽全集汇校》卷五一《大元国故卫辉路监郡塔必公神道碑铭》，第6册，第2387页。

显员炎一生窘迫之态。若以上所涉传主之生前往事，在传主所树之功勋面前微乎其微，但王恽有意在传中补叙或插叙一些显微之处，甚至多处还直接引用当事人的生活语言进行情境回述，如丁居实拒瓜果一事，传中载："尝有以瓜果为献者，谢去之曰：'此固微物，第生平未省一介妄取诸人。'"① 如此一来，丁居实之生平中除却其为官政绩，亦可得知其为人处世之廉洁。另在一篇女性传记《故武节将军侍卫亲军千户董侯夫人碑铭》中，夫人为忽必烈亲军董士元之妻，身份尊贵显赫，王恽并没有对董夫人之显赫身份大加夸饰，而是从一些琐碎小事来表现董夫人的贤良淑德，若载董夫人善女红，王恽并没有一笔带过，而是通过一件小事从侧面突出："夫人尝以赐币为武节作服，衣之入侍，上目其制精适宜且灭手迹，顾左右曰'董某妻必女红之善者'或归语其室，多悚而效之者。"② 传中不仅没有泛泛而谈，也没有直述其女红高超，而是通过世祖赞叹之语和其他官员夫人竞相效仿的行为展现董夫人的高超技艺，传记中这个显微之处的穿插使董夫人的女性形象特征更为闪耀。总而言之，王恽传记在表现传主的题材选取上，并非是非可歌可泣的功勋政绩、惊天动地的历史事迹不纳，而是从传主生平显微处入手，抓住平常却可以凸显传主形象并能够从不同层面透视传主一生的事例来写，体现了王恽传记在选材上的独到。

王恽传记在谋篇布局上并非一成不变，而是以传主的身份特征为中心编排全文。王恽传记作品中涉及社会各层面的人物，有常处高堂的权相谋臣，亦有深居郡县的地方小吏，更有深居简出的隐逸之士，因传主身份的悬殊，王恽在执笔其墓志碑铭时会显示出不同的行文布局。比如以武将谋

---

① 《王恽全集汇校》卷五二《大元故奉训大夫尚书礼部郎中致仕丁公墓碑铭》，第 6 册，第 2410 页。

② 《王恽全集汇校》卷五二《故武节将军侍卫亲军千户董侯夫人碑铭（有序）》，第 6 册，第 2415 页。

臣为主的传主，这些传主大都是有功于蒙元的政治人物，其功勋卓绩事关蒙元的千秋大业，王恽在撰写此类传记时自然与以普通官吏、文人隐士为主的传记在谋篇布局上有所差异。若《大元故广威将军屯田万户聂公神道碑铭》中写聂祯，开篇以一段议论引出"帅阃堂堂，节制于上，亦由部曲宣力，得其人故也"①，定位聂祯之副将身份，随后以战争时间和地点的转移为线索叙聂祯平生所立战功，叙述之余，在传尾处补叙聂祯将军于《左氏传》《战国策》中所学古人之良法美意，符合其一军将领的身份特征。《大元故怀远大将军万户唐公死事碑铭》中亦是如此，其开篇同样以议论为主，论述其"捐躯殉国"一事，然后通篇以时间为主线围绕唐琼铺展其功勋战绩，最后又以一段议论收尾，再次强调传中开头意欲突出的忠义主题。王恽在这种主要突出传主战功的传记作品中一般都是这样的叙述章法，不仅能有条不紊地述其战绩，亦能通过传尾的补充丰富人物形象，使其立体化、多层次地呈现人物样貌。再看以普通官吏为主的传记，若《故正议大夫前御史中丞王公墓志铭》，传主王复官吏出身，王恽在谋篇布局上并没有完全以时间为线索篇幅相等地述其政绩，而是以其在归德府的惠政为中心，详叙其治水灾以绝当地水患一事，其他则用较少篇幅简单概括，即便是王复进拜嘉议大夫、行台御史中丞后，王恽所述也并不偏重于此，可见王恽在如此篇章中是倚据其地方"官吏"身份，地方政绩的突显是其主题。同样地，王恽传记中隐逸及文士传记，其在撰写中又是另外一番格局。在《故南塘处士宋公墓志铭》中王恽几乎不用任何时间界限述宋珍之生平，而是在传中以平和之笔述宋珍之为人处世、所交时人、品格德行，以彰显其隐逸之志。《故善士张君墓碣铭》亦是同种笔调，《故卓行刘先生墓表》中王恽以第一视角述与刘德渊相交结之始末，并通过细节、语

_____

① 《王恽全集汇校》卷五八《大元故广威将军屯田万户聂公神道碑铭》，第 6 册，第 2575 页。

言描写再现二人以文人身份进行人生告别的情景，又以刘德渊对王恽承继文章大业之嘱托结尾，充分表现了刘德渊的文人特征。综上可观，王恽传记作品依传主之身份特征，在表彰其品格之上往往会延伸出不同的文章主题，在不同旨归下影响于整篇传记的谋篇布局。

王恽传记作品语言的质朴、平淡是其简约表述风格的直观呈现。王恽在辞意关系上秉持"意先辞后"，承继自金代赵秉文、王若虚等人于文辞上的雅正、晓畅，平淡纪实，无奇崛险怪之语，重质而轻文。王恽在《文辞先后》中探讨辞意关系时说道：

> 文之作，其来不一，有意先而，辞后者，有辞先而就意者。意先而就辞者易，辞先而就意者难。意先辞后，辞顺而理足；辞先意后，语离而理乖。此必然理也，学者最当知之。①

显然王恽从文章的"意义"与"文辞"出发，认为文章的言辞应该立足于文章所要表达的意义，这样才会使文辞畅达，若以"文辞"为先，"意"随其后，那么就会造成文章文辞之乖离。前文所述王若虚与雷渊就《宣宗实录》之文风产生的争端，雷渊所偏向的奇峭造语是王恽所不能苟同的，王恽在《西岩赵君文集序》中就对"奇崛"文风进行了批评："若必曰须撑霆裂月、碎破阵败、穿穴险固者方可为之，则后生晚学不复敢下笔矣。"又极力称赞赵西岩之"气淳而学古，材清而辞丽"的气韵，认为其"为后进之规模"②。王恽传记作品的"意先辞后"是与王若虚修《宣宗实录》之时所倡导的"平淡纪实"是一致的，都是倡导文辞之清丽，反对奇崛险怪，王恽提出的"意先辞后"即为实现文章文辞清丽典雅、平易淡泊的有效途径。

---

① 《王恽全集汇校》卷四四《文辞先后》，第 5 册，第 2084 页。
② 《王恽全集汇校》卷四三《西岩赵君文集序》，第 5 册，第 2049 页。

　　传记作品常流于歌功颂德而轻文辞之质，因此也多为后人诟病，秉"意先辞后"之创作机枢，王恽传记从传记文体常用的记述、描写、议论等入手选词造句，以此达到传记语言的晓畅通达而又因传主身份的不同体现出文辞的不同特质，其语言风格晓畅通达又能表情达意。王恽传记作品中浓厚的历史叙事氛围使其表达方式多为记叙，这颇能考察作者的运笔能力。传记文学中记叙之笔触是传中人事安排的直观表现，语言的概括凝练、有条不紊对于作者来讲是应尤为注意的地方。王恽传记记叙之语简洁凝练，既能叙传主生前之事，又能在一定程度上表现传主的人格特征，比如《故真定五路万户府参议兼领卫州事王公行状》中记叙王昌龄于卫州治理之事：

　　　　公下车以来，敬以奉上，恭以执事，巨细不遗，知所后先。哀民之困于茧丝也，均徭平赋以畜其力；痛政之极于污染也，治官汰吏以清其源。并容细民，不扰市肆；茂迁有无，以通舟车。楗堤防以捍水灾，课农桑以抑游手；尊王人则修饰馆舍，免病涉则平治桥梁。励薄俗，扶善良，礼贤俊，赡贫乏，衍郛郭，广居缠，通商惠工，兴滞补弊。民不见吏，而无吠警之虞；士格所耻，咸有闻知之惧。①

　　以上文字皆是王恽写王昌龄于卫州治理之事，多为短句和骈偶，文字亦简洁练达，概括力极强，读之则朗朗上口，气顺辞平一目了然，匆匆几句便将王昌龄治理卫州之事的复杂繁重、治理方案的实施以及成效概述其中，并无累赘造次之语。除了记叙之语，王恽传记中虽少有描写、议论，但秉"意先辞后"，冲淡盎然之气亦寓于其中。比如王恽传中的人物描写，

---

　　① 《王恽全集汇校》卷四七《故真定五路万户府参议兼领卫州事王公行状》，第6册，第2227页。

王恽描写撒斥之不羁："面黯惨，目光迷离，殆鬼物凭者。"① 几句神态描写使撒斥轻狂诡异之态映于眼帘，再读其后撒斥为诗为文之怪异不羁就容易了许多，王恽并未因撒斥不同常人的性格特征而自造生硬奇崛之语，"黯惨""迷离"四字已很好地诠释了撒斥怪诞的人物特征。另若描写孙公亮之整体形态："公仪观魁伟，气量丰阔，美须髯，容色庄厉，娴习时体，译语阑翻，杂以谈谑，顾国种贵卿，无以易其论列。"② 孙公亮是生于漠北，熟习蒙古语，王恽传尾处对孙公亮的总结性描写中既突出了他的宏阔气魄，也在群臣议论的场景描写中突出了孙公亮习蒙语、好辩驳的形象特征。

论及王恽传记中的议论之语，王恽在《中堂事记》中有如此记载："承旨命恽与某同撰释奠诸文，某人所撰中涉论议，公曰：'文自有体，此等文字皆是赞颂功德，不当如是。'"③ 可见王磐教诲王恽为议论之文不能只是称颂功德、泛泛而谈之语，王恽在其传记中也谨记教诲，其议论苍劲质朴、笔力矫健，少有矫揉造作之语。王恽在《大元故怀远大将军万户唐公死事碑铭》论及唐琮之忠义时曰：

> 其死生义利，胸中权衡素定，绝非奋不虑死，徼取美名者。呜呼！忠义，天下之大闲。志士仁人终始一致，虽颓嵩岱，不吾压也，岂以暂不幸而堕吾名节哉？王者推而褒之，所以砥砺多士，窒不轨也，故周崇死政，汉宠死事。然皆有等级次序，俱未若皇元，即以父祖之爵禄畀其子孙，有崇无降。其报恤激劝之典，视前代为重。公可谓得死所矣。④

---

① 《王恽全集汇校》卷四九《员先生传》，第 6 册，第 2313 页。
② 《王恽全集汇校》卷五八《大元故正议大夫浙西道宣慰使行工部尚书孙公神道碑铭》，第 6 册，第 2313 页。
③ 《王恽全集汇校》卷八二《中堂事记》下《五日己亥》，第 8 册，第 3423 页。
④ 《王恽全集汇校》卷五五《大元故怀远大将军万户唐公死事碑铭》，第 6 册，第 2494 页。

　　唐琮为蒙元力战而死，王恽论其忠义大节，并无浮夸辞藻，而是有理有据，论述唐琮对于忠义名节的看重。其后文中表明蒙元朝廷对忠贞之臣后世子孙的照拂亦不是称功颂德的语气。王恽所为议论之文，讲究义理而非空洞，其言辞亦是平淡有章法，质朴典雅，顺畅通达。

　　王恽是在易代历史环境中成长起来的北方文人，幼年亲历战乱，在北方世侯辖地活动的经历使其承元好问、王磐等人的深厚学问，后于承平之际以其吏学及文史才能跻身庙堂。王恽亲历了易代之际风起云涌的军事斗争和元大一统后积极的历史风貌，对这一段历程可谓有着独特的情感体验。在其传记作品中可以看到易代之际的宏大历史、命运身世与时代紧密相连的人物群像，也可看到其上承金末文士以"存史"为目的而显现出的平实朴雅的撰写笔法。这些特点首先使王恽传记的史料价值最为突出。虽然王恽传记作品在数量上并不是元人中较多的，但是其为汉地世侯史天泽、伐金平宋元勋兀良氏三代、开国鸿儒姚枢、郝经等一代大人物，浑源刘氏等大家族和众多地方官吏所作的传记将蒙元与金和南宋的政治军事纠葛、易代之际的民生百态、代表社会之流向的士大夫之人生选择等展现于其中，体现出了巨大的历史包容力。并且，王恽传记创作是元初传记接续金末"以碑存史"之倾向的典型，这使王恽本身金元传记文学嬗变的历史中有着重要的探究意义。虽然在传记的艺术理论上，王恽并未做太多的创新，但王恽作为承继元好问等金源遗老的元初文人，记录易代之真实历史的迫切愿望使其传记呈现出实录风采，凸显了传记史学化的特点。同时，王恽为文所追求的"中和"气韵在其传记中得到了深入其髓的应用和发展，无论从情感特征还是创作态度上，王恽都秉承一个文史家应具备的个人修养，以客观公允的态度详述史实。尽管元初传记文学在艺术成就上不被人称道，但王恽传记作品中仍然有许多优秀篇章如《大元光禄大夫平章政事兀良氏先庙碑铭》《开府仪同三司中书左丞相忠武史公家传》《故武节将军侍卫亲军千户董侯夫人碑铭》《故真定五路万户府参议兼岭南卫州事王公行状》等，尤其是兀良氏和史氏两篇家传，无论是从内容上还是形式上都体现着王恽紧抓时代质素的取向，呈现出他作为文史大家的极高修养，从而撰写出包含着历史变迁和异族文化的典型家族传记，完全可以在整个中国古代传记文学史中占据一席之地。

第二章　虞集传记研究

虞集(1272—1348)，字伯生，号道园，世称邵庵先生，抚州（今江西）崇仁人，祖籍四川仁寿。为宋丞相虞允文五世孙，宋末国子祭酒杨文仲外孙，元代大儒吴澄高足。官至正二品奎章阁侍书学士，曾主持纂修元代大型官修政书《经世大典》。虞集在元代文坛堪称"绝学追千古，一树寒梅压众芳"①，"比登禁林，遂擅天下，学者风动从之，由是国朝一代之文，蔼然先王之遗烈"②。时人多有推尊其文坛泰斗地位："皇元混一天下三十余年，虞雍公赫然以文鸣于朝著之间，天下之士翕然谓公之文当代巨擘也"③，"国朝一代文章家，莫盛于阁学蜀郡虞公"④，"国朝以文章擅名一世，惟蜀郡虞公为卓卓，四方魁奇贤俊之登其门者，皆天下士也"⑤，俨然为当时文坛公认的文章大家。

在虞集的创作中，传记体类占有相当的分量。据王颋点校的《虞集

---

① （元）程文：《题虞邵庵诗卷》，《全元诗》，第35册，第338页。
② （元）赵汸：《邵庵先生虞公行状》，《全元文》，第54册，第365页。
③ 《欧阳玄全集》卷九《元故奎章阁侍书学士翰林侍讲学士通奉大夫虞雍公神道碑》，第216页。
④ （元）黄溍：《黄溍全集·道园遗稿》卷首《道园遗稿序》，王颋点校，天津古籍出版社2008年版，第276页。
⑤ （元）甘复：《艾仲庸文集序》，《全元文》，第60册，第262页。

全集》及罗鹭《虞集年谱》附录补录篇目，目前可见虞集的传记作品约为 201 篇，包括墓志铭 80 篇、神道碑 34 篇、传 6 篇、塔铭 9 篇、行状 2 篇及其他碑铭、记、志类 70 余篇，约占其文章创作总量的五分之一。传记创作是虞集人生中重要的文学活动之一，是其与元朝时代联系最为紧密的文学创作。一方面，虞集是当时元代少有的在京师官职高至二品的南人，其社会交游在元代极其广泛，可以说与皇亲国戚、功勋大臣、馆阁精英、山林文士、宗教领袖等各种阶层，皆有频繁过从。虞集从 1300 年到 1333 年历任七朝，与元文宗最为亲密，"生平知己大臣藁城董宣公（士选）、保定张蔡公（珪）、陇西赵鲁公（世延），皆国元老。柳城姚公（枢）、涿郡卢公（挚）、广平程公（钜夫）、吴兴赵公（孟頫）每与公论文，辄以方来文炳属之"①。除前辈师友外，同辈之友更夥，如袁桷、范梈、杨载、马祖常、元明善、柳贯、吴全节、释大訢、释明本、陈旅、柯九思、欧阳玄等，后辈若赵汸、宋本、李本、朱德润、沙剌班、斡克庄、苏天爵等。这些人为当时多民族社会中的政治精英与文化精英，虞集为其中大多数人或应其请为其亲友作有传记。因此，对虞集传记创作进行探究，不仅可以更具体地还原其在日常生活中的文学创作情景，也有助于探究以虞集为代表处于多元文化融合中的文人知识分子的生存处境、交游进退乃至其理想与现实的矛盾。另一方面，"虞集生当元代一统天下的太平之世，其文颇能反映这个时期的统治思想。所谓元代盛世之文，他的作品最为典范"②，"至大、延祐以来，昭告册文、四方碑板，多出乎手"③。虞集传记作品中书写的各色各样的元代初、中期人物，

---

① 《欧阳玄全集》卷九《元故奎章阁侍书学士翰林侍讲学士通奉大夫虞雍公神道碑》，第 225 页。

② 郭预衡：《中国散文史》，上海古籍出版社 2011 年版，第 724 页。

③ 《欧阳玄全集》卷九《元故奎章阁侍书学士翰林侍讲学士通奉大夫虞雍公神道碑》，第 227 页。

上至皇亲贵族，下至平民百姓，尤其以开国功勋的大家族、宗教人士的政坛活动等呈突出现象，勾勒出元代社会的一个个缩影，为理解元代多元的社会文化提供了丰富的生活依据。与元代之前传记相比，虞集传记呈现出传主多元的特征，不少传主是僧侣、道士、多民族成员等，具有元代时代特征。在虞集的家学渊源与际遇背景都胜于其他元代文人的情况下，人生的经历与见识必然不同于当时的文人，并且同前后时代的文坛盟主相比，视野与视角也有着不同的差别。这些都支撑着其传记内容的丰富性与复杂性。

可以说，缺少传记方面的研究，虞集研究是不完整的；缺少虞集传记的研究，元代传记的研究亦是不成立的。所以本章拟对虞集传记作出初步性但又力求全面的探讨，通过透视虞集个体的丰富的传记创作实践，挖掘其富于自觉意识的传记创作理念；联系元代亘古未有的疆域辽阔、多民族、多宗教、风俗迥异的时代背景与社会现实，解析虞集传记书写中的时代风貌，剖析虞集传记创作特征形成的原因，以期能更准确地理解与定位虞集的传记创作及其时代影响。

一　虞集传记创作理念概述

对于传记文章的创作，虞集并未有系统的理论性阐发，但从其书、序、跋、记、传记中的言语、他人评论及其自身的传记创作实践，可以显见其所秉持的传记创作理念，主要体现为观世、考释、劝讽三个方面。这些理念的生成与虞集的知识结构、为学主张密切相关，也与其传记创作实践相辅相成，它们触发着虞集的传记创作行为，也左右着其传记创作书写过程。虞集一生大量创作传记，与其树立起来的这三种传记创作理念有着密切关系。

（一）虞集传记创作的观世理念

虞集传记中的观世理念，是由其作为史官身份与元朝建立过程中及其建立后开天辟地式的社会背景决定的。身为史官，虞集有意识地存人，书写其所见所闻之前代与当代的人才，着重其品节、德行、精神风貌等的记录，正如他所说的"使天下后世，有以观夫一时人才品节之盛"①。其次，辽、金、宋、元这一时段频繁呈现的历史变革，使得处于这一历史变革末端、由宋入元的虞集，更为自觉地去以传记的形式，搜集、整理、记录其所见闻之历史兴废、家族荣衰与个体命运的浮沉。

虞集在江西时，"故国名卿学士多寓是邦，公入则受教家庭，出则从诸公游，于经传百氏之说、帝王之制、有国家者兴衰得失之由与其为之之术，无不学焉"②。在这一学习过程中，碰到有关国家兴衰的事迹，虞集就记录下来。在以后的人生中，更是有所注意。后来进入大都，虞集"尝待罪国史，历观国家贵戚、勋臣世系，承诏撰《经世大典》，必移文其家，按其文字、石刻与简册不谬，又询其子孙至于故老，而后谨书之……乃若前朝之故家遗族仅存于今时者，集亦尝得见其人，见其谱而读之"③。作为史臣，虞集具备十分丰厚的史料阅读、积累的条件。此两点因素促成了虞集在为传主作传记时具有严谨的存史观念。

不仅如此，虞集同样具备作为史官的德行。虞集传记的知名度，在当时正所谓"其文章之出，莫不争先而快睹，得之盖足以为终身之荣"④。甚至在归老后，因"登门之士相望于道，好事争起邸舍以待之。然碑版之文，未尝苟作。南昌富民有武真父者，资产甲一方，取诸王女为妻，充本

---

① 《虞集全集·道园学古录》卷四九《铁牛禅师塔铭》，第1000页。
② （元）赵汸：《邵庵先生虞公行状》，《全元文》，第54册，第353页。
③ 《虞集全集·道园类稿》卷三四《跋曾氏世谱》，第433页。
④ （元）危素：《道园遗稿序》，《全元文》，第48册，第242页。

位下郡总管。既卒，其子属丰城士甘悫求集文铭父墓，奉中统钞五百锭准礼物，集不许，悫愧叹而去。其束脩羔雁之入，还以为宾客费，虽空乏弗恤也"①。由此可知，虞集为别人写传，并非止于事实之可考，也注重传主的德行，他认为不能留名于后世的人，即便有人或依靠关系或带着丰厚礼金来求取其传记之文，亦是不可为的。

虞集认为传记要存人于后世，正所谓"使天下后世，有以观夫一时人才品节之盛也"②。如在为高觿写神道碑时言"刻之金石以示来世，固其宜哉"，认为其家族事迹"皆足以传示后世，故宜铭"③。他人由此更是认为虞集的文章能够传信于后世，故多求其写传。而虞集的授业老师谢先生，更是在临终前直接嘱托虞集为之死后作传："余老矣，尔行还复命，恐不复见尔。尔为文颇见信于人，我死，汝能令后世知我哉！"④

对于什么样的人方能流传于世，虞集在《陈文肃公秋冈诗集序》一文作了较为详细的陈述：

> 大夫君子所以有誉于天下，而垂名于方来者，必有及人之政、传世之文。是故骚人胜客和墨濡翰，以自悦于花竹之间，欣叹怨适，流连光景，非不流传于一时。然于治政无所关系，于名教无所俾补，久而去之，亦遂湮没而已，何足算哉？乃若受命天子，临莅斯民，禁奸慝、消祸暴，抚善良、纾困厄，防微杜渐于不言之先，救弊塞遗于将盅之际，而怀恩服义者众，卓然有闻，宜无不传者矣。⑤

从上述一段可以看出，虞集认为能够留名于世的条件是：为官者要有

---

① 《元史》卷一八一《虞集传》，第4181页。
② 《虞集全集·道园学古录》卷四九《铁牛禅师塔铭》，第1000页。
③ 《虞集全集·道园类稿》卷四〇《高庄僖鲁公神道碑铭，应制》，第1050、1052页。
④ 《虞集全集·道园类稿》卷四九《玉溪谢先生墓表》，第1160页。
⑤ 《虞集全集·道园类稿》卷一八《陈文肃公秋冈诗集序》，第501页。

政绩，为国为民，于治理政事上要有建树；为文者要有传世的作品，于名声与教化上要有益处，如果没有，时间久了就会湮没无闻，且不值得记载。若是上为皇帝分忧、下为百姓解难者，其人其事，则为之作传。

以虞集为同乡先辈写传、记载诸学者的品节为例。虞集祖籍为蜀郡，13 岁入江西崇仁，其接触到的先辈一般是汉人与南人，其中多为自己家乡的老师与学者前辈或是隐士。例如虞集与熊与可、谢仲直、牟应龙、孙履常、艾圣传、吴仲谷、朱环溪、吴澄等人都有交集，他们中谢仲直是虞集的老师，熊与可、艾圣传、牟应龙是虞集同乡前辈，朱环溪是他的友人，等等，其中孙履常、吴仲谷与吴澄是虞集在临川最为看重的先生，虞集跟随三人交游达五十多年。他们因为政治、家族或是其他原因未入仕途，转而著书授徒或是隐居于山林。虞集在为这些传主作传时，多从记载别人敬仰、求学于先辈们的事迹，突出他们的学识、德行、志愿，为同乡先辈写传"仅录其所知于先生之万一，使来者有考焉"①。

虞集为同乡先生写传有的是传主本人嘱托其为之。如牟应龙生前曾书信对虞集说："子之言，可信于世，盍及我时为我著小传？"虞集以"先生幸不鄙弃，托之以言。是有以处集矣，其敢以固陋辞"为他们撰写，并自谦说："仅能书所得而知先生者，庶其可信也。其不知者，固不敢言，言固不信矣。后之君子，信其所可知，则其未尽知者，可推见矣。"② 认为要写的必须是自己亲身见识的前辈们的思想、学问、品德，否则后辈君子是不会相信的，这说明虞集非常重视前辈们的嘱托与信任。而虞集对此则"知其可以传之方来者，则言之而无隐"③。为了能够记载传主的事迹，虞集写传非常认真，甚至在为熊与可写传时"至是三易矣"④。

① 《虞集全集·道园类稿》卷四九《玉溪谢先生墓表》，第 1160—1161 页。
② 《虞集全集·道园类稿》卷四四《牟伯成先生墓志铭》，第 880 页。
③ 《虞集全集·道园类稿》卷一八《庐陵刘桂隐存稿序》，第 501 页。
④ 《虞集全集·道园类稿》卷四八《熊先生与可墓志铭》，第 940 页。

对熊昶这样的君子，虞集认为"士君子之为禄仕，修诸己而有成，则推以及人，非为利也。……若夫学足以制其才，虑足以周于事，不矫讦以近名，不便利以失职。事至，应之如有素；事已，退然若不能。官不必甚高，位不必显，始终知分而尽心，故君子之流也。予何忍不达其志，以告诸人哉？此吾所以铭豫章熊君昶之之墓也"①。在这段话中，虞集很明显地表露出对同乡熊昶的认可，认为君子的德行应该和传主一样不为利动，诸事自有良好表现，且很明确地写出为熊昶作传，就是要把其君子之志通过自己的碑铭告诉世人，以显其志。其实，借此我们也可以看到虞集对自己的碑铭能够流传于世，是相当有自信的。

虞集还认为传记是一种关于德行的纪念。在《建宁路崇安县尹邹君去思碑铭》中他谈道"夫德泽之在人心，传之于久远者，非言无以宣"②，认为文章可以使在人心中的恩惠流传久远。这种思想观念促使虞集有意识地记载关乎德行的事情。如虞集在为伯撒里写惠政碑时说："耆老曰：'吾侪小人，朝不及夕，愿有纪述，以传见于将来矣。'乃为次第其说，采其歌颂而载之，庶乎观风者有取焉。"在别人求文表其目的时，虞集有选择性地取伯撒里为民之事，有待观风者知而取，并认为为百姓着想之事，为民担忧之事，"不可以不书已"③。又如《胡彦明墓志铭》中细细地描述自己在大德年间拜访胡彦明时的一件小事，胡氏在知道所吃烤肉要废掉一把新斧时，说道"一斧之成，谨而用之，可数十年。今一食辄毁，吾不忍也，后勿复焉"。由此，虞集"叹公之慎于用物者，盖如此事虽小，可以观德焉。故善观人者，尝于其微，此之谓也"④。虞集为胡彦明写墓志铭时，能将如此一件小事记录下来，并认为事情虽小，但是可以用来观察

---

① 《虞集全集·道园类稿》卷四七《熊同知墓志铭》，第910页。

② 《虞集全集·道园类稿》卷三九《建宁路崇安县尹邹君去思碑铭》，第1037页。

③ 《虞集全集·道园类稿》卷三九《江西行省平章政事伯撒里公惠政碑铭》，第1036页。

④ 《虞集全集·道园类稿》卷四六《胡彦明墓志铭》，第904页。

一个人的品德如何。

基于自己存人以观风的认识，虞集在《云州白云观记》中谈到为方外人士记录，其"欲书其事于金阁未可，并识诸此，使观者知洞明之所以能神灵者，其论道盖有足传者云"①。虽然自己不能将传主祁真人之事迹写于他修真的金阁山中，但可以写于自己路过的白云观中，以使人知道祁真人所修之道是值得流传的。而虞集为方外好友余岫云写《非非子幽室志》时，除了真实，更是生动、形象：

> 终日与人相接，而不失其介，其中毅然不可犯，而未尝与人有竞意。日使童子挈一箪入市，人家见为岫云童也，辄与饭一小器。日向中，箪稍满，即还，师弟子主仆，烹水瀹而食之。而江东、西高雅之流，或道过、或径诣，无不即岫云之室者，分箪食共食，无愧容、无德色。山下薄有田数亩，邻人多助之耕获，给不给亦不经意。②

少量言语即写出余岫云为道士的清心寡欲、与凡俗接而不受凡俗累的仙道境界。借余之童子有求于人却不为物所累的处世态度，侧面描写各类人士与余岫云相接触，余都以平常心待之。后世人通过虞集传记可以看到道士余岫云的精神风貌，仿佛眼前亲历一般。

至于观史以知世事兴衰，虞集在此两方面均有记载。蒙元自成吉思汗建国初期到元武宗临政中期（1218—1282），近七十年时间都在向外扩张领土，在新旧朝代交替时期有元代人的发展、兴盛，就有花剌子模、西夏、金、南宋等国的衰落与灭亡。而时代的风云变幻为虞集存史以知世事兴衰之态势提供了一定的社会史实。

在书写传主生平事迹时，虞集从所提供的族系、行事、官簿、履历、

① 《虞集全集·道园学古录》卷四六《云州白云观记》，第764—765页。
② 《虞集全集·道园学古录》卷五〇《非非子幽室志》，第807页。

岁月等材料中，选择可以使传主流传下来的事迹。虞集认为太祖成吉思汗、世祖忽必烈是元代盖世豪杰，知人善任，汇集了元初众多人杰为其开疆拓土，所以在为传主作传时往往会在开篇高度概括或细致描绘他们的宏伟霸业。换言之，虞集在写神道碑时，有家世背景与国家大事联系紧密的传主，在开篇总是以类似于背景介绍的方式加以议论，在宏大的历史背景中自然引出传主的家世或传主本人身份，而后再写传主具体的事迹、官职等。如在《立只理威忠惠公神道碑铭》中开篇便以"昔我太祖皇帝神圣威武，龙兴朔方，东征西讨，豪杰景从。而天造草昧，云雷方屯，容有忠义特达之才"① 介绍历史背景之语，引出立只理威家族在当时为何受到重用，及其后受到何种重用的情况。在《靖州路总管捏古台公墓志铭》中开篇亦有言："集昔时待罪国史，得从故家遗老，闻祖宗时创业之艰难、成功之希广，而治道之悠久也。奋如雷霆，焕如日星，浩如河海之不可御也。举其大方，策莫能载；列其细简，牍莫能容。规模巨远，文理密察，集盖有所不能尽者矣。"② 更是一气呵成地写出元初皇帝开拓疆土不可一世的气势。甚至在庙学碑铭中，虞集也写道"昔我太祖皇帝奋扬天威，爰启帝祚，世祖皇帝神武不杀，遂一海内，列圣相承，功成治定"③，以此表现成吉思汗与忽必烈的赫赫功业。

再如虞集传记中涉及高昌王、句容郡王、曹南王等王公贵族，碑传的书写时间在天历、至顺年间，正是虞集官位显耀之时。明代徐师曾《文体明辨序说》认为："传者，传也，记载事迹以传于后世也。"虞集所写关于三王的世勋碑铭、世绩碑铭等就是用记载王的功勋事迹来记录元初之征伐史事，达到观史的目的。

---

① 《虞集全集·道园类稿》卷四二《立只理威忠惠公神道碑铭》，第 1098 页。
② 《虞集全集·道园类稿》卷四六《靖州路总管捏古台公墓志铭》，第 893 页。
③ 《虞集全集·道园类稿》卷三六《武卫新建先圣庙学碑铭》，第 809 页。

以《高昌王世勋碑》为例。虞集在传尾写道"勒文载碑，世勋是祚"，"表其碑，曰世勋为宜"①，认为纽林的斤家族三世有大功勋，宜名之曰世勋碑铭。这篇世勋碑是虞集应元文宗为高昌王纽林的斤的先辈所写，是官方"伐石树碑，而命国史著文而刻焉"②。可见皇家对高昌王的重视地位。高昌王家族所娶妻子，皆是蒙古皇室之公主，其地位在元代可想而知。而元文宗命史臣虞集记录，更是为了显示元世祖时期外族贵族的归降与知人善任。另一王则是钦察人燕帖木儿的祖父句容郡王土土哈，其世绩碑铭写于 1328 年，正是元文宗与燕帖木儿毒死明宗二次称帝之后。元文宗以燕帖木儿"有建谋立战之功，思其祖父之绩，乃敕史臣制文纪事，勒诸贞石，以示不朽焉"，"勒勋北郊，昭示万国"③，记载句容郡王土土哈的赫赫战功与受到的诸多大量赏赐的情形，其宗旨在于记载那段于刀光剑影中见证皇权变革的历史。

然而易代之际，有一个朝代的征伐，就有一个朝代的消逝，虞集多次在传记中直接表达对金元易代时期遭受战火的人们悲惨状况的同情。如在《睢阳李氏先茔碑铭》言："予悲夫中州百数年前，文武之士，理乱丧亡。非有子孙，或贤或贵，几无以少见于后世。且天下之平久矣，老子长孙，养生送死，忘其所自多矣。克温之请，能无书乎？"④ 这份情感使得虞集遇到金国之事时，虽在太平之世，作为太史，仍是"究夫亡金丧乱之迹……苟有可称者，无巨细，执笔不敢忽也"⑤ 的态度。以上我们看到虞集一方面记录着元代人的丰功伟绩，一方面又同情着金朝人的悲惨境遇，这正是因为虞集有着存史以观世事兴衰的观念。每当遇到给元初时期之前辈作传

---

① 《虞集全集·道园类稿》卷三九《高昌王世勋碑铭，应制》，第 1017—1018 页。
② 同上书，第 1015 页。
③ 《虞集全集·道园类稿》卷三八《句容郡王世绩碑铭，应制》，第 1018 页。
④ 《虞集全集·道园类稿》卷四五《睢阳李氏先茔碑铭》，第 1150 页。
⑤ 《虞集全集·道园类稿》卷四二《朝列大夫金燕南河北道肃政廉访司事赠中议大夫礼部侍郎上骑都尉封天水郡伯赵公神道碑铭》，第 1090 页。

时，虞集都会尽量地去书写当时的社会背景、人际遭遇、世事变迁。对宋元易代时期亦是这样。虞集在《故罗坊征官刘君畴墓志铭》中谈道"故国名臣遗族之子孙，历变故忧患之极，生不及前代之盛"，而后叙述刘氏家族在前代的显耀，"百余年，传世已十余，番阳诸孙二十四房，列屋而居，居各有门，门之制，皆因一品之旧，郡人谓之排门刘氏"。但在宋元易代时，整个家族凋零，甚至"家人无孑遗"①。战乱时世家大族的骤减，使虞集看到历史的残酷，于是感叹："嗟夫！名将之后，家世之远，欲见其才，而可录者仅如此，世之遗才，可胜计哉？"② 大家族在朝代更迭时期都处在朝不保夕的状态中，更不必说本不富裕的寻常人家了。

总之，虞集的传记创作在其观世理念的指导下，在为学者前辈作传时，多取其德行影响之事，或是记载当世之人才，以使后世知其风貌。存史以观世事兴衰的观念，使其作传时多记录元初统治者以及功勋者的丰功伟绩，而面对金元易代、宋元易代时，多以同情与补史的态度写传。

（二）虞集传记创作的考释理念

虞集传记中的考释理念主要源于其家学文化涵养的熏陶与其经学家的学术意识。虞集家学渊源深厚。虞集曾祖虞刚简尝与临邛魏了翁，成都范仲黼、李心传辈讲学蜀东门外，外祖父杨文仲"世以《春秋》名家"，其母杨氏"未笄时，即尽通其说，至近代典故亦贯穿不遗"③，"及归虞氏，以家庭所亲得者教其子"④，可谓授受具有原委。在家学培育的基础上，虞集又得一批前辈学者点拨提拔："兵后，胜国名公卿家多流

---

① 《虞集全集·道园类稿》卷四七《故罗坊征官刘君畴墓志铭》，第935—936页。
② 《虞集全集·道园类稿》卷四七《故罗坊征官刘君畴墓志铭》，第937页。
③ （元）赵汸：《邵庵先生虞公行状》，《全元文》，第54册，第352页。
④ 《欧阳玄全集》卷九《元故奎章阁侍书学士翰林侍讲学士通奉大夫虞雍公神道碑》，第221页。

寓是邦，公游诸公间，备闻前修格言，考核前代典故、旧家世系源委，言若指掌。"① 虞集的老师吴澄，是元代与许衡并称的南方大儒，虞集终身以其为师，经学上受其影响甚深。这些家学、师从渊源皆为虞集"著作法度谨严，辞指精核"② 写作标准的形成奠定了最重要的内核基础。之后的为官经历，更是将这种标准从实际践行中确立起来。从大德六年（1302）被董士选荐为大都路儒学教授后，至十一年（1307）擢国子助教，到至大四年（1311）转国子博士③，此十年间虞集一直在做的工作就是阐释、注解、研究儒家经书并讲授于国子学生，此种训练更加促使虞集具备经史学家应有的"究极本源、研精探微"④ 的考释素质。

最能集中体现虞集创作传记考释理念的是虞集《答张率性书》一文，此文是虞集拒绝给当时著名学者许谦作传时所写。虞集在文中说为学者作传最好能"尽知其为学之所至"，以"传信于后世"，甚至谈到自己在要给传主作传的前期准备："数月之间，尝与友生、门人细读而详阅"，在"终莫得其统绪之会归，以观其成德之始终"⑤ 的情况下，最终拒绝了为许谦作传，并将礼币托张率性退回给许谦的家人。许谦是婺州地方名儒，学问、德行皆为世称，完全符合虞集作传择人的标准，但虞集还是以自己在数月学习之间未能尽知其学而拒为之作传，不得不说，虞集在观世、考释的理念下，不仅是对传主选择有标准，对作为作传者的自身亦有标准。写作传记在虞集的创作理念中是一件慎之又慎的事，也同时说明虞集对传记之作的重视态度。再如在为高觿作神道碑时，虞集得到诏令后"再拜稽首

　　① 《欧阳玄全集》卷九《元故奎章阁侍书学士翰林侍讲学士通奉大夫虞雍公神道碑》，第218页。
　　② 《欧阳玄全集》补编卷九《雍虞公文序》，第618页。
　　③ 《欧阳玄全集》卷九《元故奎章阁侍书学士翰林侍讲学士通奉大夫虞雍公神道碑》，第219页。
　　④ 《元史》卷一八一《虞集传》，第4181页。
　　⑤ 《虞集全集·道园类稿》卷二一《答张率性书》，第394—395页。

受诏，退考诸传记，而得公之遗事云"①，尽量通过对所写传主各方面资料来源的多方位考察，为作传寻获最丰富、最可信的材料支撑。

虞集传记的考释意识还表现在其对传记中涉及时代新风物的载述。"疆域的辽阔、民俗风貌的多元、地理气候的迥异以及物产的丰富奇特使得元代诗文在复古思潮影响下，对上古所推崇的诗'可以观'、'可以群'的特点深有体会。而且作为游牧民族统领的多民族国度，作为前所未有的统一、强大国家的子民，农耕时代的变动不居的特点被极大程度地颠覆了，可以引发人们描述、赋咏的事物和事件非常多，也非常具有独特性，所以那个时代的人们也只有详尽叙事、铺张纪实才能略略彰显自己居处于不断变化的世界里所带来的深切惊奇感和不断见识新事物的诧异自豪感。"② 作为这一时代中成长起来并一定程度上占据当时文化高地的文人，虞集在这样一个到处充满着新风、新物、新人、新语的时代中，亦显现出书写、记录时代新事物的认真与热情。主要表现为虞集非常热衷于对这些新事物作详细的询问、查询、考证，并有意识地将这些事情的来龙去脉道于世人知晓。

诸如在为非汉族传主作传时，传主民族的起源与变迁成为虞集传记中一个重要考察对象。如虞集受诏为畏吾儿纽林的斤家族作《高昌王世勋碑铭，应制》，受诏后即"退而考诸高昌王世家"③。《马可·波罗眼中的中国》中有提道"马可·波罗在讲述火州（今新疆吐鲁番）的时候，说当地回鹘人的祖先'不是人类所生，而是从一种树瘤中生长出来的，这种树瘤是树的汁液结成……从他繁衍出所有其他的后代"④ 的传说故事，此传说在虞集的传记创作中就有详尽的历史记载：

① 《虞集全集·道园类稿》卷四〇《高庄僖鲁公神道碑铭，应制》，第 1049 页。
② 邱江宁：《奎章阁文人群体与元代中期文学研究》，人民出版社 2013 年版，第 12 页。
③ 《虞集全集·道园类稿》卷三九《高昌王世勋碑铭，应制》，第 1015 页。
④ 党宝海：《马可·波罗眼中的中国》，中华书局 2010 年版，第 12 页。

高昌王世家。盖畏吾而之地，有和林山，二水出焉，曰秃忽剌，曰薛灵哥。一夕，有天光降于树，在两河之间。国人即而候之，树生瘿，若人妊身然。自是光恒见者，越九月又十日，而瘿裂得婴儿五，收养之。其最稚者，曰卜古可罕，既壮，遂能有民人、土田，而为之君长。传三十余君，是为玉伦的斤。……又有山，曰天哥里千答哈，言天灵山也，南有石山，曰胡力答哈，言福山也。唐使与相地者至其国，……碎石而舁去。国中鸟兽为之悲嚎；后七日，玉伦的斤薨。自是，国多灾异，民弗安居，传位者数亡，乃迁居交州，今高昌火州也。统别失八里之地，北至阿术河，南接酒泉，东至兀敦、甲石哈，西临西蕃，凡居是者百七十余载。①

可以看出，虞集以非常细致的笔墨叙述了高昌王纽林的斤家族祖先的诞生传说。在这里，虞集所写的不仅是一个高昌王家族的家族来源，而是将其所领导的种族人群的历史源流与变迁都叙述得非常详尽，高昌畏吾儿这个种族自图腾传说到其从汉代经唐代时期受到汉人的破坏后，举族搬迁到高昌火州，最后到元代时期归顺蒙古族的漫长历史皆清晰可见。在《嘉兴县风泾仁济道院高王祠记》一文中亦涉及此家族后代，文中亦述及其先世原委："高王，本畏吾儿之地所自出，其先实帖木补花"，"在唐时，尝封卜古罕为高王，我朝仁宗皇帝以纽林的斤嗣亦都护，册封为高昌王，皆实王之裔"②。此高王是在逝世后显灵而被供奉在嘉兴县的风泾仁济道院，成为了守护一方的道家神仙，于唐、宋皇室有灵异显现。虞集自述写此传的目的是"姑述其颠末，使后之嗣法于仁济道院，延奉于高王祠者，有所考知所自云"③。于此，我们可以从中看到一个畏兀儿族贵族的族系渊源，

---

① 《虞集全集·道园类稿》卷三九《高昌王世勋碑铭，应制》，第1015—1016页。
② 《虞集全集·康熙嘉兴府志》卷一八《嘉兴县风泾仁济道院高王祠记》，第783、784页。
③ 同上书，第784页。

与后世的诸多联系，展现出其民族从汉一直延续到元代的变迁历程。

再如虞集为女真人高觿写神道碑时，在其家人提供高觿世家、岁月、子孙尤其完备时，虞集又得考而载焉：

> 女真之地，东接高句丽，西迄燕云之北。分族此石居之，各为部落，非郡县、无市井杂处者。故其为氏，或以名，或以爵，或以官，或以里。而称高氏者，曰渤海，曰女希烈，曰纥石烈，曰字述鲁，亦或为高氏。公盖渤海部之高也，先茔在辽东凤凰山，金时碑刻具在，多贵爵。①

通过这段文字，可得知女真一族的简要历史与其诸多姓氏的由来，也可见虞集作为汉族人同等对待其他民族的态度。元人传记中存在大量少数民族人士，这虽说是元代大量少数民族融入中原社会的历史实情所必然，但对其民族起源的记述与否与详简却是多由作传者主导。虞集可以说是元代传记创作者中自觉且详尽地以考证的方式载述少数民族种族起源的最为典型的一位，这不得不说与其作为史官与学者所具有的"究极本源、研精探微"的考释理念有着重要关系。

在为具有神秘色彩的方外人士作传时，虞集依然秉承在事件可考证的条件下作传的理念。在《铁牛禅师塔铭》中，虞集明确指出："集于湖海间方外之士，其学有所不能尽知，而来求者随分赞叹，使天下后世，有以观夫一时人才品节之盛也。……是以予甚欲知师之始末，而不能得也。今以是相嘱，而则之言凿凿金石，凡所纪载，不待檃栝，叙而录之，无愧辞矣。"② 是以全文在讲述铁牛禅师之事时，难免颇有玄异之处，但在虞集的叙道中却颇合现实。另在为道士孙德或作墓志铭时，首句即为"真人道行

---

① 《虞集全集·道园类稿》卷四〇《高庄僖鲁公神道碑铭，应制》，第1050—1051页。
② 《虞集全集·道园学古录》卷四九《铁牛禅师塔铭》，1000页。

者于天下，其最可传信者"①。之后细述求雨过程中孙德彧发现印章被丞相妻拿过之事，提及有记载碑文可供考证。又写"陕西行御史台都事吴君昉、佥陕西廉访司事张君鬻，在凤鸣见真人为李氏修醮，五色云覆其坛，二日乃已，皆记以文"②，说明此事是众人亲眼所见。接着说"此皆有文书可考，歌咏以百数，若此者不可尽书也。盖真人端静贞一，自然感化如此，非有神怪谲幻者也，故君子信而传之"③。字字句句体现出虞集对传记创作中事件的可考性与传信度的执着要求。

讲究事情原委的交代在奉诏所作《故通奉大夫参知政事大兴府尹赠正奉大夫河南河北等处行中书省参知政事护军追封平阳郡公谥忠肃姚公神道碑并序》（以下简称《姚天福神道碑》）中有多重展现。一方面是碑文开篇所交代的应允此文之作的曲折过程：先是姚天福之子姚侃求虞集为文，未应，后元文宗下诏命令撰写，又得姚天福婿、时鉴书博士柯九思请，以柯九思"可征家世、行事、岁月"④，遂不得已应请承诏。另一方面由于要依据行状记述姚天福所办的两件颇为神怪的案子，又不吝笔墨交代自己何以未写入正文，但在奉明诏的情况下又不得已在文末附录的情况："国家称治狱二事殊神怪，不敢书，察问故吏，考其事实，今奉明诏，得而并书之"⑤，写完这两件案子后，又再次申明："此二事，世所传说多有之，而姚公之事，岁月、地理、人氏、名姓悉详如此，故可书。"⑥ 审慎程度，可见一斑。

通过上述，我们可以看到虞集于传记创作上孜孜于"究极本源、研精探微"的求证态度与考释理念。这种态度与理念使其传记呈现的内容，尤

---

① 《虞集全集·道园学古录》卷五〇《玄门掌教孙真人墓志铭》，第 973 页。
② 同上。
③ 同上。
④ 《虞集全集·山右石刻丛编》卷三四《姚天福神道碑》，第 1128—1129 页。
⑤ 同上书，第 1133 页。
⑥ 同上书，第 1134 页。

其是关于时代新风新事的内容极为丰富，也从一定程度上可侧见虞集的为人为学态度，乃至其对时代的理解与接受情况。这是此前的研究所未涉及的。

（三）虞集传记创作的劝讽理论

中国历代王朝统治者都用忠孝仁义的价值体系来引导百姓的思想，以达到治理国家和维持秩序的目的。元代也不例外，甚至在程朱理学成为官学的背景下，元代"在道德习惯方面，忠孝观念比前代更趋加强和巩固"①。在国家官方意识形态的引导下，作为官方与朝廷代言人的馆阁大臣，作为宣扬纲常伦理的理学之士，虞集创作传记的宗旨与国家价值体系的导向上是大体相一致的。

虞集在《黄直夫墓志铭》中说"吾观风纪之司，举善足以劝农，惩恶足以戒，朝廷必以正直廉达者居其官"②。即风教纲纪类一类官员，推荐德才兼优的人足以劝善百姓，惩治作恶的人足以劝诫百姓，朝廷所选之官必须是廉吏。另至正元年（1341）虞集为郑氏义门写《旌表郑氏义门碑颂，并序》，以表彰当时最大的聚居家族郑氏。"其子若孙，得守其家法，至久而弗坠者，岂不由我国家表厥宅里，而益监其为善之志耶？夫咏歌太平之盛，而昭代之罔极者，太史之我也，因不辞而为之颂。"③ 在这里，虞集更加明确地说出其作为史臣，有歌咏义门之事以扩大国家表彰义门来劝世人孝义的义务。具体而言，虞集传记以元代官方意识形态与价值取向来确定自己的写作目的，为忠臣、仁者、孝子（妇）、义人的事迹作记载，以起到劝讽作用。

---

① 史仲文、胡晓林主编：《中国全史·习俗卷》，中国书籍出版社2011年版，第809页。
② 《虞集全集·道园类稿》卷四七《黄直夫墓志铭》，第912页。
③ 《虞集全集·麟溪集》卷子《旌表郑氏义门碑颂，并序》，第346页。

朝廷为人臣作神道碑铭，其目的不仅是为了表彰有功劳的忠臣，更是以此事例来倡导其他臣子尽忠。以《高庄僖鲁公神道碑铭，应制》为例。虞集在文首直接详细描述元初王著与高和尚一起借太子之名杀丞相阿合马之事，文尾总结言："至元中，四海混一，世祖在上，裕宗在储，天下晏然大定。一旦盗起不测，假托太子以为名，自中书、枢密诸臣皆有智虑者莫觉其诈，以先后就死。而公明辩勇决，以定其变于俄顷，使宗社奠安，二圣无所顾虑，非小故也。仁宗念之于三十年之后，又十余年而今上成之。夫功在王室，实有可纪，久而益著"①，"夫人臣有显功而朝廷不忘，此劝忠之道也。刻之金石以示来世，固其宜哉"②。再者，表忠直于天下，使后世闻风，亦是当时朝廷的思想引导。虞集为杨朵儿只写《御史中丞杨襄愍公神道碑铭，应制》时说："天下后世闻其风者，固欲考见其人之行事，以表忠直之终不可泯者焉。"③ 所写主要是杨朵儿只作为御史因忠直而被铁木迭儿杀害的事情。虞集在《曹南王勋德碑铭，应制》中写道："丰碑烈功，备书三王。咨尔多士，劝忠勿忘。"④ 由于虞集这两篇神道碑都是应制而作，因而在很大程度上体现国家意识形态。而在《贺忠愍公神道碑铭，应制》中虞集直接说国家"有赐碑之诏，则劝忠之道系焉，敢不执笔而书之？"⑤ 表明其对于国家以碑传劝忠之意的认可。不仅国家掌权者有意识作传以促风化，或是以劝忠，受到国家恩惠的官员也用作传来显示回馈国家的意愿。如虞集为任氏作先茔碑铭时，认为"不有以表章之责，何以祗承国家之盛典，而奉扬先世之潜德者乎？"⑥

对于具有劝世价值的人物和事件，虞集认为史官应该"表其事于墓"，

---

① 《虞集全集·道园类稿》卷四〇《高庄僖鲁公神道碑铭，应制》，第1052页。
② 同上书，第1050页。
③ 《虞集全集·道园类稿》卷四〇《御史中丞杨襄愍公神道碑铭，应制》，第1064页。
④ 《虞集全集·道园类稿》卷三八《曹南王勋德碑铭，应制》，第1028页。
⑤ 《虞集全集·道园类稿》卷四〇《贺忠愍公神道碑铭，应制》，第1057页。
⑥ 《虞集全集·道园类稿》卷四五《汴梁任氏先茔碑铭》，第1155页。

使之"足以为世劝"①,虞集作《李仲华墓表》就是践行这一写作理念:

> 至元十九年(1282),宜黄县言于抚州,有盗起仙佳乡之南坑。郡言诸会府,得檄调兵,命监郡虎翼、招讨郭昂捕治之。兵至其处,乃议曰:"环贼出入之道,画图分其地,各以兵歼之。"行军令史李荣独抗议不可。"⋯⋯今不诛盗,而欲擅杀平民乎? 胁从者犹当贳之,况不知情者而可杀乎? 切闻国家之制:有罪者,父子不相及也。群盗可以名得数十里之间,口且数万,其可滥及乎?"⋯⋯主者闻荣言,皆变色。荣又言:"此吾天子之新民也,公为首将,不思抚绥,以称国家怀柔之意,而欲尽剿之。脱会府有命如此,犹当申理,其可专杀乎?"兵官怒,引弓射荣。荣曰:"杀我活万民,可也。"⋯⋯用其策,民大感悦,牛、酒交至。获盗首四人戮之,余散去,乡民遂安。②

在虞集传记中说"杀我活万民,可也"的李仲华,就用实际行动做到杀身成仁,所幸主将听其计划,得以保全了几万百姓的生命。虞集的评价是"当是时,微荣一言,则枉死者众,新附未安之民,疑贰反侧,其祸有不可胜言者"③,认为李仲华间接稳定了新附地区的民心,没有造成反叛的后果,其功劳不可谓不大。虞集在传记开篇就直接写出李仲华的这件保民命、定民心的事情,并认为自己有责任记载这件事,以用来劝世。

虞集作品中的一些妇女传记,其写作目的也往往在于劝世。如虞集为高世贵母亲邓氏作传时说:"惟先夫人之贞节表着明白如此,其可泯而勿传乎? 乃取其事而次第之,识诸堂上,以示其子孙,以劝天下之为人妇、为人母者。"④ 意在将高邓氏的事迹书写出来,于内示子孙表不忘,于外劝

---

① 《虞集全集·道园类稿》卷四九《李仲华墓表》,第 1161 页。
② 同上。
③ 同上。
④ 《虞集全集·道园类稿》卷二七《高氏贞节堂记》,第 707 页。

诚天下妇女。虞集为高觿写神道碑时亦写了其妻葛氏的事迹，葛氏不仅
"习于诗礼，通古今，常以经义为女师宫中"，更是"兴圣太后召葛夫人讲
《资治通鉴》，论古今政治得失"，葛夫人能够给兴圣太后讲《资治通鉴》，
用的应是蒙古语，于此可见葛氏的才学。虞集言其之所以铭葛氏："葛夫
人贞节，至老以妇仪母德至美号，崇礼于当时，他族未之有也。是皆足以
传示后世，故宜铭。"① 也是认为葛氏因为妻为母之贤而受朝廷封号的事迹
可表传于后，因以劝天下妇人。另若《史母程氏墓志铭》，此篇是虞集传
记中较为典型的表彰贞节烈妇之作。传记记载，元兵入蜀之时，千百不存
一二，眉州史氏一家谋出峡以逃生，途中遇兵，言献金者可活，否则杀。
史氏为留金以资儿子出逃，毅然选择赴死。五十余年后，虞集闻其后人请
铭之语，依然感其言，为叙其次而著之②。从上述例子可以见出，孝道、
妇道、贞节可说是虞集叙述女性事迹时的最主要的焦点。

　　另外，还有孝子、义士之类的传记也在虞集的创作中每有出现，也都
体现出虞集传人事以劝世道的写作理念。典型如《孟孝子传》。宋元兵乱
之际，时年仅三岁的孟君用与母亲分散，母亲在蒙军刀下救得儿子后，不
知所往。孟君用为寻母，"习国朝语言、文书，将极北方以求之"，后又徒
步数百里求问于神灵，然母已殁，仅得母遗衣还而归葬。虞集在传后说
"和卿今七十余，而思慕不置……离乱之时，死生挈阔之事多矣。执德不
回，若和卿者，可不谓之孝子乎？"是以"孝子锡类，是用作赞"③。其目
的就在于将此事写出，广之以教导天下。再如虞集在《跋咬住学士孝友
卷》中说："其孝义之事，已见国子祭酒鲁公所述。予又书此二事以记之，
孝于亲者，固可上贻于国，下及于民也欤！"④ 也是同样的用孝子事以劝人

---

① 《虞集全集·道园类稿》卷四〇《高庄僖鲁公神道碑铭，应制》，第1052页。
② 《虞集全集·道园类稿》卷四九《史母程氏墓志铭》，第959页。
③ 《虞集全集·道园类稿》卷三一《孟孝子传》，第850—851页。
④ 《虞集全集·道园类稿》卷三二《跋咬住学士孝友卷》，第411页。

子为善的意识。因为目的指向劝世，有时传主的行义事迹反而并非表现的主体，像《夏世泽墓志铭》，虞集实际上并没有细写夏家的行义事迹，但认为"表以大书，义士之门。其义维何？早识时变。其谒王师，以保乡县"，作者还交代说："国家皇有东南者七十年，郡邑内附之臣多矣，求其子孙之有闻于世者盖少，而乡里之间骤起骤仆，何可胜数！夏氏之家，方盛而未艾，岂非以其行义而得之哉？故可铭。"①

总体而言，传记创作中的观世、考释、劝讽理念，唐、宋以来的传记之作其实已多有体现，虞集的独特之处在于，其丰富的史学经验与深厚的理学渊源，加之时代文化融入的多种新鲜事物，多民族统一国家意识层面的主导，促使其将三者发挥得淋漓尽致。这三层理念在虞集传记中的流露，既可见出虞集对传记之作谨慎为之的态度，又可见其倾力为之的热情。作为朝中重要著作之臣，虞集传记中用忠孝仁义以助道德上劝讽的价值理论与当时朝廷价值导向就有相当大的关系。相对而言，虞集职任馆阁的大德、至顺年间，国家处于相对盛世时期，所谓"承平日久，四方俊彦萃于京师，笙镛相宜，风雅迭倡，治世之音，日益盛矣"，虞集本人"仕显融，文亦优裕"②，在价值观念体系上，自觉期望宣扬忠孝、歌咏仁义等正面价值，起到引导风化的作用。所以，其传记创作借观世、考释人物及事件的来历而表现讽劝意味与倾向就很值得注意。

二　元代文化与虞集多层次性传主选择

蒙古族一统中原南北的元代社会最大的特点即"多元"。民族文化上，北方少数民族以前所未有的政治优势进入中原王朝中心，甚至随其征服进程带来各色外来民族定居中原，草原游牧文化、色目文化与农耕文化并存

---

① 《虞集全集·嘉庆松江府志》卷七九《夏世泽墓志铭》，第985页。
② 《欧阳玄全集》补编卷九《虞雍公文序》，第617、618页。

共融。宗教文化上，元朝采取多个宗教同时扶持、并存发展的政策，中外各类宗教皆在元代得到长足的发展。职业文化上，以读书为务的儒生不再是政府官僚最为看重的人才来源，在崇尚武力的蒙元统治者阶层来看，以武将为重点，包括医、卜、猎、冶、译、匠等一批拥有实用技能的人士进入统治者关注与奖拔的社会精英阶层。以传人为中心的传记写作，不得不与元代文化挂上紧密的钩环。是以虞集传记中出现了大量的僧道人士传记、武将与功勋世家传记，以及最能代表中原农耕文明的由理学思想主导的一批廉官循吏、忠臣义士、醇儒雅故、善民乡贤传记，在虞集传记中，这批围绕宗教文化、游牧文化与传统农耕文化建立起来的传主形象让人印象最为深刻。

当然，传记创作者书写传记不只受到社会背景的单方面影响，其自身的才学与官位也是其传主何以能多层次性选择的重要条件。虞集回忆自己"昔忝在史馆，得见国初以来大儒、缙绅、先生之文，记载勋旧世家、文武公卿、百官行事，刻在金石"①的事情，即其在朝为史官的近三十年里，有很多机会得以看到元初各类名人的事迹和书面材料，这些资料不是所有官员都可以看到的。不仅如此，虞集或借职务之便或其他机会得以阅览前朝名人的家谱，他在《临川晏氏家谱序》中就谈到宋代晏殊、王安石、曾巩、司马光、陈尧咨等人的后人续其族谱之事②，并借此也浏览观看了很多。在天历三年（1330）、至顺元年（1331）的两年间，虞集奉命领修《经世大典》。《经世大典》的纂修涉及元代国家各个方面，其中名臣传记部分更使虞集知晓为官者的事迹与贡献。除了虞集是史臣的关系外，在朝为官时期，虞集所交结的朋友求其为家人作传。此外，退归江西后，虞集在崇仁的十六年里，其文坛影响遂聚于江南，南北求其文者不可胜数，这

---

① 《虞集全集·道园类稿》卷四六《都漕运副使张公墓铭》，第897页。
② 《虞集全集·道园类稿》卷一六《临川晏氏家谱序》，第474—475页。

些因素都使得他的传记创作面极其广泛。本处内容主要从宗教文化、游牧文化、农耕文化三种文化角度切入，依据虞集所交往、接触的多元文化人群，讨论其传主选择的多元性。

（一）宗教文化与僧道类传主选择

蒙古人对萨满教的信仰，使得蒙元王朝立朝和一统过程中，以"教诸色人户各依本俗行者"的原则，采取多个宗教并存的政策，以此元代宗教存在道教、佛教、伊斯兰教、基督教等多个教派，并且各教派中又分立为多个派别。例如佛教中的藏传佛教与汉地佛教，藏传佛教各教派始终与元统治者保持宗教与政治上的紧密联系①。汉地佛教分为临济宗、曹洞宗、净土宗、天台宗、华严宗等②。道教中，北方全真教在元初受到扶持盛极一时，南方正一派也声势强大，曾一度统领着整个南方道教，由正一派分离出来的玄教也在元中期发展至顶峰。并且，元代各宗派领袖在当时都有着至高的政治地位与社会地位。对各类宗教的兼容并包政策使元时期成为中国宗教史上的灿烂一页。统治者在政治上扶持道教、佛教中各教派领袖，进行藏地、北方、江南诸地的分区域统领，促进了宗教界领袖与皇室间的诸多政治联系，元代方外人士与当时以文人学士为代表的世俗精英阶层亦因此往来频繁。

虞集便是在这样的时代宗教文化下与释、道文化皆有着亲密接触与往来的元代传统士人典型。这些时代特征与个人体验又最深切反映于其传记创作。虞集传记中以方外人士为传主的数量共29篇，占虞集传记的八分之一还多，其中僧人11篇，道士18篇。前者以禅宗中的曹洞和临济两宗人士最多，后者则不仅包含在元代大兴的南方正一教派及其支派与北方全真

---

① 《中国全史·习俗卷》，第659—662页。
② 同上书，第663—664页。

教派，还涉及真大道教、新符箓派等。

虞集为诸多宗教人士作有传记与虞集本人和僧道人士密切往来有着直接联系。这其中，又以虞集与玄教人士的交游最为密切。玄教第一代宗师张留孙本为正一道教天师张宗演弟子，幼随张宗演入觐世祖，侍留京阙，为世祖赏识，受"玄教宗师"称号，其后成宗、武宗、仁宗皆有加封，官阶品俱第一。吴全节自幼入龙虎山学道，又从张留孙入朝，深得成宗宠睐，于至治二年（1322）嗣位为玄教第二代掌门。在京师时期，吴全节与当时众多馆阁词臣、时贤俊彦皆有诗文唱和往来，虞集的诗文之作中便多有与其唱和之作。泰定年间，虞集曾应吴全节之请，为其师张留孙作《张宗师墓志铭》。另有《敕赐玄教宗传之碑》《玄门掌教孙真人墓志铭》《黄中黄墓志铭》，皆是与玄教人士相关者。茅山宗道士中的张雨、赵嗣祺也与虞集颇多往来。张雨是元后期著名的道家文人，诗、文、书、画皆为其时名家，曾从虞集学诗，又为虞集方外中之挚友，虞集为其师王寿衍写有《杭州路开元宫碑铭》，又应其请作《镇江路大茅山崇寿观碑铭》。虞集与赵嗣祺的交情从其延祐年间所作《送赵虚一奉祠南海序》可见一斑。另有全真道士好友余岫云、彭南起。关于余岫云，虞集曾在元统元年（1333）归崇仁后，见其于黄茅岗作丹室，喜作诗五首赠之。（后）至元五年（1339），岫云卒，其弟子彭致中请虞集为其作墓志铭，即虞集传记中相当出色的一篇道人传记《非非子幽室志》。与彭南起之故谊则见之于《九万彭君之道行碑铭》中。除了道教，虞集与佛教僧人也有亲密交往的经验。虞集的佛教好友释大訢，深受文宗宠睐，虞集自身在历事的几朝君主中也是最得文宗看重。虞集与大訢相知四十年，曾为其文集作序，在大訢逝世后又为之作有道行碑铭。元初著名的天目山僧中峰明本也是虞集的佛教好友，虞集在其圆寂后亦为之作有塔铭。

虞集也不仅限于为有直接交往的宗教人士作传。像为真大道人岳德文所作的《真大道教第八代崇玄广化真人岳公之道行碑铭》，为符箓派王侍宸所作的《灵惠冲虚通妙真君王侍宸记》，以及《断崖和尚塔铭》《大辨禅师塔铭》《铁牛禅师塔铭》《铁关禅师塔铭》等，这些传记皆受第三方请文而作，虞集与传主本人或只有一面之缘，或曾听闻之，甚至有并无直接交集者。结合前章所述虞集皆表现出谨慎作传态度的观风、考释的传记创作理念，可以肯定的是，虞集为这些人物作传的这一既定事实，基本就可推导出虞集本人对这些人物所持的肯定态度。再结合其文，完全可以见出虞集对这些人士行迹出处的赞扬和褒崇。像其中之断崖和尚、铁牛禅师、铁关禅师等，虞集在他们的传记中皆毫不掩藏地表达了自己对他们作为释教中之名师、时代中之人才的崇敬、倾慕乃至心向往之情。如虞集"观夫一时人才品节之盛"的作传理念便是在《铁牛禅师塔铭》提出。可以说，虞集能够为这么多方外人士传主作传，除了宗教在元代得到大盛，为载述一时宗教人才之盛况外，还在于虞集个人在与方外人士的交游中对儒、释、道思想的融通与接受，所以虞集在为他们作传时往往体现出对释家道人际遇出处的深刻理解。

如在为曹洞宗至温写塔铭时，虞集在文尾写道："臣闻世祖皇帝圣度如天，善驭豪杰，自在潜邸，至于混一，海内天下之人才，小大毕至，以足其任使。故其功业之盛，巍巍然、赫赫然，三代而下帝王，未有或之及也。浮图氏以寂灭为宗，而才器文辨，如温公者，亦岂常人之流哉？敢叙而表之，以见夫兴王之运，其人如此。"[①] 在国家动用各种人才之际，至温选择的是顺应时代潮流，在遇到可以使本教派成为领导阶层的契机时，不失机会地抓住，使其教发扬光大，这大致是当时宗教界的主流选择。另在为广铸禅师写塔铭时又进一步指出："昔智者大师立精蓝三十六所，玉泉

---

① 《虞集全集·道园学古录》卷四八《佛国普安大禅师塔铭》，第 990 页。

其一也。千百年中，或存或废，或显或微，岿然鼎盛于圣元治平之世，若兹山者，岂偶然哉?"① 虞集认为在元代佛教能够达至鼎盛时期不是偶然的结果，而是释家"应机致用，随时显迹"② 的积极选择结果，具体来说则是以塔铭所载主人公广铸禅师为代表的佛教子弟能够及时借助学法奥义在风云际会之时与元统治者建立联系，以获取统治者对其教的政治扶持。其他若《大元洪镜雄辩法师大寂塔铭》《晦机禅师塔铭》《铁牛禅师塔铭》等之传主莫不如是。

其实，又何止佛教领袖们积极与蒙古统治者斡旋以为本教派的发展开拓空间，像蒙元时期著名的全真教及其他宗教教派莫不如是。所以在虞集传记中，也可看到一群于时代洪流中奋力作为的宗教人士，尤其是与他往来较多的玄教人士。以《张宗师墓志铭》与《河图仙坛碑》所展现的张留孙、吴全节师徒事迹为例。此二文多有载述师徒二人忧国事、为民生之事。若《张宗师墓志铭》载张留孙不劳民力，亲自躬劳开河京城之事："有司议开河京城，以便漕者，未决。上召问公，乃可其奏。大臣闻公论伤财害民之故，乃至躬负畚锸，以为民先。河成，至于今便之。"又载张留孙虽主以禁祝、醮祈、持符箓法等为皇帝分析事物，"然而星孛、水旱、地震之祷告，公犹以修德省政之事，恳恳为上言之，则非徒祷矣"。③ 可见，以张留孙为代表的元代正一道人，已非限于以内修祷告之虚，求羽化而出世，而是以实际的关系国计民生的方式参与到社会中来。所以，"朝廷有大谋议，必见咨询，其救时拯物，常密斡于几微，未尝以为己功。所荐用排解，皆死生荣辱之大故，而未尝以语人"，甚至，"其高弟门人，多聪明特进，有识量才器可以用世，而退然奉其教唯谨。师友之间，雍雍徇

---

① 《虞集全集·道园学古录》卷四九《广铸禅师塔铭》，第 997 页。
② 同上书，第 996 页。
③ 《虞集全集·道园学古录》卷五〇《张宗师墓志铭》，第 976 页。

徇，如古君子家法"①。可见，有"识量才器"的"用世""君子"才是张留孙所欲引领的道人榜样，而这却几乎就是儒家的用世理想。其徒弟吴全节也正是以这种理想为主导。《河图仙坛碑》记叙吴全节谏言朝政、民生之事诸多，且记吴全节言："国家政令之得失，人才之当否，生民之利害，吉凶之先征，苟有可言者，未尝敢以外臣自诡，而不尽心焉。"② 可见师徒二人皆能依据自己的宗教力量，积极参与国家政治事件，通过皇帝的信赖给予有益国计民生的谏言，而不因自己是方外之士而完全脱离世务。吴澄曾题词于吴全节封赠祖父诰词后，曰："吴真人全节寄迹道家，游意儒术，明粹开豁，超出流俗。"③ 足见吴全节身上的儒士特性。

总之，在虞集的传记中，僧道类传主几乎各大宗派均有，这和元代包融开放的宗教政策，元代宗教势力较大，且多介入国家及社会事务的现实背景密切相关。

（二）游牧文化与武将、技艺人士类传主选择

受蒙古族统治者带来的游牧文化影响，一方面，"我国家初以干戈平定海内，所尚武力有功之臣"④，元朝之勋著者多为以武功起家；另一方面，游牧民族务实重利的特性，又使得以往朝代里颇不受重视的技艺类人士获得空前的尊重。可以看到，元朝以武开国，武将掌握核心政权；国定民安后，又相当注重实用性技能人才的拔擢，此二者看起来风马牛不相及，实际都与蒙古游牧文化气质密切相关。所以由国家主导的"伐石树碑，而命国史著文而刻"⑤ 的官方荣耀，在元代，多被赐予这两类人士。

---

① 《虞集全集·道园学古录》卷五〇《张宗师墓志铭》，第 977 页。
② 《虞集全集·道园类稿》卷三六《河图仙坛功德碑铭，应制》，第 1008 页。
③ （元）吴澄：《题吴真人封赠祖父诰词后》，《全元文》，第 14 册，第 531 页。
④ 《虞集全集·道园类稿》卷四四《岭北等处左右司郎中苏公墓碑铭》，第 868 页。
⑤ 《虞集全集·道园类稿》卷三九《高昌王世勋碑，应制》，第 1015 页。

虞集作为馆阁词臣，在大德、延祐之后，常是撰写碑志的最佳人选。虞集作为兼具史臣身份的馆阁老臣，官至奎章阁侍书学士（二品），职责之一就是为以上传主写碑传以记功德传于后世，正如他自述"予在国史执笔，论大人君子勋伐德业甚盛"。虞集具有能够接触王公贵臣的条件，更具备为他们的先辈写传记的素质，如其好友欧阳玄所说"至治、天历，公仕显融，文亦优裕，一时宗庙朝廷之典册、公卿大夫之碑板，咸出公手"①。

先讨论虞集传记中以武将为主的作品。诚如王恽指出元朝特性："国朝大事，曰征伐，曰搜狩，曰宴飨，三者而已。"② 征伐在蒙元王朝占有举足轻重的地位，蒙元初期统治者创建元代的丰功伟绩及功臣们的显赫功勋，是虞集的传记创作的重要表现内容。虞集在《蒙古拓拔氏先茔碑铭》中谈论元代开国状况："我气势国家受命上天，肇兴朔方，龙云虎风，声应气合。……战胜攻克，功多勋劳，不可胜纪。"在《孙都思氏世勋碑铭，应制》中写道："昔在太祖皇帝龙飞朔方、肇基帝业时，则有大勋劳之臣，实佐兴运。最贵重者四人，时为四杰；其次四，则锁儿罕、世剌子、赤老温、八都儿也。"③ 武将在元王朝的煊赫气势和显要地位是他们成为虞集传记主角的重要背景原因。而值得注意的是，在诸多武人传记中，蒙元时期那些代蒙古统治和管理前金辖下华北地区的汉人世侯传记非常引人注目。

在蒙金战争时期，出于对金作战和巩固北方统治的需要，成吉思汗在北方原金朝统治区设立汉军万户，任命汉地较大的地主武装势力为万户，使其分统诸路，从而形成了汉人世侯，所谓"我国家龙跃朔方，中州豪杰率其土地、人民，云附景从。以效信任，立功业……而至世祖皇帝，建国号，颁正朔，内修制度，外事征伐。功成治定，四海画一，将相、诸侯王

---

① 《欧阳玄全集》补编卷九《雍虞公文序》，第 618 页。
② 《王恽全集汇校》卷五七《大元故关西军储大使吕公神道碑铭》，第 6 册，第 2555 页。
③ 《虞集全集·道园类稿》卷三九《孙都思氏世勋碑铭，应制》，第 1028 页。

得以功名终其身"①。这些北方的汉人世侯的统治地区大致为河北、河东（山西）、山东诸郡县。在金元交接时期，统治中原达五十年之久，对当时中原地方安定社会、发展生产与保护文化，都起到了一定积极作用。蒙元时期的汉人世侯共有六大家族，分别是真定史天泽、保定张柔、东平严实、济南张宏、天成刘黑马、藁城董文炳②。以上世侯在因李璮叛乱导致元世祖削藩（除藁城董氏）之前，可谓重兵在握。在完成纳质、贡献、从征等义务后，他们可在各自辖区内自由行使管辖权，集军、民大权于一身，世袭相传，专制一方③。而虞集传记作品中涉及了史氏、张氏、董氏三位汉人世侯及其后人，其中关于董氏世侯、张氏世侯的传记尤值得讨论。虞集"生平知己大臣藁城董宣公（董士选）、保定张蔡公（张珪）"④，董士选是董文炳次子，张珪是张柔孙、张弘范九子。虞集与董氏关系最为亲密，元贞二年（1296）随父亲进入董士选家做家塾，"集辱在其先公之馆五十年矣"⑤，与董士选家人有五十年的交情了。虞集与张珪是好友，曾代其写辞表，张珪在其生平知己中排名第二位。此外，还有史氏，虞集虽然与史氏没有什么交情，但得虞集之文名，在其归乡之后，如史天倪的曾孙史壎的神道碑由其儿子求虞集书写。

像汉人世侯中著名的藁城董氏家族，虞集至正四年（1344）为其家族写有《董忠宣公家庙碑铭》，其开篇便概述董家在蒙元王朝建设中的丰功伟绩，写道："惟藁城董氏世家，自宣懿公以金乱率众保乡井，遂归国朝。忠烈公（董俊）以其军定中州，与金人战死之。其长子忠献公（董文炳），与伯颜丞相将大军灭宋，三子，忠宣公（董士选）其次子也。……敌忾有

① 《虞集全集·道园类稿》卷四二《江西行省左丞史公神道碑铭》，第1102页。
② 陈高华、史卫民：《中国风俗通史·元代卷》，上海文艺出版社2001年版，第212页。
③ 《元代文化史》，第27—28页。
④ 《欧阳玄全集》卷九《元故奎章阁侍书学士翰林侍讲学士通奉大夫虞雍公神道碑》，第225页。
⑤ 《虞集全集·道园类稿》卷四三《江西行省参政董公神道碑铭》，第1105页。

奇功，立朝有大节，国有信史，神道有金石刻，可以著见于天下后世矣。"① 由于董氏家族的忠勇，李璮之乱，董家是汉人世侯家族唯一没有被削藩者，元世祖让董文用赴任江淮等处行中书省参知政事时对他说"卿家世非他人比，朕所以任卿者，不在钱谷细务也。卿当察其大者，事有不便，第言之"②，由此可以侧见董氏家族与蒙古统治者的亲厚关系。

在虞集的武将人士传记作品中，更值得注意的是在蒙古人开疆拓土进程中始终并肩作战的色目人。文宗年间，虞集奉诏撰写了数例蒙古色目世勋功臣碑志，如记录钦察人燕帖木儿先世土土哈、床兀儿功绩的《句容郡王世绩碑》，表彰蒙古人也速迭儿先世阿剌罕等的《曹南王勋德碑》，还有褒赐畏吾儿大臣帖木儿补化之先世纽林的斤的《高昌王世勋碑》，以及蒙元开国四杰之一赤老温之后人的《孙都思氏世勋碑》。燕帖木儿、也速迭儿、帖木儿补化皆是助力文宗上位有功的武将大臣，燕帖木儿更是其中功劳最巨者，所以除其先世外，其本人亦得赐《太师太平王定策元勋之碑》，色目馆臣马祖常奉诏撰碑文，虞集奉诏撰《燕帖木儿右丞相封太平王制》。虞集对燕帖木儿评价甚高："沉鸷有谋，英锐无敌"，"手握兵符，力扶景祚。及清宫而迎乘，犹多垒之在郊。临陈誓师，咸服朝辞之慷慨；挥戈决战，众惊用武之神明。人民怀绥辑之恩，城阙壮奠安之势"③，并以汉之韩信、唐之郭子仪比之。虽然是奉敕之辞，但结合当时政局情形，燕帖木儿确实以自己的勇武谋略开启一个新君主时代，结束了泰定帝驾崩之后的朝局动乱之况。在《句容郡王世绩碑》中对其先世土土哈与床兀儿自中统建元之初，征讨阿里不哥，又从伯颜北征叛王脱脱木儿、昔里吉、海都这一系列动乱的功绩也以详细的叙录示以了高度褒扬。另若西夏唐兀氏武官杨

---

① 《虞集全集·道园类稿》卷三七《董忠宣公家庙碑铭》，第845页。
② 《虞集全集·道园类稿》卷五〇《翰林学士承旨董公行状》，第855—856页。
③ 《虞集全集·道园类稿》卷四一《燕帖木儿右丞相封太平王制》，第377页。

朵儿只、杨教化兄弟，立只理威、刘完泽等人，虞集抑或奉敕或应后人之请，为之作有神道碑文。借由虞集的撰写勋臣武将传记，了解的不仅是这些传主自身的生命履历，更可以知道有关元王朝兴衰历程的具体细节。

在元朝，与武将勋臣同样非常受重视的是那些有特长技艺的人们。与其他朝代很不相同的是，"忽必烈对前代视为'方技'、'杂流'的各种专业技术及其人才予以较高地位……在蒙古贵族眼里，这里'实用'型人才要比儒士更有价值"①。所以技艺类人士能够在元代享有其他朝代不能享有的地位与待遇。这些具有特长技艺的人们缘于蒙古人的重视，也进入了虞集传记表现的范畴。例如随着元代的统一，"绘画、书法艺术得到蓬勃的发展，雕塑艺术亦有令人瞩目的成就，都在中国文化史上写下了重要的篇章"②，雕塑家阿尼哥、刘元师徒二人，便是元朝以雕塑成就载名青史的人物。阿尼哥阶从一品，与宰相等；刘元则阶从二品。虞集《刘正奉塑记》就是特为表彰刘元的塑像之绩作。传记开篇即交代其因雕塑佛像的精湛技艺，以及以此而赢得的重用与恩宠：

> 至元七年，世祖皇帝始建大护国仁王寺，严梵天佛象，以开教于天下。求奇工为之，得刘正奉于黄冠师。正奉先事青州把道录，传其艺非一，及被召，又从阿尼哥国公学西天梵相，神思妙合，遂为绝艺。凡两都名刹，有塑上范金抟换为佛者，一出正奉之手，天下无与比者……今上皇帝尤重像教，尝敕正奉非有旨，不许擅为人造他神像者，其见贵异如此。③

刘元（1254—1323后），字秉元，河北蓟州人，幼即善塑像。受知于

---

① 《元代文化史》，第 173 页。
② 同上书，第 279 页。
③ 《虞集全集·道园类稿》卷二九《刘正奉塑记》，第 741—742 页。

世祖后，被规定在没有圣旨的情况下不得为他人塑像，相当于钦定其为皇家雕塑家。而刘元能有这样精湛的塑像技艺得益于其尝师从西域阿尼哥学西天梵相。阿尼哥（1244—1306）来自尼波罗国（今尼泊尔），是元朝著名的以建筑塔寺、雕刻佛像为主的建筑工艺家，今北京白塔寺的白塔即为其杰作。程钜夫撰其神道碑，对其建塔筑寺之绩有着非常详尽的记录。刘元能成为元代一朝仅次于阿尼哥国公的著名雕塑家，与其能在当时文化大交融的时期毫无距离地学兼中西不无关系。陈高华等认为："以工艺方面的成就能到这样高的地位，这在其他朝代是难以想象的，也可以说是元代一个特色。"① 雕塑之外，绘画技师在元朝也很受重视。虞集传记中有题名《王知州墓志铭》，是为仁宗时期极受恩宠的界画师王振鹏父亲所作。王振鹏以献《大明宫图》受宠于元仁宗，"仁宗之世，积拜宠异"，官位至五品。《王知州墓志铭》虽名为王振鹏之父作，但行文中不仅主叙王振鹏之事，还对元代一朝文艺界精英之盛的情况有所涉及：

> 昔我仁宗皇帝，天下太平，文物大备。自其在东宫时，贤能材艺之士，固已尽在其左右。文章则有翰林学士清河元公复初，发扬蹈厉，藐视秦、汉。书翰则有翰林承旨吴兴赵公子昂，精审流丽，度越魏、晋。前集贤侍读学士左山商公德符，以世家高材游艺笔墨，偏妙山水，尤被眷遇。盖上于绘事天纵神识，是以一时名艺莫不见知。而永嘉王振鹏，其人也。振鹏之学，妙在界画，运笔和墨，毫分缕析，左右高下，俯仰曲折，方圆平直，曲尽其体，而神气飞动，不为法拘。尝为大明宫图以献，世称为绝。②

由上引知，虞集借着给王知州写墓志铭的机会，实际在讲述元仁宗时

---

① 《元代文化史》，第292页。
② 《虞集全集·道园类稿》卷四六《王知州墓志铭》，第897页。

期文坛、书法、绘画界人才的全备情况。在虞集的叙论中，元代有赫赫有名的文章家元明善，书法与绘画的领军人物赵孟頫，绘山水画绝伦的商德符，大有超越秦汉、魏晋之时的书画文章大家的气势。而虞集将王振鹏放置于三人之后，是对王氏在元代画界地位的肯定，认为他凭界画艺术在仁宗时代享有与元明善、赵孟頫、商德符同等的尊重和地位。

虞集传记中的技艺人士还有以治饔事而得皇帝封侯的贾秃坚里不花。贾秃坚里不花本为汉族，世居大兴。大父自大兴谒元太祖于大漠，得留在宿卫以饮食、医药侍于帝侧，赐名昔剌，其氏族，命以蒙古人视之。世祖即位，赐金符，领尚食、尚药，卒封国公。子孙世领宣徽院之任，其家族可以说深受皇室信赖。亦是在文宗年间，虞集应制为之作有《宣徽院使贾忠隐公神道碑》。碑文之首，虞集对元廷重视内廷技艺之臣的制度有着清晰的认识："国家之制，凡禁近之臣，分服御、弓矢、食饮、文史、车马、庐帐、府库、医药、卜祝之事，皆世守之。虽或以才能授任，使服官政。虽盛贵，然一日归至内廷，则执其事如故。至于子孙无改。非甚亲信者，不得预焉。"[1] 可见，贾氏之例并非个例。元代游牧文化注重实用，这决定了元廷统治者对技艺类人士的注重，加之崇武的特性，也就成就了虞集传记中多样的传主选择。

（三）农耕文化与吏员、儒士类传主选择

元代农耕文化与前代有所不同的是，统治者是对农耕文化相当不熟悉的蒙古族贵族。他们的汉文化修养，比起其他朝代的统治者都要低许多，而且源于游牧民族务实重利的特性，在元代对文官与儒生的重视程度远不能与汉唐、宋金相比。蒙古人在任用职官上，往往因为"钱谷转输期会，

---

① 《虞集全集·道园类稿》卷四〇《宣徽院使贾忠隐公神道碑》，第 1059 页。

工作计最，刑赏阀阅，道里名物，非刀笔简牍，无以记载施行"①，进而喜用刀笔吏，这使得元代形成了文官由刀笔吏晋升官职的多，而儒者得官少的现象。就元代儒生文士的出路而言，在科举长期不举的情况下，元代的许多儒生不得不改变原先由儒入官的观念，选择由刀笔吏做起，再等待晋升。还有大量儒生文士流入书院。值得注意的是，元朝是官方兴办书院最多的朝代，不仅在中央传统设有以汉人儒学为主的国子学；而且依照本民族与色目人的学习要求，又开设蒙古国子学、回回国子学，由儒学老师翻译并讲解儒学典籍，另外在地方"设立蒙古字学，主要招收汉族学生，学习蒙古语言文字"②。以元代不足百年而算，其所兴建的地方书院的数量也极为可观，第一是江西，其次是浙江③。而元代的书院生源也有其特点，"元代地方官办儒学的特色，在于其学生主要来自国家划定的一列特殊户籍——儒户"④。基于这样的社会文化基础，在虞集的传记中，吏员与儒士类传记也占有较大比重。

就吏员类传记而言，虞集尽量选择关乎民事的材料以表现传主，所谓"治绩之著，不可胜纪。其尤关民事者，可书以传焉"⑤。如其为户部尚书所作神道碑中撰写的一段：

在行台时，湖广省臣托俘虏之籍，私孥其人万家，无所诇想，官亦莫敢正，公按还之为民。时军事未尽息，江上运输方急，督运者怗恣，辄匿粟五万斛自入，而以风水为解，公抉而夺之，还付吏。江西之民，吉州尤号富庶。为吏者纵欲以求获，民不堪命，俗尚气，常百计求直，因得善讼之目，实由贪残迫之，非素然也。公行部，劾治其

① 《虞集全集·道园类稿》卷四四《岭北等处行省左右司郎中苏公墓碑铭》，第868页。
② 《中国风俗通史·元代卷》，第515页。
③ 李良品：《试论元代书院的特征》，《黑龙江民族丛刊》2005年第1期。
④ 《元代文化史》，第217页。
⑤ 《虞集全集·道园类稿》卷四四《户部尚书马公墓碑铭》，第870页。

最暴横者监州一人，而亲至学校，礼其耆旧，与为宾主，进子弟而教之，风化丕革。①

所载之事，诸多为关系到民众切身利益的事情，又涉及元初吏目治理一类时政性问题，具有一定的现实意义。一个官员通过办案能使一个地方风气一新，正是元初社会稳定的主要因素。

元朝民族背景丰富、宗教信仰多元，不同种族、生活习俗以及语言思维的人们生活一处，对于管理者而言，如何断事平怨最能考察办事吏员的能力。虞集认为"国家之政，莫重于刑狱，匹夫匹妇之冤，近起于州县，而飞雪大旱之变，则朝廷当之。故君子之论臬事者，无问吏大小，有可书则书之，盖慎之也"，所以在叙录官吏事迹时，虞集认为公平裁决刑狱之事在稳定国家政治上作用非小。所以当他在太史院听闻了王诚之的一系列英明断案事迹时，便欲书其传记，以为可以立为断案官员的谨慎审案的榜样。后王氏之子请志于墓，虞集欣然应允，具诸其事，以示来者。墓志在详细记录了两件典型的断案事例后，虞集便借此事抒发了自己的看法："州吏目，位在天子命吏之下，而用心狱事神明如此。使州县人人不以庸废事、贪侮法，若诚之所为者，天下不致刑措已乎？……可不具诸，以示来者？"② 由此可以看出，虞集强调王诚之对断案事件认真负责的态度，实际上是以王氏来引导天下吏目向王诚之学习，以达到"使州县人人不以庸废事、贪侮法"的理想状态。再如《李象贤传》中，虞集便记载其故人李栋因得罪阿里海牙之子和尚，被和尚构陷死罪，幸得李象贤不惧权势，力证李栋清白的过程。值得注意的是，由于李栋为虞集故人，因此虞集有可能知晓事情的整个过程，又由于民生之冤怨带给民众的影响尤大，虞集完

---

① 《虞集全集·道园类稿》卷四四《户部尚书马公墓碑铭》，第870页。
② 《虞集全集·道园类稿》卷四七《王诚之墓志铭》，第929页。

全出于自主而作《李象贤传》事，其实正期望借传主事迹表达感慨："予在国史执笔，论大人君子勋伐德业甚盛，而世有卓行奇迹，或以微远不见书。悲夫！……观象贤之事，亦可以少自振乎！悲夫！"① 可见虞集之所以重视官员刑狱之案的记载，不仅是因其关系个人性命，也是出于强烈的欲书此类事件以劝天下的社会关怀。

就整个国家机器的运行而言，官吏的意义其时非同小可。除了断事官员，牵涉国计民生的漕运官吏也是虞集传记非常关注的类型。至元二十六年（1289）至二十八年（1291），元世祖听从郭守敬建议，先后动用二百多万人力开凿会通河与通惠河，打通南北水运，以解决"南粮北调"的需要。元初漕运占据相当大的规模，但因出入大都障碍繁多，后来元代漕运以海运为主。像元代这样经常性大规模的海运，在我国历史上是前所未有的。虞集尝作《送祠天妃两使序》言及此况："世祖皇帝岁运江南粟，以实京师。漕渠孔艰，吴人有献策航海道便以疾，久之，人益得善道。于今五十年，运积至数百万石以为常。"② 吴人即指朱清、张瑄二人献策海运运粮。因海上风险大，多有碰到暗礁沉船的事件发生，所以在运粮之前会有祈祷仪式，以保人、粮可以平安到达目的地，这样又出现了拜祭天妃事。元代所崇拜的海洋保护神天妃实际上就是我们现在熟知的妈祖，即虞集在《序》中所说的"有神曰天妃，庙食海上。舟师委输，吏必祷焉，有奇应"③。事实上，祈祷所获只能是心理的安慰，真正能保证元代江浙一带粮食安全运送到两都的是漕运官与海运方式。我们可以在虞集传记中看到以漕运官张仲温、智受益与海运官黄头为传主的作品。

据虞集《都漕运副使张公墓铭》记载，传主张仲温初由尚书石抹公荐

---

① 《虞集全集·道园类稿》卷三一《李象贤传》，第849页。
② 《虞集全集·道园类稿》卷二〇《送祠天妃两使序》，第530页。
③ 同上书，第530页。

于元世祖，后升都漕运司判官。"是时，东南方归版图，毕献方物、器用、好贿，上送不绝。畿甸赋纳，内实京师，漕事繁剧。公感上之识察，知无不为。远近险夷，经划有方。……廷议开会通河以便漕运，方略位制，多公所区别指授。"① 可见，在元初开会通河以便运粮的问题上，都漕运副使张仲温功劳颇多。而《两浙转运使智公神道碑铭》则表现传主智受益作为两浙转运使如何借由海运而便民。文章写道"海道运输，系国计甚重，而上江不时，至请筑仓建康，以冬受淮而出之，损益以法，民不骇而事速便"②，仅一句话即能看出智受益作为漕运官如何丁点不失牧民官之职守却惠民万方的不寻常之处。《平江路达鲁花赤黄头公墓碑铭》载述了一位唐兀氏漕运官黄头。他曾任嘉兴等处运量千户，又改海道都漕运万户，在职期间，凡九渡海。黄头公不仅有着非常丰富的运粮经验，也注重总结经验，墓碑文载其曾就大都海上运粮食之事上书十条计策，从贫民买舟运粮事到官府税收问题，从海运路线到运送方法，一一有所解决。虞集认为"凡此者，皆海运之要务也。故备书之，使观者有考焉"③，将十条计策与建议全文记录了下来。

虞集对于官吏类传主的关注实际上深刻地体现出虞集关心国计民生，力图通过官吏类传记的书写，将笔致触及国家机器运行的具体切实之处。虞集在《平江路达鲁花赤黄头公墓碑铭》中曾表述他应允为黄头公作碑铭的缘由，写道"延祐元年，就任，升武德将军、海道都漕运万户府副万户，亲运米二百七十万，迁显武将军、海道都漕运万户，佩双珠虎符。前后九渡海，而海运之事，无所不周知矣"，虞集认为为黄头作传的意义在于，黄头于海运环节无所不周知，而海运事关整个元朝生死存亡，

---

① 《虞集全集·道园类稿》卷四六《都漕运副使张公墓铭》，第898页。
② 《虞集全集·道园学古录》卷一三《两浙转运使智公神道碑铭》，第1128页。
③ 《虞集全集·道园类稿》卷四四《平江路达鲁花赤黄头公墓碑铭》，第876页。

虞集认为"予按其事有可以风动于时者，故为之书"①，可见虞集叙录黄头事迹的目的实际在于警醒执政者。当然，通过虞集为黄头公所作传记以及传中重点叙及的海运之事，我们也可以看到元代海运对当时北方城市的重要性以及以虞集为代表的馆阁文化精英对元代漕运官的重要性的认识。

正因为官吏对于国计民生甚至国家兴衰的重要意义，虞集的此类传记不仅大力书写当代官吏，而且也每每通过前朝官吏的行径来表达其态度立场。这类传主中，为义而行与为道而隐两种类型最为突出。虞集在至顺元年（1330）领修《经世大典》时，为在宋元之战中英勇殉国的南宋通判官陈焴写了一个小传，以传载其忠义。在国难危急时刻，陈焴部下让其乘马逃到杭州，"焴曰：'孤城，力尽援绝而死，职分也。去此一步，无死所矣。'遣子出城求生，曰：'存吾宗之血食，勿回顾。'驱之，号泣以去。兵至，焴遂死之"。②陈焴可谓做到了忠孝两全，忠为国殉职，孝为家族留有子嗣。文末又借焴之友邵焕语曰："宋之亡，守藩方、擐甲胄而死国难者，百不一二；儒者知兵，小臣仓卒任郡寄而死，千百人中一二耳。若焴者，不亦悲夫！"③此处抒发感慨，进一步表彰其在国难时的忠义行为，并且在传尾强调说《经世大典》正载录其人其事。即在元文宗时期，为上一朝代的爱国将领作忠义传，是被允许的，甚至很可能是国家意识形态所鼓励的。

在叙及那些为道而隐的传主时，虞集倾向于着重叙述他们在元初的仕隐选择或是出世的志向。就元大一统初期的情形而言，南方文人儒士有的隐居以示己志，有的通过做塾师、医师等养家糊口，还有的选择了跟随国

---

① 《虞集全集·道园类稿》卷四四《平江路达鲁花赤黄头公墓碑铭》，第875页。
② 《虞集全集·道园类稿》卷三一《陈焴小传》，第849页。
③ 同上书，第850页。

家择士趋向，投身吏业，以待升迁实现抱负，而稍有资产的儒生则醉心于艺术悠游自在①。对于这一大社会群体，虞集也力图通过特定的传主来有所反映。如虞集《牟伯成先生墓志铭》，传主牟应龙是南宋末著名的学者牟巘之子，登咸淳年间进士第。宋亡入元，故宋相留梦炎仕元为吏部尚书，以书召之曰"苟至，翰林可得也"，牟应龙却不答，而选择起家教授溧阳州，以授徒为业，隐处乡里②。江西临川儒师熊朋来亦是宋咸淳进士，时授宝庆府判官，未上而宋亡。入元不仕，引退州里，著述讲学。后经行省参政徐琰等列荐为福建、庐陵教授，后以福清判官致仕。延祐初复科，参与制定江西行省乡试规程，江浙、湖广两行省先后致礼聘为考官，以儒士为重，亦皆应之③。牟伯成与熊朋来虽不受任职官之荐，但还是愿意接受学官的机会，而临川另一文人隐士孙履常则连学官也不愿为者，且"学官岁时致廪饩，皆却不受"④。虞集认为："临川，文物之邦，自昔有行义、文学、政术之士，相望于代"的风气环境，孙氏生于南宋末，成年人元，然"颂诗、读书、检身、慎行隐然"。⑤ 同乡先生吴仲谷亦是"先生当我国家混一之盛，野无遗贤，而端居讲授乡里，自江右之伯帅、牧守、御史、部使者与文学之吏，荐辟相望，终身不为之动"⑥。另有崔君亦是在元初为功名而崛起者不可胜数的情形下，"不乐仕宦，以安土敦民为幸，而亦不以货殖为利也"⑦。在这些人物身上，虞集则着重突出其学问、言行、孝义之品格及其影响。所以在写牟应龙的学问时，侧面写其影响力，"然自大

---

① 刘东明：《虞集之生平与交游》，硕士学位论文，华中师范大学，2012 年，第 1 页。
② 《虞集全集·道园类稿》卷四四《牟伯成先生墓志铭》，第 879 页。
③ 同上书，第 938 页。
④ 《虞集全集·道园类稿》卷四八《临川隐士孙君履常墓志铭》，第 940 页。
⑤ 同上。
⑥ 同上书，第 942 页。
⑦ 《虞集全集·道园类稿》卷四六《保定崔君墓志铭》，第 909 页。

官显人过吴兴者，必求大理公拜床下，得一言而退，终身以为荣"①。写同乡先生谢仲直之学问时，说"先生平生以教授为业，六十年间，里中儒其衣冠者，十八九为先生弟子，盖有白须发与童冠者，俱称同门者矣"②。熊朋来更是在延祐元年（1314）进士科取士中，"官府咸不知其说，以不称明诏为惧。独江西行省谘问于先生，动中轨度，因以申请四方，得遵用之。请先生为考官，则曰：'应试者十九及吾门，不可。'而其后举，江南二行省皆卑词重礼，致先生主文。先生以儒事为重，皆应之。及对大廷，先生所选士居天下三之一焉"③，其中可见的人物特质是熊朋来对自己学问影响力的自信与对自己的自律。在待人接物上，熊朋来"动止有常，喜怒不形于色。接宾客，人人各得其意云"④，突出的亦莫不是传统儒行规范。

在元代多元文化背景下，虞集传记的写作对象体现出非常明显的多层级、多类型性。官吏、儒士之外，一些节义、孝道之人也成为虞集传记的表述对象。在虞集的传记中还出现了践行贞孝之节的蒙古族女士。如《贞节夫人怯列牟氏传》是虞集为已故的河南参政庄武公之妻所作。怯列牟氏为蒙古人，年二十八而寡，孝上慈下，儿子字颜帖木儿在其教哺之下仕至江西廉访副使，遂以至正二年得旌表贞节。虞集认为"方将大为时用，则皆夫人之教也，是以朝廷有贞节之表焉"⑤。在《孝子谈君节妇廖夫人墓志铭》中，虞集用春秋手法，以20个问答的形式写出传主夫妇的孝节之事。虞集谓谈采何以为孝子，记曰："清江尹（谈采父亲）零陵时，尝疾病，医不可为，君仰天乞以己所得年益父寿，已而己亡而父存，是以谓之孝子

①　《虞集全集·道园类稿》卷四四《牟伯成先生墓志铭》，第879页。
②　《虞集全集·道园类稿》卷四九《玉溪谢先生墓表》，第1160页。
③　《虞集全集·道园类稿》卷四八《熊先生与可墓志铭》，第939页。
④　同上。
⑤　《虞集全集·道园类稿》卷三一《贞节夫人怯列牟氏传》，第851页。

也。"廖氏为节妇,因"嫁五年而丧夫,养舅姑、鞠子如夫生,存无违礼"。虞集为传主用春秋笔法是因"春秋之旨奥以深传之者,举词以发之,使人易知焉,是以效之也"。而其妻廖氏在朝廷所表彰的众多者脱颖而出,是"子而有文,太史书之,学士大夫咏之,而宗族乡党风之也"①。此中太史指曾书其事的吴澄与欧阳玄,士大夫是指作诗文歌咏之的文人李洞、范梈。可见,当时孝子节妇之事多矣。而能够被撰写出来不仅要有事实,还要有子嗣传扬,有人记录写出,更要有太史、士大夫之类的有影响力的人的推荐,才有机会流传后世。太史、士大夫之辈就是国家价值导向的主要传播者,正是由于他们的广泛歌咏、作诗颂之,而形成了当时社会的舆论影响。虞集在《跋张彬孝义手卷》中曾言"则不徒颂张氏之美,而圣朝风化之盛,将不胜其歌咏矣"②,很难说,以虞集为代表的士大夫文人在道德文化修养相对落后的蒙古统治者的统治下,仅是为国家代言,而不是在有意识地通过孝子、节妇、义门之人的事迹风化当时之人,甚至包括蒙古统治者本身。

综上所述,我们可以看到,在元代多元文化背景下,虞集创作传记时的多层级性传主选择。在元代宗教多元化与虞集和方外人士交游的双重影响下,其传记中出现大量僧道类传主,并且宗派林立;在元代新兴的游牧文化中,因为国家崇尚征伐,注重务实的技艺等特点,虞集传记中的武将、技艺类传主非常引人注目;在中国固有的农耕文化传统中,虞集传记中亦不乏一批传统官吏、孝义之士类的传主,同时又一定程度上融入了其时代的特征而出现一些新变。

---

① 《虞集全集·道园类稿》卷四八《孝子谈君节妇廖夫人墓志铭》,第954—955页。
② 《虞集全集·道园类稿》卷三三《跋张彬孝义手卷》,第420页。

三　元代文化与虞集传记内容的独特性

梁启超在写新历史的总体思想指导下产生的关于选择传主的思想时，认为"好的传记它所写的人物，首先应该是具有代表性，可以通过这些人物反映出时代和社会的某一方面的历史、某一方面风俗，人们在读他们的传记的同时，也从中了解了历史"①。从此点来说，虞集传记可算是成功地通过对传主事迹的载述反映出一些其时代与社会的历史与风俗。从内容上具体来说有三个突出方面：疆域辽阔的地域特征与传记元代风俗多元性表达，复杂多变的政治局势与传记政治事件的丰富记录，以及民族融合与传记中多民族特征的书写。

（一）疆域辽阔与虞集传记风俗的多元性表达

蒙古族贵族率领所征服的各地民族在马上打天下，能征善战，取得了汉、隋、唐、宋不曾拥有的广阔疆域："自封建变为郡县，有天下者，汉、隋、唐、宋为盛，然幅员之广，咸不逮元。汉梗于北狄，隋不能服东夷，唐患在西戎，宋患常在西北。若元，则起朔漠，并西域，平西夏，灭女真，臣高丽，定南诏，遂下江南，而天下为一。故其地北逾阴山，西极流沙，东尽辽左，南越海表。"② 伴随疆土的统一带来的是元朝交通上的畅通发达："薄海内外皆吾圣天子之疆宇，虽岭海之极际，相去万里，殆若户庭，然宜其腹心之所寄、耳目之所托，气脉通贯，情意孚浃，痒疴疾痛，无不毕达，绥辑妪煦，无不覃及，是以仕者不知其远焉。"③ 元朝的外交亦相当发达，不仅四大蒙古汗国往来频繁，元朝与高丽、日本、印度、僧伽

---

① 俞樟华：《中国传记文学理论研究》，湖南文艺出版社 2000 年版，第 194 页。
② 《元史》卷五八《地理志一》，第 5 册，第 1345 页。
③ 《虞集全集·道园学古录》卷三三《送常伯昂序》，第 573 页。

刺、安南、占城、缅甸、暹罗、罗斛、真腊、非洲、阿拉伯半岛、爪哇及南海诸国以及欧洲许多国家皆有往来，由此带来的丰富的物质与精神上的沟通，与中国本土诸多不一样的风俗习惯等，也促成了元代千姿百态的文化。可以说，疆域的辽阔与各民族间的不同传统，使得元代在政治制度、赏赐、语言、饮食、服饰等文化风俗上有很大的差异。大一统的国家因交通上的畅通无阻又使得各地间的差异有一个可以沟通、融合的环境，由此形成了元代多元风俗的社会状态，差异之中又有融合。

而虞集对元代旷古未有的辽阔疆域包举的诸多风俗习惯、衣食住行等方面的差异有着清晰的认知，也有着热烈的书写欲望："国家并包宇内，封畛之广袤，旷古所未有也。山川形势、阨塞险要之处，奇怪物变、风俗嗜好、语言衣食有绝异者，史不胜书也。至元中，先叔祖以少蓬被旨掌舆地之纪，每载笔而问焉。至顺元年，予在阁下，被旨著《经世大典》，輶轩使者之问，不敢怠忽。然而朝聘往来之使日无虚驿，所不足者，好事善询诹，知观览考索者甚寡。是以至者或未必能言，言者未必能文，记载邈如，每为之三慨。矧和宁祖宗兴龙之故地，其可无述以传示耶？萧㧁之北游也，乃能赋而咏之，使见者不异，身履其地，何其快也！自和宁而北、而西、而东，广轮犹不可更仆。既而征讨所及，藩屏所系，氏族所联，尚多有之。吾安得因乘传车称使者，遍历而深考，以广异闻，而附信史于无穷乎？"[1] 虞集认为元朝广阔的地域上存在着诸多奇怪物变、风俗嗜好、语言衣食。蒙古族的龙兴之地和林的北、西、东三个方向的周围，更是与江南地区有非常不同的景色、风俗等，虞集直言欲求游历、考察以便将此异闻翔实地载入史册。所以，作为当时能够见到与记录下来的传记作者虞集，其在书写传记时对元代风俗的多元性有着自觉的表达。

---

① 《虞集全集·道园类稿》卷三二《跋和林志》，第405页。

首先，虞集为上都留守贺氏家族成员所作的传记展示了极具蒙元时貌典型意义的元上都的建立及其重要地位。贺氏家族自贺仁杰开始领上都留守司职，后其子贺胜亦代父职为上都留守。虞集为贺胜不仅作有墓志铭，其庙碑铭与神道碑铭也由虞集奉诏撰写。元初馆阁大文豪姚燧曾为其父贺仁杰作有神道碑。虞集在墓志铭中写道：

> 世祖皇帝建上都于滦水之阳，控引西北。东际辽海，南面而临天下，形势尤重于大都。大驾岁巡幸，中外百官咸从，而宗王、藩戚之期会朝集，冠盖相望。供亿之计，一统之留守，故为职最要焉，自非器巨而虑周，望孚而干固，明习国家典要，深为上所信向者，殆不足以胜其任也。自世祖时，以属诸贺氏，至于今三世矣。方举元忠贞公（仁杰）为政时……是以终元之世，数十年间，有赠秩赠金，而终不可迁居他官焉。……盖成宗皇帝即位之年，忠贞公殁于家，而公（贺胜）拜荣禄大夫、上都留守，开平府尹……盖世官矣。上都地寒，尤敏于树艺，无土著之名，自谷粟布帛，以至靡丽纤异之物，皆自远至。官府需用万端，而吏得以取具无阙者，则商贾之资也。①

元上都是元世祖忽必烈的龙兴之地，进入中原的蒙古族必须维系其原先蒙古各部间的联系，"以上都作为陪都，保持蒙古族旧俗，联系蒙古宗王和贵族，则为蒙古族的发展提供了较好的条件"②。以虞集此段所述，可以显见建立在草原上的上都在整个国家的地理位置与外交上的重要性。但元朝的两都制度与中国历史上大一统朝代的两都制度有着根本上的差异。国家政权都有两都制度甚至是三都，一个作为正都，一个作为陪都。如唐朝正都为长安，陪都是洛阳，一个在东，一个在西；元代也有两都制度，

---

① 《虞集全集·道园类稿》卷四六《贺忠贞公墓志铭》，第883—885页。
② 陈高华、史卫民：《元代大都上都研究》，中国人民大学出版社2010年版，第159页。

正都是大都，陪都是上都，一个在南，一个在北。这是元代与其他朝代在两都制度上地理分布的不同。元代的两都在地位上几乎是相等的，陪都上都的作用有三：其一，元代皇帝即当时的大汗在上都进行加冕仪式，由各部选举产生；其二，元代皇帝在上都避暑，时间长达半年之久，二、三月来，七、八月去；其三，在上都举行可谓世界级别的宴飨大会，各国与元有联系的人都要到这里参拜大汗。上引虞集之言，可以看出，虞集在墓志中不仅以历史的眼光指出了上都的重要性以及上都留守官员任职的重要性，还道及上都风物、气候的情况。"有两个官僚家族长期执掌着上都留守和虎贲司的主要职务。一个是蒙古开国元勋札剌儿部的木华黎家族，另一个是业已蒙古化了的汉人功臣贺氏家族。"① 可见蒙族统治者对汉人贺氏的信任与重用程度。

疆域的辽阔，风俗的多元，也使得元代官员在地方治理上必须因地制宜。虞集在《元高唐大中大夫临江路总管程公墓碑铭》中有所记录："今舆地之广，舟车所自，前古未有。……侯（程思温）之出守广陵，以其土风尚武而好猎也，思以礼乐化之，请于朝，得郡教授与之俱往，而民知教。"② 依据不同地区的民风采取适当的礼乐教育，不得不说是元代时期常有的事情。

虞集传记中有关功勋大臣所受赏赐的记载也体现出元代风俗的多元性。元代统治者在赏赐上极具其自身民族特色，《句容郡王世绩碑铭，应制》中多次提及元代三位皇帝赏赐土土哈家族的情况：世祖时期，赐土土哈"以白金百两，金壶、盘、盂、各一，白金瓮一，碗十，金织衣缎九，海东白鹘一"③；武宗时期，赐床兀儿"尚服七、宝笠一、大宝衣一、盘珠

---

① 《元代大都上都研究》，第200—201页。
② 《虞集全集·嘉靖武城县志》卷下《元高唐大中大夫临江路总管程公墓碑铭》，第882页。
③ 《虞集全集·道园类稿》卷三八《句容郡王世绩碑铭，应制》，第1019页。

衣一……先帝所御大武帐一、豹一，加赐公主珍宝尤厚"；等等①。《曹南王勋德碑铭，应制》中"赐黄金虎符一、银印一、弓一、矢百。弓矢之服，黄金饰其具，马鞍辔一，黄金涂银饰其具"②。所赐皆为极具民族特色的器物。不仅有弓、矢一类草原上民族必备的狩猎工具，还有由草原民族引进来的动物。其中的海东青是草原上打猎用来抓天鹅等飞禽的最凶猛的一种鸟类，豹子则是蒙古民族中象征勇猛的代表性动物。

元廷赐物中最具蒙古皇家特色的当属只孙服③。虞集《张珪墓志铭》记"赐只孙衣二十袭，上金五十两，使自为带"④，《天水郡侯秦公神道碑铭》中记录皇帝赐给秦起宗的御衣也是只孙服。对于这一新奇的事物，虞集在传记书写中常会给出详细的解释。若"只孙者，上下通服，以享燕者也"⑤；"国家侍内宴者，每宴必各有衣冠，其制如一，谓之只孙，悉以赐之"⑥；在《曹南王勋德碑铭，应制》中将蒙古皇帝所赐御衣的样子描写得更加详细："三月，赐以只孙宴服。只孙者，贵臣见飨于天子则服之，今所赐绛衣也，贯大珠以饰其肩背膺间，首服亦必如之。副以纳赤思衣等七袭，纳赤思者，缕皮传金为织文者也。"⑦ 元代只孙服依据不同季节颁发不同颜色的衣服。三月属冬季，为红色，而最贵重的就是绛衣，即大红色。于这些传记的记载，我们可以比较全面地了解元代最具特色的蒙古服饰只孙服的规格、来源、价值与用途等。

对于饮食、交通工具等风俗的差异，虞集在传记书写中也有一定表现。在《句容郡王世绩碑铭，应制》中，虞集就提到了代表着蒙古民族的

① 《虞集全集·道园类稿》卷三八《句容郡王世绩碑铭，应制》，第1022页。
② 《虞集全集·道园类稿》卷三八《曹南王勋德碑铭，应制》，第1025页。
③ 《中国风俗通史·元代卷》，第94页。
④ 《虞集全集·道园类稿》卷四六《中书平章政事蔡国张公墓志铭》，第890页。
⑤ 《虞集全集·道园类稿》卷四三《天水郡侯秦公神道碑铭》，第1113页。
⑥ 《虞集全集·道园类稿》卷三八《句容郡王世绩碑铭，应制》，第1019页。
⑦ 《虞集全集·道园类稿》卷三八《曹南王勋德碑铭，应制》，第1027页。

马奶酒的样子与颜色："世祖皇帝西征大理，南取宋，其种人以强勇见信用，掌刍牧之事，奉马湩以供玉食。马湩，尚黑者，国人谓黑为哈剌，故别号其人哈剌赤。"①"国人"指蒙古人，"其种人"指钦察人。他们"出则被坚执锐，以率虎罴之士，入则操刀匕以事割烹，执罍杓以进湩饮"②。再如《怀孟路总管崔公神道碑铭》中载："里人为之谚曰'九思崔家，碾治茗饮，行饼盈车'；言其盛也。"③ 崔侃家族在山东归陵县，是北方人，喝茶、吃饼，形成了与南方四季吃米不一样的饮食习惯，而北方人吃饼的饮食习惯多是与北方胡人接触后学习而来的。此外，元代交通工具上的独特性在于，元代皇帝在上都巡幸时会乘坐大象辇以表示贵重，即使是受到大象惊吓后，依然会照"坐"不误。虞集在《贺丞相忠贞公墓志铭》中就有详细论述元世祖承象辇的惊心动魄的经历："他日，上自校猎还宫，伶人道迎，有被色缯缀杂庬象狮子以为戏者，载舆象见之惊逸，执舆者莫能制。公时侍上在舆中，即自投下，奋当其触突，后至者始得追及，断靮脱象，乘舆乃安。"④ 元代皇帝历代都喜欢乘坐象辇，而他们有条件乘坐象辇，原因就在于元初攻克南诏，直接打到了泰国，而后泰国历年进贡驯服好的大象，供皇帝乘坐使用。

虞集在传记中自觉地、有意识地对元代多元风俗的记录，是虞集作为史臣的职责使然，也是其作为以文载道的文人的使命使然。对这些新奇事物的解释，一方面表现了虞集自身对新知识的体验与接受，也可侧见在当时人们对拢于同一国家疆域下的多元风俗的陌生与学习。

---

① 《虞集全集·道园类稿》卷三八《句容郡王世绩碑铭，应制》，第 1018—1019 页。
② 同上书，第 1019—1020 页。
③ 《虞集全集·道园类稿》卷四三《怀孟路总管崔公神道碑铭》，第 1115 页。
④ 《虞集全集·道园类稿》卷四六《贺丞相忠贞公墓志铭》，第 884 页。

（二）政治局势与虞集传记政治事件的丰富记录

元代被认为是很少有边患问题的朝代，但却是政治局势极为复杂多变的时代。权臣频出，政权更迭频繁，是其主要特征。权臣若阿合马、桑哥、铁木迭儿者，奸贪为世人所恶，在元代政治史上发挥着重要影响。而元代政权更迭之频繁也可为历史之最。蒙古族原先的继承习俗是幼子承家，自铁木真在黑水（今蒙古鄂嫩河）源召开忽里台大会称成吉思汗后，蒙古族以后皇帝都依仗贵族大会（忽里台）来公选。其后在漠北和林举行过，而后多在上都进行形式上的即位。皇位的继承没有法律规定，主要是靠蒙古贵族的拥护与武力解决。如元武宗海山与元仁宗爱育黎拔力八达是兄弟，元明宗和世㻋与元文宗图帖睦尔是兄弟，历史极其相似的是兄弟间争夺皇位一方胜利后，相约"兄终弟及，叔侄相传"，但往往最终没有履行约定。其中元文宗与泰定帝子中间发生"两都之战"（1328），文宗胜出后即位，复让位于明宗，但接着又与其功臣燕帖木儿在一同赴明宗宴时，毒杀明宗，再次上位，史称"天历政变"（1329）。虞集传记对这些时事政治皆有表现。

在《御史中丞杨襄愍公神道碑铭》《贺忠贞公墓志铭》《贺忠愍公神道碑铭》三篇传记中，虞集就详细地记载了至治元年（1321），铁木迭儿诬杀萧拜住、杨朵儿只、贺胜的历史事实。在为杨朵儿只撰写神道碑铭时，虞集用了五分之二的篇幅详细记录了杨氏被铁木迭儿杀害的过程：

> 武宗皇帝方宾天，皇太后在兴圣宫，以铁木迭儿为丞相。逾月，仁宗皇帝即位，遂相之。居两岁，得罪斥罢，更自结兴圣左右，至为折辱宰辅，挠制中书，讽以再相。既而，居位怙势，贪虐凶秽滋甚。中外切齿，群臣不知所为。于是，萧拜住自御史中丞拜中书右丞，又拜平章政事，稍牵制之。而朵儿只自侍御史拜中丞，慨然以纠正其罪

为己任。上都富民张弼杀人系狱，时宰使大奴胁留守出之，乃强以他奸利。事不能得，丞相坐都堂盛怒，以他事召留守将罪之。留守（贺胜）昌言："大奴所干非法，不敢从他，实无罪。"丞相语绌，得解去，而中丞（杨朵儿只）已廉得时宰所受张弼赇巨万计，大奴犹数千，使御史徐元素按得实入奏，而御史亦摭真又发其私罪二十余事。天子（仁宗）震怒，有诏逮问，时宰匿兴圣近侍家，有司不得捕。……时宰终不得，中丞持之急，兴圣左右以中旨召中丞至宫门，责以违旨意者。对曰："待罪御史，奉行祖宗法，必得罪人，非敢违太后旨。"天子仁孝，恐诚出太后意，不忍重伤咈之，徒罢其相，而中丞亦迁集贤。天子犹数以台事问之，对曰："非职事，臣不敢与闻。"所念者，铁木迭儿虽去君侧，反得为东宫师傅，在太子左右，恐售其奸，则祸有不可胜言者。其后，仁宗弃群臣，英宗皇帝犹在东宫，铁木迭儿复为丞相，乃宣太后旨，召萧拜住、朵儿只至徽政院，与徽政使失里门、御史大夫秃忒哈杂问之，责以前违太后旨之罪。对曰："中丞之职，恨不即斩汝以谢天下，果违太后旨，汝岂有今日耶？"又引同时为御史证成其狱，顾二人唾之曰："汝等尝得备风宪，故为是犬彘事耶？"坐客皆惭俯首。即起入奏，未几，遽称旨执而载诸国门之内，俱见杀。是时，风沙晦冥，都人悄惧，道路相视以目。①

《贺丞相忠贞公墓志铭》中亦记载贺胜被铁木迭儿杀害的原因：

都人张弼杀人狱具，丞相受其金钱无算，为折辱留守，胁使易辞出之，公持不可。而中书平章政事萧拜住、御史中丞杨朵儿只等遂与公等显奏之，天子震怒，罪且不测，赖太后仁恕以为言，幸得罢去相

① 《虞集全集·道园类稿》卷四〇《御史中丞杨襄愍公神道碑铭，应制》，第1063—1064页。

位，而诸公之怨不可解矣。英宗皇帝之即位也，铁木迭儿复为丞相，乘间肆毒，睚眦之私无不报者。萧、杨二公既已被害，即诬公乘赐车出迎诏书，为非礼而执之，激怒主上，遂遇害将。①

所引两段要说明的是，这看似大臣间正邪较量的结果，实际上是元中期答己皇后利用铁木迭儿与皇帝争权的斗争结果。也就是说，萧拜住、杨朵儿只及下文的贺胜实际上都是皇权斗争的牺牲品。答己在元武宗逝世后、元仁宗未即位前的空档期，下旨召回铁木迭儿，使其成为自己控制朝政的最得力助手。在仁宗即位（1312）后，铁木迭儿拜为丞相，由于有皇太后答己的袒护，肆无忌惮。杨朵儿只是当时的御史中丞，基于职责与正义，在张弼杀人贿钞案事情上勇敢揭发铁木迭儿，又与萧拜住联合贺胜等御史四十余人参劾铁木迭儿。但最终由于铁木迭儿的保护伞皇太后答己势力强大，这次争斗最终以元仁宗的妥协宣告失败，并由此引发了皇太后答己之党对其三人的排挤与诛杀。答己与铁木迭儿欲控制刚刚即位的元英宗，就是要擅杀前代忠臣，以削弱元英宗的力量。就这样，元代三位忠臣在掌握实权的太皇太后与宠信的权臣手中被害。

时事政治再如至元十九年（1282）王著与高和尚串谋借太子真金之名杀宰相阿合马事件，虞集《张九思神道碑铭》《高觿神道碑铭》对此事皆作为重点叙录。《张九思神道碑铭》载："十九年，丞相阿合马方用事，妖僧高菩萨、千户王著乘人心之不与，构变图杀之。时裕皇方从上北巡，贼乃结党数百人，伪为仪服、器仗，矫称皇太子，夜扣建德门，启钥而入，直抵太子宫西门，传令开宫门。"② 接着叙写由于张九思当时正值禁中，得以及时阻止与揭发王、高罪行的过程。这一事件在《高觿神道碑铭》中写

---

① 《虞集全集·道园类稿》卷四六《贺丞相忠贞公墓志铭》，第885—886页。
② 《虞集全集·道园类稿》卷四〇《徽政院使张忠献公神道碑铭，应制》，第1053页。

得更详尽。碑铭详录高觿凭借会西番语与蒙语，前后三次怀疑与确定来者的目的，最后使其露出马脚的过程。而这次事件也避免了元世祖与太子之间的误会，可以说避免了皇室中的一场争斗。若前已引及的《王贞传》，则可谓以一个低级官员的行动反映了一场发生于至治三年（1323）的极为惨烈的宫廷政变——"南坡之变"的凶险与动乱。《张珪墓志铭》中叙张珪密迎泰定帝即位之事，也与皇权之争关系密切，这件事直接左右了张家的荣辱升沉。其后在泰定帝子与元文宗发生两都之战过程中，也先捏在张珪五子服丧期间将他们全部杀害，并掠夺财产，而元文宗不仅没有处罚也先捏，反将张珪第四女嫁之。开国元勋张弘范的后代张珪家族，也不得不卷入蒙古皇族的权位之争，乃至成为上层政治斗争的牺牲品。

元代虽然没有文字狱，但毕竟时局所限，虞集对时政的叙述也必然是有限度的。如虞集在定稿其文集时，有意将《张珪墓志铭》中"英宗南坡遇弑、张珪密书迎泰定帝即位、泰定帝厚待张珪、张珪诛杀铁木迭儿之子唆南等事共计389字删去"①，完全是出于时局的考量。但结合其其他诗文，还是可以把握出虞集对其所亲历之时局的态度。如至治三年（1323）八月五日"南坡之变"发生后，虞集与马祖常、袁桷三个人不得不在去上都的中途路上的蔚州南返回大都。三人有诗联句，提及南坡之变："载笔三人行，驿节半途却。"② 同年，虞集在《次韵李侍读东平王哀诗》中又道及此事，于首联便指出此事件为天下大事，并进一步表达了自己对于"南坡之变"中元英宗与宰相拜住遇刺的态度："宇宙生奇变，明良陷逆图。传闻昏白昼，悲愤结全区。"③ 可见虞集对元英宗、拜住二人的遇害感到非常悲愤。这些情绪在《王贞传》中不曾表露，在其他传记中也不便涉及。

---

① 马晓林：《〈张珪墓志铭〉文本流传研究——兼论〈元史·张珪传〉的史源》，《中国典籍与文化》2011年第4期。
② （元）虞集、袁桷、马祖常：《枪竿岭联句》，《虞集全集》，第39页。
③ 《虞集全集·道园类稿》卷五《次韵李侍读东平王哀诗》，第89页。

在经历了皇位更迭最为频繁的时期，最后虞集回到江南也是因为政治局势："幼君崩，大臣将立妥欢帖穆尔太子，用至大故事，召诸老臣赴上都议政，集在召列。祖常使人告之曰：'御史有言。'乃谢病归临川。"① 这个"御史有言"，说的就是虞集曾受诏写元明宗说妥欢帖穆尔（元顺帝）不是他亲儿子的事情。此事在后来甚至被讹化成了明田汝成《西湖志馀》中所载"顺帝即位时，马尾缝眼，由是两目丧明"之事。但是不得不承认的是，虞集在元顺帝之初辞官归家，带点匆匆逃离的味道。

元代政治局势的变换与虞集所写人物的身份提供了虞集传记内容中记录诸多时事政治的材料条件，虞集本人对政治的关怀则使得这一特色彰显，由此我们可以借助虞集传记窥探出宋元易代时期的政治历史事件、皇位争夺的残酷性、国家局势改变时下层官吏中的反应，以及虞集自己所经历的政治态势等，这也是虞集传记内容的一个重要时代特色所在。

（三）民族融合与虞集传记的多民族书写特征

元代多民族的形成得益于元初蒙古族结束了唐后的分裂局面，"起朔漠，并西域，平西夏，灭女真，臣高丽，定南诏，遂下江南，而天下为一"②，并收复吐蕃，重新将各个民族统一在一起。而"在元代的习俗文化诸特征中，其民族区别是最主要的特色之一。有元一代，民族之众多，居民结构之复杂，是历代王朝所不能比拟的。除元代历史上占特殊地位的蒙古族以及占全国人口绝大多数的汉族之外，还有在中国领土上建立过强大封建帝国的契丹、女真、党项、畏兀儿等诸多民族，还有在中国南北方时代居住繁衍的其他民族以及陆续从西域、中亚等地移居中国的色目人"③。

---

① 《元史》卷一八一《虞集传》，第14册，第4180页。
② 《元史》卷五八《地理志一》，第5册，第1345页。
③ 《中国全史·习俗卷》，第691页。

这些民族共同创建了元代多民族共存互融的文化背景。

元代中央集权是由蒙古贵族创建的，故"元朝统治者规定蒙古族拥有多种民族特权，从而保证了蒙古贵族优越的社会地位，防止了民族的被同化。元王朝也因此显示出比辽、金王朝更为浓烈的民族色彩"①。另外，色目人作为辅佐蒙古贵族统治国家的特殊人群，对元代经济、军事起到相当大的作用。因此，色目人的民族特权同样得到了保障，社会地位仅次于蒙古贵族，其民族特色也是不可忽略的。再者是在元代被称为汉人原在辽金统治下的契丹族、女真族、汉族等民族，他们很多人依旧保持自己民族的特色。正是这些民族成员成就了元代的多元文化，政治上除了与前代相同的部门外，针对全国佛教事宜和吐蕃地区军政事务，建立了中央机关性质的宣政院；为管辖澎湖和琉球等地，设立了澎湖巡检司。宗教上蒙古族的萨满教信仰，藏族的藏地佛教，党项族的佛教信仰，回回人的伊斯兰教信仰，汉族人的佛教、道教信仰，等等，促成了元代的宗教信仰多元化。各个民族间的语言、饮食、服饰等习俗自然亦是不同。

关于一个朝代的民族特色，与时代书写联系紧密的传记从《史记》便开始涉及。虽然《史记》中有关于中原周边非汉民族的风俗、事迹的记载，"其中《匈奴列传》《南越列传》《东越列传》《朝鲜列传》《西南夷列传》《大宛列传》等，专门给中原以外的周边民族以及当时与汉朝交往的国外民族立传"②，但并非是以非汉族民族为统治条件下的传记，非单篇为某一人作传，而是以汉民族视角书写的非汉民族列传，带有俯视外夷的色彩。至辽、金、西夏三朝为非汉族统治时期的传记，虽有单篇，但又非以国家大一统条件下产生的传记作品。而虞集非汉族传记却是以平等的多民族的、统一国家的思想引导下为传主作传，故有其别开生面的价值。

---

① 蔡美彪等：《中国通史》，人民出版社 1992 年版，第 7 册，第 98 页。
② 张新科：《〈史记〉民族列传的价值》，《湖北大学学报》（哲学社会科学版）2005 年第 1 期。

初入京师、沉沦下僚的虞集与和他境况相类似的南方士人交游较为密切，也和北方士人、蒙古色目士人有一定的交游，特别是虞集入奎章阁之后，与多族士人的交游更加频繁紧密①。在和他们交游期间，有的人请虞集为其家族或先辈写传以示后世，有的则是虞集受诏为之作传，这些文化活动促使虞集有了更加直接了解与接触他们的机会。虞集的 215 篇传记，涉及 11 个民族，除占多数的汉族外，其他非汉族传记中，蒙古族有 7 篇、党项族 7 篇、畏兀儿（回鹘）7 篇、钦察人 1 篇、回回人 1 篇、鲜卑族 1 篇、契丹族 1 篇、女真族 1 篇，不明族别的色目人 2 篇，不详亦非汉民族传主者 1 篇、视为蒙古族的少数民族 1 篇，共 10 个民族 30 篇传记，占总数近 1/7。另外以汉人身份受赐蒙古名的传主有 4 人，传记 6 篇。在这些传记中，可以显见当时多民族自由地以其习性与特长在中原大地共融并居的风貌。

每个民族都有自己独特的风貌，地域和环境的不同造就了不同的生活习俗、意识形态等。其中蒙古族是最具元代特色的民族，他们因武力上的能征善战，创建了蒙元一朝，并使之推向世界。蒙古族人善于武力征讨，且会用已降的国家将领征讨下一个国家，成吉思汗与忽必烈就是典型。蒙古族不仅男性勇猛，女性亦是如此。若虞集在《蒙古拓跋氏先茔碑铭》所写将军拓跋氏按札儿妻奴丹氏，她随军作战，"按札儿之夫人奴丹氏被执，以见金主，辞气不屈"，金主放还，其后第二年再度攻城，"汴人望见按札儿之旗而识之，曰：'其妻勇且义，况其夫乎！'皆震詟不知所为，城遂陷"②。蒙古族妇女的英勇形象跃然纸上。而在蒙古贵族争夺皇位中起至关重要的燕帖木儿的先祖钦察人，"土风刚悍，其人勇而善战。有曲年者，

① 刘东明：《虞集之生平与交游》，硕士学位论文，华中师范大学，2012 年。
② 《虞集全集·道园类稿》卷四五《蒙古拓跋氏先茔碑铭》，第 1145 页。

乃号其国曰钦察，为之主而统之"①，凭借勇武成为元历代蒙古皇帝的宿卫与亲近武将，在元代皇位更迭中起到武力统治的作用。而回回则因善于理财与经商，在元代整个国家运营期间起到不可替代的辅臣的作用："其土之人，极梯航以通幽远，率名赋以充国用，其有才智者，相天子以执国柄，司利权而莅民庶，仕于时者，盖莫盛焉。至于会府奥区，以富盛称者相望也。"② 他们很能够在异地经商，并受到统治者的重用，在国家腹地则更是富甲一方的人。从虞集所作的党项族人传记中，又能够看到一个民族迁移的缩影。以刘完泽家为例，《彭城郡侯刘公神道碑铭》中提到刘氏家族是西夏之名族，"始居敦煌，夏亡，徙甘州之张掖，今为张掖人"③。刘完泽是刘沙剌班父亲，而《张掖刘氏下殇女子墓志铭》中的小女孩实则是其女儿，故此两篇传记联系起来，就勾勒出西夏党项族唐兀部刘氏的家族迁移，先是从敦煌因国亡抵甘肃张掖，后随着在元朝为官，转徙到江西豫章。随着蒙元征服战争带动的民族迁徙，在虞集的非汉族人士传记中几乎都有或详细或大概的叙述。

元初国家崇尚武力征伐，促使文人传记作品中神道碑铭、勋德碑铭等大量出现，尤其是关涉非汉族人群的内容。虞集传记中非汉族传记共 30 篇，上述类型篇幅共 15 篇④，占总数的近 1/5；虞集传记共 215 篇，上述类型篇幅 41 篇，占近 1/5。非汉族传记的神道碑铭、勋德碑铭的比例是传记比例的 2.6 倍。由此判断，虞集为非汉族传主所作传记中一半是大家族、有大功勋者，并且比例大于汉族传主。这些大家族多是为元初国家创建下汗马功劳的家族，如钦察人句容郡王土土哈及其子创兀儿"数世之传，

① 《虞集全集·道园类稿》卷三八《句容郡王世绩碑铭，应制》，第 1018 页。
② 《虞集全集·道园类稿》卷二五《双溪义庄记》，第 673 页。
③ 《虞集全集·道园类稿》卷四二《彭城郡侯刘公神道碑铭》，第 1087 页。
④ 据统计，虞集传记中神道碑铭共 34 篇，汉族 24 篇，非汉族 10 篇，非汉族比重过 2/7。类世勋碑文 7 篇，非汉族世勋碑铭 2 篇、世绩碑铭 1 篇、世德碑铭 1 篇、勋德碑铭 1 篇共 5 篇，占此类碑文的 5/7。

一军之士，同禀忠义而不变，同赴患难而不辞"①，蒙古族曹南王阿剌罕家"自开基以来，已入备禁卫，出死行阵者，三世矣"②，畏兀儿高昌王巴而术阿而忒的斤家三代，"火赤哈儿的斤百战以从王事，捐骨肉以救其民，后卒死之"③，党项族孙都思氏赤老温八都儿"父子俱事太祖，以忠勇见知，至以衣物相易以缔交，相谓曰安答，盖永为好也"④ 等。其他更多的是功勋大臣的子孙在中央或地方任官职，如党项族杨教化、杨朵儿只兄弟，"兄弟相励以勋业，当时固以大器期之。事仁宗皇帝于藩邸，甚见倚重"⑤。同样为党项族唐兀氏的刘完泽父子在地方任官职，刘完泽初代其兄入禁卫，"朝夕禁近，居二十余年。至大某年，拜监察御史，行台江南，而公年已四十九矣"⑥，其子沙剌班在江西做监宪时期，极为当地百姓爱戴。

元代的多民族特性使其必然多种语言同行，元代的翻译人才亦自盛行。《元代文化史》认为，没有一个朝代像元代那样，使翻译事业如此受到重视，从而形成风气。蒙古帝国与元朝时期全国采用的国语是国师八思巴根据当时的吐蕃文字而制定的八思巴字，在元末后就消失了⑦。其次官方语言是回鹘语，再次是藏语等，不过使用人数最多的还是汉语，诸多语言在元代各自有各自的使用场合。由于元代民族众多，南北方需要交流，疆域辽阔使联系的外来族人员也不少，言语上交流需要翻译做媒介，元代因此设有专业的翻译官，有的相当于现代同声传译的通事。翻译人才盛行并受到重用，这在虞集的传记中也颇有反映。虞集传记中有不少传主因其

① 《虞集全集·道园类稿》卷三八《句容郡王世绩碑铭，应制》，第1023页。
② 《虞集全集·道园类稿》卷三八《曹南王勋德碑铭，应制》，第1027页。
③ 《虞集全集·道园类稿》卷三九《高昌王世勋碑铭，应制》，第1017页。
④ 《虞集全集·道园类稿》卷三九《孙都思氏世勋碑铭，应制》，第1028页。
⑤ 《虞集全集·道园类稿》卷四〇《御史中丞杨襄愍公神道碑铭，应制》，第1064页。
⑥ 《虞集全集·道园类稿》卷四二《彭城郡侯刘公神道碑铭》，第1087页。
⑦ 《元代文化史》，第576、581页。

语言优势立大功或者得到官职。如女真人高觿、汉人吕浣、非汉族人贾秃坚里不花以及其父果勒齐等。高觿，"幼颖异，不好弄，稍长，读书，兼习国语及西域语"①，并且凭借其语言上的优势与自己的慎密在王著、高和尚杀阿合马之事上显露出突出的能力，使太子无恙。另外吕浣"既冠，观光京师，以国语文字为广平、大名教授"②，凭借语言上的优势就得到教授一职。刘沙剌班亦是凭借语言优势在大跟脚家族后辈中出仕为官，并做出有效的政绩。

元代南北各地交通的通畅无碍，促使各地各类人群南上北下，各民族间的交流也日益频繁。随成吉思汗与元世祖进入中原的蒙古人与色目人，在与汉族人百年间的互相接触与融合中，其后人很多选择留在中原甚至南下至江南地区，融入汉族人群体学习汉文化。如虞集好友马祖常的先辈是雍古部也里可温教徒；嵲嵲是康里人，其子取汉人名字，虞集尝为之写字说；虞集的徒弟斡克庄是西夏人等。虞集的传记亦在自觉或不自觉地书写中，反映了这一民族融合的趋向。其中的一个突出表现的方面是不少非汉族人士儒化形象的刻画。

若为蒙古人笃列图之父十里牙秃思所作《靖州路总管捏古台公墓志铭》，不仅记录了十里牙秃思的生平事迹，也着重载述了笃列图的文学儒行。十里牙秃思为断事官，有贤才，"公一出东南，以才名终其身"③，官终正议大夫、靖州路总管府兼管内劝农事。其长子笃列图以"朝廷进士第六科右榜第一人"登至顺元年进士第，当时读其卷者为中书平章兼翰林承旨赵世延、翰林待制谢端、国子助教陈旅三人，复以其文上中书参政蔡文渊，又上之于元文宗。虞集以史官侍延阁，在传记中有回忆当时的情形：

---

① 《虞集全集·道园类稿》卷四〇《高庄僖鲁公神道碑铭，应制》，第1049页。
② 《虞集全集·雍正山西通志》卷一九六《吕简肃神道碑铭》，第1135页。
③ 《虞集全集·道园类稿》卷四六《靖州路总管捏古台公墓志铭》，第895页。

"次当读未及数行，上喜动颜色，自取而读之至终篇。顾左右曰：'蒙古人文学如此，祖宗治教之所及也。'"可见当时元文宗对笃列图家族文治成就的认可。虞集亦随之有评价曰："国人得官骤，显达何限，而文字之贵，始以异焉。而廷中人以有知捏古氏之先者，叹其子孙能以文学显也。"① 虞集为十里牙秃思作传，用大篇幅详写其子登榜之事，其意即在于对蒙古族人学习汉文化的肯定，一定程度上也可视为虞集对本族文化在少数民族间被学习与接受的一种倡行。虞集笔下的党项族人刘完泽家三代人亦是极为典型的例子。在为刘沙剌班作颂扬政绩的去思碑时，虞集叙其家族"有家学"，刘沙剌班"家居时，常以四书五经，洙、泗、伊、洛之说亲教乡里子弟"，"诗文雅纯"②，点出刘沙剌班的儒化最晚从其父刘完泽已开始。虞集笔下的刘完泽做官有政绩，为人子有孝行，具备了一定的儒士品格，至刘沙剌班更是以诗文为业、以理学持身，并能以之传授于乡里民众，所彰显的儒士品格已基本与汉人无异。对刘沙剌班女儿形象的塑造也是以江南闺秀的传统品格来运笔：

> 其生也，秀润娟整，资敏慧，异于常儿。五岁，教以书字，即识不忘……七岁，舍诵诗习女工，剪纸象花卉，刺绣为文，精妙天出。母为女工，或想其制未就，女曰："是未之思尔。"女凡有所制，思之未尝有不得者……见内亲长者，拜跪端重，不越户限。虽戏剧在前，未尝破颜微哂。常戒女侍，母以忽慢贻责，动大人心。得痁疾且久，恐父母忧之，常隐而不言。③

如果不是虞集在墓志铭开篇指出宣奴是西夏人后裔，依此段描述判断

---

① 《虞集全集·道园类稿》卷四六《靖州路总管捏古台公墓志铭》，第896页。
② 《虞集全集·道园类稿》卷三九《江西监宪刘公去思碑铭》，第1041页。
③ 《虞集全集·道园类稿》卷四九《张掖刘氏下殇女子墓志铭》，第968—969页。

不出如此女儿不是我们印象中的江南秀外慧中的小女孩儿——读书识字、闺中刺绣、有礼有教养。在面临疾病将死时，其"达生死、识世变"的豁达态度更是令人感到惋惜。

而与少数民族汉化现象相并行的是元代汉族人亦有蒙古化的现象，若汉人之取蒙古名者。汉人取蒙古名字一般在元代上层社会中出现，在虞集传记中被赐予蒙古名的家族皆是有功勋于国者，如张珪家族、贺胜家族，张仲温、姚天福等人。尤其是贺氏家族，因长期在元上都任职，从而蒙古化最为明显，几乎被视为蒙古族而无异。贺氏家族中贺胜、贺惟一、贺钧之蒙古名分别为伯颜、太平、也先忽都。张氏家族中张弘范拔突之名是元宪宗所赐，"拔突者，国语勇敢无敌之名也"[1]；另有张仲温被赐名嗒剌弘必阇赤，姚天福被赐名巴儿思等。除名字体现汉人蒙古化外，从虞集的传记中也可以看到，元代汉人的实际生活亦受到其他民族文化、技术与审美的影响。若医学方面，中医一直是汉族人医病治疗的方式，在元代时期受到西来的回回医术的影响，很多人有疾病时也会找回回医生来治疗，效果也不错。建筑方面，虞集《刘正奉塑记》载刘元的成功，很难说不是吸收了其师阿尼哥的西域技术，而阿尼哥的建筑之艺也确实在元代乃至后世被认可与接受。总之，在元代多民族背景下，虞集传记呈现出多个民族共同缔造国家共同体，各个民族传主均有自己民族的特点而又因民族间的交流相互融合促进的时代特征。

总的来说，作为能够记录一个时代人与事的载体，传记与时代紧密相连。作为有资格记载一个王朝人与事的文人，虞集传记与元朝社会背景密不可分。虞集由于其文学家、史臣的双重身份，在为当时最具名望与社会地位的人们书写传记之际，不期而然地深深烙上了元朝社会文化的印记。

---

① 《虞集全集·道园类稿》卷三七《淮南宪武王庙堂碑铭，应制》，第841页。

从虞集的传记中我们可以读到元代独特的时代特性：首先，元代是中国历史上蒙古族建立的疆域空前绝后的统一多民族国家时期，涵盖广阔的疆域，也包容着多元的风俗特性；其次，复杂的政治局势，揭示了元帝国游牧民族的本性，终元之世，蒙古色目之法与汉法的矛盾一直存在；再次，就民族的交流与互动来看，元代多元民族的融合非常复杂且深刻——这三方面的特性也成就了虞集传记内容的独特性。有评论云，虞集"所著文章，词华典奥，追唐韩、柳之风；体制精严，绍宋欧、苏之作"[1]，而其丰富的传记创作正可谓其中典型。

① （元）吉泰承：《宪司牒文》，《道园类稿》卷首，《元人文集珍本丛刊（五）》，新文丰出版公司编辑部 1985 年版，第 254 页。

第三章　欧阳玄传记研究

欧阳玄（1283—1357），字原功（又作元功），号圭斋。祖籍江西分宜防里，与北宋欧阳修同宗，高祖时徙居湖南浏阳，遂为浏阳人。延祐二年（1315），以壮岁之龄得逢元延祐首科取士，擢左榜探花，从此踏入仕途，一生"历官四十余年，在朝之日居四之三，三任成均，两为祭酒，六入翰林，而三拜承旨"，"修实录、大典、三史，皆大制作"①，受到元四朝皇帝的赏识器重，致位一品，问鼎元代汉人文官品秩最高官阶。时人有云："其宠其荣，国朝百年以来一人而已。"② 在时代礼遇、圣眷优渥与个人的发奋际遇中，欧阳玄以其诗文、史才成就卓立于元代文化殿堂，足称有元一代文史大家的典范。

欧阳玄工诗作文，尤以散文成就表彰一代。自入翰林以来，"凡宗庙朝廷雄文大册，播告万方，国所用制诰，多出公手。海内名山大川释老之宫，王公贵人墓隧碑铭，得公文词为荣。片言只字流传人间，咸知贵重。文章道德，卓然名世"③。元代杨维桢道其变一代文风之力："我朝文章肇

---

① （元）危素：《圭斋先生欧阳公行状》，《全元文》，第48册，第406页。
② 《至正直记》卷一《议立东宫》，第20页。
③ （元）危素：《圭斋先生欧阳公行状》，《全元文》，第48册，第406页。

变为刘（因）、杨（奂），再变为姚（燧）、元（明善），三变为虞（集）、欧（阳玄）、揭（傒斯）、宋（本），而后文为全盛。"① 明代宋濂称其一代文名之望："有元盛时，荆楚之士以文章名天下者，曰虞文靖公集、欧阳文公玄、范文白公椁、揭文安公傒斯，海内咸以姓称之，而不敢名。"② 王祎进一步指出其于元代文坛中的殿军地位："以余观乎有元一代之文，其亦可谓盛矣。当至元、大德之间，时则柳城姚文公之文振其始；及至正以后，时则庐陵欧阳文公之文殿其终。即两公之文而观之，则一代文章之盛，概可见矣。"③ 清人跋其文集后，或赞"一代伟人"④，或称"一大手笔"，甚至谓为"元代文人之冠"⑤。后论或有高捧之嫌，但清代四库馆臣评元代文章大家，以欧阳玄与虞集、黄溍、揭傒斯并论，⑥ 或可称公允。今人邓绍基则提出元文六家之说，以为"姚燧、元明善、虞集、欧阳玄、黄溍和苏天爵，足堪并列"⑦，亦得学界认同。由此可见欧阳玄文称一时、名扬一代的大家地位。

在元朝，欧阳玄的文坛地位并不逊色于被誉为"一代斗山"的虞集。"当元仁宗之时，海宇混一，天下承平，一时大制作多出其手，与虞文靖诸君子并驾齐驱，赫赫在人耳目"，虽然不能再现欧阳玄文集全貌，⑧ 但"先生仅同片纸只字，而宝光炯炯，如夏鼎商彝，非同寻常制

① （明）王祎：《王希赐文集再序》，《全元文》，第41册，第229页。

② （明）宋濂：《宋濂全集·芝园续集》卷三《元故秘书少监揭君墓碑》，黄灵庚校点，人民出版社2014年版，第3册，第1294页。

③ （明）王祎：《文评》，《全元文》，第55册，第710页。

④ （清）杨锡钹：《四知堂文集》卷二一《欧阳圭斋遗集序》，《四库全书未收书辑刊》本，北京出版社2000年版，第9辑，第24册，第434页。

⑤ 《欧阳玄全集》附录，第926、929页。

⑥ 《四库全书总目》卷一六七《集部·别集类二十》"圭斋集提要"，第1443页。

⑦ 邓绍基：《我对元代散文的探索》，冯仲平主编《中国文学史的理论维度：全国古代文学研究方法创新专题论文集》，广西师范大学出版社2007年版，第31页。

⑧ 《欧阳玄全集》收文311篇，这个数字不到虞集作文的三分之一，作文时间基本集中于欧阳玄生平最后二十年，且以应制之作居多。借这样的存文数量而欲"肩随道园"（李祖陶《庐陵钧源校刊欧阳圭斋先生文集跋》），在今天看来似乎勉强。

作，令人对之玩爱不忍释手，非所谓言本于德，虽百世而下，自有一段精光不可磨灭者耶"①。所以欧阳玄文集虽散佚甚多，今已不能复观其全貌，但遗存的这段"精光"亦足以让人探微论析。传记作为历史叙事的文学载体，相较其他文体，以更为真实、具体的历史回叙与现实重构能力彰显着其独特价值。而文史兼擅的欧阳玄，正是这些回叙者与重构者中颇具代表性与典型性的一员。据《欧阳玄全集》，欧阳玄现存传记类散文 50 余篇，包括墓碑铭 16 篇、神道碑铭 12 篇、墓志铭 6 篇及其他碑铭、传、阡表、塔铭 10 余篇。当然，欧阳玄"被诏铭当代钜室之墓多矣"②，实际之数远不止此。

一 欧阳玄传记之大历史观论

本文所论欧阳玄传记之大历史观，是指欧阳玄传记创作所表现出的深具时代与个人特色的历史认知态度与民族认同意识，即不论正统而包举函夏、不辨华夷而一视同仁的传记创作观念与传主价值评判态度。作为元中后期黼黻圣治、羽翼翰林、得天下学士翕然而宗之一代文坛盟主，与曾撰修四朝实录、总裁三史并实际主笔三史论赞表奏之一代史学大家，欧阳玄在中国民族融合进程中最为深刻、广泛的有元一朝，于其包括三史本纪、列传在内的传记创作中，无形或有形地展示出对夷夏之防的冲破和对多民族统一发展趋势的潜描默绘。这种沉潜于欧阳玄字里行间而未具言明的大历史观，是欧阳玄传记创作中的一项重要命题，亦是欧阳玄传记作为元代传记文学的代表区别于其他朝代传记的最特色因子。

---

① 《四知堂文集》卷二一《欧阳圭斋遗集序》，第 434 页。
② 《欧阳玄全集》补编卷十三《敕赐滕李氏先茔碑铭》，第 718 页。

（一）多元选择　华夷同尊：欧阳玄传记大历史观的主要表现

元代幅员广阔，民族复杂，语言繁多，在中国史上前所未见。集多种民族、宗教于一域的大元王朝，从地理气候的多样、文化习俗的杂糅、商旅经济的繁荣、海陆运输的发达、外交往来的广泛等多方面，诠释着这个大一统时代的"多元"。但这种充满着异族质素的"多元"，是否能在以深受儒家明正统、辨华夷思想熏陶的汉族士人为主体的元代文人的文学创作中得到发明与彰显，无疑与作家的选择密切关联，而这种选择产生的效果又最终取决于作家的认知经验、眼界胸襟及价值评判标准。正是在这样的选择与评判中，欧阳玄的传记创作体现了一种进步的大历史观，主要表现为传主的多民族化与多宗教性，以及华夷同尊的历史与民族观念两个方面。

1. 多民族与多宗教的传主风貌

由少数民族入主中原而建立的元王朝，带来了多种民族相融共居、多种宗教兼包并蓄的元代社会风貌。大批少数民族与宗教人士从历史的边缘游移至时代洪流的中心，在元代政治、经济、军事、文化等领域中都影响甚大，成为元代中高级士人阶层的重要组成部分。这种社会现象在元人传记中得到了非常直观地反映，而欧阳玄的传记创作十分典型。

民族属别的多样化是欧阳玄传记表现出多元选择特点最浅表、直观的一层，在欧阳玄的传记创作中，诸如畏兀儿人阿里海牙及其孙贯云石、高昌偰氏家族、唐兀氏老索、康里氏定住、康里氏脱脱及其子铁木儿塔识、西域哈剌鲁氏柏铁木尔，乃至大食后裔也黑迭儿与马合马沙父子等多族人士作为传主的作品占有相当的比重，而传主的重要性与传记表现内容的深广程度，也非常引人注意。如《江陵王新庙碑》与《老索神道碑》两篇的传主皆为元代重要开国武将：前一篇中，欧阳玄对传主阿里海牙夺取江陵一役的谋划过程与助平南宋的关键意义予以浓墨重彩的表述；后一篇，叙老索及其子忙古一生征战历程，涉及蒙元一统大业中多次战役如蒙金野狐岭之战、南京之战、成吉思汗第一次西征的铁门关之战、蒙夏之战、蒙宋合州钓鱼山之战等。而《贯云石神道碑》则提供了贯云石曾学于释老的有力凭据，是目前唯一叙述欧阳玄与贯云石的亲密往来与深厚友谊的材料。《高昌偰氏家传》是了解元代文武皆至极盛的大家族偰氏由隋唐至元六百余年迁变历程最为完备的史料，也是欧阳玄传记创作中篇幅最长、载录人物最多者。而《马合马沙碑》中的也黑迭儿，是元大都的实际设计者与缔造者，传记所述兼及其家族四代袭领元朝茶叠儿局诸色人匠总管府达鲁花赤，掌管着元朝工部营造之事。另外，元朝三代宰相康里氏脱脱、定住、铁木儿塔识等著名人物皆有传出自欧阳玄之手，足证欧阳玄传记创作的分量。

元代宗教文化多样性的展现是欧阳玄传记多元性表现的又一层面。至正九年（1349），欧阳玄应玉泉住持之请为汉族高僧广慈圆悟禅师作《元故太中大夫佛海普印广慈圆悟大禅师大龙翔集庆寺长老忠公塔铭》，可以说这篇塔铭以一僧之宠遇历程展现了佛教在元代得到蓬勃发展的面貌。塔铭所记禅师大䜣（1275—1348），本江西都昌之黄金皇氏子，九岁恪慕舍俗，礼云居玉山珍禅师为师，年十一祝发，受具足戒，从此遍游诸方，来往诸禅师间。历住蒋山、大崇禧万寿寺、大龙翔集庆寺，兼领蒋山太平兴国禅寺，阶太中大夫，特授广慈圆悟大禅师，以至正八年（1348）示寂于大龙翔寺集庆寺之方丈。欧阳玄为其所作塔铭开篇叙及禅师圆寂后的殡礼情况："停龛七日，江南行台御史大夫星吉公率文武诸司致奠，诸好善者相率出资，作斋会七昼夜"，"龛出城东，有司具仪从伎乐，送者数万人"①。这种得官方与民间共同参与的殡礼盛况，展现的不仅仅是圆悟禅师

---

① 《欧阳玄全集》补编卷十四《元故太中大夫佛海普印广慈圆悟大禅师大龙翔集庆寺长老忠公塔铭》，第 754 页。

具有政治、社会影响的高僧地位，更是时代礼重佛教的一种政治倾向与社会风气的折射。如塔铭所叙及禅师与释大䜣入京面圣之况：

> 至顺元年，御史中丞赵世安传旨，召师与大龙翔寺䜣公乘驿入京。既至，国师妙总统、吏部尚书王士弘引见，上于奎章阁此坐温间，命太禧宗礼院给日膳资用，及诸从行各有差。有旨，见皇后、太子，申命大夫撒迪、平章赵世延、留守张金家奴具珍馔供。祁寒，上以貂裘衣师，从行皆赐衣锦。谒见帝师，礼遇隆至，馈以土蕃所贡御米。寻奉旨见西天指空和尚，偕䜣公乘传之五台，礼文殊大士，睹祥光而归。敷奏称旨，赐纳失失袈裟。①

释大䜣为承东南大慧杲禅师临济宗一脉，有敕号曰"释教宗主"，深得文宗宠眷。从塔铭所叙面圣之盛况，可以看到，两位汉族僧人受到元王朝从前朝到内廷的隆重礼遇，其中所谒"帝师"，为元朝官设藏传佛教的至高代表与政治首领，统领着天下佛教徒，此制施行从忽必烈即位所封第一代帝师八思巴起直至元朝灭亡。圆悟禅师所住大龙翔集庆寺，原由文宗金陵潜邸敕命改建，在元朝官修佛教寺庙中有着重要地位。南台大夫纳麟称"国朝江南建寺，惟此一寺为盛"。释大䜣曾为其开山住持，虞集以文宗亲诏，作《大龙翔集庆寺碑》叙其建修始末，深许元廷建庙嘉绩。以上所述，一方面可见元朝对包括中原本土禅宗在内的佛教的尊重扶持，另一方面可体会到佛教释子对异族王朝的倾心倚赖，正如圆悟禅师圆寂前所留遗言："汝等继自今，宜勇猛精进，绍隆先圣之道，庶毋负国朝重吾教之心。"② 以至欧阳玄在《大元重建河南嵩山少林寺萧梁达摩大师碑叙》中有

---

① 《欧阳玄全集》补编卷十四《元故太中大夫佛海普印广慈圆悟大禅师大龙翔集庆寺长老忠公塔铭》，第756—757页。
② 同上书，第758、754页。

言曰："洪惟我元，广大无外，恢弘不二。用能烛旷劫犹一息，囊法界犹一家。"① 这是从欧阳玄为圆悟禅师所作塔铭中看到的元王朝对佛教的倚重以及佛教各派在元代的融通壮大。在这样的佛教文化背景中，欧阳玄《贯云石神道碑》中所叙贯云石"读释氏书""入天目山，与本中峰禅师，剧谈大道"② 之事，便也得到了时代注解。

除了备受官方推崇的佛教人士，欧阳玄传记还涉及当时道教名流。典型如有"玄教大宗师"之称的吴全节，欧阳玄为其作有《特进上卿玄教大宗师吴公画像赞》。吴全节（1269—1346），字成季，饶州人。年十三学道于龙虎山正一道张留孙，"得其秘法，祈祷辄应"。后随张留孙入京谒见元世祖，"遂留不归"。自此后五十年间，历元世祖至文宗凡八朝，不仅是当时宗教名人，更成为元帝重要心腹政治谋臣，"朝廷有大谋议，必见咨询"，是以欧阳玄画像赞曰："以予观是翁，识鉴邃者凝于神，光尘同者邻于化。使之端委庙堂，则范长生之风轨；若夫山中宰相，固陶弘景之流亚也。"③ 以政治、宗教两栖并皆居上流的两位历史名人范长生、陶弘景与吴全节相类比，欧阳玄对吴全节的褒誉言之于表。吴全节所代表的玄教能在元朝得以生长繁兴与元朝多元包容的宗教环境是密不可分的。

除早已与中原文化结合而本土化的禅宗道教，欧阳玄传记还一定程度展现了西方外来宗教在元代的自由发展。在《马合马沙碑》中欧阳玄记叙了这么一件事，颇值得深味：

> 纪功太常，攸效钦崇，部人凿石作像，髭髯咸肖，没置墓舍。族

---

① 《欧阳玄全集》补编卷九《大元重建河南嵩山少林寺萧梁达摩大师碑叙》，第633页。
② 《欧阳玄全集》卷九《元故翰林侍读学士中奉大夫知制诰同修国史贯公神道碑》，第211、213页。
③ 《欧阳玄全集》补编卷十五《特进上卿玄教大宗师吴公画像赞》，第786页。

属见之，谓其非法，谋弃隐处。世祖夜梦也黑迭儿若有愬事，状如生平。明发召诘其家，以像事告，亟命止之，赐楮币万缗作祭事。①

由《马合马沙碑》所述，可以知道也黑迭儿是信奉伊斯兰教的大食人。在其卒后，部属雕凿石像置其墓前致祭，这其实是有违于也黑迭儿所信仰的伊斯兰教教义的，所以也黑迭儿的族属见雕像以其"非法"而欲"谋弃"，而元世祖在得知此事后，尊重也黑迭儿的伊斯兰教教义，"亟命止之"。由此事件，既可看出元代宗教信仰的自由，又可推得以忽必烈为代表的元统治者对各种宗教的兼容并蓄，"对各种能为自己'祝天祷告'的宗教都是保护和支持的"②。欧阳玄就此事虽未置议辞，但其将此事原本载录于传记中，从某种程度上是能表明其对此事的发展及处理结果的认同态度的。

欧阳玄传记传主选择的多民族化与多宗教性，是多元文化融合的元王朝历史现实使然。而如此一系列身居元代政治、文化、宗教高坛的多民族、多宗教人物，不仅是让欧阳玄传记传主身份趋于多元，更重要的是，在叙录这些人物生平事迹时，也挑战着欧阳玄的历史与民族观念。

2. 华夷同尊的历史与民族观念

毋庸置疑，作为馆阁高层的欧阳玄，其传记创作往往出于奉敕，或承请，并非全都发于个人性情之所作，但这并不影响作者在传记的具体写作与传主形象的塑造过程中，深邃地展现其个人价值取向与判断。欧阳玄传记多民族传主的出现，虽然是基于历史现实环境的深刻影响，但难能可贵的是，在对这些历来被视为异己、排于汉文化圈之外的蛮夷一生行藏进行述评时，欧阳玄能以一种华夷同尊的大气姿态予以叙论，对他们的武功文

---

① 《欧阳玄全集》卷九《元赠效忠宣力功臣太傅开府仪同三司上柱国追封赵国公谥忠靖马合马沙碑》，第 256 页。

② 《元代文化史》，第 7 页。

绩、人格出处作出客观的赞誉和肯定。可以说，不辨华夷而一视同仁的极具包容性的历史认知态度与民族认同理念是欧阳玄传记大历史观最核心的表现。

至正七年（1347）冬，欧阳玄应阿里海牙曾孙、贯云石子阿思兰海牙之请为平宋功臣阿里海牙敕封江陵王作新庙碑文，对阿里海牙成功夺取江陵一役从而奠定东南之势的历史意义论述写道：

> 玄博观天下大势，古今以江陵平江南者四代焉，未有不先得荆州而能得天下者。晋以王濬益州舟师下江陵而吴降。隋因宇文氏先取萧詧江陵之北，用以图陈而陈亡。赵艺祖即位之初，即命慕容延钊将兵假道以伐湖南。延钊至江陵，袭降高继冲，由岳趋湖南，周保权平。然后东举闽越，西举巴蜀，南唐称臣。我世祖皇帝征宋，既渡江，阿里海牙以偏师捣江陵，既而拔之。由是进兵溯洞庭，薄长河，遂平湖湘，声震南海。丞相伯颜以大兵顺流而东，徇吴越，赴临安，宋主纳款。故今之善言兵者，谓王先取江陵，其功不在伯颜下。向使江陵未附，是时东蜀犹宋地也，万一宋人合荆、蜀之兵，以窥江汉，虽胜负素定，然岂万全之策哉？王下江陵，降高达，捷书至，上为之大燕三日，手书以劳王，诚以荆州定则东南之势定矣。[①]

1276 年，蒙元的铮铮铁蹄终于趋进江南，南宋灭亡，一个"马背上的民族"开始成为华夏子孙的统治者。作为灭宋将军的"小北庭人"阿里海牙，是元朝开国的著名功臣，对元朝一统江南的事业功劳甚大。在叙述中，欧阳玄重点叙述阿里海牙以世祖"曹彬下江南不杀人"圣训解除潭州屠城之危的"德威"的事迹，让这一出身蛮夷的武将镀上文明与仁慈的光

---

① 《欧阳玄全集》卷九《江陵王新庙碑》，第 240—241 页。

辉。当然,这些东西并不能抹去阿里海牙在战争中的刚勇与残忍,参其他史料,可以看到阿里海牙在平宋战争中多有掠夺降地乃至屠城的野蛮行径,而其平宋之后掠民为奴、居功妄行之举也多为后人所病。① 站在大历史观的立场上,欧阳玄基于对人物贡献的总体评价,通过对材料的择取,以"江汉同流,汝功匹休"的大历史观衡量阿里海牙顺应时代趋势而促成大一统潮流的历史功绩,所以述其"功德之大者以遗后人"②,由此呈现的阿里海牙形象是相当正面的,其中所展现的作者自身的包容胸襟与慷慨气度亦实为难得。钱基博评此文"如苏文以议论驰骋见雄快者"③,实是与这种慷慨称扬的笔触密切相关。

这种笔触在为另一唐兀氏将军老索的传记文中亦有体现。在欧阳玄的笔下,老索首先是跟随太祖"拓境四方""昕夕唯谨,及遇攻讨,被坚执锐,亲冒矢石,为士卒先"的得力宿卫,再是从征蒙古诸部,"克大水泺,拔乌沙堡,又破桓、抚等州","败金将完颜九斤、万奴等军数十万于野狐岭","分讨钦察、兀罗思、回回等国,推锋破敌,所向无前"的勇武统军,最后是从太宗南征灭金,并在金亡"诏采良家女以备后宫"之时,以"中原甫定,宜收揽英雄,以开混一之业"谏阻,使"民至今便之"④ 的德才兼备的将军。传记所展现的老索形象令人钦佩敬慕,全然无夷蛮之士的横野行径,淌于字里行间的是欧阳玄对老索一生战绩的称许与颂扬。

当然,不能忽略这两篇碑传所带有的应制意味。《老索神道碑》是奉明秉朝廷敕命代言官方谨书先烈事迹;《江陵王新庙碑》虽是应私人之请而作,但也是作于朝廷追封阿里海牙之时。对这些服务蒙元征服了

---

① 关于阿里海牙"掠民为奴"的史据,陈垣《元西域人华化考》(上海古籍出版社 2000 年版,第 36—37 页)已多有举出;另阿里海牙于平宋后居功妄行导致最后自杀而死的惨淡收场,杨镰《贯云石评传》(新疆人民出版社 1983 年版,第 22—28 页)有详细叙述。

② 《欧阳玄全集》卷九《江陵王新庙碑》,第 241—243 页。

③ 钱基博:《中国文学史》(中),中华书局 1993 年版,第 812 页。

④ 《欧阳玄全集》补编卷十一《大元敕赐故顺天路达鲁花赤河西老索神道碑铭》,第 617 页。

自己民族的外族将军，欧阳玄既不是以狭隘自封的高姿态去贬低指责，更不是以受制于人的低姿态去谄媚阿谀，而是与代表了时代一统进程的大元王朝站在同一立场，所以他对这些人的生平载纪是用一种非常平等的眼光去看待，既不过饰其功，亦不愿隐其德。这种融于大一统时代进程的包容立场在至顺三年为亡宋死士张孝忠所作《张将军祠记》中可以深有体会：

> 饶之安仁玉真山惠宁庙之左寓祠张将军者，宋亡之死士也……（至元）十三年二月，谍言我师来自江右，谢（枋得）分兵千余人御之。既而自饶来攻，谢遣将军为徽将。将军奋大刀，斫杀数人，前军稍却，后阵大集，绕出谢军后，于高冈立天朝帜。将军顾见惊溃，俄矢中将军马鼻，马介系又绝，乃步战死之。我师义其人，求之仆尸中，叹曰："壮士！壮士！"取衾覆之。[①]

从政治立场看，张孝忠对欧阳玄来说是一位敌军将领；从民族立场看，对欧阳玄来说则是一位同胞将士。但从欧阳玄所实际塑造的将军形象来看，虽未跳脱政治局限而以"我师"表明立场，但却在元军与宋军的交战中跨越民族界限，从而既能毫不吝惜笔墨，描画并由衷赞美了宋将张孝忠死国之忠勇，又展现了"我师"即元军不论民族身份而对宋之忠义将士的爱惜与尊敬。这样不着华夷之辨的大历史观在后来的辽、金、宋三史修撰中得到最为彻底的贯彻与定型。

作于至正年间的《高昌偰氏家传》，是欧阳玄传记中极具标杆意义的一篇。其之所以在欧阳玄传记中占有重要地位，不仅因其篇幅之长、所涉人物之多、所涵历史时空之广，并且因为：作为一篇民族传记，它充分展

---

① 《欧阳玄全集》补编卷五《张将军祠记》，第524页。

现了欧阳玄冲破华夷之防的民族观念；作为一篇家族传记，它以延绵六百余年的家族各代人物真实再现了历史的变革与推进历程，特别是蒙元的一统进程。在为偰氏所作家传中，欧阳玄以为"偰氏远稽前闻，溯厥本始，以垂方来，绵延百世"，从隋唐时期的回鹘贵族，至以武功助开大元王朝，再到以"一门二代九进士"成为"中州著姓"，这个家族以"子子孙孙勤劳王家，其炽如火，其续如绳，以忠以孝，永保令名"，"一门世科之盛，当时所希有"。此文非欧阳玄被动应制之作，而富含着欧阳玄个人价值的选择："及观偰氏世磊砢相望，勋节在国，利泽在民，虽汗简所书，何以尚此？诸季起家擢科，如射命中，异时泓涵演迤，硕大显融，无落于其世，识者已有以觇之。则是溉根而实实，售物而取价，天之于偰氏，独昭昭不忒如是，异乎前所闻矣。……凡此皆余所嘉称而乐道者。"所以当偰文质以"吾宗肇基偰辇，今因以偰为氏，盖木本水源之意也。且高曾以来，勤瘁王家，翊兴大业，而俯仰陈迹，非托之文字，大惧湮没，无以示来者。谨具世次履历以请"。欧阳玄为作家传时，他尽其所知，倾其所能，"敬撮其实，为作家传"，一连塑造了这个家族数代人有勇有谋、可敬可慕的高大形象：助平唐代安史之乱、有着政治远谋的偰氏始祖暾欲谷，剑斩叛将脱脱并许下子子孙孙以忠以孝勤劳王家之愿的克直普尔，在危难时刻看清时势投奔蒙古而得保全家族的仳俚伽，慷慨以功名自许并以孝悌仁厚为训而从太祖、太宗征战四方且多立战功的岳璘帖木儿，助推忽必烈上位、平李璮之乱、"得山东父老相与刻石纪勋德焉"的撒吉思，助平南宋、以兵不血刃得人敬称"四哥佛子"的都尔弥势，以行都漕运使于大元"南北混一，与有功焉"又"以死节著，中朝罕俦"的合剌普华及其"贞操凛凛"的高昌郡夫人，以及刲骨以愈母疾，使忠、贞、孝"备于一家"的偰文质。在欧阳玄的载纪中，这一个个充满着热血的生命，裹挟着天山风沙走进居庸关，跨过黄淮，融入华夏，一代代传承着偰辇河畔的家族祈盼，其文其武，其忠其义，其孝其贞，皆成为汉地文化圈络中令人高山仰止的"中州著姓"。可以说，《高昌偰氏家传》深沉着欧阳玄对这个外夷家族的推崇之情，饱含着欧阳玄个人于大一统时代中树立的华夷同尊的大历史观念与价值选择。正是在这种观念的驱使下，欧阳玄欣然以承太史公之职，传偰氏族人，记高昌家风，成就这篇恢宏巨制，使"后之秉笔绸金匮石室者，则或有征于斯文"①。

再如元统二年，户部尚书忽都鲁沙具父祖二代事状谒碑文于玄，欧阳玄以"我元造邦，臣若也黑迭儿、若马合马沙，功居六职之一，才擅九能之先，赞体国之谋，济世官之美，是碑为宜"，又以汉薛君、刘君父子二代共为一碑之故事，"执太史之简，为小史之谲"②，为也黑迭儿父子作碑文，其中详叙了也黑迭儿为元造邦建都之丰功伟绩。而对于这样一位于元代建筑有莫大功绩的人物，明修《元史》竟未录入，《世祖本纪》载修筑宫城事亦未叙及，只道："（至元三年十二月）丁亥，诏安肃公张柔、行工部尚书段天佑等同行工部事，修筑宫城。"③ 清代学者朱彝尊《日下旧闻》与孙承泽《春明梦余录》二书亦皆略之，对此陈垣以为："非有所讳言，即从来轻视工程学者之故也。"④ 而在欧阳玄这里，工程匠艺受到平等重视。在传记中，欧阳玄反复强调"工"之地位："国有六职，百工居其一"，"大夫有九能，第一曰建邦命龟"。因故，系出"大食故壤""户饶良匠"的西域人也黑迭儿，成为"共成"元王朝一统南北之"厥功"的"才艺之臣"⑤，其建修元大都及宫殿事宜在欧阳玄的笔下得到了最强有力

---

① 《欧阳玄全集》卷十一《高昌偰氏家传》，第322—332页。
② 《欧阳玄全集》卷九《元赠效忠宣力功臣太傅开府仪同三司上柱国追封赵国公谥忠靖马合马沙碑》，第257—258页。
③ 《元史》卷六《世祖本纪三》，第1册，第113页。
④ 《元西域人华化考》，第98页。
⑤ 《欧阳玄全集》卷九《元赠效忠宣力功臣太傅开府仪同三司上柱国追封赵国公谥忠靖马合马沙碑》，第255、258页。

的肯定。

欧阳玄作传之态是以人物功绩论高低，其对偰氏的嘉称，对也黑迭儿父子的考颂，都体现着欧阳玄对这些异族人物发自内心的称扬。欧阳玄传记展现大历史观的表现，除却为少数民族人士作传时不论华夷而为之称道的主要一面，在为汉族人士作传中亦毫不避讳地反映出传主与蒙元政权或多民族人士交相往来的生平面貌，可以说，在欧阳玄传记创作中所体现的多种民族、多样文化的多元联系与统一，是对这种华夷同尊的民族理念的最好诠释。如以"君臣契合之遇"叙开国鸿儒许衡之一生事迹，汉族儒臣许衡的一生行藏与蒙元君主忽必烈的建国大业紧密联系起来，碑文所述无半丝华夷之别，只有君臣和合的默契。这种深含个人理念与文学情感特质的传记叙述与早前苏天爵《国朝名臣事略》中以纯粹的史家眼光平叙许衡事迹所产生的效果完全不同：如果说后者提供给人的是一份客观的个人简历说明，前者则让人看到一位汉家儒士与一位蒙古君王于风云际会中各相玉成的励志故事。

这种效果在为赵孟頫所作神道碑文亦有体现。赵孟頫以赵宋王室后裔之身受知于世祖，"其在朝廷，多所匡正"，"其在馆阁，尤多裨益"①，赵孟頫得世祖赏识而官至一品，并使其书画、诗文、经济之才的施展空间与传播幅度得以最大化。再如，应揭汯之请，欧阳玄揭傒斯所作墓志铭中，欧阳玄展现其宏阔表述立场写道：

> 至正四年七月壬辰，翰林侍讲学士揭公曼硕以总裁宿史馆，得寒疾，归寓舍，戊戌薨。时京师大雨弥月，朝缙大夫闻者，不避泥潦，驰往哭之，人人尽哀。明日，中书出公用钞二千五百缗，率先为赙，

---

① 《欧阳玄全集》卷九《元翰林学士承旨荣禄大夫知制诰兼修国史赠江浙等处行中书省平章政事魏国赵文敏公神道碑》，第190—199页。

于是枢密院、御史台、六部以下，咸致赙仪有差。车驾在上京，适遣使赐诸总裁及史官燕劳，以公故，咸援礼辞，中书为改燕之日。使者归上京，白宰相，宰相以闻，有旨赐中统万缗给丧事。有司议以驿舟送其梓归江南。①

为大元政统"掌斯文于玉堂，赞皇猷之光大"②的汉族文臣揭傒斯，病卒于"朝夕匪懈"撰修三史的总裁岗位上。欧阳玄于传记开篇所描绘的朝廷上下给资尽哀之状，虽短短百余字，却切换了数个耐人深思的场景，其中京师百官不避泥淖，驰往尽哀，中书、宰相为赙给丧之情境，欧阳玄本意于表彰朝廷对馆阁重臣揭傒斯的器重以及对其薨逝的追挽，但却着实展现了一幅多民族政治、文化相持相融的图像。这些场景在刘闻为揭傒斯所作行状与黄溍所作神道碑文中皆不曾道，欧阳玄或亦本属无意而为之，但其所寓之多元民族在元代社会某种程度的和谐共生之象，却着实能得所窥略，虽未着华夷之色而华夷尽融之，不可谓不是欧阳玄冲决华夷之辨的民族理念的隐性显现。

综上，包含着多民族、多宗教、多文化素质的欧阳玄传记创作，沉潜着欧阳玄包举函夏的历史认知态度与华夷同尊的民族认同理念，这是引导着欧阳玄传记创作极为重要的一根思维线索与价值评判准绳。正是在这根线索与准绳的牵引与衡量下，我们能够在欧阳玄的传记创作中认识到意气风发的畏兀儿将军阿里海牙、骁锐无敌的唐兀氏将军老索、兴造元邦的大食建筑师也黑迭儿父子、潇洒随性的北庭公子贯云石、旷世所希的高昌偰氏一门以及与蒙元王朝有着密切关联的许衡、赵孟頫、虞集、揭傒斯等一干汉族人士。从推动历史前进发展的大潮流与多民族统一进程来看，这些

---

① 《欧阳玄全集》卷十《元翰林侍讲学士中奉大夫知制诰同修国史同知经筵事豫章揭公墓志铭》，第297页。

② 《欧阳玄全集》卷十五《翰林国史院祭揭侍讲文》，第435页。

于欧阳玄传记中所高度称扬与推戴的人物，不论民族与身份，都是大一统时代变革中有着自己特殊贡献的精英与榜样，这是欧阳玄传记大历史观最强有力的展现。

（二）黼黻盛世　总裁三史：欧阳玄传记大历史观的形成渊源

多民族传主的大量出现，多宗教、多元文化风貌的历史与文学呈现，是少数民族掌握政权一统南北的元朝时代所孕育与催生的必然结果。这种时代印记不能说是欧阳玄传记一家特质，在当时有文名者如姚燧、元明善、袁桷、虞集、黄溍、柳贯、许有壬、苏天爵等人的传记创作中亦有深深烙刻，但其又因个人际遇与思维认知的差异而体现出不同程度的多元选择与冲决华夷的意识。欧阳玄作为其中代表之一，以其生平仕迹、史学践履的个人独特性而深涵时代普遍性，具有强烈的典型意义，而其于传记创作中所体现出的以多元选择与华夷同尊为核心内容的大历史观之所以得以生成，又有着清晰的渊源可溯。

1. 黼黻盛世的仕宦经历

首先是欧阳玄"黼黻盛世"的独特际遇。欧阳玄际遇承平，又逢科运之兴而跻身庙堂，四十余载高级文学侍臣的人生履历让欧阳玄得以充分体验与高度接纳"混一函夏"的大一统时代环境，这是促成欧阳玄大历史观形成的不可分割的重要内因与外缘。"黼黻盛世"这一论题包含着两方面的内容：一为外缘"盛世"，即大一统的时代环境；一为内因"黼黻"，即登居馆臣的个人际遇。"黼黻"因"盛世"所提供的时代机遇而得发生与成就，"盛世"因"黼黻"的亲身践历而被接纳与具化。

先来看提供欧阳玄仕宦机会的"盛世"。欧阳玄生于皇元一统南北、国家正臻初盛之至元二十年（1283），其所置身的元朝在中国漫长的历史一统进程中是一个极具特殊性的大一统王朝。其不同于以往的一个首要突出特点是少数民族掌握核心政权，实现了"中国历史上前所未有的统一，结束了长达数百年的南北分裂局面，并使许多边疆地区归属中央政权管辖之下"①。元之疆域一统不仅在于幅员之广，还在于其海陆河运交通系统极其细密发达，真正实现了"虽岭海之极际，相去万里"，却能"殆若户庭"，"痒疴疾痛，无不毕达，绥辑妪煦，无不覃及"②的畅达结果。更重要的是，元之一统天下不仅是雄立于本土疆域，还表现出包举海外的气魄。《元史》记载了宰相铁木儿塔识这样一件事：

> 日本商百余人遇风漂入高丽，高丽掠其货，表请没入其人以为奴。铁木儿塔识持不可，曰："天子一视同仁，岂宜乘人之险以为利？宜资其还。"已而日本果上表称谢。俄有日本僧告其国遣人刺探国事者。铁木儿塔识曰："刺探在敌国固有之，今六合一家，何以刺探为？设果有之，正可令睹中国之盛，归告其主，使知向化。"③

从铁木儿塔识的言语中，可以明显感知这位宰相对其所处盛世的认同，并且其有意识地宣扬本朝之盛，使日本向化，其所彰显的开放气度与包容胸襟展现的不仅是一位异族权臣的干云之气，也在一定程度上折射出一个时代的风气。

疆域的旷远辽阔与时代的开放包容也注定了元朝文化多元并存的特质。集农耕文化、游牧文化、海洋文化于一身的元朝，在民族与宗教的多元性及相关政策的包容性上使其于中国多民族发展史与中国宗教史上都极值得探究。并且，元时各民族、各宗教与政治有着密切联系，在政治上所取得的地位，让这些一直处于边缘的少数民族与游离方外的宗教人士被放

---

① 《元代文化史》，第9页。
② 《虞集全集·道园学古录》卷三三《送常伯昂序》，第573页。
③ 《元史》卷一四〇《铁木儿塔识传》，第3373页。

置到时代与社会的中心来，成为诠释这个时代独特风貌不可割裂的重要部分。对于欧阳玄来说，他借科举而跻身庙堂四十余载，历仕四朝，且久居京师，那些时代的特性与质素必将因欧阳玄作为重要馆臣"黼黻盛世"的高度责任意识而成为促使他形成大历史观并以大历史观评价时人、时事的重要依据。

皇庆二年（1313），元廷下诏行科举，由此自金灭亡停罢近百年的科举取士传统得以复兴。可以说这是促成欧阳玄人生重要转折的一个重要"天时"。欧阳玄以治《尚书》与贡，在第一时间抓住了这个机遇。延祐元年（1314）以《天马赋》中湖广乡试第一。次年会试，中第三十六名；廷试，中左榜一甲第三名，授承事郎、岳州路同知平江州事。后历芜湖、武冈县尹。泰定二年（1325）受虞集之荐召为国子博士，后升国子监丞、入翰林国史院。受文宗青睐，亲擢艺文少监、太监主事奎章阁。最终官拜翰林学士承旨，登上元代文学侍臣最高位置。正是因仕履平顺带来的黼黻盛世的机会，欧阳玄得以接触到这个大一统时代给予的丰富资源。可以说，当欧阳玄得值科运之"天时"出入翰林馆阁高台时，他获得了两个使其能充分体验与吸收元代于地理、民族、宗教、文化等各方面所呈现出的开放包容特质的有利条件。

一为得以久居京师的"地利"条件。自延祐登科，欧阳玄经芜湖、武冈十年地方官任职历练，自泰定二年被虞集荐为国子博士，其后三十余年大部分居于京师，出入成均、翰林、史馆，"在朝之日，迨四之三"①。其身虽居馆阁，但大都的中心地位与其一代文坛盟主的身份，让其站在了这个国家文化平台的最中心与文化高地的最顶层位置，从而得以目举南北，眼着四海。作为当时的政治、经济、文化中心，京师大都萃聚着四方俊

---

① 《元史》卷一八二《欧阳玄传》，第4198页。

彦，集聚着元王朝最丰富的多元资源，"水陆之奇，南北之产，笾豆之珍脆，筐筐之丽密，咸萃辇下"①，可谓最能彰显元代多元混融面貌的空间地域。欧阳玄因久居大都，得睹政治、经济、文化中心之盛，对这个往来着各族各教人士、承载着各族各教风俗习气的城市有着相当熟稔的认知，这份认知在打开欧阳玄眼界的同时，也洞开着其思想观念。

如其于至顺三年（1332）仿欧阳修所作《渔家傲》词十二阕。作此词时欧阳玄居京未满八年，但因"京师两城人物之富、四时节令之华"皆闻见于耳目，乃至"盛丽"之处意有所感，情须所发，作词十二阕，从一月到十二月对都城四时风物极尽铺陈。与欧阳修词更着眼于四时节令之自然之景不同的是，欧阳玄词更注重描绘京城人文之况。修词中随着节令变换而轮番上映的是杏白榴红、莲立燕翔、庭梧秋风、蜡梅吹雪，而在欧阳玄的词中，四时之景犹自变换，但却已成幕后布景，汉女姝娥、国人姬侍、士女官家、姣民儿女等各类都城中人成为主角，演绎着都城四时的繁华与热闹。其中每岁车驾上京、近臣扈从之国家典故，"霜菘雪韭冰芦菔""貂袖豹袪银鼠襮"等服食器用以及海上红楼、河朔饮马、高昌家宴等神京风俗，这些极具时代特征的人事，尽收于欧阳玄眼底，更融于其心尖，以至"情性之所感发"，终得流展于笔下，绘就一幅盛代四时画卷。作此词的欧阳玄完全是自发的，亦是自觉的：自发于个人耳目情性，自觉于向山林之士展京师之盛，尽管"笔之于简，虽乏工致，然数岁之中，耳目之所闻见，情性之所感发者，无不隐括概见于斯。至于国家之典故，乘舆之兴居，与夫盛代之服食器用，神京之风俗方言，以及四方宾客宦游之况味，山林之士未尝至京师者，欲有所考焉，此亦可见其大略矣"②。从欧阳玄词中看到的大都，已完全融于各种民族风俗习气中，作为汉人的欧阳玄，当

---

① 《欧阳玄全集》卷八《庆刘一山八十序》，第 175 页。
② 《欧阳玄全集》卷四《渔家傲南词》，第 78—80 页。

其将融合着蒙古、高昌等多种少数民族的节日时景作为国都之常态一帧帧描绘出来之时，可以说欧阳玄已完全融入这个多元的时代，并对这个时代的多元风貌高度认可和接纳。

欧阳玄传记之多元选择，亦即对元代多民族人士、多宗教风貌不遗余力、不着华夷之色的展示，正是基于其对这个多元盛世的融入与接纳。融入一个多元复杂的社会，接纳一个异族统治的时代，是需要一定时间的。三十余年的京师馆阁生涯，让欧阳玄置身于多元融合的中心地域，得以长久而深广地接触与亲身体会这个盛世多元混融的面貌及其由此所彰显的开放包容的精神，从而促其形成传记创作中代表着时代开放包容特征的大历史观。

二为基于"天时""地利"条件而得以纳入多民族文化圈的"人和"条件。经年的馆职经历使欧阳玄被纳入了以多民族馆阁文人为主的文化交际圈，与这群人物的相习交往是推进欧阳玄大历史观形成的又一重要因素。这个群体又可分为与欧阳玄有着同年、同寅、同僚、同契之谊的群体以及与欧阳玄有着师友关系的群体。前者如长一辈的虞集、揭傒斯、赵世延、吴全节、程端礼、康里巎巎等，平辈如贯云石、胡助、宋本、陈旅、沙剌班、王理、王守诚等以及同年友张起岩、马祖常、许有壬、黄溍、偰哲笃等，小一辈如苏天爵、宋褧、周伯琦、危素、傅若金等，后者如程端学、孛术鲁翀、阿察赤、李齐皆为欧阳玄诗文中点名称道的国子学生或其主考省试的"所得士"。这些来自不同地区，涉及多种宗教信仰、多个民族的人士在元王朝的政治一统下于大都相聚往来，对身处其中的欧阳玄影响不可谓不大。这些人大多积极用世于大元王朝，享受着大一统时代带来的机遇与资源。在他们的相处往来中，各种民族、宗教界限皆被淡化甚至了无痕迹，从他们的行藏及诗文撰述中，可以聆听到这些士人对其所身处大一统时代的一致认同。

如苏天爵辑元初开国功臣、文臣、武将、学者四十七人传记，收蒙古、色目十二人，汉人三十五人，编成《国朝名臣事略》一书，欧阳玄、许有壬、王理皆有序之，王守诚跋其后。从苏天爵的编述与这些人的序跋中，可以明显读到这些人对各族人士助开元朝大一统基业功业的深许与强烈认同。欧阳玄序言：

> 元之有国也，无竞由人乎！若太师鲁国、淮安、河南、楚国诸王公之勋伐，中书令丞相耶律、杨、史之器业，宋、商、姚、张之谋猷，保定、稿城、东平、巩昌之方略，二王、杨、徐之词章，刘、李、贾、赵之政事，兴元、顺德之有古良相风，廉恒山、康军国之士君子操，其他台府忠荩之臣，帷幄文武之士，内之枢机，外之藩翰，斑斑可纪也。太保、少师、三太史天人之学，陵川、容城名节之特，异代岂多见哉！至于司徒文正公尊主庇民之术，所谓九京可作，我则隋武子乎！嗟乎！乾坤如许大，人才当辈出。伯修是编，未渠央也，姑志余之所见如是云。①

不论异域之臣或亡国之俘，在苏天爵、许有壬、欧阳玄、王理与王守诚等人的眼中，他们最首要的形象是以武功谋略助立起大元一统盛世功不可灭的开国名臣。正是在这些囊及各族"命世卓绝之才"的"辅成"下，"皇元起朔方，绍帝运，接天统"，"一启而金人既南，辽海和辑；再启而西域率服，遂拓坤隅；三启而靖河北，秦晋戡集，河南是同，分宗子以方社，胙功臣之土；四启而庸蜀是柔；五启而江汉奄从，赵氏为臣"②，"故盛德大业之所著"③。并且在他们看来，这些名臣所创功勋、所垂圣名，足

---

① 《欧阳玄全集》卷七《国朝名臣事略序》，第135页。
② （元）王理：《元名臣事略序》，《全元文》，第54册，第3页。
③ （元）许有壬：《国朝名臣事略序》，《全元文》，第38册，第89页。

以傲视于古往今来，甚至同开一统盛世的汉、唐勋旧亦不能与之相比：
"昔汉高之臣，皆战国之余，非南面而王之，不能毕其功，全莫我若也；
光武之臣，皆生西汉，多经术之士，功定天下，不过封侯，赏莫我若也。
使高、光易世而居，亦不能相反，何哉？其人异也。天生圣贤，共成大
业，岂汉敢望哉！"① 由群体而阐发的对元王朝一统事业的认同意识是促成
欧阳玄于传记中所展现之大历史观的一个重要来源。

所以欧阳玄的传记创作，是以主动的态度去表述阿里海牙、河西老
索、高昌偰氏等异族氏的赫赫功业，以平常的态度去颂扬诸如赵孟頫、许
衡、虞集、揭傒斯、贯云石、吴恭祖等多民族文人立身元王朝所做出的贡
献，这些都是欧阳玄经其所处之政治环境、人文环境的熏陶及其自身际遇
的历练而达成的内在认同意识与主动立场，而非委身异族为帝王将相家谱
留作溢美之词的被动结果。

在漫长的"鬴鬵盛世"的人生历练中，欧阳玄对其所处包容开放、多
元混融的大元王朝有着充分体会与高度接纳，这份充分体会与高度接纳的
思想广泛浸淫于欧阳玄的文学创作。如至正六年（1346）欧阳玄奉敕作
《居庸关过街塔铭》，文首叙："旧关无塔，玄都百里，南则都城，北则过
上京，止此一道。昔金人以此为界，自我朝始于南北作二大红门，始命右
丞相阿鲁图、左丞相别儿怯不花等创建焉。其为壮丽雄伟，为当代之
冠。"② 过街塔本盛行于西北少数民族，元统一全国后，始将这种塔带入中
原。其一般建于重要的交通要道上，是商贸交易的往来集地。居庸关过街
塔作为元朝联结两京的必经之地，见证了当时两都商贸往来之盛："世皇
至元之世，南北初一，天下之货，聚于两都，而商贾出是关者，讥而不
征，此王政也。皇上造于其地，一铢一粟，一米一石，南亩之夫，一无预

① （元）王理：《元名臣事略序》，《全元文》，第54册，第4页。
② 《欧阳玄全集》补编卷十二《居庸关过街塔铭》，第695—696页。

焉。于以崇清净之教，成无为之风，广恻隐之心，行不忍人之政，冥冥之中，敷锡庶福，阴骘我民。观感之余，忠君爱上之志，油然以生，翕然以随，此志固结，岂不与是关之固相为悠久哉！"在称颂世祖一统之王政时，欧阳玄进一步阐论唯有实现高度大一统之政治基础方能御此车同轨、书同文、行同伦之盛象："且夫天下三重，王者行之，制度行远，莫先于车，三代之世，道路行者，车必同轨。今两京为天下根本，凡车之经是塔也，如出一辙，然则同轨之制，其象岂不感著于是乎？车同轨矣，书之同文，行之同伦，推而放诸四海，式诸九围，孰能御之！"① 欧阳玄不惜以繁辞壮语，道叙元朝建居庸关过街塔联通南北之伟业，这种俯仰四海、睥睨今古的气魄与胸襟非真正置身且积极融合于这个大一统时代潮流之中者所不能持。

在应同年赵继清之请所作《赵忠简公得全书院记》中，欧阳玄非常自觉地表达了这份"天时"于其一代人的积极影响："虽然，忠简不幸遇夫幅员分裂之世，遂赍志以殁。继清乃幸生乎车书混一之时，北作解祠，南为潮之书院，相距万里，所欲无不克遂其志，岂不大幸于乃祖之所遇欤！"继清为"延祐初科进士，扬厉中外，今位显通，寓居淮泗间"②。在为苏天爵版刻《补正水经》所作序中，欧阳玄亦称苏天爵"生车书混一之代"，得以"于金人放失旧闻，多所收揽"③。于此，不仅可看出时代对欧阳玄的玉成，亦可体会到欧阳玄对时代的深切认可和感恩。

2. 总裁三史的史学践履

若说三十余年"黼黻盛世"之劳绩让欧阳玄自外而内、由浅而深地为元代多元风貌所洗礼并得以孕育不辨华夷而一视同仁的开放的历史意识与

---

① 《欧阳玄全集》补编卷十二《居庸关过街塔铭》，第697—698页。
② 《欧阳玄全集》补编卷三《赵忠简公得全书院记》，第474—475页。
③ 《欧阳玄全集》补编卷八《补正水经序》，第585页。

包容的民族观念，那么，在通过以"各与正统，各系其年号"① 为总纲的三史修撰的史学践履中，欧阳玄传记创作之大历史观得到了快速而彻底的落实。总裁三史并实际主笔三史论赞表奏，是欧阳玄传记创作大历史观形成的一个直接力因。

元修三史在元初、中期便屡有开局修撰的动向，但因辽、金、宋三国孰为"正统"问题争论不决而屡受迁延，均未有成书。直至至正三年（1343），元廷抛开"正统"问题，正式下诏修辽、金、宋三史，以"三国为圣朝所取制度、典章、治乱、兴亡之由，恐因岁久散失"为由，"合遴选文臣，分史置局，纂修成书，以见祖宗盛德得天下辽、金、宋三国之由，垂鉴后世，做一代盛典"，"交翰林国史院分局纂修，职专其事"②，正式启动三史修撰工程。中书右丞相脱脱以"三国各与正统，各系其年号"之断言而终近半个世纪正统之争，任三史都总裁，时任翰林学士的欧阳玄与中书平章政事铁木儿塔识、中书右丞太平、御史中丞张起岩、侍御史吕思诚、翰林侍讲学士揭傒斯则被任命为总裁官。由于三史修撰材料早有预备基础，以及史官人才高规格选择与分工的到位，三年之间，辽、金、宋三史便得以相继成书。速度之快，前所未有。可以说，正是元修三史的曲折历程成就了今天所见及三史的面貌，三史在元初、中期的艰难孕育为元后期三史的极速"顺产"创造了先决条件，那就是生于元统全国之后、历承平日久之大一统时代环境成长起来的一批融合了多元文化特色的修史人才。这批人才与元初、元中期时正当文史职要之人的不同，在于他们是在元大一统时代环境哺育下成长起来的，是完完全全属于元代之人，他们对社会文化、历史发展、民族认同等方面的观念都深受时代环境与际遇的影响，反映于三史修撰的总体思想、体例、所涉人物、所作公论无一不是时

---

① （元）权衡：《庚申外史》，中华书局1985年版，第10页。
② （元）脱脱：《辽史》附录《修三史诏》，中华书局1974年版，第1554页。

代心理与时代文化的塑造与合成。欧阳玄就是在和这群多元民族史官的共同努力下，完成了多民族辽、金、宋三史的修撰。

欧阳玄也正是于此际遇中得逢三史之修而展一代史才，卓立一代史学之巅。究析于三史修撰中所体现的进步史观与民族观之于欧阳玄传记创作的关系和影响，有必要申明欧阳玄在三史修撰工程中的实际主编地位。至正三年（1343）元廷诏修三史时，欧阳玄正值归省家乡之期，因"使者迫促"，乃"力疾就道"。时居史馆并预修三史的危素言欧阳玄刚到达朝廷之状："至则庙堂问修史之要，公曰：'是犹作室，在于聚材择匠。聚材则先当购书，择匠则必遴选史官。'于是用公言，遣使购书，增设史官。立三史凡例，又为便宜数十条，俾论撰者有所据依。史官中有悻悻露才、议论不公者，公不以口舌争，俟其呈稿，援笔穷正，其论自定。至于论、赞、表、奏，皆公属笔。"① "聚材择匠"是欧阳玄为修三史确立的大体方针；"立三史凡例"是欧阳玄为三史修撰拟定的基本依据；主笔论赞表奏、笔削统一全稿是欧阳玄为三史修撰作出的虽细致而关键的最后定论。三史修成之后，元顺帝十分高兴，对御史大夫也先帖木儿说："斯人历仕累朝，制作甚多，朕素知之。今修三史，尤任劳勋。汝其谕旨垂相，超授爵秩，用劝贤能。"于是升为翰林学士承旨，并命左丞董守简赐宴史馆。翌日，欧阳玄进殿入谢，顺帝"大悦"，平章政事纳麟以为"吾久在省台，未见昨日天颜如是之喜也"②。此可侧面见证欧阳玄于三史撰修中贡献最大之实。韩儒林先生编《元朝史》亦明确指出："三史的具体实际工作，以汉族士大夫欧阳玄出力最多。"③ 从另一角度来说，则可认为欧阳玄对脱脱"各与正统，各系其年号"之修史总纲在三史的实际修撰中做出了最关键、

---

① （元）危素：《圭斋先生欧阳公行状》，《全元文》，第48册，第404页。
② 同上。
③ 韩儒林：《元朝史》，人民出版社2008年版，第700页。

最核心的贯彻与阐释贡献。

而这种贯彻与阐释是成功的。以欧阳玄为代表的深受大一统时代环境熏陶的元代史学家将元廷有意弱化华夷之分、正统之辨的政治意识于无意中成功转化为于三史编撰中所体现出来的开放的、包容的史学观与民族观。《三史凡例》规定，帝纪以"三国各史书法"，列传关于"金、宋死节之臣，皆合立传，不须避忌"，结合"疑事传疑，信事传信，笔春秋"[1]的史法总则，兴于朔方之辽，"慕汉高之为帝，托耶律于刘宗。相拟郑侯之为臣，更述律以萧姓。享国二百一十有九载，政刑日举，品式备具，盖有足尚者"，得为"纪志表传，备成一代之书；臧否是非，不迷千载之实"[2]，成《辽史》；起于海裔之金，以武元之英略开九帝之业，以大定之仁政固百年之基，"及煴兴于礼乐，乃焕有乎名声"[3]，作《金史》；这两个少数民族统治政权与中原赵宋王朝，于"我世祖皇帝一视同仁"[4]。翻阅三史本纪、列传，各民族人士以空前平等之态列位史传，以更为广泛的君臣、同寅、同契、师生、诗友、文友乃至政治敌对关系联系在一起，各民族风俗、方言、礼仪、舆服、食货交相混杂，不分贵贱。在政治上得助于少数民族势力且本身有着鲜卑血统的唐太宗曾说："自古皆贵中华，贱夷狄，朕独爱之如一。"这种华夷一视同仁的观念在更多民族交相混合的元代社会得到了更切实际、更广泛的诠释。元代的空前大一统，促进了各族人民经济、文化的交流和边疆地区的开发，创造了中国历史上第二次大规模的民族融合。元朝以归附元廷的先后顺序实行"四等人制"，表面上表现出的是一种民族压迫，但抛开汉本位的角度，从一直被汉族轻贱、压制的少数民族角度来看，其反映的是少数民族对平等、尊重、权益合法性的

---

① 《辽史》附录《三史凡例》，第 1557 页。
② 《欧阳玄全集》卷十三《进辽史表》，第 355、356 页。
③ 同上书，第 359 页。
④ 同上书，第 355 页。

诉求。三史得以"各与正统"而修成，可说是此种诉求的隐性表征。

在实际总领并主笔三史撰修的实践基础上，出于官方集体撰述的辽、金、宋三史，特别是其中所修本纪、列传，便成为探讨欧阳玄个人传记创作不可忽视的一部分。三史所修本纪与列传，鲜明表现出不论正统、不辨华夷而对各民族政统、历史及文化的积极认可。以列传所修"忠义"人物态度为例。《金史·忠义传》声明："圣元诏修辽、金、宋史，史臣议凡例，凡前代之忠于所事者，请书之无讳。"①《宋史·忠义传》对此重申，并进一步指出："及宋之亡，忠节相望，班班可书，匡直辅翼之功，盖非一日之积也。"②《宋史》列出忠义十卷，是二十四史中录入忠义人士最多者。于三史撰修中所贯施的对少数民族政统与汉族政统的一视同仁，对欧阳玄的历史观念与民族观念有着实质性的转化意义。这种于三史修撰中所体现的冲决华夷之防，以"天下一家""一视同仁"的多民族统一思想与多民族史观深深渗透于欧阳玄的个人传记创作中，于潜移默化中牵引着欧阳玄传记创作中的世界观与价值观，与"有容乃大"的时代特征相匹配，呈现为一种对多种民族与多元文化的包容性大历史观。

综上可说，欧阳玄以高级文学侍臣地位，得以在全国政治、经济、文化中心之地，南北往还，观盛世之景、承太平之风，进而有机会充分体验元大一统的盛世风貌且予以接纳。而以"各与正统，各系其年号"为贯彻总纲的三史修撰工程的完成，不仅使欧阳玄贡献出于元代史学方面的最大功绩，同时也深刻地影响着其正统观、华夷观的演变。从拟定三史凡例到最后的笔削定稿与进表的总结，修撰三史的践履在加深欧阳玄对其所处时代大一统认知印象的同时，也默化着欧阳玄华夷同视的民族理念，促成其传记创作形成以多元选择与华夷同尊为主要内容的大历史观。这种大历史

---

① 《金史》卷一二一《忠义传一》，第2634页。
② （元）脱脱：《宋史》卷四四六《忠义传一》，中华书局2000年版，第10231页。

观深深渗透于欧阳玄的传记创作，成为统摄并架构欧阳玄传记创作最基本也最核心的宗旨与线索，使其留存数量不多却足以表彰一代风貌的传记之文在文学的长河中闪耀着时代的光辉。

二　欧阳玄传记之时代人物论

"传者，传也，记载事迹以传于后世也。"[①] 传递历史事迹，塑造人物形象，离不开传主所历的历史背景与时代环境。之前已有提及，在不外乎君有敕命、友有契求、士有文征、亲有事谊等作传外缘下，欧阳玄传记创作的自主性并不表现在传主选择上，而在于如何书写传记，在于如何择取传主事迹，如何塑造传主形象，如何表现传主所处的历史时空等一系列关乎理念、文法、史法等传记创作的具体内在机制中。作为人类记录自身历史经验与行为的叙事载体，传记中与传主骨血相连、密不可分、绝不能忽视的是传主背后的那个大时代环境。梁启超曾论及他对为一人所作专传的理想形式："我的理想专传，是以一个伟大人物对于时代有特殊关系者为中心，将周围关系事实归纳其中，横的竖的，网罗无遗。"[②] 作为元大一统时代下的文化产物，欧阳玄的传记创作在大一统理念的贯施与包容的民族观念中深深烙上时代的印记。可以说，欧阳玄通过这些人物事迹的记叙和形象的描摹，也同时雕刻与建构出了那个时代的面貌。下面将分别从欧阳玄传记所记录的时代中的个体、群体与家族三个方面来加以详论。

（一）易代际遇与个体行藏的选择与奋争

从时间上来看，欧阳玄传记传主主要出生于宋末至元初蒙汉一统未稳之时，这些人多经历宋元易代，又主要活动于元初、中期，对易代前战乱

---

① 《文体明辨序说》，第 152 页。
② 梁启超：《中国历史研究方法》，上海古籍出版社 1986 年版，第 182—183 页。

带来的流离迁徙，易代后被迫归于夷统下的痛苦融合有着特殊的一般超越了两代的家族性体验。这种以夷代夏而入主一朝的易代时境对他们的人生遭际产生着不同程度的影响，甚至成为一些传主人生道路上的重要节点或关键转折点。他们或选择归隐山林，安然退处一室，或积极顺应潮流，奋然勇往于世。而作为时代主流的后者，以儒家入世精神为主导而积极求得有用于时者也成为欧阳玄传记人物中的主体。

首先是在元朝开国之业中顺应历史潮流与时而奋得成一生功名者，欧阳玄通过这些人物传记展现了元朝大一统前夕的开国雄风与元初一统进程中实行汉法文治的曲折历程。

许衡（1209—1281）是欧阳玄传记中以文治儒略助谋元朝立国之业的最有力代表。清代黄百家评许衡为"盖元之所籍以立国者"①，欧阳玄为其所作神道碑文则以许衡与世祖的"君臣遇合之契"称述其为元之立国所作"建皇极、立民命、继绝学、开太平"②之功。据欧阳玄《许衡神道碑》，在受知世祖前这四十余年里，许衡以个人才志发奋于乱世，勤学苦筑因有"鲁斋"名号。许衡生于金末，父祖以业农为生。世乱家贫没有阻挡许衡勤读好学之心，"闻有善本，冒险数百里，就而录之。读之有疑，即能有所折衷"。蒙古灭金，许衡相继至鲁、魏之地，后又往来河、洛，期间与窦默、姚枢"相与论辩，探幽析微"，得习伊洛、程朱性理之书，儒术精进，"慨然思复三代庠序之法"。尝赴大名府讲学，匾其斋曰"鲁"，因恭谨执教，求学者甚多，"鲁斋先生"之号由此传开。宪宗四年（1254），忽必烈受封于秦中，闻许衡名召为京兆教授，许衡与忽必烈之君臣遇合遂由此展开。许衡与忽必烈君臣相契之谊最被后人称道者乃许衡上疏本"行汉

---

① （清）黄宗羲：《宋元学案》卷九〇《鲁斋学案》，沈善洪主编：《黄宗羲全集》，浙江古籍出版社1999年版，第6册，第555—556页。
② 《欧阳玄全集》卷九《文正许先生神道碑》，第177页。

法"而陈之五项治国纲要得到世祖一一嘉纳，这封四千余字的奏疏俱被载入《元史》本传，在苏天爵所编《国朝名臣事略》中亦有简录，欧阳玄《许衡神道碑》则对许衡上疏之况有详叙：

> 自是预国大议，时至都堂，扈行上京，咨访日广。宿卫之士见先生入对，举手加额相庆曰："是欲泽被生民者。"上疏陈五事：曰立国规模，曰中书大要，曰为君难，曰农桑学校，曰慎微，累数千百言。读奏未撤，上久听，微有倦色，先生即敛卷求退。上肃然正襟危坐，先生乃再读。读讫，上嘉纳之。①

这段可观世祖与许衡语言、神态、心理活动等生动的君臣互动在苏天爵《国朝名臣事略》及《元史》都是未曾见载的。欧阳玄详叙于此，与紧扣其碑文所定"君臣契合"主题不无关系。但其实在忽必烈即位之后，基于政治、经济考虑，忽必烈重用色目理财权臣阿合马，对其"授以政柄，言无不从"②却是不争的历史事实。阿合马主行回回法，许衡主张"必行汉法"，二人是为政治上的对头，世祖对阿合马的重用在某种程度上来说就是对许衡的疏远。③史载忽必烈对许衡多次奏报阿合马罔上之事不予理会，欧阳玄所作神道碑文亦有提及，但明显立场不同：

> 阿合马请建尚书省，总六部，与中书省角力，上特用先生为中书左丞。先生求面辞，不得见者再。越数日，奏所议事毕，自陈曰："臣有三宜辞：一非勋旧，二蔑才德，三所学迂，恐于圣谟神算，未能尽合。"上曰："用卿出朕意，毋事多让。"先生辞不已，上命从官

① 《欧阳玄全集》卷九《文正许先生神道碑》，第181—182页。
② 《元史》卷二○五《阿合马传》，第4559页。
③ 罗贤佑：《许衡、阿合马与元初汉法、回回法之争》，《民族研究》2005年第5期；张帆：《〈退斋记〉与许衡刘因的出处进退——元代儒士境遇心态之一斑》，《历史研究》2005年第5期。

掖之起，有旨曰"出"。既出及阈，还奏曰："陛下令臣出省耶？"上改容曰："出殿门耳。"明日又辞，遣近臣哈剌合孙先谕止之，强出视事。至上京，奏阿合马罔上不道事，不报，因移病谢机务。丞相难之，御史中丞孛罗为之请，上恻然，召子师可，谕史举代，对曰："用人谊出上意，臣下举代，恐开市恩觊觎之渐。"①

与苏天爵《国朝名臣事略·左丞许文正公》及《元史·许衡传》所载此事相关叙述比较，在欧阳玄笔下，许衡谏言不报之事一笔带过，而其因谏言不报请辞之状却得重点着墨：首先，许衡自陈三"宜辞"理由，上重申"用卿"之本意其他二文献未有见载；其次，《元史》另载许衡反对命阿合马子金枢密院官未果并反遭阿合马嫌忌之事，《国朝名臣事略》亦有按语录此事，欧阳玄神道碑文则对此事略之。再次，《元史》还载至元十年（1273），以阿合马为首的权臣屡毁汉法，导致国子诸生"廪食或不继"②而多引去、许衡再次请辞之事，并且记世祖在翰林学士王磐"衡教人有法，诸生行可从政，此国之大体，宜勿听其去"的建言下，仍以赞善王恂摄学事，应准了许衡的请辞。此事在苏天爵《国朝名臣事略·左丞许文正公》与欧阳玄所作神道碑文中皆不载，前者仅录《国学事迹》"八年，授集贤大学士、国子祭酒。先生方居相府，丞相传旨，令教蒙古生四人，后又奉旨教七人，至是有旨，令四方及部下愿受业者俱得预其列，即令南城之旧枢密院设学"一段，后者则记世祖"以先生为集贤大学士兼国子祭酒"开国子学，"上喜其业成，时自程之。越三岁，以改葬亲丧谒归。属召赴行在，遂请朝辞以行。上命诸老议其去留，姚枢谓：'先生出处，有关世运，宜成其志。'更命张文谦问所以告归之意，其对如初，始允"③。

---

① 《欧阳玄全集》卷九《文正许先生神道碑》，第 181 页。
② 《元史》卷一五八《许衡传》，第 3728 页。
③ 《欧阳玄全集》卷九《文正许先生神道碑》，第 181—182 页。

以上可以大略看出，欧文侧重表现世祖在许衡数度进退间挽留与惋惜的态度，以表"君臣遇合之契"主旨；苏撰亦可说从某种程度上表现出此种倾向。此处值得一提的是苏撰中独录的一段《考岁略》材料："先生每有奏对，或欲召见，则上自择善译者然后见之。或译者言不逮意，上已领悟；或语意不伦，上亦觉其非而正之"①，此亦可推见许衡知遇于世祖之况；《元史》所录则较前二者皆详，作为后继之朝官修史书，《元史》基本以存录前朝史料为本，在作传上不见明显带有个人偏向的择取痕迹。此前提及，欧阳玄是以"实事不妄"之名得奉笔而作《许衡神道碑》，叙述有隐实不是其作风。但需要指出的是，此文作于许衡逝后之三十四年，此时的许衡已列爵封侯，从祀孔庙，其受知世祖，继往圣事业，助元行汉法，开国子学，培养蒙古、色目、汉人勋贵高第"彬彬辈出"这一系列功论在官方乃至民间业已形成较为稳固的认同。而早于欧文六年编成的《国朝名臣事略》，作为一部个人私修史书，以"博而知要，长于纪载"② 见称的苏天爵对许衡事略一部分所择取材料亦能见出其对许衡与世祖遇合之契的肯定其实也是建立于这样的认同上，而并非刻意为之。欧阳玄所作神道碑文开头有点明其奉敕执笔代言官方之要旨："元统三年，今上皇帝赐词臣玄文其神道之碑，以赐其子师敬，使刻之。于是臣玄再拜稽首，以复明诏曰：论世祖之为君，而称述许先生之为臣，则见我元朝廷之闲，有唐虞明良之气象；论许先生之为臣，而推世祖之为君，则见我元国家之初，当真元会和之气运。故善言先生，必以道统为先，而后及功业，则上可以称塞圣天子命臣作碑之初意，下可以压服天下后世学者景慕之盛心也。"③ 可以说，同生于"车书混一之代"的欧阳玄与苏天爵，他们所持立场代表的是

① 《元朝名臣事略》卷八《左丞许文正公》，第 171 页。
② 《元史》卷一八三《苏天爵传》，第 4226 页。
③ 《欧阳玄全集》卷九《文正许先生神道碑》，第 178 页。

那个时代历史的主流，亦应是许衡一生出处进退的最主要一面。尽管在以少数民族掌握核心政权的统治下，汉族士人的权利与地位受到冲击甚至某种程度上的打压，但蒙古、色目民族依赖汉地、汉人、汉法缔造与稳固其统治，汉族人士以积极的儒家入世思想融于少数民族政权体系进行一定干涉，各族士人以家国利益融为一体，民族冲突与文化冲突只不过是这其中必要的推动历史发展的矛盾。以许衡这个个体来说，"君召辄往，进辄思退"① 的许衡在朝堂上并不是一路春风，在后来与阿合马的政治抗争中几乎一直处于弱势并最终被排挤而归，但从欧阳玄所述许衡一生进退，则可知许衡与忽必烈的"君臣遇合之契"才是这种时代主流与历史主流，是其时代影响力与历史影响力得以最大发挥的契点。所以从欧阳玄所作《许衡神道碑》，包括苏天爵《国朝名臣事略·左丞许文正公》，看到的是河间经生许衡历经何种际遇而成为"元时实赖之"② 的一代开国鸿儒，看到的是其一生主要功绩，同时通过欧阳玄所作《许衡神道碑》，又可得窥元开国风云及终元一代存在的以民族冲突和文化碰撞形式而逐渐走向融合的一统进程在元初的展现，甚至可观欧阳玄、苏天爵所处之世道时况。

值得一提的是，在抗争阿合马专政的这段历史中，有秦长卿者，竟以身殉道。其时，阿合马秉政，"聚敛罔上，怙权宠常"，"廷中相视，无敢论列"。长卿以宿卫之职，"慨然上书发其奸，竟为阿合马所害，毙于狱"③。欧阳玄尝为其作传，但文已佚，只留下虞集为其侄秦仲所作《昭州知州秦公神道碑铭》中所转引百余字，称长卿"求无负其君"，其侄秦仲因季父之冤罢官离职，"求无负其诸父"，二者皆"无怨""无悔"。虞集以为"得秦氏父子之心矣"④。只可惜今未能见传文全貌。

---

① 《欧阳玄全集》卷九《文正许先生神道碑》，第 182 页。
② 《宋元学案》卷九〇《鲁斋学案》，《黄宗羲全集》，第 6 册，第 524 页。
③ 《元史》卷二〇五《阿合马传》，第 4562—4563 页。
④ 《虞集全集·道园类稿》卷四三《昭州知州秦公神道碑铭》，第 1110 页。

　　至正四年（1344），欧阳玄作《大元敕赐故顺天路达鲁花赤河西老索神道碑铭》，尽管作品依旧是奉敕而作，但欧阳玄的时代大局观在其中同样毕现无遗。传主唐兀氏老索（1193—1265）是蒙古建元之前追随成吉思汗攻城略地的一位得力武将。欧阳玄在传记中特载其"以骁勇闻"，且有远见。彼时，成吉思汗正拓境四方，"老索知天意所向"，率诸部降。召入宿卫，"及遇攻讨，被坚执锐，亲冒矢石，为士卒先"，得到成吉思汗嘉称，后来又参与了蒙金野狐岭之战、南京之战、铁门关之战以及蒙夏之战，屡建战功。其子忙古亦参加了钓鱼山之战，"克捷居多"。这篇碑文篇幅不长，叙述相对从简，还阙略甚多，但"骁锐无敌"[①] 的老索却令人印象深刻。还有"世祖在御，网罗天下豪杰，布列庶政"而"徒步至辇下"自荐用世的安平王思聪[②]，"事我世祖皇帝，懋建嘉绩"的也黑迭儿、马合马沙父子，特别是也黑迭儿，以"非钜丽宏深，无以雄视八方"[③] 的气魄设计并监修了大都宫城。这些人物与阿里海牙、许衡、秦长卿类皆是欧阳玄传记中于蒙元创业建国初期积极顺应时势的个体代表，他们的人生轨迹与时代兴变紧密相连，尽管进退有高低、功绩有大小，但在欧阳玄的笔下，他们都是富于时代气息而又独具个体特色的鲜活生命体。

　　与多数少数民族和部分北方汉人活跃于政治、文化中心的建元初期不同的是，在蒙元一统南北之后一批南方士人开始走向大都，进入蒙元政治、文化等权力机构，使元朝开始了历史上广度、深度皆为之最的南北融合一统进程。所以在欧阳玄传记中记录的个体，特别是生于易代之时、长于承平之际以个人才力、勤力垂获时运而得成一生文名者——通过这些人物，欧阳玄传记得以从某种程度上展现大元一统南北之后挑战与机遇、冲

---

　　① 《欧阳玄全集》补编卷十一《大元敕赐故顺天路达鲁花赤河西老索神道碑铭》，第670、671页。
　　② 《欧阳玄全集》补编卷十二《安平王氏世德之碑》，第700页。
　　③ 《欧阳玄全集》卷九《马合马沙碑》，第255、256页。

突与融合并存的时代状况。

赵孟頫（1254—1322）、虞集（1272—1349）、揭傒斯（1274—1344）是为这一时代个体典型。至元二十三年（1286），程钜夫奉旨求贤江南，得二十余人应诏，系出故宋秦王德芳、太祖十一世孙赵孟頫成为其中首选。至正五年（1345），欧阳玄奉敕撰《赵文敏公神道碑》，叙赵孟頫初见世祖之态："风神散朗，容止闲暇，上以为有神仙风。会尚书省立，命草诏，公援笔立成。上问大旨，召近臣译以对，喜谓公曰：'卿言皆朕所欲言者。'自是国有大议，必与咨询。"① 在程钜夫的引荐与忽必烈的赏识中，这位书画诗文、律吕经济皆"冠绝一时"② 的故宋宗子由此在元朝开启其一生传奇。赵孟頫以兵部侍郎起家，"被遇累朝，扬历中外。仁宗皇帝圣眷优渥，擢长词垣，致位一品。文宗之世，有司举行赠典，进秩辨章，驰爵上供，仍议节惠"③。赵孟頫在元初文化圈"遂擅一代，学者澜倒"④ 的领袖意义对元代的艺术、文学、文化皆产生了深刻影响。

虞集是继赵孟頫之后元中期文坛又一泰斗式人物。至正十年（1350），欧阳玄以与虞集父子的"奕世之契"⑤、用荐之谊应虞集子安民之请为虞集作神道碑文。碑文以"皇元混一天下三十余年，虞雍公赫然以文鸣于朝著之间，天下之士翕然谓公之文当代之巨擘"⑥ 的历史定位为核心论点对虞集的家世生平、宦历交游情况及其之于元代文坛、儒林地位与影响展开了全方位的考察与评述。虞集为南宋名相、名史学家虞允文的五世孙，生于

---

① 《欧阳玄全集》卷九《赵文敏公神道碑》，第197—198 页。

② （元）杨载：《大元故翰林学士承旨知制诰兼修国史赵公行状》，《全元文》第25 册，第587 页。

③ 《欧阳玄全集》卷九《赵文敏公神道碑》，第196 页。

④ 《虞集全集·道园类稿》卷三二《跋朱侯所临智永千文》，第406 页。

⑤ 《欧阳玄全集》卷九《元故奎章阁侍书学士翰林侍讲学士通奉大夫虞雍公神道碑》，第227 页。

⑥ 同上书，第216 页。

元灭南宋前四年之咸淳八年（至元九年，1272），五岁时宋亡，随母家移居岭外，时值干戈无书籍，母杨氏口授之。九岁，时局稳定，全家迁还长沙，"始得墨本"，"已悉通大义"，"又五年，居崇仁故寓，已善属文"。在崇仁的学习、交游际遇为虞集后来进入京师、受知文宗，得掌一代文衡打下了坚实基础。其时，"胜国名公卿家多流寓是邦，公游诸公间，备闻前修格言，考核前代典故、旧家世系源委，言若指掌"①。在这期间，虞集还得以师从当时南方大儒吴澄，成为其最为称赏、亲厚的弟子。大德六年（1302），年及而立的虞集以荐授大都路儒学教授，正式步入仕途，历成均、集贤、颂台、史馆、经筵，得文宗皇帝相知，擢拜奎章阁侍书学士，命领修《经世大典》，书成拜翰林侍讲学士。至顺三年（1332）文宗崩于上都，虞集亦以病谒告归家，从此退居山林垂二十载，但其影响依然是"冠盖相望于道"，近推山林，远摄朝堂，"学者风动从之"②，为元文坛、儒林之"一代斗山"③。

与虞集并列"元诗四家""元儒四家"的揭傒斯，是欧阳玄传记中又一以南士之身跻身庙堂高位的个体典型。揭傒斯一生进退可以一"勤"字概之，欧阳玄为其所作墓志铭亦以此"勤"字发之。揭傒斯出生于江西丰城一布衣家庭，"少自处约立身"，家贫"不能具束修从学，惟孜孜刻苦，父子弟兄自为师友"④。年二十余，出游江汉间，得程钜夫赏识并妻以从妹。皇庆初年（1312）程钜夫入朝为官，馆其于门下，得国初诸老嘉识。直至延祐元年（1314），年过不惑的揭傒斯方乃用荐为翰林国史院编修官得以出仕，自此"以庶士起远方，而徊翔于清途三十年"⑤，受知台阁重臣

---

① 《欧阳玄全集》卷九《元故奎章阁侍书学士翰林侍讲学士通奉大夫虞雍公神道碑》，第218 页。

② （元）赵汸：《邵庵先生虞公行状》，《全元文》，第 54 册，第 365 页。

③ （明）胡应麟：《诗薮》外编卷六，中华书局 1962 年版，第 239 页。

④ 《欧阳玄全集》卷十《豫章揭公墓志铭》，第 287 页。

⑤ 《黄溍全集·金华黄先生文集》卷二六《文安揭公神道碑》，第 685 页。

李孟、王约、赵孟頫、元明善及东南名卿袁桷、邓文原、虞集，与范梈、杨载翰墨往复，更为倡酬。并得几朝元帝青眼有加：朝廷傥罢群臣赠典，揭傒斯父独得赐号"贞文"，又赐之碑；每有大臣荐文士，文宗必以"其才比揭曼硕如何"而裁之；至正改选格，诸超升不越二等，揭傒斯由中顺大夫进中奉大夫，独不为例，超授四等。这些特遇让揭傒斯"许国之志益自奋厉"。至正三年（1343），揭傒斯出任三史总裁，"公奉命黾勉，朝夕匪懈"，"身任劳绩，不以委人"①。至正四年（1344）七月，揭傒斯因赶修宋、金二史过劳致疾而卒于京师寓舍，"荐膺眷遇，勤事以死"②。九月，欧阳玄应其子揭汯之谒为其作《豫章揭公墓志铭》，此外另代笔翰林国史院作有《翰林国史院祭揭侍讲文》。欧阳玄与揭傒斯"三为同寅，相知为深，公死逾月不能忘。故不铭有所不忍，铭有所不忍"③，所以在这篇"勉叙而铭"讲述揭傒斯一生于学事、官事、史事、文事上皆勤力为之而得"晚乃蔚为儒宗文师"的墓志铭中，深深流露出同处一个时代的个体间的强烈情感共鸣。

黄溍尝著《揭傒斯神道碑》，论揭傒斯一生所著名望来源于其能积极以个人才志奋发于时代兴运而非一日之侥幸："盖人才之生，必于兴运，其以文事与时而奋，恒在乎重熙累洽之馀，惟养之厚，而用之不亟，故其望，实弥久而益著，非侥幸于一旦、坐致显融者，可同日而语也。"④ 在欧阳玄传记中以赵孟頫、虞集为代表而出仕元廷的南士莫不若是。生于易代之际，让他们遭受了一定程度的时代、家国迁变的感伤，但更多是际遇承平；长于少数民族一统南北的大一统政权下，让他们在受到一定程度的民

---

① 《欧阳玄全集》卷十《豫章揭公墓志铭》，第 301、302 页。
② 《黄溍全集·金华黄先生文集》卷二六《翰林侍讲学士中奉大夫知制诰同修国史同知经筵事追封豫章郡公谥文安揭公神道碑铭》（下引简称《文安揭公神道碑》），第 685 页。
③ 《欧阳玄全集》卷十《豫章揭公墓志铭》，第 297 页。
④ 《黄溍全集·金华黄先生文集》卷二六《文安揭公神道碑》，第 685 页。

族与文化冲击与挑衅的同时，也接收着特别是随着政治地位的提高而不断
扩大的这个大一统时代带来的地理、经济、文化、宗教等各方面较之前朝
更为广阔、恢宏、多元、新奇的资源。所以一方面，他们自幼怀过人之
资，持高远之志，积极承学、交游，企有用于时。当得"遭遇圣时"，"历
事圣君"，致位朝堂之时，他们发自内心歌咏这个时代的伟岸气象，"掌斯
文于玉堂，赞皇猷之光大"①，以个体之文事为这个国家建言立教，为这个
时代载纪张目。另一方面，他们也受到这个异族统治时代的疏离甚至某种
程度的排挤。欧阳玄曾记一次忽必烈询问赵孟頫尚书留梦炎、右丞叶李二
人优劣，赵孟頫以留梦炎"为人重厚，笃于自信，思虑深长，善断国事"
优之，忽必烈则以为宋贾似道罔上误国，留梦炎未能尽中书之职劾之，而
叶李以布衣之身上书乞斩贾似道，"是贤于梦炎明矣"，并要求赵孟頫赋诗
讽留梦炎。赵孟頫于是立进诗曰："状元昔受宋家恩，国困臣强不尽言。
往事已非那可说？且将忠直报皇元。"②留梦炎曾与赵孟頫父同事宋朝，有
同寅之契，忽必烈此举明显有质疑赵孟頫忠诚之嫌，而赵孟頫作此诗又明
显借他人之口表明自身之忠，其中不被皇帝信任的心酸与无奈不言而喻。
所以后来他以自己为"疏远之臣，言必不听"③托"为上所亲信"的奉御
彻里进言桑哥误国，而这正说明了赵孟頫对这种政治疏离有着切身感受。
又如《虞集神道碑》中所载虞集一事：

　　又一日，受命记一古寺，稍陈前代遗迹。有构饰于上者，谓公前
　　代相臣子孙，适美前事尔。他日入见，上以是语之，对曰："前代已
　　远，臣庶子孙思其父祖，固不忘其所事，此为忠孝。臣愚不足以及
　　此，但臣以疏庸遭遇圣代，致位通显，他日臣之子孙以臣遭遇，世世

① 《欧阳玄全集》卷十五《翰林国史院祭揭侍讲文》，第435页。
② 《欧阳玄全集》卷九《赵文敏公神道碑》，第200页。
③ 《元史》卷一七二《赵孟頫传》，第4021页。

毋忘本朝厚恩，亦忠孝之劝也。故臣谓能为此言于上者，亦必忠孝之
人也。"上目近臣叹异之。①

　　这场质疑虽得虞集以"忠孝之劝"机智化解，但其所体现出来的虞集
作为前朝遗子、异族之臣在元廷中的边缘感却让人为之怫叹，这就不难理
解在"遭遇圣代，致位通显"的虞集的诗文作品中依然有多篇惦忆着杏花
春雨，诉说着江南乡愁，这种"乞愿归乡老，吴蜀山总好"②的淡淡感伤
也成为虞集诗文作品中时常萦绕的一种主情调。在《豫章揭公墓志铭》中
也有隐晦叙道："世路龃龉，时或不平，心有所感，形诸诗文，傍观谓其
太甚，公曰：'言当如是，不必虑也。'"③ 此间最为人提及的便是《寒雁》
一诗："寒向江南暖，饥向江南饱。莫道江南恶，须道江南好。"孔齐《至
正直记》认为"揭曼硕题雁，盖讥色目北人来江南者，贫可富，无可有，
而犹毁辱骂南方不绝，自以为右族身贵，视南方如奴隶，然南人亦视北人
加轻一等，所以往往有此诮"④。揭傒斯当时所感民族矛盾，可见一斑。然
而需要明确的是，与以民族的统一与融合为主要方面同时又包含着不断的
民族冲突与矛盾的时代潮流相伴随，在欧阳玄传记中出现的以赵孟頫、虞
集、揭傒斯为典型代表的历宋元易代并出仕异族统治下的元王朝的南人，
修齐治平、致君尧舜的传统儒家理想依然是他们最主要的人生态度，尽管
在这种理想的实现路途中，他们遇到过阻碍、冲突和排挤，但不可否认的
是，这个前所未有的大一统时代，这个多元混一的大元王朝，带给了他们
成就一生事业的机遇与资源，他们的行藏进退与时代紧密关联，以至于在
当时之人与后世者眼中，他们成为元初中期传统文人气质的表彰，成为认

―――――――――――

　　① 《欧阳玄全集》卷九《元故奎章阁侍书学士翰林侍讲学士通奉大夫虞雍公神道碑》，第
225 页。
　　② 《虞集全集·道园类稿》卷二《赠写真佟士明》，第 13 页。
　　③ 《欧阳玄全集》卷十《豫章揭公墓志铭》，第 302 页。
　　④ 《至正直记》卷三《曼硕题雁》，第 78 页。

识那个挑战与机遇、冲突与融合并存的时代不可绕开的文化典型。

与上述两种积极出世者相对应，在欧阳玄传记中还有一些隐士、征士、处士个体。他们亦多在青少年时期遭逢易代，亦从小有志于学，但却基于某些主观的和客观的原因逐步成长为远离政治的隐士。从篇目与篇幅来看，他们只是欧阳玄传记中的"小众"，细加品读，则时代一隅之风貌亦头角具矣。

如欧阳玄在至顺三年（1332）为隐士刘过所作墓铭《元故隐士更斋先生刘公墓碑铭有序》。刘过（1259—1327）字益翁，号更斋，湖南长沙人。尝侍先君子登南宋名儒欧阳守道之门，与南宋爱国名相江万里门客王珏兄弟为畏友，又得宋末著名遗民诗人刘辰翁、邓光荐忘年友之。欧阳玄碑铭称其"生平裕有才谞，薄于宦情"：分宪观复马公"欲辟以掾属，力辞"，御史方厓萧泰登屡劝其仕，"辄不答"，晚岁"顺适丘园，容与翰墨，嗜古图画"，匾其楼曰"望云"，颇有古隐者风①。以其与南宋遗民交游之繁，刘过之隐或可大胆推为由不愿与元廷合作的政治态度所趋。另在《元处士刘公梅国先生墓铭》中记有一安成处士刘隆瑞（1265—1322），其不用于世亦或有类于此。隆瑞世为安成望族，"幼颖悟力学"后却"畅适泊然，无求于时"。隆瑞何以从力学儒业转为"畅适泊然，无求于时"，其中缘由欧阳玄无明叙，但从其父尝接见刘克庄，与文天祥有姻好，与刘辰翁、赵文、王梦应、崔君举、彭巽吾皆尝与游之"先友过从之盛"，欧阳玄以为可"知其负挟有自来"②。

再如至正六年（1346）所作《元故征士段公礼廷墓碑铭》中的征士段士龙。段士龙（1269—1336），字云亨，号礼廷，湖南长沙人。自曾祖、祖、父"三世皆有德之士"。父号真逸处士，"以赀雄于长沙"，士龙本为

---

① 《欧阳玄全集》卷十《元故隐士更斋先生刘公墓碑铭有序》，第279—280页。
② 《欧阳玄全集》卷十《元处士刘公梅国先生墓铭》，第294—295页。

其族子，九岁时真逸认为"是儿能振吾宗"，欲继之为后，为士龙生父所拒，及自十八岁时方继之于真逸。真逸得士龙干蛊，甚副所愿。需要指出的是，征士乃为不接受朝廷征聘的隐士，欧阳玄碑铭有叙段士龙曾被"当道荐以文学掾，力辞不就"，可推知其"征士"之名由此而来，亦可知段士龙有从业文学之事。但士龙是以怎样的心态拒绝元廷征召而选择秉承父业，弃文从商，欧阳玄碑铭未有相关叙述可供窥略。或从其"未弱冠来继真逸，始终几四十载，父子慈孝如一日，中外无几微间言"① 的一颗忠孝之心，其弃文从商之举或可解读为有报答真逸之意。但要知道在古代，特别是明清之前，传统商人的地位是低下的，在清高的文人眼中更是所不齿的，礼廷放弃文人的仕进机会而选择从商不得不说与时势变化有微妙联系。

与上述人物归隐的偏主动性不同，欧阳玄《元故隐士庐陵刘桂隐先生墓碑铭》中的隐士刘诜是由积极入世走向被动出世直到主动请归。刘诜（1268—1350），字桂翁，号桂隐，江西庐陵人，生于世代素儒之家。九岁宋亡。"奋以颖悟之资，自树孤羁之中，能不坠先业"，年十二作科场律赋论策之文，蔚然有老成气象。宋之遗老巨公，一见"即以斯文之任期之"。元延祐复科举后，诜肆力于名物、度数、训诂、笺注之学，但却十年不第，乃刻意于古诗文，由此不复有仕意②。时"方厓萧公为御史，以教官荐；学山文公为集贤，以馆职荐；尚书鹏南郑公过庐陵，见之，归朝以遗逸荐"，诜皆不报。自此，刘诜在世运的事与愿违中被动走向并主动坚持了这条归隐之路。欧阳玄称其之德，"不为世俗之所摇敚，不为风声气习之所沦染，卓然以厚重醇雅"，"居家处邻，有古君子风"；"至其为文，根柢六经，属餍子史，躏轹百家，淳滀演迤，虽未尝露其俊杰廉悍、踔厉风

---

① 《欧阳玄全集》卷十《元故征士段公礼廷墓碑铭》，第276—277 页。
② 《四库全书总目》卷一六六《集部·别集类十九》"桂隐文集提要"，第1425 页。

发之状，韫玉在椟，气如白虹，不可掩抑"①，对其人其文甚是推崇。

少数民族入主中原，统一南北，这种可谓翻天覆地的政治换代与历史变迁对于有着悠久华夷之防观念的汉族士人来说是一项前所未有的挑战，而元朝科举的久久未复，开科之后的森严等级与名额的稀缺导致的入仕途径的闭塞与艰难更是让一部分人以消极的方式面对这项挑战。欧阳玄传记中的这些隐士、征士正是对宋元易代及元初文人选择归隐心态的反映。

在欧阳玄传记中还有相当比例为因子孙之贵而受元推恩的先辈长者所作。如（后）至元二年（1336）奉敕为同年张起岩先世作《元封秘书少监累赠中奉大夫河南江北等处行省参知政事护军追封齐郡公张公先世碑》；（后）至元四年（1338），又应同年许有壬之请为其父作《许熙载神道碑》；约（后）至元五年（1339），为内台侍御史何约父作《何汝丽神道碑》；（后）至元六年（1340），奉敕为中书左丞傅岩起父作《傅杰神道碑》，为吏部侍郎张惟敏祖父作《张思忠神道碑》等。这类传记在元代馆阁文臣如赵孟頫、袁桷、虞集、揭傒斯、杨载、范梈、张养浩、黄溍、柳贯、马祖常的传记中都占有相当比例。这些传记除能直接展现传主的惠政贤德，笔者以为，更重要的是能观使传主受到封赠的子孙后代的功勋业绩和行藏出处，是这些在大一统王朝中或以其吏绩、或以其廉政、或以其学望"宦业日盛"，为家族增光添彩活跃于元王朝政治舞台的儿孙后辈，典型如皆以延祐首科登第而官拜中书左丞的许有壬、累官至翰林学士承旨的张起岩，以吏起家至位中书左丞的傅岩起，"以儒试吏""稔为上知遇"的内台御史台的何约，"由中书掾声誉日起，扬历清涂"官至中书省参知政事兼集贤大学士的贾惟贞，以及以泰定丁卯进士擢中台端，"文学议论，烨然有声朝著间"的李稷等，他们亦应是欧阳玄传记中不可忽略的元大一

① 《欧阳玄全集》卷十《元故隐士庐陵刘桂隐先生墓碑铭》，第283—284页。

统进程中与时奋争的时代个体。在为李稷所作《敕赐滕李氏先茔碑铭并叙》中，欧阳玄对元廷对朝臣赐典之碑有详论："天朝赐群臣家碑，盛于至大、延祐，尤盛于今日。洪维圣恩，昭天漏泉，以彼六代狭陋之规，比之混一六合、垂示万世者，可同年语哉！治书孝于其亲，读家乘所述，当知李氏世德之深厚，其来有源；忠于其君，观历代之宪章异同，当知国家恩数之宽大，岂非千载一日之遇？其所以图报，有纪极乎？玄被诏铭当代钜室之墓多矣，稷准人法家，故特详于赐碑之典。"[1] 此论称扬了传主以世德之厚承国家恩数，道及作传者欧阳玄得笔书当代钜室碑墓之多，又无疑彰显了异族统治下的大元王朝向异族朝臣求得合作的关系，这不得不说是时代一统进程中的又一侧面。

（二）科举复兴与延祐首科文人群的形成与互动

欧阳玄传记中并未有为某一群体作传的篇什，但在总和多个相关联的单个传记人物时，可以发现，围绕元代科举行废生成的包括欧阳玄自身在内的延祐首科文人群与欧阳玄几度掌教国子、屡主文衡的"所得士"群体在欧阳玄传记中占有相当分量，这些人物基本出生于元一统南北以后，易代之乱所赋予时代的失落感与沧桑感并没有在他们身上留下明显的痕迹，相反，在大一统进程的持续深入中，他们自觉或不自觉地成为这个时代的代言者与助力者。在欧阳玄的传记中，他们或以传主身份出现，或以谒传媒介人出现，甚或以篆额书丹等形式的协助作传者身份出现，形成了一个广泛而密切的文化关系网络。无可厚非，作为个体，他们都具有重要意义，但以群体形式观之，则可发现他们更为重要的时代地位与历史意义。

皇庆二年（1313）十一月，仁宗下旨诏行科举，自此自金灭亡近百年

---

① 《欧阳玄全集》补编卷十三《敕赐滕李氏先茔碑铭并叙》，第719页。

废止的科举盛事终于复行开来。于此，对科举复兴有着关键推动作用的中书平章政事李孟曾作《初科知贡举》诗云："百年场屋事初行，一夕文星聚帝京。豹管敢窥天下士，龙颜谁占日边名。宽容极口论时事，衣被终身荷圣情。愿得真儒佐明主，白头应不负平生。"① 从后世甚至单从延祐首科所选拔人才来看，李孟所愿其实相副。延祐二年（1315），一批以千里挑一之势通过各省乡试来自南北各地、华夷各族的人才会于京师，经二月会试、三月廷试，得左右榜进士共五十六人②。包括欧阳玄在内，这地域、种族各异的五十六人经延祐首科"一役"，自此以其于元代政治舞台与文化舞台中的各类活动，开始织起千丝万缕的联系，形成元代科举史上"得人最盛"的延祐首科文人群。

单从传主角度来讲，欧阳玄传记所涉篇目有九篇，但这其中包括六篇为同年先世或家族所作碑铭，并且其中三篇已佚③。从数量上看着实不多，但深究其中所展内容并结合其他相关诗文，可以明显捕捉到当时延祐首科几位主要人物如汉人张起岩、许有壬、王沂，南人欧阳玄、黄溍、杨载、干文传、杨景行、萧立夫、罗曾、刘彭寿、鲁伯昭、杨宗瑞、赵篔翁、陈泰及色目人马祖常、偰哲笃、哈八石等的密切联系、共同心理及其形成的关系网络。可以说，对延祐首科文人群体联系与互动的展现，是欧阳玄传记中极具时代特色与值得深究的内容要点。

---

① （元）李孟：《初科知贡举》，《全元诗》，第18册，第35页。

② 《元史》卷八一《选举志一》，第2026页。

③ 一篇为干文传所作封赠二代碑铭，据许有壬《至正集》卷七二《跋干尚书封二代碑》云："右礼部尚书干公封赠二代碑铭，翰林学士承旨欧阳玄原功之笔，翰林学士承旨张起岩梦臣篆其额，有壬实为之书，而记其碑阴者，则今翰林直学士黄溍晋卿也。"又据黄溍《金华黄先生文集》卷二十七《嘉议大夫礼部尚书致仕干公神道碑》言干文传祖、父二代生平："其详具如公同年翰林学士承旨欧阳公玄所为赠封之碑。"第二篇为为张起岩父张范（封齐郡公）所作墓志铭，据《圭斋文集》卷九《元封秘书少监累赠中奉大夫河南江北等处行省参知政事护军追封齐郡公张公先世碑》所道："齐公之墓，玄为之志。"第三篇为为黄溍父所作墓志铭，据黄溍《金华黄先生文集》卷十四《干氏赠封碑阴记》载"溍尝辱欧阳公铭先太常之墓"推知。

以欧阳玄传记为视点发散来看，延祐首科人士互为传记、交相往来之繁是这个群体最直观的联系。首先来了解欧阳玄为与其同登延祐首科的同年所作传记的具体情况。（后）至元三年（1337），欧阳玄为同年友刘彭寿作《元故承务郎建德路淳安县尹眉阳刘公墓志铭》。刘彭寿（1273—1336）以赐同进士出身，历任县丞、库使，官终淳安县尹。为政勤于治民，疏于奉上，以是湖广平章虽力荐之，却终不得大用。又为同年罗曾作有《元故将仕郎临江路事罗君墓志铭》。罗曾（1283—1327）与欧阳玄既为科第同年，又同生昭阳之岁，为首科五十六人中"居位勇退，以风义先天下"①者。墓志铭中提及另一同年萧立夫，其子霁为罗曾婿，作罗曾行状求铭于玄。萧立夫（1284—1315）登第后授将仕郎、南丰州判官以归，却不幸归途染疾，不久便卒于世。另约至正七年，为同年杨景行作《元故翰林待制朝列大夫致事西昌杨公墓碑铭》，其中有言论："搢绅间论初科南士，所至以政事称者，江浙如干寿道，江西如杨贤可，诚不易得者。"其中所提干寿道即干文传（1276—1353）。欧阳玄为干文传作有封赠二代碑铭（已佚），这篇碑铭还得时任翰林学士承旨的同年张起岩篆额，许有壬书丹，黄溍记其碑阴，"五人者乃得联名于一石"，时称"盛事也"②。其中黄溍（1277—1357）为之作有《嘉议大夫礼部尚书致仕干公神道碑》。另欧阳玄为张起岩（1285—1354）作《张公先世碑》，并为其父张范作墓志铭（已佚）。张起岩为欧阳玄父作有《欧阳龙生神道碑》。欧阳玄为许有壬（1287—1364）之父许熙载作《许公神道碑》，而状许熙载行者乃张起岩，志其圹者则为又一同年马祖常（1279—1338）。许有壬为马祖常作有《马文贞公神道碑》，这篇神道碑得欧阳玄书，张起岩篆额。黄溍则为之作有《马氏世谱》。此外，黄溍还为另一同年杨载（1271—1323）作《杨仲弘墓

---

① 《欧阳玄全集》卷十《元故将仕郎临江路事罗君墓志铭》，第309页。
② （元）许有壬：《跋干尚书封二代碑》，《全元文》，第38册，第174页。

志铭》。许有壬亦有《欧阳生哀辞》为欧阳玄继子达老作，另有《哈八石哀辞》，挽同年好友哈八石（1284—1330，汉名丁文苑）之情意甚使人动容，黄溍有诗题其后，同年王沂亦有挽诗①。另在元代极盛时创造了"五子登科"佳话的高昌偰氏家族，欧阳玄为之作有家传，这篇《高昌偰氏家传》也成为欧阳玄传记中记载人物最多、历史跨度最大、篇幅最长的，其家族首登科者偰哲笃亦是延祐首科进士出身，黄溍曾奉敕为其祖合剌普华作神道碑，许有壬则为其祖合剌普华及其夫人皆作有墓志铭。还有一位宋代名相赵鼎六世孙名赵箈翁者，欧阳玄虽未有传记之，但为其先祖赵鼎连作《赵忠简公祠堂记》《得全书院记》两篇记文。

以上仅为从欧阳玄传记出发而条列出来的延祐首科士人互为作传的一部分情况，像曾自言"以后死，屡尝铭吾同年之墓"②的黄溍，与欧阳玄、马祖常、哈八石、杨廷镇、张雄飞、李伯强、王沂等诸多同年有着深厚交谊的许有壬，其所作传记兹未一一具列。但从上述作传情况可以看出，已基本包容元代初科五十六人中有影响力者。这不得不说是欧阳玄传记深广的时代魅力所在。

若说通过对欧阳玄为同年所作传记及其他相关作品条目的粗浅梳理，见到的还只是一个个刚好同登延祐首科进士第而联系并不甚紧密的文人个体，那么再通过对这些传记作品与相关诗文作品的深入解读，则可发现这个适逢科举复兴而登上历史舞台的延祐首科文人是有着自觉群体认同意识与共通心理经验的士人群体。

首先是这个群体对"气运合一"的历史认同。黄溍《干文传神道碑》有铭曰："气运合一，人才乃完。公生其时，弗后弗先。"③干文传出生之

---

① 参见黄溍《金华黄先生文集》卷六《丁文苑同年哀词后》，王沂《伊滨集》卷十《挽丁文苑》及宋褧《燕石集》卷二《山北宪佥丁文苑挽诗》。

② 《黄溍全集·金华黄先生文集》卷三三《承德郎中兴路石首尹曹公墓志铭》，第478页。

③ 《黄溍全集·金华黄先生文集》卷二七《嘉议大夫礼部尚书致仕干公神道碑铭》，第697页。

年正是元灭南宋一统天下之年。黄潜对干文传生逢其时的历史认知可以说是延祐首科人士，特别是江南士人，对其因受大元一统时代首开科举之馈赠而得金榜题名、出为世用的一种共同群体领悟，这份领悟让这群人士皆怀感恩时代之心与奉献朝廷之意。延祐科举得以重开非一日之功，许有壬言元行贡举"倡于草昧，条于至元，议于大德，沮尼百端，而始成于延祐，亦戛戛乎其艰哉"①。受到这份难得的历史机遇不偏不倚的垂青，这群士人对参与这个时代有着积极的热情。若杨景行。欧阳玄铭其墓曰"仁庙抑吏，始更用儒。儒承休风，所尚廉隅。侃侃杨公，廉匪近名。曰予立志，无负圣明"②。杨景行以布衣"擢科入仕，始终以不负所学自期"，回报时代、圣君对其的提携与期许，是其一生立志修身的重要命题。碑铭详叙其仕迁各地之政绩，"未尝刓方瓦合，以适时尚，亦未尝为旧习俗所移"；又叙其上书勇救座主李孟一事：延祐七年，"视儒为宝"的仁宗去世，排挤汉儒的右丞相铁木迭儿专权，李孟受到谗构诬谤，被夺所受封爵。时杨景行在京师，"闻同年在言路者欲上章申雪之，数往见同年，风切之以义。同年感公言，章上，遂还旧授"③。以政报国，以廉惠民，以义救师，皆可为杨景行感恩时代赠予之"气运"的具体注解。同以政事著称的干文传亦莫如是。另若许有壬，欧阳玄所作许熙载神道碑言"仁庙初科进士，汉人赐绯者十一人，唯安阳公（许有壬）年财二十九，父母具庆，时人歆之，每以为义方之劝"④。以富壮之年乘首科之兴、致位宰辅的许有壬，"历事七朝，垂五十年，遇国家大事，无不尽言"，"当权臣恣睢之时，稍忤意，辄诛窜随之，有壬绝不为巧避计，事有不便，明辨力净，不知有

---

① （元）许有壬：《秋谷文集序》，《全元文》，第 38 册，第 129 页。
② 《欧阳玄全集》补编卷十《元故翰林待制朝列大夫致事西昌杨公墓碑铭》，第 743 页。
③ 同上书，第 742 页。
④ 《欧阳玄全集》卷十《有元赠中奉大夫湖广等处行中书省参知政事护军追封鲁郡公许公神道碑铭有序》，第 640 页。

死生利害，君子多之"①。许有壬一生积极履职元廷，其诗文中常以"忝与首科"之谦姿抒发对本朝科举兴废之感。（后）至元元年（1335）伯颜主罢科举，许有壬"力争不果"，并受权臣所辱。科举停废七年，许有壬在《题杨廷镇所藏科策题》发以愤辞："追思廷对时，文运之亨，如日方升，不图才三十年，遽至废格，虽奸人藉进士瘝墨者若干，以簧鼓上厅，而不才适在政府，封缴不武，匡救无术，有愧于七科五百三十七人者多矣。尚敢以瘝墨者为辞哉！而亦何面目复观圣策也？读卷臣世延等识于后，莫不哀岁月之飘忽，君臣之奄弃，世事之多变也。哀则哀矣，无愧也。"② 又于《跋首科帖黄》中感慨道："国家百年论议，二十年已行之盛典，一旦废罢，数奇罹蹇，适丁其会，尚欲胶荣觍面见天下士哉！……臣有壬衰且病矣，山林之下，独有拭目盛事，咏歌太平尔。"③ 所幸有壬题此卷之明年，即至正元年（1341），脱脱复相，朝廷更化。时草诏复科圣旨的欧阳玄有诗寄慰许有壬④，许有壬作《复科呈原功》言"二老甘为圣世之巢"，"栽培桃李非私已，收拾梗楠要育材"⑤，表达了其与欧阳玄为国选材、黼献圣治的一片冰心。回想欧阳玄曾记《延祐二年二月十七日侍宴北省》一诗："臣本江南一布衣，恩荣今日及寒微。台躔列宿光相射，湛露迎阳书未晞。仙酝饮来生羽翼，宫花留得奉庭闱。酒阑车马如流水，回望红云绕阙飞。"⑥ 这首诗所表达的登第后春风得意之欣喜，着实代表了当年受时运眷顾与明君贤臣之赏的所有延祐首科士人的共同心情，其后大部分人之所作

---

① 《元史》卷一八二《许有壬传》，第4203页。
② （元）许有壬：《题杨廷镇所藏科策题》，《全元文》，第38册，第145页。
③ （元）许有壬：《跋首科帖黄》，《全元文》，第38册，第161页。
④ 《欧阳玄全集》卷二《寄许有壬参政》诗云："京华白发染尘埃，喜见文场闭复开。自是曹参当继相，不然王式肯轻来？上躬藻火惭无补，众口监梅属有材。素志已酬归欲早，相期浊酒坐梅苔。"第25页。
⑤ （元）许有壬：《复科呈原功并序》，《全元诗》，第34册，第373页。
⑥ 《欧阳玄全集》卷二《延祐二年二月十七日侍宴北省》，第24—25页。

为，皆或有证于时数气运对其一生功名的玉成之意。包括欧阳玄在内，他们是真真正正于大元王朝一统下生于斯长于斯之一代士人，有着典型的时代意义。

其次是对首科"得人最盛"的价值认可。欧阳玄《元故将仕郎罗君墓志铭》有言称："延祐二年，仁庙初以科目取天下士，左右榜得五十六人。时朝廷骤黜旧制，一以经学行义取人，所得士非故业举子以应时需者。十五六年间，司风纪，掌纶绰，内宗机务，外使绝域，才不乏使。"① 从欧阳玄传记所牵发出来的延祐首科士人，其中张起岩是为初科左榜状元，官至翰林学士承旨；许有壬官拜左丞，参决多项中书机务；黄溍翮黻翰林四十余载，位列元代"儒林四杰"；色目人马祖常与弟马祖孝同登右榜，官拜御史中丞，得文宗叹赞"中原硕儒唯祖常"；干文传预修《宋史》，授集贤待制；杨景行入《元史·廉吏传》；杨载官位虽不显，诗名却与虞集、揭傒斯、范梈并入"元诗四大家"；王沂累官翰林待制、礼部尚书，并主持元统元年（1333）科举，预修三史；同修三史者杨宗瑞，曾以礼部郎中出使安南；赵篔翁曾授国子博士，宦业虽未至盛，但其出尹安陆、潮州推官，竟得许有壬、黄溍、马祖常、王沂、虞集皆相赋诗以赠②，可见其当时声名所至；而得诸同年悼、抱英才而早逝的回回人哈八石，亦是"可任大事者"③。加之"是为国家之元气，斯文之命脉"的欧阳玄，这个群体对其首科得人之盛，有着共同的自我肯定，乃至许有壬序《张雄飞诗集》称："吾同年之得人，可不谓盛矣乎！"④ 更重要的是，元代延祐首科得人之盛还成为当时及后世士人所公认。元末明初文人王礼（1314—1386）

---

① 《欧阳玄全集》卷十《元故将仕郎罗君墓志铭》，第309页。

② 见黄溍《金华黄先生文集》卷五《闻赵继清调安陆县尹》，马祖常《石田文集》卷二《送同年赵继清尹安陆》，王沂《伊滨集》卷十《送赵继清推官潮州》，许有壬《至正集》卷十六《送同年赵继清赴潮州推官》，虞集《道园学古录》卷二《送赵继清令尹之官安陆》。

③ 《元史》卷一四二《彻里帖木儿传》，第3405页。

④ （元）许有壬：《张雄飞诗集序》，《全元文》，第38册，第117页。

《跋张文忠公帖》道："得人之盛无如延祐首榜。圣继神传，累朝参错。中外闻望之重，如张起岩、郭孝基；文章之懿，如马祖常、许有壬、欧阳玄、黄溍；政事之美，如汪泽民、杨景行、干文传辈，不可枚举。大者深厚忠贞，小者精白卓荦。所以黼藻皇猷，裨益治道者，初科之士为多。虽曰一时光岳之气钟为英杰，沛然莫之能御，然亦仁庙切于求贤之念上格天心，当时硕德元老足以风厉后进所致也。"① 元统元年（1333）进士李祁有文题得延祐首科五人共书一石的干文传封赠碑后，称"窃独羡夫卷中所题，自欧阳公而下，若中书张公、中丞许公、秘监黄公凡四人，与公而为五，昔延祐初科进士，皆位通显，皆负天下重望，圭璋炳焕，辉映后先，可不谓之盛欤！敬仰高风，邈如霄汉。噫！安得后来科目之得人，复有如延祐初元之盛如此哉！"②

再次是这个群体对"首科五十六人"的集体感知。在为刘彭寿所作墓志铭中，欧阳玄指出："夫同年以科目为弟昆，师友以道义视父子。师友废，道义不明；同年乖，科目不振。人情死生之际，天理存亡之机，其所系也大矣！"对"首科五十六人"这一非刻意组织群体的集体性感知即主要表现为这个群体间深刻的同年之谊。在为刘彭寿所作墓志铭中，欧阳玄叙及"与中丞浚仪马公祖常、侍御济南张公起岩、参知政事相台许公有壬同朝，暇日论及同年进士五十有六人，二十余年，聚散不常，升沉不齐，其间存亡疑信，几不忍诘"③ ——"聚散不常，深沉不齐"的"首科五十六人"成为这个群体共通的情感经历，对同年行迹的关注与牵挂将这个群体紧紧联系在一起。至顺元年（1330）六月，哈八石卒于前往山北道廉访司赴任途中，子木屑欲状其行求许有壬为铭，铭未至，许有壬即"为之

---

① （元）王礼：《跋张文忠公帖》，《全元文》，第60册，第615页。
② （元）李祁：《题干氏封赠碑后》，《全元文》，第45册，第455—456页。
③ 《欧阳玄全集》卷十《元故承务郎建德路淳安县尹眉阳刘公墓志铭》，第308页。

辞，以发其概，且以写予哀"，哀婉之意甚厚。在墓铭中许有壬叙道：

> 延祐初，朝廷始以科举取士，天下之大，才五十六人。出官四
> 方，或懦于施，或污于贿，历历在人。得免诟议如文苑者可数，而天
> 复中道画之，于虖惜哉！予昔铭监县公，谓其多善未报，当在文苑。
> 今文苑寿才四十有七，赍志以没，此又何邪？岂天又尼其身而大其后
> 邪？天道是邪，非邪？予益惑矣。尝独坐阅同年录，十六年间为鬼录
> 者十五人矣。尚忍以区区声利置胸中乎？或者视为四海九州之人，恝
> 乎无情，予不忍也。①

哈八石自延祐登第，任官之地"且都而杭，杭而鄂，鄂又山北"，"山
北置大宁，古白霫地，去京师东北尚八百里，陆不可挈家，水萦纡五千
里"，许有壬以为哈八石"扶病拥幼，殆不能为谋"，但"主上新政，不敢
不行"，结果是"暑行至东平，主仆皆病，归抵淮安，卒于舟中"，家贫几
不能葬②。比起首科中之宦盛者，哈八石代表了首科五十六人中更为普遍
的个体经历。但无论是仕途得意者、文坛得名者还是沉沦地方州县无甚名
者，其中聚散无常、身不由己的人生体验是这个群体共通的情感经验，成
为这个群体内在的一种凝聚力量。所以黄溍有诗跋于此哀辞后："自别琼
林雨露边，江湖目断绣衣前。禹门尚想龙初化，辽海惊闻鹤已仙。烈日秋
霜空耿耿，重山宿草正芊芊。不才后死知何用，坐对诸郎独泫然。"③ 许
文、黄诗中对悼念同年的感伤情绪亦深深萦绕于王沂所作挽哈八石的五古
歌行中。所以在欧阳玄为刘彭寿、罗求师所作墓志铭中，皆有玄闻同年讣
而"哭诸寝门之外"，有"不忍铭"之痛语。在《元故将仕郎罗君墓志

---

① （元）许有壬：《哈八石哀辞》，《全元文》，第38册，第500页。
② 同上书，第499—500页。
③ 《黄溍全集·金华黄先生文集》卷六《题丁文苑同年哀词后》，第80页。

铭》中，又记罗曾与同年萧立夫之谊：登第后，罗曾偕萧立夫舟还以家。萧仆卒于途中，罗曾"给以己从"；萧立夫亦染疾，罗曾为之淹留，"甘苦燥湿共之"，"未几，萧即世，教其遗孤，长，妻以女"①。可知欧阳玄"同年如弟昆"之语实非夸张。而罗求师虽"居位勇退"，未有政声文名，但"其退非有扞格不偶，亦非以材具不适时，而所慕有大于此者，惕乎若不能以斯须留"，"能以风义先天下"之高节，亦能得"同年之士闻君之风，反自修省，师所负挟，怡然欲争君之高而莫之能也"②。自此可说这批于延祐二年擢登科第的"凤凰池上客"③，从"五十六人同擢第，年来南北几升沉"的意气风发，到"四海同年几人在？三湘春水片帆迟"④ 的凋零落寞，已成为一个有着共同历史认知与价值认同及共通的心理经验的时代典型群体。他们与元代科举的复兴直接挂钩，是大元王朝多元文化与政治形态碰撞出来的产物，亦是元代馆阁文人群体与士人群体当中极具典型意义的一个群体。

在这需要补充的是，除了"以科目为弟昆"延祐同年外，欧阳玄的传记中还穿梭着一批"以道义为父子"与欧阳玄相为师友的各色国子门生及欧阳玄"屡主文衡，知贡举及读卷官"⑤ 而"所得士"。如登欧阳玄主持的至顺庚午（1330）进士第的刘闻，欧阳玄应其谒为其父作墓碑铭，又因其介为处上刘隆瑞作墓铭，并与欧阳玄颇有诗书往来；至顺庚午科另一"所得士"刘粹衷，欧阳玄亦应其请为作《安成刘氏儒行阡表》；前有所举的为隐士刘过所作的墓碑铭亦为欧阳玄应其校艺江右所得士易景升而作。

---

① 《欧阳玄全集》卷十《元故将仕郎罗君墓志铭》，第 310 页。

② 同上书，第 309—310 页。

③ 黄溍《送汪臣良县丞之京，兼简诸同年》云："文场杂还盛才贤，共羡青云独妙年。祇谓种花能满县，忽闻骑马去朝天。临分无用歌三叠，有作时须奏一篇。若见凤凰池上客，为言憔悴浙江边。"见《黄溍全集·金华黄先生文集》卷五，第 73 页。

④ （元）许有壬：《同年张雄飞金事见访醉后作诗赠之》，《全元文》，第 34 册，第 365 页。

⑤ （元）危素：《圭斋先生欧阳公行状》，《全元文》，第 48 册，第 406 页。

现存欧阳玄唯一一篇以其"所得士"为传主的传记乃是为泰定元年科进士程端学所作《积斋程君端学墓志铭》。程端学（1278—1334）为至治三年（1323）欧阳玄任浙省试官时所得士，深受欧阳玄赏识。会试时主考官皆以其卷当"置通榜第一"，却"格于旧制，以冠南士，置第二名"①。程端学的早逝让欧阳玄甚是惋惜："君寿不满德，位不酬能，余庆所被，在其后人为宜。然予两知贡举，两考会试，又尝考国学公试及大都、各行省乡试，得士亡虑数百人，其间为名公卿立事功者不少，然求通经学古之士如吾时叔者，甚难其人焉。得之难，固察之审，言之详也欤！"②另有为国子学生王时可作《京畿都漕运使王君去思之碑》。王时可为"与完颜秉文、李藻、贡师泰同为中书改积分为升斋等第法后所得汉生数人中以清干致时名、为显官者"，欧阳玄作是文以善其"嘉政"，"又自信升斋之法未尝不足以得人才"③，彰示其掌教国子"得人"之况。如此，由一人之才而得观一时代之才人，元盛世风貌亦得窥一角。

比起唐宋科举取士之盛，直至元中后期才开设并且中间还被停罢两届的元代科举是相对没落的，但不可否认的是大一统的时代环境与独特的多元社会文化环境带来了别具特色的元代科举事业与国子学面貌，异族质素的注入输出不平等的民族等级划分与不科学的名额配置，却也着实送来机遇与新质。一大批南方士人北上，与一批包括多元民族的北人结成师友、同年，元朝南北融合进程达至其最深广程度。由此一批士人通过延祐首科踏入元代政治与文化高地，而从延祐首科登第到屡主文衡、两知贡举、掌教国子，欧阳玄以独特的时代际遇成为元代初科五十六人中之佼佼者，这一方面促进了其传记中对同年遭际能感同身受地去描写刻画，展示延祐首

① 《欧阳玄全集》补编卷十四《积斋程君端学墓志铭》，第756页。
② 同上书，第752—753页
③ 《欧阳玄全集》补编卷十三《京畿都漕运使王君去思之碑》，第726、727页。

科士人这一极具时代典型意义的个体，更重要的是能以其"大手笔"的文坛地位使这些个体串联为一个时代群体，让其关于延祐首科士人的传记创作不仅仅是记录了几个进士，而是重现了元初科人士外在的离合升沉与内在的情感经验，这是欧阳玄传记对其所处大一统时代的又一典型构建点。

（三）多元文化交融与家族传统的演绎与迁变

如果说于大一统进程中个体的行藏与奋争是在欧阳玄传记中观摩其所处大一统时代的独立视点，延祐首科士人及其门生这一多民族文人群体联系与互动的偶然展现是某些独立视点联结起来的一个折射时代的特定平面，那么欧阳玄传记中载录家族迁变的内容则如同一条触角甚深的历史纵线，其与之前的点、面结合，让欧阳玄传记对多元文化碰撞与交融的大一统时代的建构得以更为立体与鲜活。

《高昌偰氏家传》（以下简称《家传》）是目前载录高昌偰氏这一自高曾辈以来便"勤瘁王家，翊羽大业"，至有元一代"泓涵演迤"更是"硕大显融，无落于其世"[1] 的色目望族最为详备的一则材料，是欧阳玄传记创作乃至文学创作中皆极具分量的一篇。《家传》自偰氏始祖暾欲谷叙起至偰哲笃一辈，历隋唐宋元六百余年。从欧阳玄对这一家族数代人物的叙录中可以看出这一家族传统经元大一统进程由武功政事向文学科第纵向演变的过程。

偰氏始祖暾欲谷（646—765）以武功谋略立业起家。暾欲谷本中国人，隋乱归突厥部。以女婆匐妻默棘连可汗为可敦，尽心辅佐默棘连。《家传》中叙其与太子阙特勒师师出兵助唐王朝平定安史之乱，有功，封太傅、忠武王，进位司空。后默棘连卒，突厥国乱，婆匐可敦率众归唐，

---

[1] 《欧阳玄全集》卷十一《高昌偰氏家传》，第 332 页。

默棘连故地尽为回纥所有，"暾欲谷子孙遂相回纥"。暾欲谷任职突厥国相时已年七十，但其"深沉有谋，老而益智"，"年百二十而终"①。传数世，至克直普尔袭国相，被当时辽国皇帝授以太师、大丞相，总管内外藏事，国人称之曰"藏赤立"②。克直普尔亦是一位骁勇有谋的武将。《家传》详叙其承辽主之命计取叛军蔑里棘脱脱伯吉之首一事，展示了其非凡之智勇。有子岳弼袭国相，仍兼通管内外藏事。岳弼有七子，其中二子亚思弼与幼子多和思所生后代，方以恢宏武功治略开始使这个家族投入到蒙元大一统事业中来。仳俚伽帖穆尔为亚思弼长子，生而敏慧，年十六袭国相。时西辽正值强盛，威制高昌，派驻太师僧少监临其国政。高昌王患之，谋于仳俚伽。仳俚伽建议杀掉少监，然后携众归附大蒙古国，以此摆脱西辽控制。王用其议，杀少监。事遂后论功行赏，仳俚伽一家受赏甚厚。但不久有妒忌其功之臣向高昌王进谗言，以其故意遗失先王珥珠欲害之。仳俚伽"度无以自明"，乃率其众归附蒙古，受到成吉思汗厚赏，并以其弟岳璘帖穆尔为质。

若说偰氏家族是自仳俚伽始投入到蒙古一统天下事业中来，其弟岳璘则拉开了高昌偰氏入居汉地，真正开始由武功政事的家族传统向科第文学演进的序幕。岳璘秉承家族传统，主要以武功事略助力蒙古，但又有文事之助。《家传》载：岳璘精畏兀儿书，慷慨以功名自许。年十五便从太祖征讨，多战功，并被成吉思汗任命为诸王斡真师傅，岳璘以"孝弟敦睦、仁厚不杀为第一义"训导诸王子，得上嘉之，"中原诸路悉命统治"。后从窝阔台平河南，徙鄢县，寻授河南等处军民达鲁花赤，佩金虎符，赐宫女四人。岳璘将其所得"悉犖归故郡，以散亲旧"，并且"盛陈汉官仪卫以激励之，国人聚观，咋咋艳慕"。窝阔台即位后，以中原多盗被选为顺天

____

① （后晋）刘昫：《旧唐书》卷二〇四《突厥·上》，中华书局1975年版，第5173—5175页。
② 《欧阳玄全集》卷十一《高昌偰氏家传》，第332页。

等路大断事官，为官期间，"公布德化，宽征徭，盗遁奸革，州部清整"，年六十七卒于保定，谥庄简。与岳璘同辈的多和思次子撒吉思亦是偰氏家族主要以武功效力蒙元的代表，但同时又能兼具文职。《家传》称其初为斡真必阇赤。必阇赤"为天子主文史者"①，"译言典书记者"②。由此可以推知，撒吉思与其堂兄岳璘一样皆有一定文化素养。而后随着蒙古大举征伐的进程，撒吉思主要显示了其武略上的功绩。《家传》对其从攻钓鱼山的征绩，谏言定江南的战识，推戴忽必烈争夺皇位的果断政见，讨平李璮叛乱的勇毅皆有叙及，特别是在平定李璮之乱后，以"王者之师，诛止元恶，罔治胁从"力阻哈必赤屠城。又"尝慕古人举亲举雠之节，惟才是用"，"不顾身嫌，专为国计"，"兵后民有田，乏牛具，为之上闻，验民丁力，官给以牛，人得肆耕"，"其为民捍患，为国拓土"，"硕望雄才，余五十载"，以年六十四卒于京师，时"山东父老相与刻石纪勋德焉"③。从岳璘与撒吉思一代已然可以看出，这两位文武双全的畏兀小子已经身着明显的"华化"痕迹。

随着元灭赵宋、一统南北，偰氏家族亦从北方入南方，开启更为深层的迁变进程。岳璘生有十子，《家传》有详叙其事的为第四子都尔弥势与第八子合剌普华。都尔弥势初从撒吉思讨伐李璮，以功奏为行省郎中，继除博兴、沂州监郡。会伯颜督诸君取宋，都尔弥势以"世受上恩"，笃志报国，与从子撒理蛮俱隶伯颜麾下，"与攻襄樊，进兵阳逻堡，顺流至丁家洲"，与宋相贾似道战于焦山，破之，又复常州，升断事官。江南既平，擢安丰路达鲁花赤，又署处州路达鲁花赤。"时新附之民怀谢阻兵，每单骑招降，兵不血刃，人以'四哥佛子'称之。"都尔弥势正直清廉、刚正

①　《元史》卷九九《兵志二》，第 2524 页。
②　《元史》卷七四《祭祀志三》，第 1831 页。
③　《欧阳玄全集》卷十一《高昌偰氏家传》，第 325—327 页。

不阿，如奸臣阿合马秉政时，闲居养晦五年，桑哥当国，"屡欲援为助，谢不就"，时平南大臣"皆以兄礼事之"。因不与附权贵、直言无间，都尔弥势仕途受阻，官止广西宪使而卒。其弟合剌普华，《家传》评曰"倜傥有节概，好义如嗜欲，恤穷若姻亲，临危蹈难，殉国忘身"①，许有壬、黄溍分别为其作有墓志铭与神道碑，忠义节略比其兄有过之而无不及。《家传》叙合剌普华幼时便有志于学：

> 儿时，父以断事官治保定，留之侍母奥敦氏居益都。一日，忽作而叹曰："幼而不学，有不堕吾宗者乎！"即趋父所自白。父奇之，俾习畏兀书，及授《语》、《孟》、《史》、《鉴》文字，记诵精敏，出于天性。②

比起父辈文事之学所限畏兀书，合剌普华的学习拓于汉家儒典，这与当时元朝已统一北方，忽必烈尊行汉法的时代背景不无关系。但需要注意的是，合剌普华是自求于学而非家族培养，从这一点可以看出，虽然偰氏家族自岳璘、撒吉思一代已修文习武，但这一家族主要还是以武事举家，从于文事还只是出于个人志趣而未成为家族必修之传统。但不可否认的是，随着一统进程的深入，到合剌普华一代，这一畏兀家族的华化程度有了质的提高，主要表现为厚民生、崇礼教的汉法思维及忠孝伦理观念的树立与渗透。《家传》载元平南宋之后，合剌普华向忽必烈献言如何治国："亲肺腑，礼大臣，以存国家之体；兴学校，奖名节，以励天下之士；正名分，严考课，以定百官之法；通泉币，却贡献，以厚生民之本。"这些治国计议完全遵从传统汉法思想而来，可见合剌普华对汉文化的接受程度之深。至元二十一年（1284）右丞相唆都兵征交

---

① 《欧阳玄全集》卷十一《高昌偰氏家传》，第327—328页。
② 同上书，第328页。

趾，合剌普华奉命运送粮饷，行至东莞、博罗二地交界处，遇剧贼欧、钟，合剌普华见"其锋锐甚"，语其部属曰："军饷，重事也。望风退缩，以误国计，吾弗以为也。"于是身先士卒，"且战且行，矢竭马伤，徒步格斗，踣数十人，勇气益厉"，终以寡不敌众被俘。贼欲奉合剌普华为主，骂道："吾方岳重臣，肯从汝为逆耶？正有死耳！"遂以三十九岁之壮年殉身于中心冈，赐号守忠全节功臣，谥忠愍；夫人西台特勒封高昌郡夫人，盛年寡居，"贞操凛凛，义方有严"。欧阳玄叹赞："扬历中外，以才干称，以死节著，中朝罕俦也。"[1] 合剌普华不受贼诱，慨然选择以身报国，与其先祖克鲁普尔于无可奈何之下选择叛主而投奔成吉思汗之举形成一个历时性的对比，这不得不说是汉文化中忠孝伦理观念对这个少数民族家族观念的成功干预。

而就是在这份忠孝伦理观念与汉法思维的干预与渗透下，随着元朝一统南北大业的完成，高昌偰氏自始祖暾欲谷以来以武立身的家族传统在偰文质一代得到质的迁变，由此成功建立起以科第文学修身齐家的传统。偰文质是合剌普华长子，《家传》叙其"刲骨以愈母疾"，由是当时粤地人士谓忠、贞、孝三节备于一家。之所以说偰氏家族传统转为科第文学自偰文质始，实因在其这一代的培育下偰氏创造了"一门二代九进士"的千古佳话。偰文质五子齐登科第：偰玉立登延祐戊午（1318）第，偰直坚登泰定甲子（1327）第，偰哲笃登延祐乙卯（1315）第，偰朝吾登至治辛酉（1321）第，偰列箎登至顺庚午（1333）第，越伦质子善著登泰定丁卯（1327）第。偰哲笃子偰伯辽逊登至正乙酉（1345）第，善著子正宗及阿儿思兰共登至正八年（1348）进士第。吴澄在《都运尚侯高昌祠堂记》中道："逮至顺初元，凡六试士而金宪。一门兄弟，每科中选，未尝间歇，

---

① 《欧阳玄全集》卷十一《高昌偰氏家传》，第330页。

科名之盛，天下无与比。虽唐宋极文之际，世儒世科之美，及此者亦希。冥福之报忠臣也，厚矣。殊渥之萃一家也，荣矣。"① 其中偰玉立、偰哲笃与其子偰伯辽逊还成为元代颇具名气的诗人。但除登第之况，欧阳玄《家传》对偰玉立一代所书甚略，偰文质如何培育方使五子皆擢高科？偰玉立弟兄如何进修方能"以儒起家"② 成为"中州著姓"③？以孔齐《至正直记》所记一事或可窥其一斑：

> 一日予造其（指偰哲笃，字世南）书馆。馆宾荆溪储，惟贤希圣主之。见其子弟，皆济济有序，且资质洁美，若与他人殊者，盖体既俊秀，又加以学问所习，气化使之然也。予深羡慕之。既而欲遣一生通谒于世南，求跋二小画卷，希圣曰："姑少待，有宦者出中门，可问之，则主者出矣。不则，别托门子转相通报亦可。诸生则不敢妄入也。"予初疑之，希圣曰："世南处家甚有条理，僮仆无故不入，中门子弟亦然。自吾至馆中，因知诸生居宿于外者，昏定晨省，皆候于寝门之外，非奉父母命则不敢入。"④

曾经驰骋沙野的畏兀子弟已俨然建立起汉家宗法制家族，偰氏成为"中州著姓"，"偰氏之法"得孔齐"谨效"，也说明了当时中州之人对其一家融入汉地的接受与认可。

再如北庭贯氏。这个家族以平宋功臣阿里海牙创始，又主要因其孙贯云石的著名而被后世称为北庭贯氏。欧阳玄对这一家族并无完整家传道之，但结合其为贯云石所作《元故翰林侍读学士中奉大夫知制诰同修国史贯公神道碑》与为其祖父阿里海牙所作《江陵王新庙碑》，亦能摸索到一

---

① （元）吴澄：《都运尚侯高昌祠堂记》，《全元文》，第15册，第112页。
② 《至正直记》卷三《高昌偰哲》，第81页。
③ 《欧阳玄全集》卷十一《高昌偰氏家传》，第332页。
④ 《至正直记》卷三《高昌偰哲》，第81—82页。

条这一家族在元大一统进程中传统的演绎与迁变轨迹，而阿里海牙与贯云石正是这条迁变轨迹中两个最重要的节点。

阿里海牙（1227—1286）是代表这一家族以武功谋略起家的制高点，在其以武功征战助力元朝开国大业的同时也拉开其家族崛起的序幕。《江陵王新庙碑》为至正七年（1347）应阿里海牙曾孙阿思兰海牙之请而作。欧阳玄以阿里海牙功绩"具载国史"，因"举其荦荦之大者"①，主要于碑文中叙述了阿里海牙在追随世祖平宋征程中成功夺取荆州这关键一役，对其直捣江陵而取潭州、平湖湘遂定江南之事给予了专论。参考姚燧所作《湖广行省左丞神道碑》，知阿里海牙出身于农家，却自幼有大志，弃农"求读北庭书，一月而尽其师学"。后经举荐，事世祖于潜邸，任宿卫，有徒步擒杀世祖射之未殪之虎和攻鄂时先众而登不惧流矢贯喉之伤的忠勇事迹。中统三年（1262）以"久侍禁庭，已著劳绩"升中书省郎中，至元元年（1264）迁参议中书省事，乃渐受世祖重用②。以此拼力发展，才有后来《江陵王新庙碑》所竭力称赞的以"小北庭人，能覆全荆"奠定其元朝开国勋将重要地位的关键一战。由于欧阳玄作《江陵王新庙碑》建立于特定的写作主题，即主要述其"功德之大者以遗后人"，所以《江陵王新庙碑》呈现的阿里海牙形象是相当正面的，除由江陵一战所体现的智勇双全外，碑文中所叙其以世祖"曹彬下江南不杀人"圣训解除潭州屠城之危的"德威"也让其镀上文明与仁慈的光辉③。但在其他史料中，可以发现阿里海牙在平宋战争中并不是一直保持文明姿态，相反多有掠夺降地乃至屠城的野蛮行径，此外，其平宋之后掠民为奴、居功妄行之举也多为后

① 《欧阳玄全集》卷九《江陵王新庙碑》，第240页。
② 《姚燧集·牧庵集》卷一三《湖广行省左丞相神道碑》，第188页。
③ 《欧阳玄全集》卷九《江陵王新庙碑》，第241—242页。

人所病①。所以综合欧阳玄碑传与这些史料来说，北庭贯氏家族之第一代阿里海牙可称为一位有勇有谋的武夫莽帅。

　　但就是这样一位武夫莽帅，把一位"浊世佳公子"② 带进了已达"九州共贯，六合同风"的大元一统盛世。贯云石（1286—1324）出生之年正是阿里海牙自刎谢世之年，这让人不得不去猜测贯云石的成长是伴随着这样一种带着悲戚而并不美好的创伤记忆的。而在详谈贯云石之前，有必要对其父辈一代作一概述。所幸阿里海牙被劾抄家并未株连家人，赖其军功，子多受其荫荣被授予官职。欧阳玄《贯云石神道碑》记贯云石为故江浙行省平章政事贯只哥之子，母廉氏为故平章政事廉希闵之女。碑铭对贯只哥生平事迹未有述及，只提及其治军"宽仁"③，据姚燧《阿里海牙神道碑》，知其与汉人颇有往来，《阿里海牙神道碑》便是贯只哥谒请姚燧所作。母所出廉氏亦是自高昌入居汉地的另一畏兀大家，这个家族与当时南北多民族士人有集会往来，由廉希宪、廉野云、廉惠山海牙等人主持的廉园雅集几乎贯穿整个蒙元王朝，影响极大④。"浊世佳公子"贯云石便于这样一个闪耀着历史荣光同时掺杂着些许晦暗，定居中原、包举涵化的同时又难免裹挟西北狂野气息的家族环境中成长起来。

　　据欧阳玄《贯云石神道碑》，贯云石自小长于军营，继承了家族魁梧的体魄与武力，"臂力绝人，善骑射，工马槊"，"或挽强射生，逐猛兽，上下峻阪如飞，诸将咸服其趫捷"。年纪稍长之后，"折节读书，目五行

---

　　① 关于阿里海牙"掠民为奴"的史据，陈垣《元西域人华化考》已多有举出，参见第36—37页；另阿里海牙于平宋后居功妄行导致最后自杀而死的惨淡收场的境况，杨镰《贯云石评传》（新疆人民出版社1983年版，第22—28页）有详细叙述。

　　② 陈垣《元西域人华化考》认为，阿里海牙掠民为奴、居功妄行，最后被劾抄家、自杀谢罪的结局表征了这一家族当时并不清廉的家世情况，而贯云石却能从这样的家世中以文学、操行卓然而立，实为浊世佳公子："今非欲暴小云石海涯祖父之恶，然非此无以证小云石海涯为浊世佳公子。其家世如此，其思想遂不禁则别有所感觉也。"第37页。

　　③ 《欧阳玄全集》卷十《贯云石神道碑》，第211—212页。

　　④ 张建伟：《高昌廉氏与元代多民族士人雅集》，《中央民族大学学报》2014年第4期。

下。吐辞为文，不蹈袭故常，其旨皆出人意表"。初承袭其父官爵为两淮万户府达鲁花赤，镇永州。部从因贯只哥"宽仁"，纪律松散，至贯云石接手，"行伍肃然"。军务整暇之际，"雅歌投壶，意欲自适，不为形势禁格"，欧阳玄以为其"超擢尘外之志，夙定于斯时"。于是任职不到几年，贯云石便以"吾生宦情素薄"让爵位于弟，"退与文士徜徉佳山水处，倡和终日，浩然忘归"①。

然而贯云石此时的"宦情素薄"是充满矛盾、未定性的，这从碑传叙其后来谏言涉政、拜入翰林的再次出仕可以得到证明。让爵之后，卸去祖父庇荫的贯云石北上大都投拜当时古文名家姚燧从学汉文，让"于当世文章士少许可"②的姚燧叹赞其古文"峭厉有法"，并数荐之于朝。贯云石又自作适于蒙古、色目民族习读的《直解孝经》进呈当时还是皇太子的仁宗爱育黎拔力八达，为所"称旨"，进为英宗潜邸说书秀才，"宿卫御位下"。至大四年（1311）仁宗即位，时年仅 26 岁的贯云石被"特旨"拜为翰林侍读学士、中奉大夫、知制诰、同修国史，"一时馆阁之士，素闻公名，为之争先快睹"。贯云石当时有诗寄故乡友人曰："迩来自愧头尤黑，赢得人呼小翰林。"③诗中展现的快意与自豪，让这个来自维吾尔族的"小翰林"瞬时充满辅君佐世的热情：先是与翰林学士承旨程文海及翰林侍讲学士元明善定科举条格，"赞助居多"；不久，又上万言书条陈释边戍、教太子、立谏官、表姓氏、定服色及举贤才六事，书得"上览嘉叹"，但最终却因朝中权贵势力的反对而"不报"。于是，本想大有一番作为的"小翰林"又思隐退："昔贤辞尊居卑。今翰苑侍从之识，高于所让军资，人将谓我沽美誉而贪美官也，是可去矣！"④于是以疾辞归江南。这是欧阳玄神

---

① 《欧阳玄全集》卷十《贯云石神道碑》，第 211—212 页。
② （元）邓文原：《翰林侍读学士贯公文集序》，《全元文》，第 21 册，第 24 页。
③ （元）贯云石：《神州寄友》，《全元诗》，第 33 册，第 313 页。
④ 《欧阳玄全集》卷十《贯云石神道碑》，第 212 页。

道碑所叙贯云石再次选择辞官的原因，但从前文所述上书涉政的积极来看，不得不说未得实现的政治理想所带来的受挫感和终于蒙元一朝强大的排汉保守势力才是贯云石选择避世甚至被迫避世的内在原因，而怕被人误为沽名钓誉的说辞实乃掩饰自己对时政失望的借口。

至此或许可说，贯云石第一次的去职并不是有意出世，相反，贯云石接受着儒家的积极进取思想，这次去官更多的是摆脱祖辈的武勋遗荣，而选择以文学、学术修身自立，所以有了后来的政治复出。但仅仅一年的翰林仕宦经历，让贯云石认识到朝政中的黑暗势力与政治理想的难酬，所以这一次这位不愿蹈袭故常、青睐汉学的色目公子选择了亦属汉文化传统的另一种消极抗争方式——陶潜式的归隐。神道碑铭叙其归隐江南后，"十余年间，历览胜概，著述满家。所至缙绅之士、逢掖之子、方外奇人从之若云"，思为名所累，贯云石"乃东游钱塘，卖药市肆，诡姓名，易冠服，混于居人"①。在这期间，贯云石又与元代有名的高僧本中峰禅师"剧谈大道"，"每夏坐禅包山，暑退始入城"，"自是为学日博，为文日邃，诗亦冲澹简远"，又工书法，"以画为夜"，由是"道味日浓，世味日淡，去而违之，不翅解带"。从儒学到佛老，贯云石的汉化经历被陈垣先生视为"双料华化"②。在这种相比单面华化更为深刻的双重华化中，再来看欧阳玄所作《贯云石神道碑》开篇所叙贯云石与其生前最后一别的凄然场景：

> 至治三年癸亥秋，玄校艺浙省，既竣事，出而徜徉湖山之间。故人内翰贯公与玄周旋者半月余，及将去杭，薄暮携酒来别，谓玄曰："少年于朋友知契，每别辄缱绻数日。近年读释氏书，乃知释子谠有是心，谓之'记生根'焉，吾因以是为戒。今于君之别，独不能禁，

① 《欧阳玄全集》卷十《贯云石神道碑》，第212—213页。
② 《元西域人华化考》，第32页。

且奈何哉!"言已，凄然而别。明年甲子夏，公捐馆于杭。数月讣至，哭之尽哀。自是，凡至杭遇公旧游，追忆临别之言，未尝不为之怆然出涕，呼酒相酹也。①

从少年的宜文宜武，到青年的"以武易文"②，再到后来"擅一代之长"，被视为曲中"绝唱"③，贯云石已彻彻底底以其洒脱天性融于汉家文化之中。从上段场景看出的不仅仅是北庭赤子贯云石与南方游子欧阳玄的真挚友谊，还有当时更为普遍的多民族士人间的交互往来。接受大统、以夏仕夷的欧阳玄是融于少数民族控权下多民族文化圈的典型，而徜徉湖山、寄情诗酒的贯云石则成为元大一统进程中少数民族自主求得华化的典型。欧阳玄与贯云石及他们之间建立了深厚关系，这种特例又寓有当时大一统时代环境中多民族文化圈中人士的普遍特征，即在被动的一统时代环境中积极地交互融合。泰定元年（1324），年仅三十九岁的贯云石薨于钱塘寓舍，"自士大夫至儿童贱隶，莫不悼惜"④。时隔二十余年后的至正八年（1348），欧阳玄应其子阿思兰海涯之请为贯云石写下这篇饱含深情的神道碑文亦是这种交互的深沉体现。

至此可说北庭贯氏以武起家的家族传统在贯云石这里得到了质的转变。神道碑载，贯云石之妻为北京名家、江陵总管石天麟之女，汉族妻子与母亲这一角色的介入对这个家族的教育、礼俗与观念方面的影响自然更会促进这个家族传统的转变。贯云石长子阿思兰海涯（汉名贯子素），历兰溪州达鲁花赤、榷茶提举、慈利州达鲁花赤，其为政已不同于其曾祖的粗暴，而是"所至以清白吏著闻"，且有诗名，柳贯、吴师道皆有诗寄之；

---

① 《元西域人华化考》，第210—211页。
② 《欧阳玄全集》卷十《贯云石神道碑》，第214页。
③ 《元西域人华化考》云："云石之曲，不独在西域人中有声，即在汉人中亦可称绝唱也。"第37页。
④ 《欧阳玄全集》卷十《贯云石神道碑》，第213页。

有孙四人，"皆业进士应举"。诚如欧阳玄评贯云石曰其"武有戡定之策，文有经济之才，以武易文，职掌帝制，固为斯世难得。然承平之代，世禄之家，势宜有之"①。必须承认，走向大一统的时代环境是这个家族传统由武功政事走向科第文学的关键动因，这个家族中的阿里海牙顺应大一统的时代潮流抓住了以武扬名的历史机遇，而贯云石则刚好吸收了这个大一统时代所提供的丰富多元的内在资源，成就"浊世佳公子"的一代盛名。

综观上述欧阳玄传记中所呈现的偰氏与贯氏家族传统的演变轨迹，皆能感受到大一统的历史进程与时代环境的推衍力量。"惟我皇元，肇基龙朔，创业垂统之际，西域与有劳焉。泊于世祖皇帝，四海为家，声教渐被，无此疆界。朔南名利之相往来，适千里者如在户庭，之万里者如初邻家。于是西域之仕于中朝，学于南夏，乐江湖而忘乡国者众矣。岁久成家，日暮途远，尚何屑屑首邱之义乎！呜呼！一视同仁，未有盛于今日也。"② 这是"一视同仁"的时代对于异族家族融于汉地走向文明与永恒的馈赠。

三　欧阳玄传记之纪实笔法论

传记之"纪实"，是自传记这一文体产生以来便附带的不可分割的属性特征与基本要义。从司马迁的"不虚美，不隐恶"，到刘知几的"直笔""直书"，到韩愈、欧阳修的"实录"，再到胡适明确指出"传记的最重要条件是纪实传真"，"要努力做到纪实传真的境界"③。"纪实"不仅是传记与生俱来的特点，更成为传记创作的永恒追求④。以铭诔碑传为主要形式

---

① 《欧阳玄全集》卷十《贯云石神道碑》，第213、214页。
② （元）王理：《义塚记》，《全元文》，第60册，第654—655页。
③ 耿云志、张国彤编：《胡适传记作品全编》第四册，东方出版中心2002年版，第203、205页。
④ 俞樟华等：《古代传记真实论》，中国文史出版社2013年版，第7、14页。

的欧阳玄传记创作不但符合"铭诔尚实"的创作要义，更立足现实经验，"资乎史才"①，显示出一定时代与个人特色的纪实特质。

(一) 欧阳玄传记的纪实特质："文不妄作"

《至正直记》载，元统三年（1335），顺帝敕赐许衡神道碑，欲选"翰林有德行者为文"，近臣以虞集、揭傒斯等诸公奏，后特以"欧阳玄文不妄作，有德行，且明经学，当笔"②，命欧阳玄为作《许衡神道碑》。孔齐评欧阳玄"作文必询其实事而书，未尝代世俗夸诞"，又载时人亦尝有论云："文法固虞、揭、黄诸公优于欧，实事不妄，则欧公过于诸公多矣。"③以"著作法度谨严，辞指精核"④ 的虞集曾申明为学者作传最好能"尽知其为学之所至"，以"传信于后世"⑤。虞集之纪实态度彰显如此，欧阳玄能以"实事不妄"过之，其为文之纪实度可见一斑。

"妄"，《说文》释为"乱也"。"文不妄作"，亦即作文讲究实事求是，凭实据而叙录所传传主事迹，不乱加载记，更不作虚妄之辞，包含作文目的与内容两个层面的求实性。本章所论欧阳玄传记之纪实性，主要着眼于其写作笔法的纪实特质。欧阳玄传记"文不妄作"之纪实，不单纯是对具体人物生平与所履事迹诸如姓名字号、时间地点等的准确交待，基于时代风气与个体修习、史家职守与文家质素的两相结合，"纪实"这一传记创作要义在欧阳玄的发挥中显示出别有意味的时代气息与个人气质。

首先是对所传人事进行细致具体的铺叙，讲究事详辞核，是欧阳玄传记创作达成"文不妄作"的重要一面。如《马合马沙碑》叙也黑迭儿督建

---

① （南朝梁）刘勰：《增订文心雕龙校注》，黄叔琳注，李祥补注，杨明照校注拾遗，中华书局 2000 年版，第 155 页。

② 《至正直记》卷一《欧阳宠遇》，第 20 页。

③ 同上。

④ 《欧阳玄全集》补编卷九《雍虞公文集序》，第 618 页。

⑤ 《虞集全集·道园类稿》卷二一《答张率性书》，第 394 页。

大都都城的功绩，欧阳玄不是以中国传统文人一贯的经过辞藻修饰与抽象典故充实的语言来夸叙其丰功，而是落实到也黑迭儿建修都城的具体过程：

> 也黑迭儿受任劳勋，夙夜不遑，心讲目算，指授肱麾，咸有成画。太史练日，圭臬斯陈；少府命匠，冬卿抡材；取赀地官，赋力车骑，教护属工，其丽不亿。魏阙端门，正朝路寝，便殿掖廷，承明之署，受厘之所，宿卫之舍，衣食器御，百执事臣之居，以及池塘苑囿游观之众，崇楼阿阁，缦庑飞檐，具以法。故役不厉民，财不靡国，慈足使众，惠足劳人，功成落之，赐赏称首。岁十二月有旨，命光禄大夫安肃张公柔、工部尚书段天佑暨也黑迭儿同行工部，修筑宫城。乃具畚锸，乃树桢干，伐石运甓，缩版覆篑，兆人子来，厥基阜崇，厥址矩方，其直引绳，其坚凝金，又大称旨。自是宠遇日隆，而筋力老矣。①

从实地勘察到纸稿设计，从聚材运输到匠器择备，从宫门径巷到各处宫殿，从衣食器御、池塘苑囿到亭台楼阁、廊庑壁檐，再到最后的施工落成，欧阳玄对也黑迭儿修建都城之事的叙述，其细致程度几乎落至一砖一瓦。此篇传记是叙录也黑迭儿领袖大都宫城建造之事的唯一素材，如此详尽之笔法，陈垣在《元西域人华化考》中大有感慨："欧阳玄碑中所论，亦专以考工为言，而深赞其建邦之能，世官之美。试登景山一望，当时之泱泱风度，恍惚犹在目前，而《元史》遗之，至创造主名，竟归湮没，不有此墓前片石，则也黑迭儿之心血，不与草木同腐者几希。即云谀墓之文，恐有溢美，然世领工部，何能捏造。《新元史》一一三为之补传宜矣，惟尚嫌未能发挥也黑迭儿建筑之精神，窃以为应置诸《方技传》之首

---

① 《欧阳玄全集》卷十《马合马沙碑》，第256页。

也。"① 陈垣先生对也黑迭儿建邦之功如此推崇，与欧阳玄对也黑迭儿建邦所施之力的详尽刻画不无关系，正是欧阳玄将这些具体的、细节化的过程点滴一一记录下来，才使得也黑迭儿建修宫城的事迹得以真实还原，使得也黑迭儿的功绩不至被否认与湮没，以致《新元史》虽据欧阳玄碑文为其补传，但却由于细节省简，"未能发挥也黑迭儿建筑之精神"，不足以实称也黑迭儿之功绩。而通过欧阳玄对也黑迭儿造邦之绩的细致铺陈，也使得其"实事不妄"的写作特征得到有力见证。

欧阳玄传记"实事不妄"的写作特征在其《敕赐滕李氏先茔碑铭》详叙李氏祖克忠三次出使安南之旅中再次得到实证。李克忠第一次出使安南在平宋之前，文章交代道：

> 时世祖收揽俊乂，经略四方。顾宋人北阻江淮为固，思绕出其南，以抚其背，以震撼其腹心。至元十二年乙亥四月，乃遣使者哈撒儿海牙、奴剌丁，佐以府君，命为安南达鲁花赤府知事，取道陇右，过乌鼠，涉临洮，乱河源，经西域稍东，过土蕃，循蜀界，折而西南，罙入六诏、滇池、金齿、大理并牂柯、夜郎□□泠浪泊，水陆万里，凡十阅月，以达安南。②

李克忠这次出使结果是"书不报，乃领其土物以还"，"归途至六诏，值土蕃不宁，云南行省被旨创开新道于纳洪土老蛮，始得平达"，就功效来说似乎不显。但欧阳玄据实而录，对李克忠安南之行的时势背景、出行时间、随行人员以及行走路线踪迹、来往距离和所花费的时间一一交代，确实是"实事不妄"的书写典型。李克忠再次出使安南是在平宋之后："时宋已平，乃道江汉，由湖南、广西历邑管，径达安南。申前诏谕之再

---

① 《元西域人华化考》，第100—101页。
② 《欧阳玄全集》补编卷十三《敕赐滕李氏先茔碑铭》，第715页。

三，遂得其诚款以归。"李克忠的第二次安南之行，由于南宋被灭，经行的路线发生变化，而且安南的态度也陡转直变，这使得他的出使收效颇大。半年后，李克忠第三次奉命出使安南，"以竟使事"，终得"其陪臣黎仲陀等斋表奉贡偕来"。欧阳玄以为："国家自用兵襄樊，兵连不解者十余年，民亦厌兵。至是，不血刃臣妾安南，中外胥悦。"可见在欧阳玄看来，李克忠三次出使安南"万里得国，不释一挪"的历史功绩是值得详铭史册的，所以对李克忠三次出使安南经历给予详叙细道①。而后人方能从欧阳玄不厌其烦道叙传主经行路线之具体、往返年月之精准及归报圣上状况之详核，读出李克忠为元朝外交所做出的具体历史功绩。关于人物李克忠及其三次出使安南的经历，《元史》未予列传，《蒙兀儿史记》与《新元史》虽有补入，但皆已删繁就简，出使路线与详细情节皆不复有，如今唯有在欧阳玄的这篇先茔碑铭中还原其历史面貌。

在细致纪实、"实事不妄"的基础上，欧阳玄又以其敏感的文人笔触于时代与个人的现实经验融入所传历史事件和人物传记中，力求历史洪流中的人与事得以动态呈现，而这也正是欧阳玄传记创作之纪实笔法的又一重要内容。

动态纪实首先表现为以历史时空的推进演述人物生平。若《积斋程君端学墓志铭》。此墓志铭作于程端学卒后二十年。程端学年岁上实际长欧阳玄五岁，与欧阳玄曾同事国子，但又与欧阳玄有师生之谊。此篇墓铭所作，积聚着欧阳玄对程端学的强烈缅怀之情。欧阳玄以自身为时间参照，颇有条理地叙述了其与程君的渊源：至治癸亥（1321）浙省秋闱考试力推君文致其与选，"此予始得吾时叔于程文者也"；泰定乙丑（1325）玄以武攸宰被召为国子博士，时叔已擢为国子助教，"上日与同僚史駉孙车甫以

---

① 《欧阳玄全集》补编卷十三《敕赐滕李氏先茔碑铭》，第 715、716、719 页。

门生礼见"，"礼毕，同升教席"，"此予继得吾时叔于学行者也"；后至元丙子（1336），"予以国子祭酒谒告南归，假到于筠。君为筠州幕长，卒已二年矣。筠州之长二僚佐及邦之士来见予者，予必询时叔，咸谓君为政廉静而明达"，"此予末得吾时叔于吏治者也"①。欧阳玄以程君"寿不满德，位不酬能，余庆所被，在其后人为宜。然予两知贡举，两考会试，又尝考国学公试及大都、各行省乡试，得士亡虑数百人，其间为名公卿立事功者不少，然求通经学古之士如吾时叔者，甚难其人焉。得之难，固察之审，言之详也欤！"②的现实情感强烈干预下，通过其与程君三段交集的推进，既细致而又动态地展现了其与程端学往来之况。通过欧阳玄的记叙，不仅抱有高才、持有勤力却英年早逝的程端学形象感人，作为程端学亦师亦友的叙述者欧阳玄自身形象亦生动可感。

在对历史真实人物的塑造中，欧阳玄之动态纪实还表现于对人物言语、神情、心理等方面的生动而又符合实际的刻画。如《虞集神道碑》中记载的一段：

> 公侍延英阁，求去者屡。因言陕西田制，得俞旨，徐进曰："愿假臣一郡，试以此法行之。"左右曰："虞伯生托此为归计耳。"曲阜新庙成，求使代祀，允而复寝。面请补外，则谕旨若曰："卿才何所不堪？顾今未可去耳。"中丞赵伯宁乘间为之请，怒曰："一虞伯生，汝辈不能容耶！"③

这一事件在赵汸所撰《邵庵先生虞公行状》中有着另一番叙述：

> （虞集）因进曰："幸假臣以一郡试以此法行之，三五年间必有以

---

① 《欧阳玄全集》补编卷十四《积斋程君端学墓志铭》，第750—753页。
② 同上书，第753页。
③ 《欧阳玄全集》卷十《虞集神道碑》，第224页。

报朝廷者。"左右有曰："虞伯生欲以此去尔。"遂罢其议。天子于所体貌之臣多呼以字，故奏对者亦得以字行。孔林新修大成殿告成，有旨行香，公请充使，上许之，既而复曰："是欲为归计尔。"乃命公传旨，以他学士行。[①]

二文所叙事件皆为道叙虞集在朝为官之况的一部分，除塑虞集仕宦心理，二文还皆有意表明顺帝对虞集的青睐。但比对之下可以看出，欧阳玄所为神道碑明显更具实景效果。欧阳玄所言虞集之"徐进"，顺帝之"怒曰"，使得虞集在朝为官之谨慎身影、顺帝惜贤臣之迫切心理一下鲜活起来，乃至虞集以南人身份在异族统治政权中所遇到的矛盾冲突亦得间接凸显。若其接续此段所叙："阁中日承顾问，或应制作文，皆寓规谏。或遇事谏止，出不语人。谏弗能止，归家悒悒数日，家人察知之，不能诘其故也。"虞集在朝规谏之顺逆以及虞集正直、隐忍的为官形象如面于前。这是欧阳玄之神道碑较于赵汸所作行状的优胜之处。

当然，需要指出的是，赵汸与欧阳玄所道皆是纪实的，但因笔法之不同而生成不同效果，欧阳玄以其生动、细节化的纪实笔法得到了比赵汸之文所呈现的更为实景、动态的人物形象与事件过程，这是欧阳玄之纪实笔力所在。这一笔力在《揭傒斯墓志铭》中亦有展现。墓志铭叙揭傒斯崇尚清苦俭素的品德，作于其后的黄溍《揭傒斯神道碑》承欧阳玄之言，亦道其"平生清俭，至老不渝"[②]，然而却未有具体实例证之，揭傒斯如何奉守清俭不得而知，则其先言揭公"处约"之貌亦甚是模糊。而欧阳玄不嫌细碎，道出了具体事例："（揭公）少自处约立身，洎有禄入，服食稍逾于前，辄愀然思其亲曰：'吾亲未尝享此。'故平生清苦俭素，老而不渝。在

---

① （元）赵汸：《邵庵先生虞公行状》，《全元文》，第54册，第359页。
② 《黄溍全集·金华黄先生文集》卷二六《文安揭公神道碑》，第684页。

京师三纪，官至五品，出入始乘马。出为授经郎，诸贵游子弟见其徒步，每蚤作，宫门辨色，辄先诸侍臣至，谋为之贳马。公闻之，自置一骑，寻复鬻之，示非所欲。"① 欧阳玄不惜繁辞、不惧琐屑，将一生奉持俭约的揭傒斯以实景实例呈现于世人眼前。这样注重细节真实的纪实笔法是对欧阳玄"实事不妄"的又一种诠释。

基于个体与现实经验的历史回叙，欧阳玄传记之纪实不但表现出生动、具体的记事传人的笔力，还彰显出描绘时代环境与历史背景的张力，这种张力使欧阳玄传记包容下更为深广的内容，充满着厚重而深沉的时代感与历史感，这是欧阳玄传记之纪实难能可贵的一面。如其在为中书右丞相康里氏定住领治都水监所作政绩碑文中对元代漕运之盛况作出的相关描述：

> 我元东至于海，西暨于河，南尽于江，北至大漠，水涓滴以上，皆为我国家用。东南之粟，岁漕数百万石，由海而至者，道通惠河以达。东南贡赋，凡百上供之物，岁亿万计，绝江、淮、河而至，道会通河以达。商货懋迁与夫民生日用之所须，不可悉数。二河沂沿南北，物货或入或出遍天下者，犹不在是数。又自昆仑西南水入海者，绕出南诏之后，历交趾、阇婆、真腊、占城、百粤之国，东南过流求、日本，东至三韩，远人之名琛异宝、神马奇产，航海而至，或逾年之程，皆由漕河以至阙下，斯又古今载籍之所未有者也。②

至元二十六年（1289），元开会通河于临清以通南北之货；二十八年（1291），郭守敬建言决双塔、白浮诸水为通惠河以济漕运；是年，元廷正

---

① 《欧阳玄全集》卷十《揭傒斯墓志铭》，第299页。
② 《欧阳玄全集》补编卷十三《中书右丞相领治都水监政绩碑》，第730页。

式内立都水监，外设各处河渠司，以兴举水利、修理河堤为务①。大运河在元代全线开通，并联合于元代首创的海运，在元代的经济、政治、外交等各方面扮演着至关重要的角色："元自世祖用伯颜之言，岁漕东南粟，由海道以给京师，始自至元二十年，至于天历、至顺，由四万石以上增而为三百万以上，其所以为国计者大矣。"② 如此"国之大计"在六十余年后已然成一代文家、史家的欧阳玄眼中积淀着只属于那个大一统时代的光辉。尽管是文作时元王朝的统治已在屡镇不止的农民大起义中风雨飘摇，尽管此时的欧阳玄也已是身垂暮年、心经忧患③，但他亲历了这个大一统时代曾上演的辉煌盛况，并用其经一生阅历积累铸就的材器与史识，于此碑文中记录了此"古今之载籍所未有"的空前盛景。以至后世所评"当时之善言水利，如太史郭守敬等，盖亦未尝无其人焉。一代之事功，所以为不可泯"④ 之语，皆能在欧阳玄的眼界笔底找到强有力的注释。

但由于个人与时代局限，欧阳玄的纪实必然是有限度的、有节制的。如其对涉及较为敏感的历史、政治背景的直接记载其实相当少，也较隐晦。如《许衡神道碑》中记："岁壬辰，天兵渡河，为游骑所得。其万夫长酗酒杀人为嬉，先生从容曲譬，卒革其暴，久乃信其言如著龟，人赖全活者无算。万夫长南征，乃东去，隐徂徕山，迁泰安之东馆镇。"⑤ 此事件在其之前写就的苏天爵《元名臣事略》及其后的《元史》中皆未有载入，欧阳玄所述蒙军中万夫长酗酒杀人之癖，一定程度上道出蒙军初入中原时

---

① 《元史》卷六四《河渠志一》，第 1588 页。

② 《元史》卷九三《食货志五》，第 2481 页。

③ 危素《欧阳玄行状》载，至正十四年，欧阳玄"家罹寇祸，二兄一弟相继去世，亲属四百指死亡大半。配冀国夫人谢氏避难郡城，亦没。公闻变哀甚。上深闵念，赐楮币万五千贯，传旨慰劳。复命逊老以资成库副使给事还乡，收聚所余骨肉，迁寓武陵"，所以作此碑文时的欧阳玄是孤苦老病、饱经忧患的。见《全元文》，第 48 册，第 405 页。

④ 《元史》卷六四《河渠志一》，第 1588 页。

⑤ 《欧阳玄全集》卷十《文正许公神道碑》，第 178—179 页。

有发生的虐政与胡乱杀伐行径，但却非直陈时弊。在《积斋程君端学墓志铭》中，对于程端学才可擢置通榜第一却"格于旧制，以冠南士，置第二名"① 的元朝科举之弊的涉及亦是此种情况。

但尽管如此，"纪实"作为传记创作的基本要义与一贯传统，仍在欧阳玄崇尚实叙、不究辞藻的史家素养与敏感细腻的文家笔触中彰显着自己的特质，而究悉这一特质，又发现与时代风气有着甚大相连。

（二）欧阳玄传记之纪实与时代纪实风潮的呼应

放眼元代诗文创作领域，以注重具象叙事、不究抽象抒情的"纪实"作为一种创作特质贯施于元代诗坛与文坛。杨镰先生在其所著《元诗史》与《元诗叙事纪实特征研究》一文中都着意提出了元代诗歌创作的叙事纪实风尚。杨镰先生认为"叙事纪实特征是元诗有特色的表现手法"，"元诗以叙事纪实之作为元代历史文化提供了丰富的细节"②，跨地域、跨民族、跨宗教、跨时代作家对同一话题反复道叙吟咏的"同题集咏"成为元诗达成叙事以纪实的重要手段③。这一风气贯穿整个元朝，既有文人有意结集而为的雪堂雅集、月泉吟社、玉山雅集等，又有因时人不断题诗咏跋而无意中传唱出的社会共同话题，如山东平民妇女胡氏杀虎救夫事件，贯云石以贵易贱的"芦花被"事迹等。总体上说，元代诗人在诗歌创作中呈现出对具体事件发生过程的关注与对具体事物进行切实描摹的倾向，使"诗可以观""诗可以群"的特质发挥得淋漓尽致。这也是"画之不足，题以发之"的题画诗能在元朝大为繁盛的一个不能忽视的时代文化原因，以及主

---

① 《欧阳玄全集》补编卷十四《积斋程君端学墓志铭》，第752页。
② 杨镰：《元诗叙事纪实特征研究》，《文学评论》2012年第2期。
③ 杨镰《元诗史》（人民文学出版社2003年版）指出，元代诗人的同题集咏可以出自身边一切诗料，比较有名的有：咏梅，咏百花，题跋法书绘画，送别友人，官员赴任、离任，上京纪行诗，西湖竹枝词，佛郎贡马，等等。第624页。

要通过实际扈从经历而实地叙录"行所未行，见所未见"① 的上京纪行诗成为元代诗歌创作中一处盛景的重要由头。又如前有所论叙的欧阳玄《渔家傲·南词》十二首，亦是刻画京师具体意象，欲使时人后辈"有所考"。可见，词这一抒情文学载体，亦在元代的纪实风尚中走向实际的状物叙事。对于元诗创作的叙事纪实特征，杨镰先生指出，元诗叙事纪实特征的形成是元代诗歌、散文、戏曲、小说几种文学体裁互相接近、互受影响的结果："（元诗）所体现的叙事化特征不但是诗境的扩展，也是元代文学与历史文化的交汇点。"② 这从而也道出，元代诗人所热衷的叙事纪实特质及重质轻文的创作倾向在散文、词曲、小说等各体文学创作领域为元代文学实践者所青睐。元代散文创作注重以实用目的为旨归③，元词不重意境营造而重切实表述的风格④，叙事文学的代表戏曲在元代日臻成熟，而亦是在元朝，以话本为主要形式的元代小说显露出通往明清叙事长篇发展巅峰的趋势。在时代文学的叙事纪实风潮中，元代传记创作彰显着自己的纪实风尚。

基于政治、文化形势的转变而促成的传记自身文体的发展，实用性的碑传文学承继宋代蔚为壮观的创作气象在元代继续走高。相较于宋代传记作家"往往能突破史的藩篱，重视文的一面，突出表现了为文者的主观性，增强传记文学的文学性和抒情性"⑤，发于史传的传记文学在有元一朝偏重于回归其历史真实，而元代传记作家又常常身兼理学，注重经史，推

---

① （元）周伯琦：《扈从集前序》，《全元文》，第 44 册，第 531 页。

② 杨镰：《元诗叙事纪实特征研究》，《文学评论》2012 年第 2 期。

③ 邱江宁《奎章阁文人群体与元代中期文学研究》一书将元代散文创作特征归为三点：以实用目的为旨归，以经史为重；智识性增强，审美意味削弱；注重记述，不刻意文辞。虽是以奎章阁文人群体而论，但论著也明确指出，元代诗文创作"几乎是馆阁文人的天下，奎章阁文人群体几乎牢笼了元代诗文创作的所有大家"，由此知注重实用与记述确乎为元代散文创作的主流特色。第 139—165 页。

④ 么书仪：《元词试论》，《天津社会科学》1985 年第 2 期。

⑤ 俞樟华、林尔：《宋代传记研究》，黑龙江人民出版社 2015 年版，第 4 页。

崇合文道于一，传记创作普遍呈现出鲜明的重质轻文特点，主观抒情性弱化，客观叙事性增强。所以笔者以为，欧阳玄传记创作的纪实倾向从大方向来讲并非一家之举，而与主张如实反映现实的时代文学纪实风气有着群体式与潮流式的倾向——"纪实"不是欧阳玄传记独有的特征，而是元代诗文整体创作概貌的一个关键词，是元代诗文主流作家群体普遍倡导与遵从的文学功用观念与审美风格。作为元代散文创作中的一位大家，欧阳玄通过其传记创作践履了时代"重道尚实"的文学思潮，呼应着自姚燧、元明善、袁桷、赵孟頫、虞集等一干文坛盟主相继打造的时代纪实思潮，又用其传记成果及其他文体创作有意带动这一风潮，以应于前人而又呼后人继之。

首先是身兼经生文士的双重作传身份与元代诗文作家普遍持有的深厚理学教育背景的呼应。随着理学在元仁宗一朝被正式立为官学，程、朱著作被定为科举试士程式，一批明习经学，身兼经生文士双重身份且多历馆阁的士人成为了元代诗文创作的主要队员与重要力量。如并称为"儒林四杰"的虞集、揭傒斯、柳贯、黄溍，同时又是元文创作的杰出者，虞、黄与姚燧、元明善、欧阳玄、苏天爵被列为"元文六家"，其中虞、揭又擅诗，与杨载、范梈合称为"元诗四家"。这些人后来基本被列入《宋元学案》：是为南方名儒吴澄高足的元明善、虞集入《草庐学案》，师从北方大儒的姚燧入《鲁斋学案》；同游于金华许谦门下的欧阳玄、揭傒斯入《北山四先生学案》，同列此学案的柳贯则自少学于仁山金履祥，且揭傒斯又以程钜夫门人列入《双峰学案》；学于方凤的黄溍入《沧州诸儒学案》，师从刘因高足安熙的苏天爵则入《静修学案》；范梈、杨载虽未入学案，《元史》所作二人传亦无明文叙其经学渊源，但范梈与吴澄友契①，杨载与黄

---

① 吴澄为范梈作墓志铭记"年未三十，予识之于其乡里富贵之门"。又《玉华峰仙祠记》称范梈为"吾友人"。分别参见《全元文》，第 15 册，第 638、285—286 页。

潜交谊甚笃①，此虽未足证二人熟于理学，但与理学名士的交相往来，必定使二人受到理学熏染。元代理学三大家中，吴澄留下诗文巨稿《吴文正集》一百卷，其中作文篇目竟在现存元文六家所作之上②，且自有造诣，四库馆臣评"词华典雅，往往斐然可观"③；刘因有《静修集》三十卷行于世，"其为文章动循法度，春容有余味"④，诗歌成就更与卢挚并推为元初中州诗之"专家"⑤；许衡虽未有诗文专集传世，但亦有诗名，顾嗣立编《元诗选》称："先生开国大儒，不藉以文章名世。然其古诗亦自成一家。"⑥ 性理之学与辞章之务在元代诗文作家普泛合体，以至于与元代众多文臣儒士有着深厚渊源且自带二者属性的宋濂在入明后编修《元史》时称："元兴百年，上自朝廷内外名宦之臣，下及山林布衣之士，以通经能文显著当世者，彬彬焉众矣。今皆不复为之分别，而采取其尤卓然成名、可以辅教传后者，合而隶之，为《儒学传》。"⑦《元史》合文苑儒林而一之，实是元代理学与文学在元代作家理论与实践当中的亲密相融使然。

作为"经义文章，不可分而为二"⑧ 时代下成长起来的元文作家，欧阳玄与其前辈、同契、后彦皆有着深厚的理学教育背景，如此普泛的身兼文理之士的作者身份，让元文作家有着共同的创作理念与追求，最显著的便是对"文道合一"创作理念与践履原则的共同呼吁。经学与文学在元代的亲密融合，对元代文学特别是散文创作产生了重要影响。邓绍基主编的

① 据黄溍为杨载所作《杨仲弘墓志铭》，黄溍与杨载起初未有面识，只是以书缔文字交，凡五年，始得相识。十一年后，二人同登延祐首科进士第，又八年后杨载卒。《金华黄先生文集》卷二有诗《怀杨仲弘》，对故友咏怀之意甚深。

② 据《全元文》统计，吴澄作文 1461 篇，姚燧作文 241 篇，元明善作文 65 稿，虞集作文 1164 篇，欧阳玄作文 311 篇，黄溍作文 929 篇，苏天爵作文 416 篇。

③《四库全书总目》卷一六六《集部·别集类十九》"吴文正集提要"，第 1428 页。

④《四库全书总目》卷一六六《集部·别集类十九》"静修集提要"，第 1430 页。

⑤（清）顾嗣立：《元诗选·三集》卷三，中华书局 1987 年版，第 104 页。

⑥《元诗选·初集》卷十五，第 434 页。

⑦《元史》卷一八九《儒学传一》，第 4314 页。

⑧ 同上书，第 4313 页。

《元代文学史》指出："元王朝尊崇程朱理学对文学必然产生直接或间接的影响，而犹以散文领域受理学影响最大"，"由于程、朱著作被定为科举试士程式，相应地也就强调经术为先，词章次之。这在很大程度上决定了散文的基本特点，即讲求经世致用，强调文道合一"①。综观元代各时期文章大家皆有相关言论倡引文道并重的作文宗旨。姚燧有言："文章以道轻重，道以文章轻重。"② 吴澄曰："文之炳焕而晖，即道之贯彻而一。"③ 虞集言宋末文弊正是因文与道相离："宋之末年，说理者鄙薄文词之丧志，而经学、文艺判为专门。"④ 并以其"文外非别有道，道外非别有文"的文学创作立转文坛风向，欧阳玄称："自汉魏以来，经生、文士，判为两途，唐昌黎韩公、宋庐陵欧阳公力能一之，而故习未尽变也。……皇元混一天下三十余年，雍虞公赫然以文鸣于朝著之间，天下之士翕然谓公之文当代巨擘也，而不知公之立言，无一不本于道也。"⑤ 除欧阳玄外，元后期文章家如柳贯、黄溍等，"文道合一"皆是其文学思想中的一个重要命题⑥。这种承继唐宋古文家韩愈、欧阳修的文道可称为元代文坛较为正统的文道并重观念，直接带来的是元代散文创作的用世观念。欧阳玄在《雍虞公文集序》开篇所言"斯文与造化功用相弥纶，国家气象相表里，故文人生于世教，文章用于世有时，斯言若夸，理实然也"⑦，诚可为元人文章用世观念的代表性言论⑧。在这种用世观念的主导和一批身兼经艺文章人士的积极

① 邓绍基：《元代文学史》，人民文学出版社1991年版，第19页。
② 《姚燧集·牧庵集》卷四《送畅纯甫序》，第69页。
③ （元）吴澄：《陈文晖道一字说》，《全元文》，第15册，第19页。
④ 《虞集全集·道园类稿》卷一八《庐陵刘桂隐存稿序》，第500页。
⑤ 《欧阳玄全集》卷十《元故奎章阁侍书学士翰林侍讲学士通奉大夫虞雍公神道碑》，第216页。
⑥ 张佳丽：《黄溍文学思想研究》，硕士学位论文，沈阳师范大学，2012年；张丹丹：《柳贯文学思想研究》，硕士学位论文，沈阳师范大学，2012年。
⑦ 《欧阳玄全集》补编卷九《雍虞公文集序》，第617页。
⑧ 查洪德：《论古代文论中的"文与道一"说》，《古代文学理论研究》2011年第2期。

实践中，元代散文创作整体呈现出一派务实气象，"不假锻炼雕琢"，"以性理之学施于台阁之文"① 的散文创作风气成为元代文坛的主流面貌。而又是在这样的时代理念与审美驱动中，作为元代散文创作中的一大宗，本身的传记创作更成为这一创作风潮。

于此也不难理解传记这种强调叙事纪实且与名教关联紧密的实用文体成为元人散文创作中的大部头②，成为元人纪实风潮的有力助推者与大力阐释者。中国古典传记亦文亦史且本属于史，元人对注重叙事记人并强调真实可信的传记文体的倚重，让元代传记成为元人散文创作中极具分量的文学文本，在蔚为大观的篇目与文体自身所承载的史的厚重感中直接凸显了元代传记整体创作的质实特征，而更可贵的是，元代传记创作中体现了强烈的"备史"意识。

元人传记创作体现强烈的"备史"意识，亦即元代传记作家为人作传时普遍抱持一种为后代史家载录"以备采择""以俟笔削"的态度，甚至在私人传记撰述中自觉以官方史家身份代入作传。这种态度与意识让以碑传形式为主的元代传记向史传靠拢，昭示出元代传记浓厚的纪实况味。观元代传记创作体裁，以神道碑铭、墓志铭、行状、墓表、祭文等为主的碑传体裁成为元人传记的最主要形式，碑传在元文作家传记创作中的比例超过90%。而碑传是应丧葬需要而产生的一种叙颂亡者生平功德的文体，本属于哀悼文学，"由齐梁以至隋唐，诸家文集，传者颇多，然词皆骈偶，不为典要"，自韩愈"始以史法作之，后之文士，率祖其体"③。韩愈的古文理论实践于碑传，便是融入记叙、描写、议论、抒情等多种史传手法，

---

① 《黄溍全集·金华黄先生文集》卷一八《顺斋文集序》，第 257 页。

② 邱江宁《奎章阁文人群体与元代中期文学研究》对奎章阁文人中有影响的 23 位作家的古文创作进行了分类统计，由此得出"传记、序、跋、记以及其他各种应用文成为奎章阁作家古文写作的重要组成部分，而具有一定抒情性的文体则在作家们的创作中所占比重相当轻"的结论。第 144、146—148 页。

③ 《四库全书总目》卷一九六《集部·诗文评类二》"墓铭举例提要"，第 1792 页。

注重挖掘传主生平重要或特殊的事迹来表现人物，"使碑志逐渐由哀悼文学向史传文学转化"①。宋代以欧阳修、曾巩、王安石及三苏等为首的古文大家，追随韩愈的古文改革步伐，进一步明确指出碑传应向史传看齐："铭志之著于世，义近于史。"② 元人传记承继唐宋韩欧一脉而来，在文道并重的理念与经世致用的实践中，元代传记更普遍地呈现出强烈的"备史"意识。

如欧阳玄"敬撮其实"而作的巨制《高昌偰氏家传》便是出于使"后之秉笔绸金匮石室之书者有征于斯文"的备史理念。王恽为元初汉人世侯史天泽作《开府仪同三司中书左丞相忠武史公家传》，篇尾叙其作传缘由："不肖恽猥登公门者有年，及与诸子游，故闻公言行颇详。以家传属笔，故勉为撰述，异时太史氏勒元勋于帝籍，赞画像于凌烟，庶几有所考焉。"③ 在《太一五祖演化贞常真人行状》中亦有使"太史秉笔者得以采择焉"④ 等类言。虞集作《江西行省平章政事伯撒理公惠政碑铭》时也拟"采其歌颂而载之，庶乎观风者有取焉"⑤。黄溍《成全郎江浙官医提举张公墓志铭》则有曰："盖太素之书，尤秘而未出，故无得而述焉。庸备著公所序于铭文之首，庶史官传方伎者有考云尔。"⑥ 诸如此类为史家留材，令后世史家有所征、有所考的言论在元代传记文中几乎俯拾即是。

甚至由于元代传记作家普遍的馆阁经历，在元代私人传记撰述中屡有直接以史官身份作传者。欧阳玄在传记中常冠名"太史氏欧阳玄"，《元封

---

① 刘成国：《北宋党争与碑志初探》，《文学评论》2008 年第 3 期。

② （宋）曾巩：《寄欧阳舍人书》，曾枣庄、刘琳主编：《全宋文》，上海辞书出版社 2006 年版，第 57 册，第 246 页。

③ 《王恽全集汇校》卷四八《开府仪同三司中书左丞相忠武公家传》，第 6 册，第 2282 页。

④ 《王恽全集汇校》卷四七《太一五祖演化贞常真人行状》，第 6 册，第 2252 页。

⑤ 《虞集全集·道园类稿》卷三九《江西行省平章政事伯撒里公惠政碑铭》，第 1036 页

⑥ 《黄溍全集·金华黄先生文集》卷三八《成全郎江浙官医提举张公墓志铭》，第 553 页。

河东郡公何公神道碑》便是应侍御史何约之请"勒碑发潜，属笔太史"①
而作。这种身份意识在多有供职史馆或参与国史实录等史事撰述履历的元
代传记作家中得到普遍发挥。

以个例来看，若曾主持撰修成宗、武宗二朝实录的程钜夫，因"幸得
执笔史官"② 而作《林国武宣公神道碑》，又以"追求往牒，论撰世美，
播之金石，勒示永久者，史臣之职"③ 作《武都智敏王述德之碑》。又如有
近三十年史馆履历的袁桷。袁桷尝预修累朝实录，至治年间又欲领修辽、
金、宋三史，虽因国政变故未果④，但却制有《修辽金宋史搜访遗书条列
事状》，以为"纂修史传必当先以实录小传附入九朝史传，仍附行状、墓
志、神道碑，以备去取"⑤，苏天爵评其修史原则："是皆本诸故家之所闻
见，习于师友之所讨论，非牵合剿袭漫焉以趋时好而已。"⑥ 此二言，一可
见袁桷严谨据实的史传理念，又可知袁桷对包括碑传在内的私人散传"以
备去取"的存史态度。如此史传思想深深影响着袁桷的杂传创作。观袁桷
所为私人传记碑铭，多以"职在太史，笔削传信惟谨"而作⑦，表现出强
烈的史家意识。

再如虞集。虞集曾主持撰修元朝大型官修政书《经世大典》，所括国
家典故，能使"他日国史诸志、表、传，举此措彼耳"⑧，可谓已铸就大半
部《元史》底稿，所以史官身份意识在虞集的个人传记创作中有着更为强

---

① 《欧阳玄全集》补编卷十《元封河东郡公何公神道碑》，第 646 页。
② 《程钜夫集》卷六《林国武宣公神道碑》，第 66 页。
③ 《程钜夫集》卷六《武都智敏王述德之碑》，第 68 页。
④ 《滋溪文稿》卷九《元故翰林侍讲学士知制诰同修国史赠江浙行中书省参知政事袁文清公
墓志铭》，第 135—136 页。
⑤ 《袁桷集校注》卷四一《修辽金宋史搜访遗书条列事状》，第 5 册，第 1848 页。
⑥ 《滋溪文稿》卷九《元故翰林侍讲学士知制诰同修国史赠江浙行中书省参知政事袁文清公
墓志铭》，第 135 页。
⑦ 《袁桷集校注》卷三四《萧御史家传》，第 4 册，第 1557 页。
⑧ 《欧阳玄全集》卷九《元故奎章阁侍书学士翰林侍讲学士通奉大夫虞雍公神道碑》，第
223 页。

烈的表现。在撰述《天水郡伯赵公神道碑》时，虞集直言："集昔承乏国史，观乎中州。当国家兴亡肇基之初，而究夫亡今丧乱之迹，以补史之阙文。而太平日久，旧闻放失，苟有可称者，无钜细，执笔不敢忽也"，"公之行事，而国政之不可考者在焉，是皆当书以示来者，非私述也"①。《王贞传》是虞集传记中一篇独特的小传。此传仅录及至治三年（1323）南坡之变后的八月八日枢密院掾史王贞以义勇之言行化解朝廷兵印被夺危机一事，篇末就此事引用史官语赞扬了王贞的大义高才，点明以"备录之，以待采择记载云"②的作传目的。从创作动机的角度来讲，这篇传记完全是当时身兼翰林国史院编修官的虞集对当时政治时事的有意载录，与其说是一篇富含文学性质的人物小传，莫若说是一份翔实的史料。这篇小传为苏天爵《元文类》收录。

　　还有苏天爵，他同样是元代传记创作中备持强烈史官身份意识的作家之一。苏天爵曾三居史馆，预修武宗、文宗实录，并私人编著史籍《元名臣事略》与诗文总集《元文类》二书。前者据诸家文集所载墓碑、墓志、行状、家传及杂文中"可征信者"而择取采掇，《四库全书总目》称其"不失为信史"③；后者虽为文学总集，但该书编录从留存史事着眼，"最以载事为首，文章次之，华习又次之，表事称辞者则读而知之者存焉"④，"所取者必其有系于政治，有补于世教，或取其雅制之足以范俗，或取其论述之足以辅翼史氏，凡非此者，虽好弗取也"⑤。以这样的史学修为，苏天爵所著单篇散传，亦难免浸涵史家质素。《元故集贤学士国子祭酒太子右谕德萧贞敏公墓志铭》是苏天爵而为元代大儒萧㪍而作的一篇传记。墓

---

① 《虞集全集·道园类稿》卷四二《天水郡伯赵公神道碑》，第1090页。
② 《虞集全集·道园类稿》卷三一《王贞传》，第848页。
③ 《四库全书总目》卷五八《史部·传记类二》"元朝名臣事略提要"，第522页。
④ （元）王理：《国朝文类序》，《全元文》，第54册，第6页。
⑤ （元）陈旅：《国朝文类序》，《全元文》第37册，第248页。

志之作一般为应人之请，道叙墓主生平事迹以尽子孙慎终追远之孝，但此篇墓铭却是苏天爵因萧㪚墓铭未有人作而自发为之：

> 大德、延祐间，关陕有大儒先生曰萧公、同公，笃志励操，高蹈深隐，乡郡服其行谊，士类推其学术，朝廷重其名节。于是征车起之，表帅俗化，其道德风流，迄今天下慕之。至正甲申之春，天爵来官西台，访求二老言行，将以为师法焉。既而得同公墓铭，读之起敬起叹。萧公云亡久矣，犹未有述，乃稽核荐扬征召公牍于省府，采摭族世、葬薨岁月于其家，问其隐德懿行于旧老名士之所传，录其遗文杂著于金石简册之所载，合而志之以铭，庶后世考德者有征焉。①

从上述苏天爵所言创作缘起、目的及过程来看，表达哀思的墓志铭已完全可说成为传以补阙、书之以据、图之以征的史传载体，苏天爵全然是以一位史学家的身份考据而作传。其他如姚燧、张养浩、柳贯、揭傒斯等元代主要传记作家的创作亦莫不代入史臣气习。

再以一个群例来看。至正年间，欧阳玄奉敕为中书右丞董守简之父董士珍作神道碑铭，开篇叙道：

> 世祖皇帝经营四方之初，于时藁城董氏兄弟，以忠孝之门，被眷顾之厚。太傅忠献文炳，总国兵旅，出奋爪牙，入为股肱，实兼将相之器。太师正献公文忠，掌国符信，入托心膂，出司耳目，实预帷幄之谋。退而家居，皆能崇诗书之风，励清白之操，以贻子孙。故董氏身教之正，家法之严，在汉人中为第一。其子践扬台阁，为时名臣，接武不绝。当世文士，操笔以发其潜光者，大编巨帙，开卷有之。②

---

① 《滋溪文稿》卷八《元故集贤学士国子祭酒太子右论德萧贞敏公墓志铭》，第114—115页。
② 《欧阳玄全集》补编卷十一《董士珍神道碑》，第660—661页。

董守简出自终元一代圣眷不息、"贵显四世"①的汉人世侯"藁城董氏"一族。这一家族自忠烈公董俊，至文、士、守四辈，出有43位大夫，22位将军，13位国公，人称"功不绝于信史，名不染于罪籍"②。在欧阳玄作《董士珍神道碑》时，这个家族中有事功者几乎皆已有大量文人为之作各类传记行状、碑铭墓表，"仅就所及之元人著作中即有墓志、碑铭、祭文、家传、谥制等廿四篇"③，数目之夥，堪称历代家族传记之冠。欧阳玄开篇所叙正是对这一家族赫赫勋业及文人敬仰并相与载纪盛况的总结。这些"大编巨帙，开卷有之"的传记碑铭为后世研究这一家族乃至元朝历史提供了大量有名有实的具体信息。通过这些传记，读到的应不仅仅是董氏的赫赫勋功与"征服王朝的时代，在动荡不安的华北一带，作为典型的一方，在维持、继承汉人文化的同时，董氏家族的发展向世人讲述了一段时代与人类发展的故事"④，还有掩于文字背后的一群以纪实传真、宗经正史为务的创作文人。有元一代，"操笔以发"藁城董氏家族人物之"潜光者"历时元初、中、后期，涉及作家如王磐、王恽、吴澄、元明善、姚燧、袁桷、虞集、柳贯、黄溍、揭傒斯、欧阳玄、苏天爵等一批贯穿元代文坛与史坛的巨擘名流。这些文臣与董氏家族皆有或深或浅的交从，所作传记碑铭无论应制还是承请，皆流露出为这一足以表彰一朝盛世的荣耀家族作传以使其名垂史册、享誉后世的积极愿望。这些"墓道之碑、赠谥之制，与夫行述、谥议、遗爱、逸事之文"，被董俊第五代孙董钥"纂辑比次"统一编著成《董氏传家录》一书，以为"凡《传》（元明善《藁城董氏家传》）、《谱》（虞集《藁城董氏世谱》）之未备者，于此有考焉"。元

---

① （元）元明善：《藁城董氏家传》，《全元文》，第24册，第321页。
② 《揭傒斯全集》卷七《大元敕赐正奉大夫江南湖北道肃政廉访使董公神道碑》，第385页。
③ 袁翼：《元史研究论集》第九章《藁城董氏述评》，台湾商务印书馆1974年版。
④ ［日］滕岛建树：《元朝治下汉人一族的发展——藁城董氏》，《大谷学报》1986年12月20日。

后期诗文家吴师道为是集作序言：

> 董氏勋劳在国史，彼《家传》《世谱》所以著其详，而今《录》又加详焉。夫史臣之体，程其巨细，兼包互举，义存笔削，其立法也严。若夫孝子慈孙所以振扬其先，将无所不用其极，虽一言一行之涉于见闻者，皆当并存而无遗，所以，隆孝爱之至情，备一家之私记，则虽详且多，不厌也。长史之为，其有合于此义也。夫使凡董氏之族，览之而朝夕惕厉，以无忘先人之丰功盛烈，继继承承，与国无穷，是编所载，当不止是，董氏之庆，其可量哉！①

"夫史臣之体，程其巨细，兼包互举，义存笔削，其立法也严"，此一语道出为藁城董氏所作传记出于史臣的作传立场、力求详尽而严谨的史家笔法以及一颗存史的公心。览观这些传记碑铭，若元明善《藁城董氏家传》对董文炳羽翼世祖平宋征程的心血写照，虞集《翰林学士承旨董公行状》对董文用一生"善政"事迹的铺排细陈等，这些文人皆不惜以其文章巨笔，不吝其钦慕之情，对其所传所载详描细叙，甚有未道处补之，不详处详之，已名处又反复申论之之意。

如王磐。王磐（1202—1293），字文炳，广平人，以金入宋，后仕元，官至翰林直学士兼修国史，与许衡友善，为当时名儒②。王磐奉敕命为董氏家族董文炳、董文用兄弟皆作神道碑铭，后又应邑中父老之请为董文炳作《藁城令董文炳遗爱碑》。两篇碑文皆于董文炳薨逝之至元十五年（1278）据进士张延所撰行状而作，所记传主事迹大略相同，但在语言表达与细节叙述上显然神道碑文更为详尽，如叙随世祖忽必烈伐宋的征战过

---

① （元）吴师道：《吴师道集》卷十五《董氏传家录序》，邱居里、邢新欣点校，浙江古籍出版社2012年版，第544页。

② 《元史》卷一六〇《王磐传》，第3751页。

程，神道碑文对董文炳的语言心理多有表现①；神道碑文所述董文炳临逝前对其弟文忠嘱以"子弟辈但能上马者，当以死报国"②的肺腑遗言，遗爱碑文则略之。但遗爱碑文在稍简神道碑文的基础上亦补有神道碑文未及的内容。如遗爱碑文所增述"公为人沉勇有大略，读书喜《左氏春秋》，技艺驰射，犹其所长"③，揭示了董文炳的性格与生活中修文的一面，这是神道碑文未曾语及的。诸如此类"程其巨细，兼包互举"之例，于元代传记实是不胜枚举，出于史家囊遗搜逸之职守，"虽详且多"却"不厌"，诚可谓详于记述的元代传记之一大特点。

　　元代传记作家以散传之体秉史臣之笔而备载当世之史，着实为中国古典传记文学史上一大盛景。所以尽管戴着"成人之美""镣铐"的碑传文体占据了元代传记大半江山，却并不妨碍元代传记作家于碑传中纪实传真。许有壬在《刘平章神道碑》一文中曾说："功臣国有史，家有传，墓碑有铭。史则在公，惟传若铭志必是重，托必其可，修名伟绩，用底不泯焉。"④许有壬认为碑传是国史参考的重要底据，无疑直接将嘱意歌功颂德的传统碑传文体上升到以纪实用鉴为旨归的史传范畴。由前举例所述元代传记创作中的备史意识，可知这种理念是元代传记作家的一种共识。强烈的备史意识深深影响了元代传记的创作，在普遍具有学者理性与史家修为的元代诗文作家的实践中，以碑传为主要形式的元代传记统一呈示出本着实际而原原本本记录实况的整体纪实风貌。

　　这种纪实风貌首先表现于元代传记作家本着实际而秉持的审慎严肃的作传态度。传记特别是如行状、墓表、墓志铭、神道碑等一类碑传，一般都是于受人之托乃至承上之敕的情形下所作，作传者应何人之请，又基于

---

① （元）王磐：《赵国忠献公神道碑》，《全元文》，第2册，第286—287页。
② （元）王磐：《藁城令董文炳遗爱碑》，《全元文》，第2册，第290页。
③ （元）王磐：《赵国忠献公神道碑》，《全元文》，第2册，第292页。
④ （元）许有壬：《刘平章神道碑》，《全元文》，第38册，第345页。

何种理由、何种立场而予以作传的作传缘起以及对所传人物生平事迹的把握情况、所依据的信息来源能直接透露出所作传文的可信程度。就作传缘起而言，元代传记作家在创作中对之给予了较唐宋传记更为高度的重视。唐代传记以韩愈为代表，除少数篇目给出简单作传缘起，且一般略述于传尾，大部分篇章未有交代。宋代传记承继唐代传记撰述模式，开篇往往直叙传主姓氏、名讳、乡邑、族出、官职等传记必要因素，传记作家对作传缘由的交代有所增多，但作传缘起依然是可叙可不叙的存在。而到了元代，作传缘起几乎成为作家每篇传记必予道出的要素，且多置于开篇，无论是承君命还是应他人之请皆有具体交代，甚至过程有曲折往复者亦能执笔详叙。而与作传缘起的详细叙道相应，对传主生平事迹叙述所据信息来源的交代亦是元代传记作家作传的惯有路径。若虞集《姚天福神道碑》开篇对作此传由最初的辞却到最后应元文宗诏命及好友柯九思之请，以"鉴书博士柯九思，其婿也，可征家世、行事、岁月"而应允这一曲折过程用了大段文字给予详细交代。另若为藁城董氏所作传记篇目中，李治以"君家世济之美，予所饱闻"而考董俊行状作《元龙虎上将董公神道碑》，虞集以董文用为"国之老臣，扬厉中外久矣。上而朝廷，下及四方，贤士大夫士宜必有深知公者，尚能道其德业之详也。谨录其历官、行事梗概"[1]为之作行状，阎复则以虞集所述行状撰董文用神道碑文，吴澄又以"旧尝忝窃微禄，客京华，稔闻公名。时公已即世，不及亲见公之行事矣。谨按前碑，叙公之大概，以表于墓"[2]，作《元赵国公谥忠穆董公墓表》。凡此种种关于传记所据实由，元代作家不厌其烦皆予道出，以说明其作传文献有所征，所叙可信而不诬。

在史家谨严审慎的作传态度中，元代传记偏于以细致精准的记述而不

---

① 《虞集全集·道园类稿》卷五〇《翰林学士承旨董公行状》，第858页。
② （元）吴澄：《元赵国公谥忠穆董公墓表》，《全元文》，第15册，第421页。

刻意文辞的纪实笔法来道叙传主生平，这种重质轻文的朴实笔法是元代传记纪实风貌生成的有形载体。细致精准的记述主要表现为内敛主观情感性，突出客观叙述性，以使无论是绘人记事皆能表达具体，落到实处。前文所叙欧阳玄对马合马沙建造宫殿过程的详描细绘与李克忠三次出使安南时间、地点、路线等各方面的精准叙录便是此种笔法的表现。而这种纪实笔法遍见于元人传记。以程钜夫为泥波罗建筑师阿尼哥所作《凉国敏慧公神道碑》为例。阿尼哥是元朝史上著名的建筑工艺大家，仕元四十余年，主持的大型工事"凡塔三，大寺九，祠祀二，道宫一。若内外朝之外物、礼殿之神位、官宇之仪器，组织熔范、抟埴丹粉之繁缛者不与焉"，其中于至元十六年于大都所建的圣寿万安寺是目前中国遗存最古老、规模最大的喇嘛寺。明修《元史》将阿尼哥列入《方技传》，但对其平生建塑之业只有一句"凡两京寺观之像多出其手"①蔽之，对阿尼哥在两都及五台山建塔造寺及塑像情况未予具体道出。而程钜夫《凉国敏慧公神道碑》以时间为纲予以细录，且截取一段观之：

　　十六年，建圣寿万安寺，浮屠初成，有奇光烛天，上临观大喜，赐京畿良田亩万五千、耕夫指千、牛百，什器备。十七年，建城南寺。二十年，建兴教寺。二十八年，创浑天仪及司天器物。世祖上宾，公于私第为水陆大会四十九日以报，又追写世祖、顺圣二御容，织帧奉安于仁王万安之别殿。元贞元年，建三皇庙于京师，又建万圣祐国寺于五台。裕圣临幸，赏白金万两，妻以戚里女囊合真，资送中给。崇真万寿宫成，诏公位置像设。大德五年，建浮屠于五台，始构，有祥云瑞光之异。又命织成裕宗、裕圣二御容，奉安于万安寺之左殿。六年，国学文庙成，复命为之肖位，遵先猷也。公奉诏感激，

① 《元史》卷二〇三《方技传》，第4546页。

益尽心思焉。八年，建东花园寺，铸丈六金身。九年，建圣寿万宁寺，造千手眼菩萨，铸五方如来。于是，公已老矣。①

这段完全不假修饰的说明文字将阿尼哥的建塑成绩叙述得非常清楚具体，且巨细无遗，而一句"于是，公已老矣"又在本来偏于质木无文的平实载叙中渗进作者对这位为大元服务一生的外国良匠的尊仰与叹惋之情，同时将静态客观的叙录转化为动态的个人历史演绎。而正是基于此种个人对外国臣子及技艺工匠的包容欣赏态度，使得程钜夫不带民族偏见，更不着传统文人对匠艺九流之辈的轻鄙姿态，而是如此详备地记录下阿尼哥的功绩，达到客观精细以准确叙事传人的备史目的。所以在程钜夫的笔下，阿尼哥作为良匠之"巧智"与功绩是实实在在、具具体体而非虚浮模糊的。这种精准具体又详备的史录式纪实，是元代传记的普遍追求，为元代史学提供了大量可考可据的史料。宋濂等主修的《元史》列传，较之前朝史传所叙述之事都有详细的年、月、日记载，且多篇人物史传直接取自私人杂传，不得不说与元人讲求精准具体的纪实笔法有着紧要关联。

在审慎严谨的态度与客观陈述的基础支撑下，通过处于多元一统时代的元代传记作家基于共通的社会心理与时代经验的历史回叙，元代传记又从具体内容上展示出如实反映传主面貌及所处时代社会的纪实特质。传记文学以传人为目的，但最终旨归应是对所传之人及其所处时代面貌的整体建构。元代疆理之广及民族、宗教、文化、习俗、语言之多元皆乃开天辟地、前所未有之况，尽管时代充斥着各种曾游于传统汉文化边缘的异族质素，并且这些质素在元朝走向中心，使中国传统汉族文人儒士一贯享有的优越地位受到冲击，不再为统治者"人才市场"所独赖，而是与各族能人异士、各种身份职业之人乃至技艺百工之流同争国朝眷顾，浸染于大一统

---

① 《程钜夫集》卷七《凉国敏慧公神道碑》，第79页。

时代洪流中的元代传记作家却能主动用与"有容乃大"的时代同步的包容气魄去积极刻画描摹这个多元混融、包罗万象的时代面貌，彰显出对这份别开生面的历史现实的关注热情，由此使元代传记显示出强大的社会历史包容力。于此点可说，元代传记的纪实特质不单是对具体历史人事的精确载纪，更包含作传者心理层面的经验纪实，这是元代传记纪实风貌的深层内蕴。综览以馆阁文人为主的元代传记作家，普遍表现出不厌其烦以长篇累牍、详文核辞去为各族能士、各领域贤人作传的积极性，并同时自觉为时代作注脚，对于时代特色促成的多元传主面貌，元代传记作家有着惊人的经验共鸣。

如元代传记传主选择的一个大类——各族武将人士与勋伐世家，在对这类传主生平的叙述中，各族武将追随蒙元从而辅成一统大业是作传者的共同论调。元以武力开国，统一六合，崇武尚将是入主中原的蒙古游牧文化使然，也是风云际会时代的真实写照。元代传记作家对这一类人的载叙载道，或有应制使命的促成因素，但具体写作时更多是基于自身现实经验而发。蒙元王朝实现的"大一统"为元代传记作家所认可，如王磬在《张弘范墓表》一文中言："自五代以降，南北分裂，不相统一三百余年。大元圣天子至元十三年岁在丙子，始以王师平定江南，师至临安城下，宋主㬎奉表称臣，纳帝入观，赐封瀛国公，然后天下合二为一，民知有息肩之望。"① 程钜夫《林国武宣公神道碑》曰："世祖皇帝有天下，将帅用命，士卒效死，谋无遗策，战无坚敌，以成混一之功，复掩前古，而非偶然之故也。"② 苏天爵《武略将军河南淮北蒙古都万户府千户武君墓碣铭》亦称："国家龙兴朔幕，中原豪俊奋其材勇，起应以兵。时方急于得人，无

---

① （元）王磬：《张弘范墓表》，《全元文》，第 2 册，第 296 页。
② 《程钜夫集》卷六《林国武宣公神道碑》，第 66 页。

远迩亲疏之间，故能克成武功，混一华夏。"①

　　此外，元朝不论民族、国别择能者而取的用人政策，使大量各领域人才进入政治中心与社会体系，"天朝混一，立贤无方，扬历华贯者，接武中外"②，"凡殊方绝域，豪杰智谋之士，随其才器而登用之"③。一方面，元代统治者重视实用型的技艺人才，一批来自各族、各国凡有技艺者在元代受到重用并得以仕进。另一方面，元代官员选拔来源除征辟、举荐与科举考试之外，更多倚重官吏出职制度，"世祖皇帝既一海内，尽出四海之贤能而时举之。取士之途非一，而常恐不及也"④，出相入仕不再是传统文人的独有权利。对这一有别于古制的历史情貌，元代传记作家却能出于大一统的现实经验站在受益的多民族、多领域人士的立场，真诚为这一类人作传。在王恽、姚燧、虞集、黄溍、苏天爵等元代作家的传记中，都有大量有关方技医士、翻译官员等的内容，更难能可贵的是，他们在传记中真切地表达着这一境遇为时人所带来的积极影响。如程钜夫为医官欧阳氏作《集贤直学士同金太医院事欧阳君墓志铭》言："至元中，四方既平，民物丰殖，天子思得俊乂，布中和之政，与天下肩息。凡一技一能，无不召见，陈所长。方是时，岩穴草野之下，闻声自喜，扬英疏翘，颖然如景风灵雨之被也。"⑤ 虞集为以翻译之长而入仕为官的张公作《顺德路总管张公神道碑》，并对元朝"言语文史莫不用焉"之制度表示嘉扬："（元朝）始置国字，合音以成言，累文而成字，以同四海之文，以达四方之情，以成一代之制，言语文史莫不用焉。学其学者，皆尚以右，而有为之士彬彬焉，从此途出矣。"⑥ 元代传记中这些言论不仅可为时代作注脚，更反映了

----

① 《滋溪文稿》卷十五《武略将军河南淮北蒙古都万户府千户武君墓碣铭》，第250页。
② （元）许有壬：《奥屯公神道碑》，《全元文》，第38册，第377页。
③ 《滋溪文稿》卷十七《元故亚中大夫河南府总管韩公神道碑铭》，第279页。
④ 《虞集全集·道园类稿》卷四三《顺德路总管张公神道碑》，第1121页。
⑤ 《程钜夫集》卷十七《集贤直学士同金太医院事欧阳君墓志铭》，第210页。
⑥ 《虞集全集·道园类稿》卷四三《顺德路总管张公神道碑》，第1121页。

作传者对蒙元政府混一华夏之功的首肯，反映了多民族融合的大一统进程
中以高阶知识分子为代表的元代文人对元王朝的向心支撑，这是在"夷蛮
掌控的元代社会总体文化程度偏低"的偏见下常为人所忽略的一种士人心
理，但从当前的多民族融合视域中来看，这种心理经验的纪实应该是元代
传记纪实特质值得深入挖掘的内在层面。

　　通过以上对元代诗文的纪实风气与元代传记作家身兼经史的身份立
场、谨慎求实的作传态度、朴讷质实的文字风格的分析，可以看到以精准
叙事、详描细绘为主要特色的欧阳玄传记创作纪实特质正是对这一种时代
风气与作传风尚的一份有力响应与表彰。钱基博《中国文学史》曾评欧阳
玄传记写作，以为"气沛而文赡，事详而辞核"，气沛文赡主要由欧阳玄
个人才性风格使然，事详辞核则主要是基于重史实录而详叙精道的效果，
所以"足以参证《元史》，搜捕佚闻"① ——这也是追求备史、崇尚质实
而普遍持有重要史料价值的元代传记所共有之特质。

　　作为多元一统王朝上升时期中成长起来的南方汉族文人，欧阳玄以壮
岁之年值科运之兴，以文史之才跻身元朝高庙，上承元天子之青睐，下得
虞集父子之奖掖，近交当时馆阁多族名卿，远结四海五湖各路俊彦，"得
天下学士翕然而宗"，成为元后期主流文学潮头一位影响颇重的弄潮儿典
型。随着身份地位的不断晋阶和人生际遇的流转开阔，欧阳玄近身感承着
元大一统时代所带来的积极风貌，并形诸其文史创作，使其人其文深深烙
上大一统时代中多种文化、民族、宗教、习俗等交相杂融的时代印记，而
这种印记在以记事传人为目的，并不仅能存书一人之事，更连带着反映社
会现实与建构时代风貌等文学功能的传记文体中得到了最为生动与深广的
彰显。欧阳玄传记所体现的不论正统而包举函夏、不辨华夷而一视同仁的

---

　　① 钱基博:《中国文学史》(中)，中华书局1993年版，第813页。

大历史观和与大一统时代变革中多民族融合进程紧密相关的各类传主形象，以及与时代文风相呼应并足以表彰一代务实精神的纪实笔法，以史臣之体备书一时治绩，有着多层面的重要意义与价值。

首先，欧阳玄的传记创作是元代传记接续包蕴文史两重要素的中国古典传记文学传统并着力发挥其中史的特质的一个重要典型，在元代传记文学乃至中国古典传记文学发展史中都有着不能忽视的价值。受元代浓厚的理学思潮与作传文人普泛拥有的史学素养的影响，元代文章创作呈现出非常强烈的宗经务实精神，中国古典传记的实用性追求与载纪的史学化在元代发挥到极致。欧阳玄作为元修三史的实际总裁，是元代史学巨匠，又是元中后期文坛扛大旗之佼佼者，元代传记正经宗史、重质尚实的特色有欧阳玄接续前辈如虞集等人的倡引，更包含着其自身以实际创作助阵的效果。尽管发展至元代的传记文学呈现出"数量庞大，佳作锐减"的态势，欧阳玄传记中的优秀篇章如《许衡神道碑》《阿里海牙新庙碑》等仍可供称道，《高昌偰氏家传》更是代表了欧阳玄传记创作最高水准的鸿篇巨制，亦是从内容与形式上能体现元代最核心的多元民族融合特色与元代散文朴雅纪实风貌的家族传记，这些在中国传记文学发展史上都应有着不容轻视的重要意义与地位。

在讲求实用的文学诉求与遵行纪实的史学意识中，欧阳玄传记以包容不讳的历史精神与具象化的笔触生动折射出了元大一统社会的多元历史风貌，体现出更为突出的史料价值。在为开国鸿儒许衡、平宋元勋阿里海牙、前朝遗臣赵孟頫、一代文宗虞集、"浊世佳公子"贯云石、"一门二代九进士"的高昌偰氏等一代大人物、大家族所作传记中，欧阳玄以强烈的时代代入感让这些人物展现着其一生行藏的同时，也生动诠释着十三、十四世纪的中国由风云际会的烈烈征伐走向熙熙承平之世，由各民族人士的对立与分裂走向合作与统一的时代进程。所谓"乾坤如许大，人才当辈出"，"元之有国也，无竞由人乎"，欧阳玄的传记创作以其文体之便，正是以人为中心展现着时代的风云际会，体现出巨大的时代包容力，大大提升了其参史与补史的价值。

其次，欧阳玄以汉族文士之身积极融于异族王朝并自觉以元王朝馆阁文臣身份为时代中人勒铭立传，这一作传身份与立场在少数民族统治下的多元民族交融共化的社会历史环境中有着重要的典型意义，这一典型对于重新审视融杂于多民族中元代汉族文人的心灵与元王朝文人的生存境遇提供了一定程度的文化参照价值。通过欧阳玄及与其一样囊摄于元王朝统治中心的文人如虞集、黄溍、揭傒斯、许有壬、苏天爵等人的传记创作，元代文人对元王朝的态度又是一番光景：疏离与边缘化并非元代文人与元王朝的主要状态，在带来了前所未有的大一统风貌与开天辟地包举海宇的时代气魄的蒙元掌政的多民族统一王朝中，热情的碰撞与亲密的融合才是时代的主题。由此而言，欧阳玄的传记创作作为其创作中极为重要的一部分，其实也是表彰欧阳玄作为元代文章大家地位的重要依据。

第四章　黄溍传记研究

　　黄溍(1277—1357)，字晋卿，号日损斋，谥文献，金华义乌人，人称金华先生。黄溍浮沉州县二十余年，晚登翰林，仕至翰林侍讲学士，进讲经筵，是有元一代中晚期的文坛宗主，在学术界和文学界占有一席之地。与虞集、揭傒斯、柳贯并称为"儒林四杰"，此四人又称为"元文四家"。黄溍与柳贯、吴莱并称"浙东三先生"，时人也称"义乌诸公"，其中黄溍与柳贯在元末的影响、名声最大，又有"黄柳"之称。黄溍一生勤奋好学，笔耕不辍，著作颇丰。据《元史》记载，有《日损斋稿》三十三卷、《义乌志》七卷、《日损斋笔记》一卷。在《四库全书》中，有《黄文献集》十卷，乃明人删减本，今存《金华黄先生集》四十三卷，其中初稿三卷，为未及第时所作，临川危素所编次。续集四十卷，为其登第后所作，门人宋濂、王祎编次。

　　黄溍在元代后期文坛是一个举足轻重的人物，这固然与虞集、揭傒斯等大家的相继谢幕将其自然顺位于文坛的中心有关，但最关键的还是黄溍自身的文学素养与才华引动时人师之慕之。黄溍在元代诗歌、散文、书画、儒学等诸多方面皆有成就，尤以散文创作为要。在元代后期，宗庙朝廷之典册、公卿大夫之碑板多出自其手。"海内之士，与浮屠、老子之流，

"忽必烈推行了一种二元政策。一方面，他是蒙古至高无上的大汗，继承了成吉思汗、蒙哥的绝对权威，维护了成吉思汗帝国精神上的统一——每个汗都必须服从他的任命，谨守各自的封地——这些汗国都只是元朝帝国的一个行政省。另一方面，他的一生都在戎马倥偬中度过，而且作为中国封建王朝的第十九个忠实延续者，他不折不扣、尽职尽责地扮演着自己的角色。他保留了宋朝的全部行政机构和官员，并通过努力得到了官员们的效忠。他不仅征服了这片土地，他还征服了这个文明种族的头脑，治愈了中国长达一个世纪的战争创伤"①。忽必烈在政治、经济、军事各方面都主张复古统治思想，后世子孙都力求"上副世祖立法之初意"②，故整个元王朝的复古统治方针就在根本上确立了下来。

政治哲学上的方针政策是整个社会的风向标，必引动文化领域的变革，毋庸置疑，元代文艺界也掀起了复古潮流。赵孟頫首先在书画领域举起复古的大旗。赵孟頫是宋太祖赵匡胤的第十一世孙、秦王赵德方的嫡派子孙，南宋灭亡后，归故乡吴兴（今浙江湖州）闲居。至元二十三年（1286）程钜夫奉诏搜访遗逸于江南，赵孟頫一行二十余人被招募到大都，元世祖颇看重赵孟頫的才华，被安以清要之职。赵孟頫一生被遇五朝，仁宗爱育黎拔力八达对他推崇备至，官居一品，从此名满天下，他在书画方面的卓越成就，使他在元代有着独一无二的影响。赵孟頫一生历宋元之变，在沧桑易代之际，文化颇易失范，对此他都有清醒的认识，故出仕元朝后，首先在书画创作上打出复古的旗帜，以晋唐为法鉴，力图去除南宋以来险怪霸悍和琐细浓艳之习，以简率之美开时代之新风。"这所谓的古，首先是古法，务必要努力追溯上古以来所形成的、遵循现实面貌的朴素、切实的表达方式；其次是古韵，务必要在朴实表达的基础上形成主体意识

① ［法］勒内·格鲁塞：《草原帝国》，江苏人民出版社 2011 年版，第 175 页。
② 《元史》卷九七《食货志五》，第 2484 页。

丰沛的率简、古雅风格，从而去除因师心自用而形成的疲弊、颓废气质；最后是雅正的气度风貌，务必从临摹、习古开始来重新走向由法度、规矩严肃井然之后的自由创造，从而形成正大、雍容的总体风貌。"①

赵孟頫是元代开时代风气之先的领军人物，复古潮流的形成，离不开同时代文艺界人士在理论与实践上的推崇与效仿，使之蔚然成风。接过赵孟頫时代大旗的元代中期的奎章阁文人群体，这个群体的主力核心是奎章阁文士精英。他们对赵孟頫所倡导的文艺复古思潮起到了推动的作用，使之进一步的深化、发展。黄溍虽未在奎章阁学士院任职，但在至顺二年（1331），黄溍应召进京入朝，调任翰林应奉、同知制诰兼国史院编修官，后升翰林直学士，此后断断续续共20年。黄溍与虞集、揭傒斯等奎章阁文人年纪相仿，都是大元一统之后成长起来的文人，作为同僚，黄溍与他们相从甚密，在闲日的交游唱和中，这群文人与赵孟頫都有直接或间接的关系，由其所倡导的复古主张自然而然地浸入，并在理论与创作中双向践行。黄溍在大德八年（1304）就在杭州结识了赵孟頫②，之后与赵孟頫一直保持师友关系，而且黄溍本身在书画方面有较高见地，造诣颇深。黄溍作品中有不少题跋书画作品，而且很大一部分与赵孟頫相关。黄溍在《跋魏公楷书洛神赋》中写道：

> 赵公用意楷法，穷极精密，故其出而为行草，纵横曲折，无不妙契古人。不善学者，下笔辄务为倾侧之势，而未尝窥其用意处，是以愈工而愈不及也。此赋笔法森严，学书家宜守为律令，仲长尚宝藏

---

① 《奎章阁文人群体与元代中期文学研究》，第23页。
② 黄溍宦学于杭州时，每年暮春之际，婺州学生便相聚于南山，展谒已故同乡、宋兵部侍郎胡公墓。祭祀完毕后，泛饮西湖之上，畅叙州里之好。"大德八年春三月癸亥，会者四十四人"（《黄溍全集·金华黄先生文集》卷一〇《南山题名记》，第317页），赵孟頫亦在其中"溍以大德戊戌春见先生于钱塘，今已五十年"（《黄溍全集·金华黄先生文集》卷二一《跋翠岩画》，第193页），这是黄溍与赵孟頫首次会面交游。

之。泰定元年六月八日，金华黄溍书。①

赵孟頫书法上各体皆工，尤善楷书，法度落笔处极为精密。赵孟頫早年学书从古人书帖临摹开始，融合多家，自成新意，并将行书、草书的笔法融入楷书，由于得心应手，纵横曲折处，随意而出，信手拈来，无不契合于古人。当时被称为"元人冠冕"，与颜真卿、柳公权、欧阳询并称为"楷书四大家"，时人"争慕效焉"②。但当时学者，不知本末源流，为求速成，直接模仿其晚年作品，"求其形似，如不由其户而欲升其堂、入其室"，黄溍认为，如果不能深刻理解赵孟頫"参以古人而别出新意"③ 的复古理论宗旨，不能悟出其书法真谛，结果就"愈工而愈不及"④ 了。

元代的复古主张首先在书画领域兴起，随着这股风潮的漫延，士人精英们自觉地将复古理念贯穿于诗文创作领域，力图在诗文创作上用新的创作理念——复古的主张来去除南宋之弊，展现元代所具有的气度恢宏的时代新风。其显性特征是以馆阁文臣为核心的主流作家都注重实用文体的创作，而且这批文人在有意无意中具有史家意识与风范，都有为数不少的传记作品的创作，这又与时代的复古思潮相吻合。像元代初期的姚燧共有古文 237 篇，传记作品有 84 篇（神道碑文 53、坟道碑文 2、先德碑文 3、墓碣文 4、阡表 5、墓志铭 14、传 2、行状 1）⑤；赵孟頫有古文 377 篇，而传记作品占了 52 篇（家谱 1、传 1、墓志铭 13、神道碑文 6、先人碑文 3、人物碑文 9、赞 14、圹志 1、墓表 2、塔铭 2）⑥；元代中期的虞集有古文 1164 篇，传记作品有 215 篇 [墓志铭 80、神道碑（铭）34、其他碑（铭）30、

---

① 《黄溍全集·珊瑚网》卷八《跋魏公楷书洛神赋》，第 218—219 页。
② 《黄溍全集·金华黄先生文集》卷二一《跋赵魏公书欧阳氏八法》，第 193 页。
③ 《黄溍全集·金华黄先生文集》卷二一《跋钱翼之书四体千文》，第 193 页。
④ 《黄溍全集·黄文献集》卷四《跋东坡临明远帖》，第 216 页。
⑤ 据查洪德点校本《姚燧集》统计。
⑥ 据李修生主编《全元文》统计。

记 18、塔铭 9、先茔碑铭 8、墓碑铭 7、传 6、祭文 5、赞 4、墓表 3、墓碣铭 3、志 2、行状 2、诔 1、阡表 1、碑颂 1、图序 1]①；欧阳玄有 311 篇古文，传记有 52 篇（神道碑铭 14、墓志铭 22、传 2、哀辞 1、阡表 1、碑铭 8、塔铭 4)②；元代后期的苏天爵有 96 篇传记作品（传 2、行状 8、墓志铭 40、阡表 3、墓表 4、神道碑铭 26、墓碑铭 11、先德碑铭 2)③；危素有 71 篇传记（传 11、行状 7、神道碑铭 7、墓碑铭 4、去思碑铭 2、墓志铭 35、墓表 2、塔铭 3)④。黄溍作为元代中晚期的文坛巨擘，是"元文四家"之一。作为主流文人，黄溍在诗文创作中严格地践行复古理念，共有传记作品 203 篇，其中传 6 篇，行状 3 篇，墓志铭 131 篇，塔铭 13 篇，碑铭 16 篇，神道碑铭 21 篇，墓表 11 篇，世谱 1 篇，述 1 篇。

黄溍出生于至元十四年（1277），几乎没有经历过宋元更迭之际的动荡现实，是属于大元统一之后成长起来的文人。黄溍二十岁之前基本上是在家乡婺州求学、交游中度过，结交了时人巨公，开阔了视野，增长了见识。二十岁之后出游杭州，后晋升及第，晚年任职馆阁，官至翰林侍讲学士、知制诰、同修国史、同知经筵事。元王朝的疆域又是空前的辽阔，"舆地之广，旷古所未有"⑤，当时学生"群居终日，视记诵词章为不足为，而独以不知地理为耻"⑥，"这令整个元王朝的人们都自然而然地生出一种睥睨古今、傲视前朝的时代自信感"⑦。黄溍作为大元子民，对自己长居之外的地域也格外感兴趣，像黄溍有组上京纪行诗，元朝出于联络漠北蒙古宗主的政治考量以及消暑、狩猎的游牧生活习性，从忽必烈中统三

---

① 据王颋点校本《虞集全集》统计。
② 据汤锐点校本《欧阳玄全集》统计。
③ 据陈高华、孟繁清点校本《滋溪文稿》统计。
④ 据《全元文》统计。
⑤ （元）戴良：《皇元风雅序》，《全元文》，第 53 册，第 292 页。
⑥ 《黄溍全集·金华黄先生文集》卷一九《赠余生诗序》，第 269 页。
⑦ 《奎章阁文人群体与元代中期文学研究》，第 29 页。

年（1262）开始，实行两京巡行制度，每年皇帝都要在上都度过四至七个月，所以百司庶府在上都都设有分署，黄溍作为馆阁文臣在元顺帝时期就经常扈从上都，《上京道中杂诗十二首》就是黄溍在前往上京路途中所作，并按一路的行进地点依次作了《发大都》《刘蕡祠堂》《居庸关》《榆林》《枪竿岭》《李老谷》《赤城》《龙门》《独石》《担子洼》《李陵墓》《上都分院》这十二首诗，黄溍以一种纪实的形式将自己的一路所见所感记录下来，迥异于南方温润秀丽的塞北风景，"山河之形势，宫阙之壮丽，云烟草木之变化"①，足以让一位久居南方的士人怦然心动。黄溍的这组组诗引起了时人的兴趣与关注，并纷纷题跋，苏天爵也在此行中，并作了题后记。至正七年（1347），黄溍再一次赴上京，从题记"丁亥春二月，起自休致，入直翰林。夏四月，抵京师。六月，赴上京。述怀六首"② 可以看出，这一次黄溍并没有跟随皇帝的銮舆，而是独自奔赴上京述职。此年黄溍已 71 岁，对于一位年逾古稀、阅历丰富的老者而言，眼前的景物又将是另一番意味。像黄溍和苏天爵这样以正统儒者自居的传统学者，这样热衷于书写漠北景观与事件，既与社会风气相关，也是自身重史意识的体现。不管眼及景象、所遇事件如何新奇，黄溍在诗文中也未滔滔泻出自己的情感，而是以照相式的角度力呈事物的本原。

　　生长在空前广阔的地域之内，黄溍在诗文创作特别是传记这种程式化应用文体中也力图以一种盛大春容的气度来反映时代面貌。故黄溍传记中的传主都是元代各行各业中的佼佼者，对时代社会有特殊贡献与价值的人物，在书写时黄溍也从传主的一生中选取最具价值、最能体现元朝风尚的事件叙述。元代舆地空前辽阔，各色人等杂居，域内语言多样导致沟通不

---

① 《滋溪文稿》卷二十八《题黄应奉上京纪行诗后》，第 474 页。
② 《黄溍全集·金华黄先生文集》卷四《至正丁亥春二月，起自休致，入直翰林。夏四月，抵京师。六月，赴上京。述怀六首，其一》，第 25 页。

畅，宗教文化的开放复杂使整个社会引发了相当多的问题与矛盾，在这种情形下，传记书写极易流于对新奇、刺激、事件的猎奇，但黄溍却始终以一种正大的风范，从实际出发，以严肃的态度选取与书写相关传主。如黄溍为元代色目人雍古族马祖常一系作世谱。马氏出自西域聂思脱里贵族，属于基督教中国景教派。在《马氏世谱》中黄溍着重介绍了马祖常的四世祖马庆祥。在黄溍笔下，马庆祥是一个姿貌魁伟、志气非凡、忠孝节义之士。黄溍始终以一个儒士的理想来撰写传主，选取了马庆祥与太祖铁木真的问答以及在任凤翔府兵马总管判官时战死沙场的事例，从而突显马庆祥深远的见识、善于辞令以及英勇捐躯的忠义情怀。再来对比元好问所作的《恒州刺史马君神道碑》：

> 君讳庆祥，字瑞宁，姓马氏，以小字习里吉斯行。出于花门贵种。宣、政之季，与种人居临洮之狄道。盖已莫知所从来矣。金兵略地陕右，尽室迁辽东，因家焉。太宗尝出猎，恍惚间见金人挟日而行。心悸不定，莫敢仰视，因罢猎而还，敕以所见者物色访求。或言"上所见，殆佛陀变现，而辽东无塔庙，尊像不可得，唯回鹘人梵呗之所有之。"因取画像进之，真与上所见者合。上欢喜赞叹，为作福田以应之。凡种人之在臧获者，贳为平民，赐钱币纵遣之。①

在元好问笔下，对马氏一族被遇太宗一事进行了着力撰写，而此事具有宗教的泛化性，马氏一族也蒙上了异域民族的神秘色彩。黄溍在《马氏世谱》开篇中也对马氏一族的来历作了简要概述："马氏之先，出西域聂思脱里贵族……尝纵观山川形势，而乐临洮土壤之丰厚。辽主道宗咸雍间，奉大珠九以进，道宗欲官之，辞不就，但请临洮之地以畜牧，许之，

---

① 《元好问全集》卷二七《恒州刺史马君神道碑》，上册，第639页。

遂家临洮之狄道。"① 黄溍始终以史家的态度创作传记，在廓清事情原委中也秉持求实的态度，不妄作，对尚有疑存的事件概不论述，以儒家的标准与原则来择取传主与书写作品。

元代是一个文化资源相对集中的朝代，跻身文化中心才能获得较高的话语权，黄溍是元代延祐开科后首批进士，并在后来进入馆阁，黼黻文治。求黄溍作文的人"日集于庭，力麾之而弗去"②，能得到黄溍亲笔文章是极大的殊荣，"一篇之出，家传人诵，虽绝徼殊邦，亦皆知宝爱"③。黄溍曾一度处于元代文化中心，他担任国子博士。元代设立国子学，是当时官立的最高学府，弟子们都怀着崇敬的心情来求学，其中不少人学业有成，进入仕途，成为当代的名人，如宋濂、王祎、傅烁、金涓、朱廉、傅藻，都是黄溍的门生。黄溍还曾三度出任浙江等省的乡试主考官，又奉旨为廷试读卷官。当时的士人都以黄溍的文章为学习范本，黄溍在文章中所贯穿的复古理念自然而然地在后进的追慕中被推向了高潮。

总之，在整个社会倡导复古的影响下，文艺领域特别是文学作品基本是实用文体，尤其是传记这种史传作品的大量涌现，并且馆阁文臣自觉地具有史学思想，以正大严肃之风对事情原委进行追溯。黄溍作为中晚期的馆阁文臣，在传记创作中亦严格贯穿复古理念，并以正统典雅的史家标准择取传主、书写事委，以求展示雅正的时代风貌。

（二）婺学熏染下的史家意识

婺州学风简称"婺学"，属于浙东学派的一支，是由吕祖谦开创的儒家学派，因此婺学又称为"吕学"。吕氏家族是一个家学深远、累世

---

① 《黄溍全集·金华黄先生文集》卷四三《马氏世谱》，第432页。
② 《宋濂全集·潜溪后集》卷一〇《金华先生黄公行状》，第4册，第1854页。
③ 同上。

大儒的仕宦名家。在宋代立国之初，吕氏就受赵宋宗室的垂青，传至吕祖谦，虽已有所式微，但遗风犹在，在婺州地区仍属望族，因吕氏家族重视对中原文献的研究，有"中原文献之传"的美誉。吕祖谦也严谨家学，注重史料的保存、钩沉、质疑、爬梳。吕祖谦在《周易·大畜》中道："天在山中，《大畜》……君子观此，则多识前言往行，以畜其德，于古圣贤之言行，考迹以观其用，察言以求其心，如是而后，德可畜也。不善畜者，盖有玩物丧志者矣。"①"前言往行"指的是历史，从历史的深刻认识中得到感悟，这样才能涵养德行，达到至美之己。吕祖谦对钻研史学是为达到经世致用，黄灵庚先生在《吕祖谦全集》的前言中道：

> 吕祖谦与其他理学家不同的是特别务实，强调学问"经世致用"。他将儒分为真儒和愚儒："徒诵训诂，迂缓拘挛，自取厌薄，不知内省"者是愚儒，而真儒是"不为俗学所汩者"，唯"实学"是求。"实学"者，乃济世之学、功利之学也。因而吕祖谦乐于和鼓吹王霸事功的陈亮、叶适、陈傅良、薛季宣、徐元德等人为友，常命驾浙东，与永嘉诸人反覆研讨，以致流连忘返。②

由此可见，"务实"是吕祖谦思想的核心特征。作为婺学的开创者，吕祖谦的史学意识对婺州士人有着风向标的影响。"六经皆史"，经史并重，是婺州学者乃至浙东学者的基本论调。

历史是由人类的活动组建推动的，所以吕学特别重视通过对历史尤其是历史人物的研究钩沉来认知"道"，因此浙东学派的代表人物大多

---

① 黄灵庚、吴战磊主编：《吕祖谦全集·丽泽论说集录》卷一，浙江古籍出版社 2008 年版，第 2 册，第 48—50 页。
② 《吕祖谦全集》（前言），第 1 册，第 4—5 页。

又是历史学家。当然，从广义上来讲，婺学不仅包括吕祖谦所开创的吕学，还包括同时期龙川先生陈亮的"事功之学"和说斋先生唐仲友的"经制之学"，以及后来"北山四先生"（何基、王柏、金履祥、许谦）为代表的"北山学派"。在元代，金华的理学在理论创新上并无多少建树，至后期，理学流为文学，像柳贯、黄溍、宋濂等人都皆以文学著称，但他们的思想成就同样是广义婺学的重要组成部分。元代的婺州学术，以两支为最盛：一支由徐侨传王世杰，再传石一鳌，三传陈取青、黄溍，陈取青传子陈樵，黄溍传王袆；另一支则由何基传王柏，再传金履祥、闻人诜，金履祥传许谦、柳贯，闻人诜传子闻人梦吉，而柳贯、闻人梦吉同传于宋濂。婺学从南宋到明初近二百年间的传承中，其影响遍及全国。作为一个很具包容性的概念，婺学的各大学派经过南宋中期以来长达百年的交流融合，形成了比较统一的学术特色，它既吸取了朱熹、陆九渊心性之学作为修身立德之本，又继承了吕祖谦的经史文献之学和陈亮的事功之学。

婺学与四明之学和永嘉学派同属于浙东学派，这之间最大的区别是婺学重视人物记录，认为人类活动决定事件的形态，后两者重视制度的梳理，侧重对人类制度史的研究。应该说，包容和会、经世致用、重史研究是婺学最大的特征，其学术的精髓其实在于史学，婺州的学者既是理学家，又是史学家，他们以强烈的史家意识贯穿其文学创作。黄溍在弱冠西游钱塘之前，生活、求学、交游的范域集中在婺州，婺州在宋元时期是理学的重镇，并赢得了"小邹鲁"的美誉。婺州士人重视记载人物，重视对乡邦县志的整理，黄溍作为婺州人士，在他人格塑造定型的前二十年，婺州文化、学风特别是"经世致用"的史家思想对其今后的人生轨迹以及出处心态、文学创作均有重大的影响，这也是黄溍创作了众多的传记作品的成因之一。

黄溍受学"最久且亲"① 的首推为刘应龟。刘应龟（1244—1307），字元益，婺州义乌人，世称山南先生。刘应龟出生于耕读之家，母亲是翰林院编修左曹郎官黄梦炎的女儿，故黄溍与刘应龟是表叔侄关系。黄溍幼时，"尝著《吊诸葛武侯辞》，前太学内舍刘君应龟，朝请府君之外孙也，见而叹曰：'吾乡以文辞鸣者，喻叔奇兄弟尔。是子稍加工，其不与之抗衡乎？'因留受业"②。就在这一次的赞赏、鼓励中缔结了师生情谊。刘应龟在治学方面十分严谨，"学本经济，而以简易为宗，读书务识其义趣，未尝牵引破碎，以给浮说。至其为文，雄肆俊拔，飚驶水飞，一出于己，无少贬以追世、好世，亦未有能好之者"③。黄溍自"丱岁侍先生杖履，而知爱先生之诗。顾以材器劣弱，局量褊小，不敢窥其涯涘，徒有望洋而叹"④。黄溍对刘应龟的厚爱与教诲是充满感激的，"顾溍之蒙鄙劣弱，犹幸弗失身负贩技巧之列，以陨先业者，先生教也。先生之庇庥我厚矣"⑤。为寄怀自己的一丝念想，不愿先生无所流于后世，黄溍将刘应龟的梦稿六卷、痴稿六卷、听雨留稿八卷合为《山南先生集》。刘应龟在为人、为官、为学方面对黄溍有着深远的影响。

黄溍还曾受学于王炎泽。王炎泽（1253—1332），字威仲，婺州义乌人，学者尊称南稜先生。王氏为义乌王族，黄溍"自总角忝预弟子列"。在为人气度方面，王炎泽"气貌充伟，而襟度疏畅，待人一本于诚，言论磊落，无所隐蔽，莫不敬服焉"。降元后，"穷居约处，开门授徒，绝口不言仕进"。在学术方面，"少嗜书，稍长，治举子业，颖出侪辈间。运去物改，而场屋事废，因得专意探索圣贤之微旨，家庭所受既得其素，而通斋

① 《黄溍全集·金华黄先生文集》卷三《山南先生集后记》，第 282 页。
② 《宋濂全集·潜溪后集》卷一〇《金华先生黄公行状》，第 4 册，第 1851 页。
③ 《黄溍全集·金华黄先生文集》卷三《山南先生述》，第 417 页。
④ 《黄溍全集·金华黄先生文集》卷一八《绣川二妙集序》，第 265 页。
⑤ 《黄溍全集·金华黄先生文集》卷三《山南先生述》，第 418 页。

为外大父，又从徐文清公传考亭朱子之学"①。王炎泽的外祖父通斋叶由庚
师事文清徐侨，徐侨的师承授受上拜朱熹为师，精究理学，又向吕祖谦的
弟子叶邽学习，故徐侨在理学主张上不赞成只将理学作为猎取功名的工
具，强调要真履实践、修身齐家、利国惠民、始终言行。叶由庚在强起出
为东阳、常山教谕，后迁石峡书院山长之前，潜心著说，学术愈发精湛。
在为学生讲说时，"务推明其大义，不事支离穿凿"，文章著作方面，"简
质而主于理"，尤其是诗歌"极浑厚，而间出于奇语，不屑以雕刻求工
也"②。这些言传身教对黄溍都有影响。后来，王炎泽之孙王祎受学黄溍，
学脉以此相承。

　　黄溍在弱冠时还曾师从石一鳌。石一鳌（1230—1311），字晋卿，义
乌人。南宋咸淳年间（1265—1274），石一鳌于县西北苏溪辟书院，名曰
"讲岩"，"执弟子礼者恒以百数"，门人中都是"名贤书升学馆者相望，
其高第或据乙科"③。黄溍入门较晚，颇为遗憾，"不及与夫数百人者，群
游并进，于先生十卷之书，复未能与有闻焉"④。石一鳌当时声望颇著，特
别是以举子业著名，"学日以茂实，大而声远"，"学者之共尊、众人之同
慕"，时人都尊称为"先生"。石一鳌师从王世杰，王世杰与叶由庚同师事
徐侨。"初，徐文清公倡道丹溪，上及门者，或仕或不仕，皆时闻人。文
清之学，盖亲得于考亭，而秘书丞王君世杰，则有得于文清者也。先生少
受业于盐榷货务都茶场王君若讷，既又从秘丞君游"，徐侨是兼学吕学与
朱学，文清公教导学生以"命、性、心、中、诚、仁"六字为穷理之要，
但是石一鳌"晚而覃思于易，著互言总论十卷，其为说，不皆本于徐

① 《黄溍全集·金华黄先生文集》卷三三《南稜先生墓志铭》，第482页。
② 同上。
③ 《黄溍全集·金华黄先生文集》卷三《石先生（一鳌）墓表》，第721页。
④ 同上。

氏"①。黄溍在《石先生墓表》中对石一鳌的离世悲痛不已，整篇中共用了四个"呜呼"，并对先生的微词奥义淹没于世也很是愧心。

在黄溍的众多老师中，方凤是对弱冠后的黄溍影响最大的一位，与黄溍一直保持着亦师亦友的关系。方凤（1241—1322），字韶卿，一字景山，自号岩南老人，浦阳人。"生有异才，常出游杭都，尽交海内知名士"②，试太学、举礼部均不第，后以特恩授容州文学。宋亡，遁归隐于仙华山。方凤与黄溍的情谊从黄溍文集中两人的唱酬赠答的作品中可以看出，方凤在为人和创作上对黄溍的影响皆很深。方凤终身未仕，常出游名山大川，访问宋朝遗老于残山剩水间，每过破军蹶将之处，俯仰徘徊而不能自已，亡国之痛，溢于言表。与流寓浦江的诗人吴思齐、谢翱相友善，吟咏唱和，以寄托故国之思，"缘情托物，发为声歌，凡日用动息、居游合散，耳目之所属，靡不有以寓其意。而物理之盈虚，人事之通塞，至于得失废兴之迹，皆可概见。故其语多危苦激切，不暇如他文人，藻饰浓丽以为工也"③。方凤参与故宋遗民组成的月泉吟社，为评卷人，在当时文坛有相当影响。黄溍也从与方凤的交往中得以认识前贤遗老，并对他们的为人与创作有所感悟。方凤也提倡复古，"宋季文弊，风颇厌之"，曾对学者说："文章必真实中正，方可传，他则腐烂漫漶，当与东华尘土俱尽。"④ 所谓"中正"即传统儒家所追求的温柔敦厚的美学原则，反对宋末以来的追奇、疲靡的风气。这也促发黄溍在早期的文学创作中便谨守这一原则。

刘应龟、王炎泽、石一鳌、方凤四人是与黄溍有直系师承关系的。黄溍在四方游历中也结交了耆旧，像与龙川学派有渊源的吴思齐，虽没有盘腿坐隅来得直接，但也在潜移默化中濡染。这些遗老皆是婺学的参与或传

---

① 《黄溍全集·金华黄先生文集》卷三《石先生（一鳌）墓表》，第721页。
② 《宋元学案》卷五十六《龙川学案》，《黄宗羲全集》，第5册，第244页。
③ 《黄溍全集·金华黄先生文集》卷一六《方先生诗集序》，第228页。
④ 《宋濂全集·潜溪后集》卷一〇《金华先生黄公行状》，第4册，第1854页。

播者，受吕祖谦所开创的"吕学"重史的影响，对儒家传统经典有过深入学习与批评，注重对本乡本邦人物的记载。黄溍在这些师友前辈的交往影响下，"博极天下之书，而约之于至精。……至于剖析异同，谳决是非，多先儒之所未发"①。《宋元学案》将吴思齐列入《龙川学案》，黄溍作为方凤的门生，是其学术思想的延续，故也被列入《龙川学案》。

黄溍在与婺州同辈师友交往唱和中，交流学术，相互增进。叶谨翁（1272—1346），字审言，自号赘翁，又自号曲全道人，婺州金华人。曾祖叶邽，受业吕祖谦，"审言性明达而早有知，于书无不读，由家传之端绪，溯儒先之源委，卓然自立，诸老无不乐与之游"，"所交，皆四方名士，里居之日，最友善者"②，有许谦、柳贯、胡助、吴师道、张枢、黄溍等人。在黄溍的《赠叶审言别》中：

> 昔人称好士，乃有黄金台。黄金亦何物？顾用骄贤才。叶君披短褐，志力何雄哉！北走叫阊阖，红尘指崔嵬。终然无苟售，自保同婴孩。车服非吾荣，黄金直浮埃。十年今何官？茅屋歌苍苔。岂无琅玕树？凤飞故低徊。一朝脱身去，欸观云路开。叶君善自爱，往矣毋嫌猜。迷邦古所诮，岂弟贵不回？愿言吐奇胸，落落排风雷。尚念穷贱者，衡门守蒿莱。③

叶谨翁一生仕途不遂，四十年间"俯首常调，随牒远方"④，叶君视荣华富贵如尘埃，志向远大，虽仕途不畅，未展身手，但仍保持孩童心，不为世俗所动。"所为诗文，和易平实，无纤丽之态。"⑤《宋元学案》将婺

---

① 《宋濂全集·潜溪后集》卷一〇《金华先生黄公行状》，第 4 册，第 1854 页。
② 《黄溍全集·金华黄先生文集》卷三三《叶审言墓志铭》，第 483、484 页。
③ 《黄溍全集·金华黄先生文集》卷一《赠叶审言别》，第 7 页。
④ 《黄溍全集·金华黄先生文集》卷三三《叶审言墓志铭》，第 483 页。
⑤ 同上书，第 484 页。

州叶氏一门列入《丽泽诸儒学案》，叶邽作为吕祖谦高第弟子，又被归入
《东莱学案》。《丽泽诸儒学案》就是兼具吕学与朱学的多元学术，"东莱
学派，二支最盛，一自徐文清，再传至黄文献、王忠文，一自王文宪，再
传而至柳文肃、宋文宪，皆兼朱学，为有明开一代学绪之盛，故谢山云：
'四百年文献之所寄'云"。① 黄溍婺州的同辈师友，像浦江柳贯、金华张
枢、兰溪吴师道，三人都受经于仁山许谦。许谦（1269—1337），字益之，
号白云山人，浙江东阳人。柳贯、张枢、吴师道作为白云讲侣，被归入
《北山四先生学案》，许谦师事金履祥，金履祥曾告诫他说："吾儒之学，
所以异于异端者，理一而分殊也。理不患不一，所患者分殊耳。"许谦谨
遵教诲，并以"涵养须用敬，进学在致知"为自己求道的纲领②。在黄溍
的作品集中，黄溍有为许谦作墓志铭，但不能证实与许谦本人有直接的接
触，但在墓志铭中可以略见黄溍对许谦的道德性理之说是赞赏的。"始余
三四读，自以为瞭然，已而不能无惑，久若有得，觉其意初不与己异，愈
久而所得愈深，与己意合者，亦大异于初矣。"③ 这是许谦读《四书章句集
注》时的感受，这也未尝不是黄溍对许谦学术思想的内化过程与经历。

《宋元学案》除了将黄溍列为《龙川学案》外，还将之归入《沧州诸
儒学案》，黄溍作为王炎泽和石一鳌的弟子，其学脉皆传自徐侨。冯云濠
在《宋元学案补遗》中谨案：

> 梨洲学案原本，归文清弟子朱先生元龙于东莱学案，谢山序录于
> 丽泽诸儒学案，云明招诸生，历元至明未绝，亦兼指文清所传学派而
> 言。顾文清卒业于晦翁，为朱门高第，数传而后，如黄文献诸先生，

① 《宋元学案》卷七十三《丽泽诸儒学案》，《黄宗羲全集》，第 5 册，第 916 页。
② （元）许谦：《答吴正传书》，《全元文》，第 25 册，第 19 页。
③ 《黄溍全集·金华黄先生文集》卷三二《白云许先生墓志铭》，第 461 页。

多称朱学，则文清学派宜入沧州诸儒学案为是矣。①

　　徐侨的学术思想是多元的，既师从东莱吕氏高第叶邦，又问学于朱子。《宋元学案》将之划入《沧州诸儒学案》，是从思想理论的一般表现形态来看宗于朱熹的理学。黄溍早年婺州受学就明显地表现出不名一师、不私一说的特征，这对于学术思想的形成与发展都有着巨大的影响。黄溍在宋元之际诸儒各派融通的时代大背景下，在思想学术理路上是以朱子为宗；在为学的方式上更倾向于重文献、重经史的吕学；而在人生的实践形态上经世致用、讲究务实，与龙川的事功更相吻合。综合各家所长，黄溍身上最大的特征是受婺学的熏染所具有的积极主动的史家意识，而这一切又与婺学的开创者吕祖谦一系密不可分。

　　黄溍在人生价值取向发展、定型的前二十年基本生活在婺州，婺州多元学风正处于诸儒融通的背景，黄溍对此有着清晰的认识，并转益多师、包容和会形成独具特色的以经史为宗、注重事功的人生哲学，特别是继承了吕祖谦一系的史家意识，自觉地以史家原则追溯事委与撰写人物。

　　（三）仕宦历程中的应制使命

　　黄溍在元代政坛、文坛的地位影响都与其高寿不无关系。黄溍至元十四年（1277）出生，至正十八年（1358）逝世，一生活了81岁，历经元世祖至元顺帝，人生轨迹基本与元王朝相始终，这样的人生际遇是可遇不可求的。特别是黄溍进士及第迈入仕途后，这对其交游圈子的扩充、人生阅历的丰富、心性眼界的提升等都起到非常关键的作用，其后仕登翰林国史院，国之碑板典册皆出其手，请文者自是络绎不绝。

　　黄溍在延祐二年（1315）38岁时成为元王朝恢复科举后的首科进士之

---

① 《宋元学案》卷六十九《沧州诸儒学案》，《黄宗羲全集》，第5册，第730页。

前，还有一段游宦经历，这是黄溍进入仕途的前奏，也对及第之后的仕宦政治态度、处事方式有着不容忽视的影响。黄溍在弱冠之际，开始西游钱塘，受教于南宋的遗老巨公和一些饱学之士，如赵孟頫、牟巘、龚开、仇远等人。黄溍在《送汪生序》中开篇便讲自己的西游目的："始予既知学，颇思自拔于流俗，而患夫穷乡下邑，块焉独处，无从考质，以祛所惑。闻钱塘古会府，号称衣冠之聚，宿儒遗老犹有存者，则籯粮笥书，逾涛江而西，幸而有所接识，然以违亲越乡，不能久与居与游，间获聆绪言之一二，终未至尽大观，而无憾也。"① 这时，风华正茂的黄溍，犹如遨游在知识的海洋，开阔了视野，增长了见识，"益闻近世文献之详"②。牟巘（1227—1311），字献甫，一字献之，学者称陵阳先生，祖籍四川，后迁浙江湖州。以父荫入仕，曾为浙东提刑。理宗朝，累官大理少卿，以忤贾似道去官。元兵陷临安，即杜门不出，隐居凡三十六年，后"以耆年宿德，擅文章之柄，而雄视乎东南"③。黄溍与之多有酬唱，并为牟巘作挽诗二首，"哭尽贞元旧朝士，临歧无语重徘徊"④。仇远（1247—1326），字仁近，一字仁父，钱塘人，人称山村先生。黄溍与仇远的交往更似亲密，曾一同前往金陵共登石头城，相互唱和题诗。黄溍在入仕后还与仇远保持联系，"一官十载尚沉沦，门巷萧萧白屋贫。自有陶公为社友，从呼杜老作诗人。儿曹故复轻前辈，携步谁当出后尘？招隐诗成无处寄，暮云凝碧坐愁神"。⑤ 在失意落寞的时候，黄溍怀想的是当年的美好时光。黄溍与牟巘、仇远、龚开等人相酬唱，前贤遗老"皆能破去崖岸，折辈行而交之"⑥。这对于黄溍来说是莫大的殊荣。虽然黄溍并未经历宋元易代的动

---

① 《黄溍全集·金华黄先生文集》卷一七《送汪生序》，第 244 页。
② 《宋濂全集·潜溪后集》卷一〇《金华先生黄公行状》，第 4 册，第 1851 页。
③ 《黄溍全集·金华黄先生文集》卷一六《隆山牟先生文集序》，第 229 页。
④ 《黄溍全集·金华黄先生文集》卷二《大卿牟公挽诗》，第 65 页。
⑤ 《黄溍全集·金华黄先生文集》卷二《寄仇仁父先生》，第 56 页。
⑥ 《黄溍全集·柳待制文集》卷一九《跋晋卿所得牟、方、仇三公诗卷》，第 856 页。

荡，但在接触问学中，遗老的风尚典型对其人生出处、政治立场具有导向。

大德五年（1301），黄溍在友人叶谨翁力挽之下，出任教官。这是元代儒者登仕的途径之一。元代教学分中央和地方，中央设国子学，其教官设置、入学条件、毕业出处自有一套体系。黄溍所出任的教官是地方儒学。元世祖颁布诏旨："诸路学校久废，无以作成人才，今拟选博学洽闻之士以教导之。凡诸生进修者，仍选高业儒生教授，严加训诲，务要成材，以备他日选擢之用。仍仰各路官司常加主领敦劝。"① 地方儒学的任务就是为国家储备选用人才，所选的教官也需"博学洽闻"，南宋诸多前朝遗老寻求的出路就是担任教官。教官也根据地域级别分为教授、学正、学录、教谕、直学等。上述教官只有教授是有品级的，其他都是不入流的。就是这样品级卑微的教官之职在元代的谋取也是非常不易的，从中足见黄溍的学术修养之高与声望之大。但是教官自身系统有着严苛的升迁考核制度，从一般教官要做到教授之职，需要三十年之久，教授任满后，也只能转为吏职。"一般由儒学教官出身者，如无特达之遇，最多做到下级州县官，便已达到致仕年限了"②，黄溍对这样的前途际遇自是不满。

担任两年的地方教官后，大德七年（1303），黄溍出任宪吏。过去官与吏有着士与庶的身份之别，两者有着泾渭分明的鸿沟，士人是不屑入于吏职的，但在元代，这种情形大为改观。元代尚吏治而右文法，吏职比教官的品级略高，而且也有入仕的机会，那就是作为科举中断时代的一种变相的科举——岁贡。当时吏职也有严格的选拔，黄溍作《上宪使书》，后中选。黄溍其时的心态也很复杂，"彷徨踯躅，欲进而不能，欲去而不

---

① 《庙学典礼（外二种）》卷一《设体举学校官》，王珽校点，浙江古籍出版社1992年版，第12页。

② 《内北国而外中国：蒙元史研究》，第406页。

敢"①，在与友人方梓的诗书往来中，黄溍已流露出种种端倪，"世故违高枕，吾生剧转蓬。相逢感畴昔，出处愧匆匆"②，"俗眼能无白？风花故自红。向来常处士，早已负诸公"③。这终究不是黄溍的理想之途。不久，黄溍退隐于家，沉湎于写诗作文。

延祐二年（1315），仁宗开科取士，曾一度无望的士人又重新燃起了希望，在前一年的乡试中，黄溍作《太极赋》，词作摆脱陈言，卓然不凡，成为试场中的上乘之作，这也使他名列前茅，翌年（1316），廷试中选，但读卷官以黄溍"词近激"为由，仅为三甲末第，赐同进士出身，授将仕郎。同年，授官台州路宁海县丞，时年39岁，至此黄溍迈入了仕途。与挚友叶谨翁相比，黄溍是幸运的，在即不惑之年中举展开了传统士人的理想之途，叶谨翁终身困顿教官之职，在《叶审言墓志铭》中可知，他从浦江、义乌的教谕之职后升为衢州明正书院山长，又迁吉安的吉水州学教授。好不容易秩满可以转为主簿，又受同僚的猜忌陷害。一生俯首常调、沉郁下僚，晚年疾病缠身，颇为凄凉。黄溍因为有这么一段任职教官、宪吏的经历，之后的仕途心态更加从容，出处无累。黄溍在传记作品中也记录了这类教官的事迹。

像《化州路儒学教授王君墓志铭》中，传主王勋是一名儒学教授，他不仅以"礼持其身，信义交友"④ 的厚德品行为人所知，关键是在教授肇庆时，使原先荒废的学田增产有余，并"请择其知学而有文者，试以经术辞艺，得七人焉，上其名与宣闱，悉补儒学官"⑤，这使当地鄙陋的习气大为转变。

---

① 《黄溍全集·金华黄先生文集》卷三《上宪使书》，第171页。
② 《黄溍全集·金华黄先生文集》卷二《八咏楼遇方子践》，第46页。
③ 《黄溍全集·金华黄先生文集》卷二《杭州寄子践》，第46页。
④ 《黄溍全集·金华黄先生文集》卷三二《化州路儒学教授王君墓志铭》，第455页。
⑤ 同上书，第455—456页。

　　黄溍在延祐二年进士及第后，授台州路宁海县丞，后提升为两浙都转运盐铁使司石堰西场监运。延祐六年（1319），改任绍兴路诸暨州判官。至顺二年（1331），在御史中丞马祖常的举荐下，黄溍入职翰林，跻身馆阁。从延祐二年到至顺二年将近二十年的时间，黄溍一直在地方任州县官、体恤百姓、躬身办事、政绩卓著，深受百姓的爱戴与称颂。在宋濂所作的《金华先生黄公行状》中就述录了黄溍任地方官的几个片段。初任台州宁海时，当地濒临盐场，而一些恶霸盐户认为不受政府管辖，并与受贿的官吏相勾结，于是这股恶势力肆意妄为，毒害百姓，人民苦不堪言。黄溍到任后，没有为了明哲保身而屈服于恶势力，执法如山，对地方恶霸严惩不贷。几经努力，恶焰渐消，百姓终得安宁。在行状中，宋濂特地强调黄溍的断案有法，"先生明习律令，世以法家自名者，有弗如也"①，有一后母与一和尚通奸，并用毒药谋死亲夫，反诬被亲夫的前子所杀，而前子将被定罪。"先生变衣冠阴察之，具知其奸伪，卒直其冤。远近以为神明"②，寥寥数字勾勒黄溍断案之神明，可以想见元代的公案剧可以以此为蓝本铺衍展开。黄溍改任绍兴路诸暨州判官时，当时的诸暨，"其俗素称难治"③，积弊深重，棘手难题较多。黄溍到任后，一不畏难，二不大意，审时度势，对症下药，重点击破，终于变难治为易治。由于多次变更钞法，元代中期整个社会通货膨胀现象严重，当时一些不法之徒制造伪钞扰乱社会，胁攘民财，由于地方官的任其作为，致使伪钞泛滥成灾，殃及邻近的新昌、天台、宁海、东阳等县，株连数百家，百姓遭害甚惨。黄溍受命查处此事，在多方调查掌握充分证据之后，不法之徒受到严惩，渎职官吏也遭受除名。

---

① 《宋濂全集·潜溪后集》卷一〇《金华先生黄公行状》，第 4 册，第 1853 页。
② 同上书，第 1852 页。
③ 同上书，第 1853 页。

　　黄溍在州县为官二十余年，勤政怜民，卓有治效，特别是高效公允地处理各类案件。这同样成为对当时官吏的政绩考核评价中最关键的一点，这在黄溍为官吏所作的传记中尤为明显。在《茶陵州判官许君墓志铭》中，传主许晋孙是黄溍的同年进士，曾任建昌南城县丞。黄溍着重书写他为地方官时，处事"精敏而刚果"①，对民事和刑事案件的处理得心应手。天灯寺僧甲与乙私下有宿怨，一次甲持刀入室想杀乙，恰巧碰到僧乙捧米做饭，于是两人都在惊魂未定之际，僧乙得以逃脱，僧甲见势不妙，便用刀自刺诬告牵连僧乙。官府也判定僧乙座罪。许君看到这份公牍时说："捧米复能手杀人耶?"② 这真是一语中的，僧乙得以洗清冤罪。黄溍所撰《嘉议大夫礼部尚书致仕干公文传神道碑铭》，传主干文传为元代有名的断案官员。神道碑中叙其一个个相关案例，有如元代包拯一样。其中一则有关富民张某之妻王氏逐妾室杀其子，后官府介入调查，王氏贿赂妾之父母，买邻家儿做掩护。在公堂之上，干公要求妾室为婴儿哺乳，婴儿啼哭不止，不肯喝奶。妾室的父母亦吞吞吐吐，后词穷辩解不得，便俱实以报。于是传呼邻家妇人，孩儿见亲母，便扑跳其怀中，哺乳即食。黄溍在二百余字中将干公断案有法形象倏然高大起来，这起案件与当时杂剧《灰栏记》有异曲同工之妙。干公"明要束以正官常，谨防闲以清吏弊，厚抚养以纾民力，精劝励以淑士心，有古循吏之风"③，这是黄溍理想中的官员形象。

　　至顺二年（1331），在马祖常的极力举荐下，黄溍调任翰林应奉、同知制诰兼国史院编修官，后升翰林直学士，进阶儒林郎，从此展开任职馆阁的生涯。这是传统文人的仕途理想，黄溍也不能例外，这不仅是一次偶

---

　　① 《黄溍全集·金华黄先生文集》卷三三《茶陵州判官许君墓志铭》，第479页。
　　② 同上。
　　③ 《黄溍全集·金华黄先生文集》卷二七《嘉议大夫礼部尚书致仕干公文传神道碑铭》，第696页。

然的举荐机会，而是黄溍长期的求学、拜师、交游唱和中累积形成了的士族圈子，而二十余年的基层历练也为黄溍赢得了清誉，这些都为黄溍的进身台阁做了铺垫。后遭丁外忧，转为承直郎、国子博士，在国子学任教时，黄溍还是秉持直言不讳的性格，阻止了礼殿配位左右分置以示尊卑的提议，让教学在宽松和谐的氛围中进行。至正元年（1341），黄溍主动外调，任江浙等处儒学提举。至正三年（1343），朝廷命黄溍编修辽、金、宋三史，但因母亲病故未赴。守孝满后，以中顺大夫、秘书少监致仕。至正六年（1346），在中书右丞相朵尔直班和中书左丞相太平力荐下，黄溍拜为翰林直学士、知制诰、同修国史。至正八年（1348），升为侍讲学士、知制诰、同修经筵事。经筵是为皇帝讲论经史而特设的御前讲席，泰定元年（1324），经筵制度正式设立，黄溍为元顺帝讲论经史，"非有关于治道之大者，不敢上陈，其启沃之功为多"①。同年，受命编修《后妃功臣列传》，为总裁官。黄溍凭着他卓越的史才、丰富的史识，特别是高尚的史德，秉承《春秋》笔法，裁定国史，尊重史实，从不曲意奉迎，务使成为信史。至正十年（1350），74 岁的黄溍告老还乡，结束了他的宦海历程。

这就是黄溍断断续续在馆阁任职的二十余年，这二十年间黄溍一步步晋升，终以翰林侍讲学士、中奉大夫、知制诰、同修国史、同知经筵事致仕，这对于元朝重视根脚、分四等人的制度来说，南人黄溍是莫大的荣耀。这对黄溍的传记创作同样影响不浅。随着虞集、揭傒斯等文坛巨擘的相继谢世，黄溍自然顺位于文坛的中心，为求其作文的人蜂拥云集。故这段时间黄溍传记作品中以奉命撰写的功臣勋烈的神道碑为主。以至正八年（1348）为例，这一年，黄溍为丞相铁木儿达识作祠堂记；时年黄溍扈从上都，十月，黄溍为上都御史台殿中司题名作记；为历仕

①《宋濂全集·潜溪后集》卷一〇《金华先生黄公行状》，第 4 册，第 1854 页。

武宗、仁宗、英宗三朝，后因南坡之变遇难的丞相拜住作神道碑铭；为生于朔漠，骁勇善战，在攻伐南宋的过程中有功的也速锝儿作神道碑铭；为忠君爱国的功勋西域人答失蛮作神道碑铭；为功臣之族畏兀儿人亦辇真作神道碑铭；为元世祖时期的武将刘国杰作神道碑铭；为真定忠烈之家的董守简作神道碑铭；为一门三相的高昌康里氏作先茔碑铭。黄溍此年密集地为功勋之臣作传记，与黄溍负责撰修《后妃功臣列传》有直接的关系。位居馆阁，奉命应制是天职，同时也正是黄溍在翰林的地位影响，促使时人争相命请黄溍作传，因此，黄溍创作了众多传记作品，传主兼有各个种族、各色职业。

黄溍一生的仕途可以分为三个阶段，从大德五年（1301）到延祐二年（1315），处于出处徘徊期；延祐二年（1315）到至顺二年（1331），任职州县时期；至顺二年（1331）到至正十年（1350）为晋身馆阁时期。从元代逼仄的仕进之路来看，黄溍的仕途生涯还算通达的，而且漫长的人生经历对黄溍的仕宦心态以及文学作品特别是传记的创作提供了丰富的素材，不同时期的士族圈子为黄溍传记作品的书写对象与内容呈现了不同的样貌。需着重指出的是，当黄溍步入翰林国史院后，奉旨制作诏令、典册、铭文等，特别是《后妃功臣列传》的撰修命使黄溍为元朝的功勋世臣作传，同时促使朝野人士纷纷请求作传，这也是黄溍传记创作的背景因素。

综上，传记创作不是凭空的，而是会烙有浓烈的时代与个人色彩，会与时代的文化背景息息相关。黄溍的传记创作，就是在文艺复古思潮的时代环境影响下整个文艺界的创作具有了史的倾向，以由吕祖谦开创的吕学为典范的婺学重视对历史特别是历史人物的研究来追寻"理"，黄溍独特的人生际遇特别是进入翰林后应制请命之作日增等多重维度下构建起来的，这使黄溍的传记既有同时代的特点又有独有的黄溍风格。

二　黄溍传记的传主选择

传主是传记的核心主体，是社会历史的构建、参与、推动者，作为浙东婺学的重要传承者，黄溍继承了婺学重观照历史特别是重人物研究的特征。对于哪些人物才能纳入传记，即创作者择取传主的标准，既有时代的风向共性，也显示出个人的视域美学。

（一）元代族群等级制度与功勋世臣、遗民隐士类传主的选择

元朝社会的基本国策是实施"四等人制"，这种带有明显种族偏见的制度对元朝的社会影响是广泛深远的，这又表现在法律、所受教育、武器的配置权力等方面，影响最大的是仕途的晋升机制。元朝官员的任用标准就是家世，就是所谓的"根脚"，即蒙古在建国过程中辅助有功的家庭，这又以四等人中的蒙古、色目为主，少数是汉军世家。而占全国人口绝大多数的汉族——尤其是南人在元朝建国早期基本上远离权力中心，在地位卑微、仕进无门之下，大多数南宋遗老选择晦迹山林。在不平等的族群等级制度影响下，黄溍传记中的传主就有功勋世家、遗民隐士两大社会地位悬殊类别的出现。

黄溍传记中有21篇神道碑铭。神道碑一般都是奉敕为有功勋或位居高官的人物撰写，黄溍传记中绝大多数传主是功勋世臣，而且以蒙古贵族为主。元代有四大蒙古家族——博尔术家族、博尔忽家族、木华黎家族、赤老温家族。这四大家族的先人都在蒙古建国扩张时期追随统治者并立下功勋，是元王朝最大的根脚，是元朝高层的核心，有着不可撼动的地位，虽然元朝政权争斗更迭频繁，但四大家族一直都在权力中心的位置，世享特权。黄溍就为四大家族中木华黎和赤老温家族的族人做过传记，像《中书右丞相赠孚道志仁清一德功臣太师开府仪同三司上柱国追封郓王谥文忠神

道碑铭》中传主拜住、《朝列大夫金通政院事赠荣禄大夫河南江北等处行中书省平章政事柱国追封鲁国公札剌尔公神道碑铭》传主别里哥帖穆尔属于木华黎家族的后人,《明威将军管军上千户所达鲁花赤逊都台公墓志铭》传主脱帖穆耳属于赤老温家族。

在《中书右丞相赠孚道志仁清一德功臣太师开府仪同三司上柱国追封郓王谥文忠神道碑铭》中,传主拜住(1298—1323),系出札剌尔氏,六世祖孔温窟哇从成吉思汗攻伐乃蛮部族时,舍马奉太祖,自己步战而亡。五世祖木华黎跟随太祖东征西伐,战功卓著,成为了成吉思汗最亲密的伴当。高祖孛鲁、曾祖霸都鲁都在元朝的灭辽、伐金、攻宋的建国过程战功卓著。祖父安童为世祖朝的中书右丞相,父亲兀都台成宗朝时掌袭环卫,以大司徒领太常寺事。拜住是英宗的中书左丞相。《朝列大夫金通政院事赠荣禄大夫河南江北等处行中书省平章政事柱国追封鲁国公札剌尔公神道碑铭》(以下简称《别里哥帖穆尔神道碑》)的传主别里哥帖穆尔(1286—1317)也属于木华黎一系;曾祖速浑察从太宗窝阔台破金攻宋;祖乃燕,把爵位让与长兄忽林池;父亲硕德深受忽必烈尊崇。木华黎家族的地位在蒙古国扩张时期逐渐确立,木华黎是封王最早者,在1217年,成吉思汗便封之为"太师国王",并赐誓券金印,文曰:"子孙传国,世世不绝。"① 木华黎一系都被赠翊运功臣、太师、开府仪同三司,世袭王位,官至三品以上,拜住之子笃麟铁穆尔年仅十一,就袭职环卫,虎符,宗仁蒙古卫亲军都指挥使,后又受经奎章阁,历任崇福司、翰林院等职,足见木华黎家族地位之崇高。黄溍也在传记中说道:"自昔受命之君,必有不世出之臣,任股肱心膂之寄,以弼成大业。故其子孙,能与太平守文之主,共天下之福。惟札剌尔氏,有大功于帝室,

---

① (元)元太祖:《诏封木华黎》,《全元文》,第1册,第4页。

世享王封。"① 木华黎一族在元朝的封王时间是最长久的，可说是与元王朝相始终。

　　蒙古四大家族中赤老温家族与其他三家特别是木华黎家族世为潢贵膏腴者不同，就仕途封位而言，只能算是蒙古贵族中的中上层。在《明威将军管军上千户所达鲁花赤逊都台公墓志铭》中，传主脱帖穆耳（1265—1344），系出逊都台氏，"其先，有事太祖皇帝为开国元勋者，曰赤老温，名在国史，公高祖也。曾祖纳图儿，御位下必阇赤，继领卫兵，取辽破金，屡策隽功，后攻西夏，而殁于王事。祖察剌，从上亲征西域，以功为业里城子达鲁花赤，又从太宗皇帝于潜邸，经略中原，立功尤多"②。赤老温家族也是以武功经略天下，成为了蒙元的根脚。但又是四大家族中唯一没有封王的家族，曾祖纳图儿曾任御位下必阇赤，这是怯薛职位。怯薛是皇室的禁卫军，起源于草原部落贵族亲兵，带有浓厚的父权制色彩，后来发展成为宫廷军事官僚集团，元代官僚阶层的核心部分。这时的赤老温家族还在权力的中心，到脱帖穆耳的父亲忽讷任职南阳之昆阳的达鲁花赤时，因喜爱邻境郏县风土的淳美，就定居中原，遂远离了权力的中枢。脱帖穆耳早年以勋家子弟，进入宿卫，终年以明威将军、管军上千户所达鲁花赤致仕。赤老温家族与其他三家相比，并未封王，只是蒙古贵族中的中上层，但还是以世袭恩荫保有了将军、管军千户的地位。

　　四大家族除了恩荫世袭保持他们的绝对地位外，家风与家学也是一个不可忽视的关键因素。蒙古民族崇尚武功，以马上得天下，四大家族的先人也是在挥戈跃马之际与黄金氏族建立下亲密的伴当关系。评价一个武士，最看重的是他的忠心与勇猛，这也是四大家族最传统的家风，从他们

---

① 《黄溍全集·金华黄先生文集》卷二五《别里哥帖穆尔神道碑》，第670页。
② 《黄溍全集·金华黄先生文集》卷三五《明威将军管军上千户所达鲁花赤逊都台公墓志铭》，第505页。

的谥号中就可见一斑。像木华黎家族中，以忠为谥号者有8人①，从这些谥号可见元王朝对木华黎家族忠心的肯定与褒奖。木华黎家族的六世孙朵儿直班更以此为家训，他自己也说："窃闻古之人，或以善为宝，或以仁亲为宝，而吾家世之传，则以忠为宝。"② 便把自己的宅第命为"宝忠堂"，黄溍还为之作《宝忠堂记》，在黄溍的心中朵儿直班已是一名儒者，"公以宗臣世胄日侍天子清闲之燕，而谦退不伐，克念厥绍，休沐在外，辄与鸿生骏士探讨儒家者流之言，而知忠之为贵，奉以周旋，如恐弗胜"③。勇猛是对武士的另一重要评定标准，在追随蒙元贵族征伐的过程中，只有勇武超群，才能克敌制胜，立功沙场。像木华黎与赤老温家族都是以显赫的战功而声被后世。

除了蒙古根脚在元王朝家世显赫外，一些汉军世家亦在蒙古攻伐辽金的战争中归顺臣服，蒙古统治者利用这些汉军世家本身在当地所拥有的政治和军事力量，与辽、金、宋相抗中，汉军世家有着非凡的表现，元朝建立后，凭借战功，汉军世侯也分王分邑，世袭相承，专制一方。藁城董氏就是当时较有威望的一支地方势力。在《御史中丞赠推诚佐治济美功臣荣禄大夫河南江北等处行中书省平章政事柱国追封冀国公谥忠肃董公神道碑铭》（以下简称《董守简神道碑》）中，传主董守简就是藁城董氏的后裔。金末之季，曾祖董俊就"灼知天命"④，归顺蒙古贵族，克金的过程中战死沙场，伯祖董文炳在伐宋的过程中战功卓著，率领弟弟董文忠、董文用，"以勋臣子从征云南，又从伐宋，济江而还。暨再出师，忠献遂与丞相淮王伯颜同取宋，而定天下于一。际时承平，忠穆（董文用）既以耆德元老

---

① 孔温窟哇，忠宣；木华黎，忠武；孛鲁，忠定；速浑察，忠烈；安童，忠宪；兀都台，忠简；硕德，忠敏；拜住，忠献。参见《黄溍全集·金华黄先生文集》卷二四，第639、640页。
② 《黄溍全集·金华黄先生文集》卷一四《宝忠堂记》，第363页。
③ 同上书，第364页。
④ 《黄溍全集·金华黄先生文集》卷二六《董守简神道碑》，第676页。

总台纲、掌帝制，正献（董文忠）复以上所亲信入尚符宝，由郎而卿，逾二十年，子孙世嗣其职"。① 董俊曾告诫子孙："吾少遭多难，长遇明时，树立勋名，皆朝廷圣德神功之所及……汝等当思廉慎不欺，以报国家，或以贪墨败官，则非吾子孙，死亦不得从葬先兆，宜谨识之。"② 董氏家风如此，后世子孙都以此自戒、自勉。藁城董氏一族与其他汉军世侯后期削藩革职的境遇不同，对董氏不予触动，颇受荣宠。元朝末期，地方反抗势力蜂起，元廷禁止汉人配置武器，而对董氏一族破例。黄溍在传记中也认为，"若稽古昔帝王之兴，必有豪杰起而应之，率资其力，以成大业。……若夫异材间出，继世象贤，秉忠怀诚，以承休德，书于史策，号曰名臣。求之近世，如董氏一门者，罕见其比也"③。

像董氏家族凭借战功获得荣宠的汉人是少数，尤其是原居处南宋境内的南人。严苛的族群等级制度对士人的心理与仕途均有所冲击，昔日的天子骄子、文人骚客一下子沦为贱民，在官员的甄拔上重根脚，而不以能力学识为标准。"元朝的隐逸分为两类，一类为'自愿的隐逸'，即指根据早期儒学思想中'无道则隐'原则而退隐的士人；另一类则为'强迫的隐逸'，则指根据理学中忠君思想而不得不归隐山林的士大夫。宋朝之遗民皆属第二类。"④ 在宋元嬗代之际，出于南宋忠君观念的影响压力，或是仕途无门的困顿，前朝子民纷纷晦迹山林，悠闲乡里。"自昔世代迁革，故家子弟席其祖父之旧，以取显融于时者，固有之。其奉身而退，甘老朽于山林，至于名字泯灭无闻者，亦多矣。"⑤ 黄溍居处地域婺州、钱塘原是南宋的核心辐射范围，是众多遗老聚集的地域，黄溍的传记中就有一批遗老

① 《黄溍全集·金华黄先生文集》卷二六《董守简神道碑》，第 676 页。
② 同上。
③ 同上。
④ 《内北国而外中国：蒙元史研究》，第 406 页。
⑤ 《黄溍全集·金华黄先生文集》卷三一《闽清县主簿张君墓志铭》，第 452 页。

的身影。

黄溍在婺州拜师求学和西游杭州以文学交游期间结识了不少遗民隐士，像方凤、刘应龟、吴思齐、牟巘、孙潼发等人，在这些遗老耆旧中大多数以一种温和的形式表明自己是前朝子民的态度，像孙潼发，桐庐隐君子，世称盘峰先生，南宋咸淳四年（1268）进士，授衢州军事判官。任职期间平反冤狱，爱民教民，有廉能声。宋屋遂倾后，隐居乡里。至元二十三年（1286），程钜夫奉诏江南访贤，孙潼发即在应诏之列，但是盘峰先生坚辞不赴，甘老于布衣。黄溍在十六七岁，就得以相识接触先生，"先生古貌野服，高谈雄辩，四座尽倾，每语当世事及前代故实，亹亹不倦。然喜汲引后进，有如溍之无所肖似，犹不以凡子见遇，每折行辈，以相倾下"①。孙潼发的精神面貌对黄溍印象深刻，影响甚大。在墓志铭中黄溍也在传末论道："说者以为人臣之义，莫易于死节，莫难于去国，而屈辱用晦者，亦所难辨。宋之亡也，先生不在其位，而未始行乎患难，不降其志。而卒以明哲保身，从容于出处去就之际，而不至于屈辱，其善用晦者欤？盖人之难能，亦非人之所难辨也。是用因其迹，以推其心之所存，论次而表显之，庶百世之下，有观感而兴起者焉。"② 可见黄溍希望盘峰先生的精神面貌与人格魅力可以延播后世。

再如《蛟峰先生阡表》中的方逢辰（1221—1291），宋理宗淳祐十年（1250）进士第一，历仕三朝，为时名臣。"宋亡后，晦迹弗仕"③，元世祖曾诏御史中丞崔彧起用他，拒之不赴，在家乡石峡书院教生授徒，"江南新附，乡寇猖獗，官舍民居尽毁，而书院岿然劫火之余。……公昌明正道，以致知力行名其堂，以仁义礼智名其斋。时所在士风颓靡，公所以振

① 《黄溍全集·金华黄先生文集》卷三《盘峰先生墓表》，第719页。
② 同上。
③ 同上书，第730页。

起而作新之者，成效甚著。此则公自任以师道之重，期于继往圣而开来学者也"①。就是这样一位人物却未入官史，所以黄溍为之作传补史之遗阙。

除了与黄溍有直接接触的遗老外，还有一些遗民隐士被世所遗忘，黄溍在时人的求文作铭中方得知传主的事迹后，同样为这些遗民的人格魅力所折服，希望公允地记录他们的事迹，让后人有所了解。像黄溍的延祐同年应本之父应普，在德祐失国后，"凡异时有仕籍者，往往持故所受告身，诣京师乞换授。公独晦匿不肯，自著峨冠大裙，逍遥城市中，日以教弟子、接宾客为事。闾巷细人无以自业者，时贷以钱，而不责其息，人多德之"②。《前承务郎王公墓志铭》传主王昌世（1267—1327），字昭甫，是四明王应麟的儿子。王应麟在宋屋遂墟之际，"杜门不出，朝夕坐堂上，取经史诸书，讲解论辩"，"深自晦匿，不与世接。而东南学者，以为宋三百年文献所存，莫不翕然宗之"。王昌世认为"士之大节，嗣守为难"，但受家风的影响，他还是以"介直之资，与世寡谐，倘得读父书、求己志以毕此生足矣，不愿乎外也"③。宋元鼎革之际的遗民大多著书立说，像四明王氏就以保存史料与弘扬文化传承为己责。在《安阳韩先生墓志铭》中，传主韩性（1266—1341），是南宋膴胄之家的后人，"国朝取宋，向之在班行者，多携故所受告敕入换新命"，韩性的父亲韩翼甫却"独挈家绝江而东，杜门不交人事，以圣贤之道自乐"。元朝科举废止，韩性周旋家庭间，与父亲切磋相磨问学，学术日益精湛，"近世儒先性理之说，尤深造其阃域"，像永康胡之纲、胡之纯、胡长孺等与他叩击微词奥义，前代遗老王应麟、俞淅，四明的文章大家戴表元折行辈，与之为忘年交。隐居乡里时，"每值风日清美，或同挟策于云门、禹穴，或共榜舟于耶溪、镜湖，

---

① 《黄溍全集·金华黄先生文集》卷三《蛟峰先生阡表》，第734页。
② 《黄溍全集·文献集》卷一下《故民应公碑铭》，第639页。
③ 《黄溍全集·金华黄先生文集》卷三一《前承务郎王公墓志铭》，第449—450页。

逍遥容与，弥日忘返，望之者，疑其为世外人"，为人自奉简约，好周济穷人，为此在乡里有很高的声望，"先生出无车马仆御，所过负者息肩，行者避道，巷夫街叟，争前迎揖，童稚厮役，咸称之'韩先生'"①。

不仅如此，黄溍传记中的遗民隐士大多能出处无累，在面对改帜易代、族群等级制度严苛、仕途逼仄的情形下，耆旧们的故国之思、沧桑之感行消于山水田园之间，在诗词吟咏间快吐胸中之垒。像黄溍的忘年交谢晟孙以"退乐"二字扁其堂，明其志，时之尊官大人马绍、董文用、高克恭、李衎皆与之交游，"遇风日清美，辄与胜流韵士酣嬉于山光水色间"，这样"无累于物"的人生态度，使谢公"耄期之岁，童颜不衰，知之者爱其有老成之典型，不知者疑其神仙中人也"②。

蒙古游牧民族建立大元王朝后，为确立本族的权威与巩固自身的统治，实行四等人的族群等级制度，在此项基本国策的影响下，"元代官员的登庸，武官端赖世袭，文职则以荫补为主，制举、保举为辅"③。元朝的功勋世臣是以蒙古四大家族为主的大根脚，或是少数的汉地军阀世侯，而对于南宋舆地内的士人，或出于个人情感，或由于晋身之途的逼仄，纷纷遁迹田园、啸傲山林。故黄溍传记中以功勋世侯、遗民隐士为传主的传记是比重较大的类型。

（二）元代科举的废兴与循吏教官、同年同僚类传主的选择

作为游牧民族统治的王朝，蒙古统治者对官员的甄选不像中原农耕王朝一样，以管理和稳定社会的经验与见识为依据，同时也从长治久安的角度出发，对擅长经术文章的文官颇为重视，并主要借由军功的大小来擢拔

---

① 《黄溍全集·金华黄先生文集》卷三二《安阳韩先生墓志铭》，第 457 页。
② 《黄溍全集·金华黄先生文集》卷三一《信州路总管府判官谢公墓志铭》，第 451 页。
③ 《内北国而外中国：蒙元史研究》，第 399 页。

人才。大一统之后，元朝从管理功效的实用目的出发，前期实行以吏治国，基层官员主要由吏出职。对于元代儒士而言，补吏成为主要出路，除此之外，出任教官也是儒者的另一出路选择。至元仁宗颁布诏书恢复科举后，黄溍成为延祐二年（1315）科举恢复后的首科进士，是元代科举制度的受益者，从此迈入仕途，官至翰林，这对他的人生方向、仕途心态、士族圈子、文学创作均有着关键性的影响，特别是传记作品中对循吏教官、同年同僚类传主的选择。

黄溍在大德七年（1303）举宪吏，延祐中进士后，开始了长达二十年的基层官吏生涯，因为有相似的职业经历，熟悉官吏的时代与生活，这无形中拉近了黄溍与传主的距离。黄溍本身注重官员清廉与审慎的品质，他自己就是身体力行者。在《送周明府诗序》中，黄溍开篇就道：

> 古之作史者，必为循吏立传。汉西京二百年间，传所书仅六人，盖才难自古而然，尤难得者，循吏也。皇元统一函夏，吾乌伤领于职方逾七十年，溍生乎其时，而获事其大夫之贤者固多。①

周明府早期任湖北、海南宪掾，入湖南、广西帅幕府，后由吏入官，历任江东诸邑县尹，特别是任乌伤（今义乌）治行最著。在政期间，革弊兴利、执法公允，治理得井井有条，并以余力营缮、修葺土木，是廉吏，又是能吏。但黄溍认为这些都不稀乏，他看重的是在当时整个社会重视根脚门第的风气下，当地百姓为一介循吏周明府立祠树碑，可见周明府人格品质的深厚高远。

黄溍在《承务郎建德路建德县尹致仕徐君墓志铭》中言"国朝统一宇内，治具甫新，未遑以科举取士"，传主徐沂之杜门自守二十余年，"时方

---

① 《黄溍全集·金华黄先生文集》卷一八《送周明府诗序》，第254页。

尚文法书吏，郡长二有爱其才敏者，挽使任簿书"①。大德六年（1302），为浙东宪府书吏，后累迁浙西、江东。皇庆二年（1313），授将仕佐郎、温州路总管府提控案牍兼照磨、承发架阁库管勾。延祐五年（1318），调任两浙都转运盐使司仁和盐场司管勾。当时黄溍就任两浙都转运盐使司石堰西场监运，当地盐户依仗不束于官府，于是有恃无恐、任意妄为，徐君不用威刑，而以理召唤感化他们。泰定甲子年（1324），迁将仕郎、延平路将乐县主簿，终以承务郎、建德路建德县尹致仕。徐沂之从不拥品秩的下层胥吏一路调任、考核、升迁，由吏入官，成为拥有正七品的县尹。徐君的一生也是代表当时一般胥吏的仕途生涯，终生困于路、县。但徐君的难能可贵之处是不管身处何方，总能廉洁自持、公允办事，而未像一般胥吏，与势力分子同流合污，残害百姓。黄溍对官吏能够操守自立的清廉品质极为看重，因此在《从仕郎绍兴路诸暨州判官致仕蒋府君墓志铭》传末聊发感慨："溍尝观世之为吏者，操刀笔要吏，以肥其身，以厚其子孙。君一佐转运，三为剧郡幕，而其子孙歉然守贫，家若未尝仕者。其为人之贤不肖，可知也。"②

　　同样能以廉洁自持还有以儒辟吏的蒋葵，他历任都是元朝财富所出、治理尤难的关键地方，像两浙转运司、湖州路安吉县务税课大使、绍兴路诸暨州判官等处，蒋葵都能处理得当，对时弊有着清醒的认识并且提出合理适当的举措，对于暴民以善利导之，不迫不扰，百姓对于这样一位良吏的到来总是"争趋迎百里外"。晚年居钱塘，与一时名公，如周驰、仇远、邓文原、陈恕可，"皆与君为高交友，徜徉山水，饮酒赋诗，以逸老志"，

　　① 《黄溍全集·金华黄先生文集》卷三七《承务郎建德路建德县尹致仕徐君墓志铭》，第543—544页。

　　② 《黄溍全集·金华黄先生文集》卷三七《从仕郎绍兴路诸暨州判官致仕蒋府君墓志铭》，第548页。

"所居仅庇风雨，郭外无尺寸之田，家无余资，处之裕如也"①。

在元朝还有一类特殊的官员就是译职人员。在以往朝代，"翻译人员至多处于官僚组织之边缘，以致在史籍之中，难以见其面影"②，而在黄溍的传记中就不难见其身影。元代是一个地域广阔、民族繁多的朝代，域内通行汉语言文字、蒙古语言文字及畏兀儿、党项、吐蕃等语言文字，语言文字相异遂成为各族交流沟通的障碍。特别是蒙元统治者基本不通汉语、不识汉字，为了治理一个以汉族为主要群体的国家，翻译人员的重要性从而凸显。元代以前也有翻译人员，但主要是处理涉外事务，而蒙元的翻译人员主要是处理元朝内部的各项事宜。在元朝族群稳定，仕途晋身缝隙窄隘的情形下，掌握多种语言，不失为进入仕途的捷径。

《嘉议大夫佥宣徽院事致仕孙公墓志铭》传主孙伯颜，江西雩都人。由于精通译语，元成宗大德初年，年仅十五岁就扈从上都，泰定帝时，进入翰林国史院担任译史，元文宗天历初改任大司农译史；元顺帝时，授京畿运粮同提举，又升肇庆路总管兼劝农事，阶朝列大夫。可谓一路升迁，仕至正三品，这对于一个南人来说已属高位。《赠从仕郎浙东道宣慰使司都元帅府都事赵府君墓志铭》的传主赵孟赟亦是因语言优势，受到忽必烈的青睐，官拜翰林侍讲学士。

元朝虽然在科举仕途上斩断士人的出路，但是地方教育还是相当普及的，在《重修绍兴路儒学记》中，黄溍认为："国家臣一宇内，弛武而隆文，由京师达于郡邑，海隅徼塞、四方万里之外，无不立学，……顾其废兴靡常，或弥久而益振，或浸就衰落而不支，特系夫任其事者，能知所当务之缓急否耳。"③ 因此甄选一位"能知当务之缓急"的教官就异常重要，

---

① 《黄溍全集·金华黄先生文集》卷三七《从仕郎绍兴路诸暨州判官致仕蒋府君墓志铭》，第547页。

② 《内北国而外中国：蒙元史研究》，第417页。

③ 《黄溍全集·金华黄先生文集》卷九《重修绍兴路儒学记》，第291页。

对于当时的儒士来说出任教官就是另一种出路选择。出任吏职难免要处理冗杂的琐事，而且传统的儒士在心理上未必能完全接受这份职业，故当时有声望的厚德之士大都冀望于地方学校。

地方儒学所设教官从下到上包括直学、教谕、学录、学正、教授等职，教职的升迁考核制度较之吏职更为严苛，所需时间也更长。地方学校除了地方官办儒学外，还有书院，在元朝政府的鼓励与支持下，元代书院之风大盛。"昔州县未有学之时，天下四书院而已。其后州县既皆立学，而前贤讲授之地与其所居所游，亦莫不别建书院。近世好事之家，又多慕效创为之，日增月益，而学与书院参立于州县间，亦已盛矣。"① 三吴、百粤之地原无书院，"今郡县悉得建学，而环江浙四封之内，前贤遗迹、名山胜地为书院者，其多至于八十有四"②。这都可以表明了当时元代书院之多。书院包括南宋遗留下来的和入元后新建的两类，前者如石峡书院和月泉书院。石峡书院是南宋遗民方逢辰在宋末建立，经历宋元兵戈战火，当地"民居尽毁，而书院岿然劫火之余。葺治既完，诸生稍稍来集"③。后者如常熟的文学书院，于至顺二年（1331），由乡贤曹君出资筹措，"有司因为请于中书，设师弟子员"④，朝廷予以认定，并赐予了匾额。书院在设置、教官的任职考核、生员的条件等方面都有一套管理体系，俱有定式，元朝书院"实际上被纳入了地方官学的系统"⑤。

黄溍就曾在大德五年举教官，他的师友中大部分都有任职教官的经历，"至元、元贞间，部使者振举学校、悉延至前代遗老，以主教事，一时英俊之士，咸立下风"⑥。像山南先生刘应龟在宋元易代之际，返耕山

---

① 《黄溍全集·金华黄先生文集》卷一六《石峡书院诗序》，第 227 页。
② 《黄溍全集·金华黄先生文集》卷一四《重修浦江县月泉书院记》，第 361 页。
③ 《黄溍全集·金华黄先生文集》卷三《蛟峰先生阡表》，第 734 页。
④ 《黄溍全集·金华黄先生文集》卷一〇《文学书院田记》，第 311 页。
⑤ 《元史论丛》，中国社会科学出版社 1993 年版，第 165 页。
⑥ 《黄溍全集·金华黄先生文集》卷三三《叶审言墓志铭》，第 483 页。

林，后因贤才，强起其教授乡邑，后调任月泉书院山长、杭州学正等职。南陵先生王炎泽入元后曾任东阳、常山两县教谕，后迁石峡书院山长。南宋理学大儒黄震之子黄叔英常为晋陵、宣城、芜湖三学教谕，又为和靖、采石两书院山长，凡经他指点受教的学生，"取科名、预荐书相望，否者亦且去而补儒学官"①，可见黄彦实本身学术高深、教法得当。

《钱翼之墓志铭》传主钱良右，徐侨对他甚为器重，前代遗老如周密、龚开，当世宗工如戴表元、牟巘、胡助，钱良右都与他们有所往来，并接其绪论，李衎、鲜于枢等中州雅望皆折行辈与之交往，赵孟頫、邓文原也数次向元廷推荐引拔，但钱君安贫守约，对吴县儒学教谕一职则欣然而就。在黄溍传记中还有许多学术造诣高深的厚德君子在入元后选择了教官一职，这在原南宋域内的士人中表现尤为突出。一方面出于忠君观念的影响，内心深处还无法融入蒙元社会，所以刻意理性地与政府保持疏离；另一方面由于生计的现实压力，需要寻找谋生的手段，这样教官一职或许是最合适的。

延祐二年（1315），元朝实行首次会试、殿试。黄溍即为首科进士，并从此迈入仕途，历任的职位与接触的不同阶层形成了黄溍不同的士族交往圈子，眼界的开阔、阅历的增加、生活圈子的扩大，这些都成为黄溍创作的源泉，特别是在传记中就有同座同年同僚类型的传主。因参加科举而相识结交的座主、同年是黄溍社交网络体系中重要的一环，"及第者视座主为恩门，而同年之间亦互相视为同足"②。例如延祐二年首科廷试中，知贡举为平章政事李孟，读卷官是参知政事赵世延和集贤大学士赵孟頫。此年是元朝得进士最多一届，左右榜通 56 人。"其文行政治，国史有传者，欧阳玄原功、马雍古特祖常伯庸、许有壬可用、张起岩梦臣、干文传寿

---

① 《黄溍全集·金华黄先生文集》卷三三《黄彦实墓志铭》，第 485 页。
② 《内北国而外中国：蒙元史研究》，第 491 页。

道、杨载仲弘、公（黄溍）与先待制（柳贯）十数人也。"①

黄溍为座主李孟撰有行状。李孟是后唐皇室沙陀贵族后裔，因父亲李唐长期在汉中担任幕僚职务，遂迁居汉中。当时科举尚未恢复，读书人谋求官职的主要途径是担任官吏，李孟不愿由吏途出仕，于是在家开馆教授生徒。成宗朝，李孟被选为爱育黎拔力八达的老师，"日陈善言正道，从容启沃"②，仁宗"多所裨益"③。后仁宗在争夺帝位的过程中，李孟因护主谋划有功，仁宗即位后便升为中书平章政事。李孟以国事为己任，针对当时的弊政进行了改革，特别是对科举恢复一事起到了主要作用。李孟曾向元仁宗进言："'自古人才所出，固非一途，而科目得人为盛。今欲取天下人才而用之，舍科目何以哉？然必先德行、经术而后文辞，乃可得其真才以为用。'上深然其言，遂决意行之。"④ 重德行、经术而后文辞就成了元代科举考试的基本指导思想。延祐二年，李孟为廷试监试官，这一年的考生奉之为座主。李孟对于人才极其看重，"四方之士为时所推许者，甄拔无遗，汲引后进，未始有吝骄之色，品题所及，后多知名"⑤。

黄溍为同年张弘道、曹敏中、许晋孙、应本、干文传等亦皆作有传记。虽然黄溍因同年、同僚的情谊在传记中表露出痛心，但还是毫无推辞地为他们作传，因为黄溍对他们的生平事迹最了解，"铭非予，将谁属？"⑥ 除了与南人汉族的同年、同僚保持情谊外，黄溍还与蒙古、色目等同年有不俗的交情。偰哲笃为高昌维吾尔族人，与黄溍是同年进士，黄溍就为偰

① （明）杨士奇：《东里集·续集》卷十八《黄文献公文二集》，上海古籍出版社 1991 年版，第 607 页。
② 《黄溍全集·金华黄先生文集》卷二三《元故翰林学士承旨中书平章政事赠旧学同德翊戴辅治功臣太保仪同三司上柱国追封魏国公谥文忠李公行状》（以下简称《李孟行状》），第 419 页。
③ 《黄溍全集·金华黄先生文集》卷二三《李孟行状》，第 419 页。
④ 同上书，第 420 页。
⑤ 《黄溍全集·金华黄先生文集》卷二三《李孟行状》，第 420—421 页。
⑥ 《黄溍全集·金华黄先生文集》卷三三《张弘道墓志铭》，第 476 页。

哲笃的祖父合剌普华作了神道碑文，合剌普华在平定李璮叛乱中有功。偰氏家族是当时儒化程度较高的色目人，"盖自仁宗皇帝肇建科目以取士，公六孙而六举擢第者各一人，惟偰哲笃最先达。暨皇上复行贡举法于既废之后，公曾孙擢第者又三人，名乡书者一人，登学馆者四人"①。可以说是科举名门之家，而且偰氏女眷更是贞孝节烈之妇，在《魏郡夫人伟吾氏墓志铭》中，传主就是偰哲笃的夫人伟吾月伦石护笃，时人谓偰氏"忠、贞、孝萃于一门"，黄溍为偰哲笃的祖父与其夫人作传，一是偰氏家族名望颇高，还有就是"与偰哲笃有同年之雅，破获闻其家世之详"②，故其子孙来求铭时，"不敢不以为解"③。

元代科举的恢复，推动了蒙古、色目人对汉学的热情，提高了他们的儒学修养，像蒙古四大家族中的木华黎家族就儒者辈出。世祖朝的名相安童"立御史台以正朝纲，立太常寺以崇典礼，定强窃盗贼论罪轻重法"④，可见安童是以汉法治理国家的。英宗朝的名相拜住自幼母亲便令"文学者陈圣贤、孝弟、忠信之说，以开导之，闻辄领解"⑤，为相时曾上谏英宗以仁义礼乐治国，并擢用张珪、吴元珪、王约等人。拜住之子笃麟铁木尔"端粹博硕，尚文而下士"⑥，曾受经奎章阁。木华黎家族中的别里哥帖穆尔曾为仁宗解说周文王父母及其所以兴，帝奖谕之为"蒙古人中儒者"⑦。别里哥帖穆尔之子朵儿直班更是元末有名的儒者，力学自立，顺帝时历任奎章阁学士、知经筵事，提调宣文阁等职。

---

① 《黄溍全集·金华黄先生文集》卷二五《广东道都运转监使赠推诚守忠全节功臣资德大夫河南江北等处中书省右丞上护君追封高昌郡公谥忠愍合剌普华公神道碑铭》，第656页。

② 《黄溍全集·金华黄先生文集》卷三九《魏郡夫人伟吾氏墓志铭》，第574页。

③ 同上。

④ 《黄溍全集·金华黄先生文集》卷二四《中书右丞相赠孚道志仁清忠一德功臣太师开府仪同三司上柱国追封郓王谥文忠神道碑铭》（以下称《安童神道碑》），第640页。

⑤ 《黄溍全集·金华黄先生文集》卷二四《安童神道碑》，第640页。

⑥ 同上书，第643页。

⑦ 《黄溍全集·金华黄先生文集》卷二五《别里哥帖穆尔神道碑》，第667页。

元代科举的恢复对黄溍来说是人生中重要的一次际遇,之前曾为寻找出路做过教官、吏职,这也是元代大多数士人的出处途径。延祐中进士后,出官任职,终官至翰林,这也形成了他不同的士族圈子,故在黄溍的传记中有循吏教官、同年同僚等类别的传主。

(三)元代宗教、风俗的多样与释道人士、忠孝节义类传主的选择

元代历朝统治者对宗教均采取较为宽松保护的政策,其中对于佛教尤其是藏传佛教最为尊崇。元代各个宗教领袖都是活跃的社会活动家,为巩固自己的宗教派别的地位积极奔走于上层集团,黄溍在馆阁时就与一些方外人士有所接触、交游、唱和,因此在黄溍的传记中出现了为高僧所作的塔铭以及一些道士真人的碑铭。在社会伦理道德方面,游牧民族带来的贱老而贵壮、多妻制的婚姻等风俗对传统汉族以"忠孝贞节"为伦理道德标准是巨大的冲击,针对元代社会所出现的所谓伤风败俗的现象,黄溍以传统儒士来要求自己,在传记中力图表彰忠孝节义者来诠释传统的理学道德观念。

在黄溍的传记中,有为佛教释僧所作14篇,为道士所作6篇,共20篇。"历代史臣,不为释、老立传,或老氏有可书者,则以置之方技传中。至皇明修元史,始别有释老传之目,而老氏首丘处机,释氏首八思马,且各有数人焉"①。可见元代宗教声势之大,是人们日常生活中不可忽略的一道景观。从黄溍的传记中可见黄溍与汉地佛教特别是临济宗的关系更为密切。像黄溍为大都大庆寿寺历届住持北溪智延、鲁云行兴、秋亭洪亨等作了塔铭,他们都属于海云印简一系弟子,海云印简被加封为国师,国师历来是藏传佛教弟子的专利,可见印简与元朝统治者关系之亲密,由于印简

---

① (明)王彝:《跋张贞居自书帖》,《王常宗集》续补遗,《景印文渊阁四库全书》本,台湾商务印书馆1984年版,第1229册,第441页。

一系在临济宗中的正统地位，大庆寿寺是元代北方临济宗的中心，其弟子均受到朝廷的扶植与褒奖。

《荣禄大夫大司空大都大庆寿禅寺住持长老佛心普慧大禅师北溪延公塔铭》（以下简称《北溪延公塔铭》）传主北溪智延（1257—1335），俗姓高，云州彰德人。自幼恳求父母让其出家，师事凤林某公，后得度受具，出游四方，听闻汴、洛、汝、汉之间讲释之风兴盛，便受业孝严温公。后登堂入室、辩说无碍，较其年老的学者，对其都十分叹服。一次偶然阅读《传灯录》，有所感发，于是到京师谒见大庆寿寺方丈西云子安。西云子安是颐庵儇的弟子，颐庵儇是海云印简的知名弟子，西云子安圆寂后，朝廷认为"庆寿禅宗第一刹，非德器之重、道眼之明、力量足以荷担大事者，莫宜尸之"，元仁宗便赐智延号"佛心普惠大禅师"①，主领大庆寿寺。仁宗每次巡幸庆寿寺，都会私下召见智延，后"特授荣禄大夫、大司空，领临济宗事"。英宗皇帝以智延公为先朝旧德，每次入见必赐坐，可见北溪智延受当朝的礼遇优厚。禅师在主领教事时，"律己以严，而御众以宽，执事必用能者，居岁余，而库有积钱，廪有积粟，增置规运之所，缮治殿堂门庑，焕然聿新"②。

继北溪智延领大庆寿寺的是其法门兄弟鲁云行兴。鲁云行兴（1274—1333），俗姓李，山东郓城人。十岁出家，后师从西云子安。英宗朝时，受命于圣寿万安寺与一时高德名流校雠三藏，"禅师部治而精详，鲁鱼亥豕，多所是正，声誉藉甚"，文宗朝时，上赐玺书、玉印，命主大庆寿寺，领临济一宗。至鲁云行兴起，皇帝对临济宗的接班人下发任命玺书，配以玉印就成为定制。与北溪智延相比，鲁云更热衷于社交活动，文艺素养也

---

① 《黄溍全集·金华黄先生文集》卷四一《北溪延公塔铭》，第606页。
② 同上书，第607页。

更高。"暇日游戏艺事，诗律则雅而不俗，字画则遒而不媚"①，与时之名公如李孟、张珪、李谦、刘赓、赵孟頫、宋渤、李衎、王约等人皆有交往。

鲁云行兴之后，秋亭洪亨接任大庆寿寺住持。秋亭洪亨（1267—1336），俗姓孔，顺德綦阳镇人。七岁出家，"性醇厚而言简朴，人未尝见其喧哗戏笑"，在得度受具遍游讲肆之后，师事西云子安，历任广福寺、保宁寺住持，后接任大庆寿寺住持止四年。秋亭禅师安贫乐道、不慕权贵，主动卸任归隐，当时丞相伯颜再三挽留都不得，时人皆赞叹"去富而就贫，真所谓高僧"，"王公大人莫不高之"②。

从上可知，以大庆寿寺为中心的临济宗在北方有较大的势力，黄溍进入大都后，也经常与临济宗一脉的方外人士有所交往，临济宗也希冀借由黄溍为历届住持作传来扩大自身的影响。此外，江南地区的禅宗也主要是临济宗的天下，而且有影响力的禅师大多出自大慧宗杲与虎丘绍隆两支③。黄溍传记中的传主元叟行端和笑隐大訢就出自大慧宗杲一支。元叟行端（1255—1341），俗姓何，台州临海人，出身于书香门第之家，"母教以论语、孟子，辄能成诵"④。这为行端后来的弘法打下基础，十一岁出家，十八岁得度受具，从此踏上游方参学的征途。历参藏叟善珍、石林行巩、雪岩祖钦等人，大德四年（1300）出主湖州资福寺庙，居五年，学徒奔凑，闻名京师。至大、延祐年间，特旨赐师号曰慧文正辩，行宣政院札，先后住持中天竺、灵隐，后仁宗加赐号"佛日普照"。泰定元年（1324），降玺书做径山大护持。"师至是，凡三被金襕袈裟之赐，二十年间，足不越阃，

---

① 《黄溍全集·金华黄先生文集》卷四一《鲁云兴公舍利塔铭》，第609页。
② 《黄溍全集·金华黄先生文集》卷四二《大庆寿禅寺住持秋亭禅师亨公神道碑铭》，第630页。
③ 《元代文化史》，第391页。
④ 《黄溍全集·金华黄先生文集》卷四一《径山元叟禅师塔铭》，第615页。

而慕其道者，鳞萃蚁集，至无所容。岁饥，皆裹粮而来，以得见为幸。径山自大慧中兴后，代有名德，得师而其道愈光。"① 综观行端的行教，其最为得意者乃是径山，而此山曾是大慧宗杲昔日所住持过的道场。行端的法脉在元代是最旺的，其禅教在元代丛林中的影响是至为深远的。在文学方面，行端禅师也有造诣，"暇日，以余力施于篇翰，尤精绝古雅。石田林先生隐居吴山，不与世接，独遗师以诗曰：'能吟天宝句，不废岭南禅。'其取重前辈如此"②。

笑隐大訢（1284—1344），俗姓陈，龙兴南昌人。九岁出家，依本郡徒彰上人为师。十七岁至庐山，谒见开先一山万公，留掌内记。后参百丈山晦机元熙为师，一见深加器重，"乃益研教典，旁及儒家、道流、百氏之说"③。曾经拜访中峰明本公于天目山，相谈甚欢，至半夜，风大作，有欲裂崖石之势，身边的人都避开离去，唯有公不为所动，中峰十分敬异。中峰明本出自虎丘绍隆法脉，并以南人的身份加封国师，这在当时十分罕见，也是极大的殊荣。后受宣政院札，历住杭州报国寺、中天竺寺。天历元年（1328），以金陵潜邸为大龙翔集庆寺，公首膺其选，为开山住持，拜大中大夫、广智全悟大禅师。明年，"入见奎章阁，赐坐良久，咨问法要，对扬称旨"。问道师传之脉，于是，元文宗命虞集为晦机制作塔铭，自后，笑隐禅师宠遇优渥。顺帝即位，参与校正《百丈清规》，"书成，四方咸取法焉"④。（后）至元元年（1335），又加号释教宗主，兼领五山寺，荣宠无比。笑隐禅师雅好文学，与当朝文士多有往来，赵孟頫在不识其人的情况下得其文章，"叹赏不已，即命驾访之。一时贤士大夫，咸慕而交焉"，虞集"称其如洞庭之野，众乐并作，铿钣轩昂，蛟龙起跃，物怪屏

---

① 《黄溍全集·金华黄先生文集》卷四一《径山元叟禅师塔铭》，第615页。
② 同上书，第616页。
③ 《黄溍全集·金华黄先生文集》卷四二《龙翔集庆寺笑隐禅师塔铭》，第619页。
④ 同上。

走，沈冥发兴。至于名教节义，则感厉奋激，老于文学者，不能过也"。黄溍也在传记中评论："质貌魁特，襟度豁如。其所为文，无山林枯寂之态，变化开阖，奇彩烂然，而论议磊落，一出于正，未尝有所偏蔽。"①

在黄溍传记中佛教高僧的塔铭多于道士真人的碑铭，与当时道教势力的衰微相关。本土化的道教有全真教、太一教、大道教、正一教各派，其中北方以全真教的影响最大，南方主要是正一教的势力范围，尤其是后期从龙虎宗正一教脱胎分衍出来的玄教异军突起，超越全真教，成为最受上层统治者青睐的道教派别。经过宪宗1258年和至元十八年（1281）两次的佛道大辩论，其间经历了三十年的风雨，曾经声势甚大的道教尤其是全真教势力受到重创，蒙古政权对道教的政策已从最初的扶植转为抑制。全真教的重整旗鼓和玄教的异军突起虽使道教的地位与势力有所恢复，但与往昔不可同日而语，各个宗派的首领更多的是以政治代言人的身份受到尊崇。

《弘文裕德崇仁真人薛公玄曦碑铭》传主薛玄曦（1289—1345）年十二辞家入道龙虎山，师事张留孙、吴全节。延祐间，用荐者召见侍祠，授大都崇真万寿宫提举，后升提点上都崇真万寿宫。泰定元年，奉诏征嗣天师，主持镇江乾元宫。顺帝时，授弘文裕德崇仁真人、佑圣观住持，兼领杭州诸宫观。薛玄曦以儒学见长，儒化程度很深，"精于玄学，尤善为儒家者流之言"②。在大都、上都时期，"一时钜人元夫，俊游之士，皆在朝廷。公周旋其间，接闻绪论，学日益粹"。在文学素养上，薛玄曦也造诣颇深，"善为文，尤长于诗"，有《上清集》若干卷，《樵者问》一卷，会粹群贤诗文为《琼林集》若干卷。薛公也凭借其在文学和政治地位上的优势，跻身上层文人士族圈子，与虞集、揭傒斯、张雨等人都有酬唱往来。

---

① 《黄溍全集·金华黄先生文集》卷四二《龙翔集庆寺笑隐禅师塔铭》，第620页。
② 《黄溍全集·金华黄先生文集》卷四《玄和明素葆真法师陈君碣铭》，第604页。

揭傒斯称其文："老劲深稳，如霜松雪桧，百折莫能挠；清拔孤峻，如豪鹰俊鹘，千呼不肯下；萧条闲远，如空山流泉，深林孤芳，自形自色，不与物竞。"薛玄曦擅长书法，"极丽逸，片楮出，人争欲得之。有闻公之风，而未之见者，或使图其像以去"①，可见追捧程度之深。

元朝政府对各类宗教在扶植倾向上有所偏好，但总体均采取较为宽松的政策，并注重对宗教的管理。元朝设立宣政院管理佛教事务，集贤院管理道教事务，崇福司管理基督教，回回哈的司管理伊斯兰教。元朝广地域、多民族导致的多样文化不仅体现在宗教信仰方面，在社会风俗上也有诸多差异。

蒙古族是游牧民族，尚武力、喜勇猛，素有"贱老而贵壮"的风俗，在汉人传统中，忠义、孝悌、贞节和慎言行、谨交往等则是伦理道德观念的核心，随着蒙古族入主中原，带来了迥异的文化风俗习惯，有些习俗在汉族中也流行起来，这对传统伦理道德观念产生了冲击，不孝、不睦、不义、内乱等社会陋习非常普遍，社会家庭矛盾也随之激增。在黄溍的传记中孝义之士不胜枚举，这不仅跟传主的为人品性有关，更是黄溍有意选取这些忠义、孝悌的事例的结果。《吕府君墓志铭》中传主吕汲是婺州乡贤，在传记中着重记录了他恭俭、孝友、仁爱的品质。对双亲，"为具必丰"；对族人，"不能自食者，月有廪，年当入学者，家有塾"；对于子女，"婚嫁必择故家名族，未尝论财"；对宾友，"情文兼至，各尽其欢而止"。这样一位遇事明敏、为人排忧解难、无所畏惧的厚德君子，黄溍认为"其恭俭出于天性，孝友行于家庭，仁爱及于宗族乡党"。《许君墓志铭》传主许熊、《诸暨陈君墓志铭》传主陈嵩等皆亦乡居孝友之士。

---

① 《黄溍全集·金华黄先生文集》卷二九《弘文裕德崇仁真人薛公玄曦碑铭》，第633—634页。

　　此外，黄溍还书写了许多节妇、贤良淑德的女子。游牧民族多妻制度以及继婚习俗传入中原，使中原传统的贞节、婚嫁、家庭观念受到冲击，汉族地区妇女改嫁的现象非常普遍。自蒙古统治势力进入中原以后，对中原的传统伦理道德有了一定的认识，并在后期逐渐认同加以接受，在全国范围特别是汉族居住区强调贞节的伦理观念，并且在法律上规定朝廷命妇不得改嫁。黄溍在传记中每每称颂守节不改的贞妇以及持家有道的贤妇，无论她们是汉族还是异族女子。如《颍川郡太君江氏墓志铭》传主江爱知书达理，通晓《孝经》《论语》《孟子》等经典，对子女的教育也非常重视，"嫠居后，以靡他自誓，因断发为比丘尼"①。再如黄溍同年偰哲笃的妻子伟吾氏，虽是色目人，但熟知传统儒家文化，能诵读《孝经》《论语》《女孝经》《烈女传》等书，"见前史所记女妇贞烈事，必再三复读而叹慕焉"②。天历政变之际，两京军旅并起，朝贵多以疑似获罪，妻子莫能自保。关右道阻，音问不通，夫人日夜号泣，舍己保子③。尽管蒙古统治者对汉族传统伦理道德观念认同比较迟缓，但习染华风的蒙古人、色目人逐渐接受，并按照汉人的行为准则办事。

　　综观上述，黄溍传记中的传主选择受元代的政治、科举、文化风俗的影响，其中四等人的族群等级制度使元代所辖域内的居民都被分列等级，这一有严重倾向偏见的政策使黄溍传记中出现功勋世臣、遗民隐士的类别。虽然元代的科举一直为后人诟病，但作为受益者的黄溍，科举的影响力是巨大的，不仅改变了人生的方向进入馆阁，更拓宽了生活交游的圈子，因此在传记中有座主同年的类别。同时科举的废兴对于一般儒士的出路选择有了影响，在仕进之途窄隘的情形下，教官、循吏成了一般选择途

①　《黄溍全集·金华黄先生文集》卷三九《颍川郡太君江氏墓志铭》，第576页。
②　同上书，第574页。
③　同上书，第575页。

径。最后元代开放的宗教政策，官方对各种宗教基本持扶植态度，特别是对佛教的青睐，黄溍作为中晚期的文坛宗主与方外人士的交游也使僧道人士类的传主占了传记的一部分比重。作为传统的儒家子弟，有感于游牧民族带来的迥异的社会伦理道德风俗，这使黄溍对于传统忠孝节义的道德风尚更为维护与推崇。

三　黄溍传记的书写特征

黄溍之所以能在"元文四家"占据一席之地，与其独特的书写风格不无关系，而文章风格既与时代的整体审美风尚相佐，又会融入作家个人独特的个性趣味。由上述两章的论述中可知，创作的时代背景与其传主的选择旨趣，都将影响黄溍传记的创作特征，这又主要表现在"以经史为羽翼的务实特征""审慎平和的情感特征""'清和雅健'的文辞特征"三个方面。

（一）以经史为羽翼的务实特征

由前面论述可知，黄溍传记的对象网罗了蒙古、色目、汉人、南人各色人等，而且传主的身份地位、职业形态各异，其中有黄溍熟悉与不熟悉的。在这种语言、宗教、风俗、文化背景等差异而导致沟通不便的情形下，传记写作极有可能流入对未知事物的探奇，从而失去真实性。而从黄溍的传记作品来看，他始终以一种严肃的态度，从经史出发，力图如实反映传主的生平以及元代社会的本原。

首先，传记创作力求真实地记录、叙述人物事件，最忌荒诞、浮夸。黄溍的传记写作始终秉持史家的创作态度，这又与婺学与家风的影响不无关系，婺学重史学，重文献有征，黄溍在婺州长期的问学交游中，受婺学浸染，同样有强烈的存史、正史意识。如黄溍在读《新宋史》汪立信传后，就对史传的讹误进行了指正①。官史《陆秀夫传》与黄溍所听所见的材料有出入，黄溍就做了《陆君实传后序》为订其讹舛，补其阙逸。此序作于至大二年春二月，彼时还未进入词林的黄溍就有强烈的史学意识与态度。实录原则是史传的本质，也是史家奉行的最高原则，黄溍在传记中也严格贯彻实录标准。黄溍是元代中后期的文坛宗主，上门求文者趋之若鹜，黄溍不以关系亲疏、地位高低、润笔费多寡来作为作文标准，而是十分注重撰写材料的真实性。在作《嘉议大夫佥宣徽院事致仕孙公墓志铭》前，传主孙伯颜的子孙拿着行状通过黄溍翰林国史院的同僚王大本的引荐，才得以接触到黄溍，作为同僚，黄溍对王大本的为人处事均有一定的了解，"其所称道，可信不诬，予不敢拒也"②。同样在作《都功德使司都事华君墓志铭》前，黄溍本不愿为传主华埜仙作墓志铭，因为黄溍已经为其父亲华璞做过墓志铭。华埜仙的儿子华幼武在至正七年（1247）来求铭时，黄溍此年已经71岁，"衰年多感，不欲铭其父，又铭其子"，但华家以黄溍的友人陈谦为中介人，陈谦又"历援前贤铭人父、子者为比"③ 来宽慰黄溍，更重要的是"陈君之言，可征不诬"④，黄溍虽然不认识华埜仙，但依陈谦笃实忠厚的为人，黄溍相信材料的可信度，可见其对撰写材料的真实性非常看重。

著史注重实录原则，讲求叙写材料的真实、准确，但墓志铭等传记文体又属于特殊的史传体裁，墓志铭、神道碑文是对死者一生的记述，是需要刻在石碑上流传后世的文体，因此出于对死者的尊重，子孙后代力求抑

---

① 黄溍《读新宋史汪立信传》言："户部公讳梦炎，而史误作应炎，失于采听传闻之不审矣。汪公，安丰人，史以为澈之孙，澈乃饶州人，故削安丰而不书非也。其取进士，史或以为见吴公之明年，或以七年为六年，非但自相抵牾，两年亦非策士之岁也。庸谨志之，以俟他日，告于史官而订正焉。"参见《黄溍全集》，第196页。
② 《黄溍全集·金华黄先生文集》卷三七《嘉议大夫佥宣徽院事致仕孙公墓志铭》，第539页。
③ 《黄溍全集·金华黄先生文集》卷三七《都功德使司都事华君墓志铭》，第540页。
④ 同上书，第541页。

贬扬褒，重点记录死者光彩的事迹，因此处理好实录与曲笔的尺度，就是撰写者所要注意的。在《秦君墓志铭》开篇，黄溍在为秦氏一脉追本溯源时，秦桧是不得不提的一个人物。秦桧是南宋期间的一个传奇人物，是历史上有名的奸臣，独揽大权，制造冤案，迫害忠臣，在民族危亡之际却实行不抵抗的政策。秦桧在宋徽宗政和五年（1115）登进士第，初任太学学正。北宋末年任御史中丞，他本来也是个抗金义士，反对割地求和，后来随同徽、钦二宗被掳到金国，建炎四年（1130）南返南宋。此后，辅佐宋高宗，官至宰相，是不折不扣的汉奸卖国贼。在南宋朝廷内属于主和派，反对国内主战派的势力，奉行称臣、割地、纳贡的求和政策，是个民族罪人。当中最为世人所知的"十二金牌召岳飞"的故事就是由他一手通敌策划。就是这样一位在历史上举足轻重的人物，如果抹杀他，那就是对历史的不尊重，不符合史家要直笔实录，如果对秦桧大肆书写，这又违反作此墓志铭的初衷，秦士龙的儿子秦德新持黄溍的友人太常博士胡助所作的行状来谒见，"先人生无禄仕，名不登史册，葬宜有铭，以昭不朽"①。所以黄溍对这段历史的处理就以"有仕宋政和间、通籍于朝者，于君为九世祖。建炎初，自汴都随跸南渡，因侨居于金陵，故君为今集庆路之上元县人"② 短短 45 字把这段历史不痛不痒地带过。"政和"是宋徽宗赵佶的年号，秦桧是政和五年的进士，此后跻身仕途，扶摇直上。为了避讳，黄溍在传记写作中做了曲笔，但这不是曲解历史或抹杀历史，而是尊重历史下的曲笔，是避讳原则下的真实，也是实录的一种表现。

其次，元朝统治者在反思宋金灭亡原因之一就是整个国家倾向于文治，人们沉溺于辞章不可自拔，因此整个社会是萎弱的，缺乏刚劲向上的气度。于是元朝立国之初，在政治、经济、军事、文化等各个领域都主张

① 《黄溍全集·金华黄先生文集》卷三九《秦君墓志铭》，第 573 页。
② 同上书，第 572 页。

复古，特别是在文艺领域已成为普遍共识。黄溍在《顺斋文集序》中就有论述："粤自国家统一宇内，治化休明，士俗醇美，一时鸿生硕儒，为文皆雄深浑厚，而无靡丽之习。"① 到以黄溍为代表的中期馆阁文臣，他们已经自觉地践行理念，"以性理之学施于台阁之文"②。文学创作主要是以传记等实用性文体为主，并从经世致用的实用目的出发，实用是元代整个社会的价值核心，黄溍还受婺州事功之学的影响，在文学创作上更加注重对实际的指导意义并能产生现实效果的有用之学，这在传记的取材上充分表现出来。

传记人物一生所经历的轨迹丰富多彩，在有限的篇幅内对事件的择取就至关重要，这不仅能体现传主的个性品质，也能反映书写者的价值观念。黄溍为功勋世臣所作的神道碑文中，多撷取传主对国家的政治、经济、军事、文化、教育等领域有价值意义的事件。如在《资善大夫河西陇北道肃政廉访使凯烈公神道碑铭》中，传主是蒙古人拔实，十一岁就侍奉仁宗，历仕英宗、泰定、文宗、顺帝四朝，在传记中，黄溍主要写拔实励精图治、谏言皇帝的事例。顺帝朝时，曾经上书建白："行大禘、罢游牧，置谏官、开言路，择守令、严考覆、慎选投下达鲁花赤；抑吏员、举孝廉；蒙古、色目进士当明一经；革蒙古婚姻之俗；探马赤军弓矢，行军则佩之，事毕则纳于公库；倭人未服，不宜使至中国。"③ 这份谏书涉及礼乐、官员考核、科举、婚俗、军事等诸多事宜，对时弊有清晰的认识，切合时务，顺帝对多条谏言采纳实行。拔实敢于直言不隐。一次元顺帝在宣文阁赏鉴宋徽宗画，宣文阁的前身是元文宗时期创建的奎章阁，主要用以收藏图书、古玩，是皇帝与侍臣品评鉴赏的地方，元文宗死后，这个机构

① 《黄溍全集·金华黄先生文集》卷一八《顺斋文集序》，第257页。
② 同上。
③ 《黄溍全集·金华黄先生文集》卷二五《资善大夫河西陇北道肃政廉访使凯烈公神道碑铭》，第658页。

在（后）至元二年（1336）改为宣文阁，虽然重视程度较元文宗时减退，但主要职能并未多大改变。当元顺帝身边的侍臣都沉溺于绘画的神妙之际，拔实敢于站出来："徽宗溺于小技，而不恤大事，以失其国，父子并为羁虏。其遗迹虽存，何足贵乎？"元顺帝从中幡然醒悟，"默然，亟命藏画"①。拔实当时供职于翰林国史院，又是经筵官，可知其汉化儒学修养颇深，是有一定的美学素养，对于宋徽宗的真品是有见识的。拔实的这次谏言只是对元顺帝的一次善意提醒，从历史经验中吸取教训，避免重蹈覆辙，遭遇亡国之痛，这也是拔实观念中务实思想的体现。而对于拔实这样一位历仕多朝、数次站在权力争斗的旋涡中心、人生阅历丰富的蒙古贵族、可以书写的事例，很多，但黄溍始终站在传统儒士的立场，选取拔实有助国计民生，有补于世教的事例以一本正经的态度进行撰写，这同样也是黄溍重经史的务实观念的体现。

在为同为"元文四家"之一的揭傒斯所作的神道碑铭中，黄溍录述了揭傒斯与丞相脱脱的两段对话。脱脱问揭傒斯，现今政治中什么最重要？揭傒斯答道："储才为先，养之于位望未隆之时，而用之于周密庶务之后，则无乏才废事之患矣。"揭傒斯对人才的储备有自己的一套见解。揭傒斯后为辽、金、宋三史的总裁官时，脱脱问揭傒斯，修史以什么为根本？揭傒斯认为："用人为本，有学问、文章而不知史事者不可与，有学问、文章知史事而心术不正者不可与。用人之道，又当以心术为本也。"② 心术端正是修身立命的根本，可见揭傒斯重视人才，而对人才最重要的评价标准是笃厚的为人。揭傒斯在领修史事时曾对僚属说道："欲求作史之法，须求作史之意。古人作史，善虽小必录，恶虽小必记，不然，何以示劝戒

---

① 《黄溍全集·金华黄先生文集》卷二五《资善大夫河西陇北道肃政廉访使凯烈公神道碑铭》，第 658 页。

② 《黄溍全集·金华黄先生文集》卷二六《文安揭公神道碑》，第 684 页。

乎？自是毅然以笔削自任，凡政事之得失，人才之贤否，一切律以是非之公。"① 实录是揭傒斯在修史过程中所严格遵守的，同时也是黄溍所认同与看重的。揭傒斯晚年名动朝野，"求文者众，寝食为废，殊不以为惮"，但是揭傒斯决不苟作，坚持奉行自己的创作原则，对传主的人品必须严格把关。有一郡守拒绝民众献金为自己祝寿，当郡守矜骄于此事想借此求揭傒斯为他作政绩文时，揭傒斯知道其为人不检，"斥而去之"②，没过多久，郡守果然以贿赂下马。黄溍对揭傒斯对话的摘录、生活小事的截取都是为了表现揭傒斯严谨一丝不苟的文人处世态度，这也是黄溍为人处事的折射。

除了对朝中重要官员的传记事例的择取能体现黄溍的实用态度外，对实用型人才的撰写同样是务实文风的表现。蒙元是马背上的游牧民族，以弓矢取天下，以好勇善战著称。有元一代，战争不断，各种自然灾害接连发生，导致元人经常受伤，需要医生治理。中医在元代社会普遍流行以前，祈祷上天、神祇救治，还有就是求助巫觋进行施法驱除病魔是蒙古人治病方法之一，而后传统中医广为传播，为人接受之后，成为了主要的治疗方式。在黄溍的传记中就有官医这类实用人才的传记。在《成全郎江浙官医提举张公墓志铭》中，传主张去非，医术超著，尤善望、闻、问、切中的切脉，以太素脉著称，人称张太素。太素脉是以中医诊脉方法来预言人的吉凶、贵贱、寿夭，是一种特殊的相术。在传记中黄溍记录了张去非为史弼医治的事情，在史弼的举荐下，张去非进入京师，后成官医。在传记中，还记录了张去非为阿忽都楚王及其孙明安帖木儿治愈病情的情况，也因此声动朝野。这两起治疗是张去非人生的转折点，故黄溍重点记录。并且黄溍在传末梳理了太素脉的渊源，太素派诀出于蜀之青城山王璞仙

---

① 《黄溍全集·金华黄先生文集》卷二六《文安揭公神道碑》，第684页。
② 同上书，第685页。

翁，而歙人张子元子发曾经校勘此书，后传至杨上善，最后传至张去非。"昔刘歆序七略，医经之言人血脉经络阴阳表里者，黄帝、扁鹊、白氏内外经及旁篇七家而已。盖太素之书，尤秘而未出，故无得而述焉。庸备著公所序于铭文之首，庶史官传方伎者有考云尔。"① 黄溍始终以一位史家的身份、立场来书写，追本溯源。

从上面的论述可知，黄溍在传记的书写中以一种史家严谨、审慎的态度对待，重视与传主相关材料的真实，且在书写过程中注重材料事例的选取，力求以务实的态度原本地叙述能体现传主个性魅力的事迹，对其旁枝末节则一概不论。

（二）审慎平和的情感特征

作为元代主流作家，黄溍在文学创作上是继承并续延从元初就倡导践行的文艺复古思潮，力图表现拥有广阔的疆域、庞杂的民族、多样的文明与文化的大元盛世状况，去除宋金末年逼仄戾气的文风。对于传记这一种程式规范有严格定制的文体，无论是所选传主在性情上的平和，抑或是奉诏撰写的社会精英高层的人物传记，还是私人索文撰写的文章，黄溍在书写过程中始终秉持着审慎平和的情感，其中"和"的特征尤为典型。"所谓和，内涵丰富，包括情绪的平和、顺遂，气象的冲和、雅正，意境的清和、雍熙，辞采的温和、蕴藉。"② 这主要针对的是诗歌体裁，而对于传记文体，"和"主要体现于书写情绪、叙事和议论上温和的处理手法。黄溍所选择的传主涉及元代多个民族、领域、阶层的人物，而且在重视实用理念的引导下，加之传记实用文体的特殊性，黄溍传记始终以一种严肃、审慎的态度进行创作书写，在情感处理上理性平和，不失风度。

---

① 《黄溍全集·金华黄先生文集》卷三八《成全郎江浙官医提举张公墓志铭》，第553页。
② 《奎章阁文人群体与元代中期文学研究》，第127—128页。

　　首先，值得注意的是，黄溍传记所选传主的性情一般都是平和的。如《真定路深州知州致仕刘公墓志铭》中的传主刘守谦在外貌言谈举止上"长髯秀眉，容止言论，闲雅不迫，有古君子风"；性格上"廉退，不急于进取，每诣京师，辄自赴吏部铨，俯首常调，殊无难色"，进退出处自如，不以得失喜悲；而且所居环境"琴樽图史，罗列左右"①，爱好文雅，与客人在书房谈中原文献，娓娓不倦。在《前承务郎王公墓志铭》中，传主是王应麟之子王昌世，"平居不自表暴，与人交，无苟距、重然诺，亦不苟为阿附。人被患难，救之必力"，受家学的影响，克勤钻研、穷经缕析，"于先贤名理之言、群公经制之说，至世变之推移、治道之体统、古今礼典之因革"，靡不究悉，在创作上也始终是以一位理学家的角度立场，"发于本实，世俗风情月状语，皆所不道"②。这样一位从骨子里深受传统理学浸染的儒家子弟，自身在创作上就恪守本实的原则，黄溍在传记中更是以一种严谨的温和态度，在娓娓的叙述中，鄞县王氏的家学风尚自现。在《鄱阳朱君墓志铭》中，传主朱明普"天性醇厚，父殁，事母孝，与二弟异居而无间言，子侄有过，必从容告谕，使自愧悔"③，性格本真既是从容宽厚，并不是疾言厉色的呵斥，而是在平和的劝戒中，自省自悟，并且在与人相处中谦卑有礼。

　　黄溍所选传主虽性情平和，但不是无原则的一团和气，而是有自己的立场与操守原则的。如危素的父亲危永吉"气刚而和，警敏善料事，亲故有过，必加规正"④，特别是对儿子危素求师交友特别重视，一日在庭院里，危永吉告诫儿子："世有学未充而已为利禄计者，既得之，又恐失之，竟何为哉？汝其求师取友，痛自修饬，期无愧于古人。贫贱乃士之常，不

_____

① 《黄溍全集·金华黄先生文集》卷三一《真定路深州知州致仕刘公墓志铭》，第438页。
② 《黄溍全集·金华黄先生文集》卷三一《前承务郎王公墓志铭》，第449页。
③ 《黄溍全集·金华黄先生文集》卷三二《鄱阳朱君墓志铭》，第464页。
④ 《黄溍全集·金华黄先生文集》卷三二《赠太常博士危府君墓志铭》，第467页。

足念也。"① 当危素返家，父亲得知交游的是贤者就十分高兴，否则必定让危素深戒。从中足见父亲的交友处世哲学是择其善者而从之，对为人成功的评价不以功名利禄为准，而是能出处无累，对于得失能波澜不惊、胸中笃定之士才是真正的贤者。在《奉训大夫婺源州知州致仕程公墓志铭》中，传主程郇"为人温良易直，未尝高自标榜，与人交无畦畛，与后生谈前朝文献，历历如指诸掌，喜诱人为善，不深于疾恶"②，因此志同道合者喜欢他，不贤者畏惧他。在《楼文翁墓志铭》中的传主楼如浚"性本宽厚，有雅量，人莫不乐与之交"③，并且为人热心，愿意纾解他人之困厄，而对于奸胥滑侠、闾里恶子、哗讦成风的现象，普通人都以强制手段对付，楼如浚则不与之计较，顺受自如，反而使他们自愧悔悟，再也不敢随意谩骂。

值得注意的是，黄溍本人是一个非常情绪化的人，性格也非常急躁。在其弟子宋濂为他所作的行状中可知，"与人交，任真无钩距，不事矫饰以为容悦，而诚意独恳至。然刚中少容，触物或弦急霆震，若未易涯涘，一旋踵间煦如阳春，曾不少留碍焉"④。宋濂在《赠梵颙人上序》中记载黄溍的率性与情绪化个性时写道，在壮年时跟随黄溍交游，一次宾朋满座，笑谈款洽之际，座中忽有一人向黄溍请文，"公辄戟手大骂，视之若仇雠。或介尺牍至者，细裂之，内口中嚼至无字而后方吐"⑤。但是在黄溍的传记创作中所表露出的却是温醇的言辞、平和的叙述、严谨的议论。这跟传记文体相关，传记文学要求如实地叙写传主的事迹，不求表达作者的主观理念与情感，更不能在传记中大发议论，特别是黄溍晚年位居翰林台阁，为

① 《黄溍全集·金华黄先生文集》卷三二《赠太常博士危府君墓志铭》，第468页。
② 《黄溍全集·金华黄先生文集》卷三二《奉训大夫婺源州知州致仕程公墓志铭》，第470页。
③ 《黄溍全集·文献集》卷九下《楼文翁墓志铭》，第585页。
④ 《宋濂全集·潜溪后集》卷一〇《金华先生黄公行状》，第4册，第1854页。
⑤ 《宋濂全集·宋学士文粹》卷八《赠梵颙人上序》，第2册，第689页。

文坛扛鼎之际所奉诏撰写的功勋史臣、高官达人的神道碑铭，更是以一种严肃的态度、固定的范式、平实的措辞来书写他们的丰功伟绩，以此来反映大元王朝的历史现实。

例如在《上都大龙光华严寺碑铭》中，黄溍开篇就以元顺帝与丞相脱脱的一段对话引出上都大龙光华严寺修缮未继的原因，接着写政府拨付营缮的费用，并在住持惟足的监工下庀事完具。为纪念役事的完成，丞相太平命翰林院作文，这件事情就落在了黄溍身上。故黄溍开始了谨慎地论述大龙光华严寺的历史源流：

> 世祖皇帝始在潜邸，驻军和林，念国家龙兴朔漠，奄有万邦，声教所覃，地大且远，会朝展亲、奉贡述职，道里宜均，爰相地于桓州东、滦河北之龙冈，建开平府。首于城中乾、艮二隅，造两佛刹，曰大乾元寺，曰大龙光华严寺。龙光华严，则以传菩提达摩之学者居之。世祖正位宸极，采古者两京之制，诏以大兴为大都，开平为上都。钧天帝作，上应紫薇，羽卫句陈，周庐千列。而兹寺尚仍其旧，未有所改作。①

上都是忽必烈的龙兴之地，也是当时的宗教中心，在上都城中建有多所佛刹，尤以大乾元寺和大龙光华严寺为著。大龙光华严寺是上都曹洞宗的总部，首任住持是万松行秀的弟子华严至温。直到仁宗、英宗时，大龙光华严寺才开始修缮扩建。接着黄溍介绍了从世祖到顺帝时的历任住持。在最后黄溍又对元代皇帝重视佛教加以赞誉：

> 昔之有国家者，莫不参用真乘，助宣皇度，广资胜利，昭荐国厘。故凡赤县神州，必有禅林法窟。我世祖皇帝所以维持亿万年太平

---

① 《黄溍全集·金华黄先生文集》卷八《上都大龙光华严寺碑铭》，第406页。

之基者，规模宏远矣。列圣相承，以迄于今，扶植而振起之，将欲与之相为悠久，是诚不宜无以诏于方来，谨序次其本末。①

在这篇碑铭中，黄溍并没有用华丽的辞藻铺写大龙光华严寺所修造的气势宏大、内饰之美，而是如实地记载其创建到修缮源流本末，最后点明作碑铭的意图。为皇家寺庙作碑铭，这件事本身就具有强烈的神圣仪式感，黄溍没有书写如何的诚惶诚恐，而是在平和的情感下叙事纪实，对这件事的慎重与对大元王朝的自豪就在其中自然感受到。

黄溍尝奉诏为开国元勋刘国杰作神道碑文。刘国杰本姓乌古伦氏，字国宝，女真族人。刘国杰不仅在宋元战争中屡建奇功，在元朝统一南北后的至元、大德间，又先后镇压了广东、广西、湖南、江西及西南少数民族等地反元起义军数十起，尝被赐号蒙古族中表示勇士的名字拔都，人称"刘二拔都"。黄溍在碑文中详叙了其为元王朝挥戈征战、开拓疆土、平定叛乱的一生，并且又载其在临终弥留之际，还是心系王朝，"交趾不庭，吾属之耻。倘不即死，誓殄兹丑虏，廓清海表，归报天子。他无足言也"②。黄溍平实地叙录刘国杰一生的行能劳烈，其中没有插入任何的议论，而是按照时间顺序依次书写，而其中对刘公在驻镇湖广时的势力，描写得最为详细，因为这最能彰显"先帝知人之明，且以见公之尽瘁事国，能以功名终也"③，所以不管多么惊心动魄的历史进程，落在传记中都是客观地不动声色地论述，只是对于人生轨迹中事件的描述有所侧重，而刘国杰宏阔的气度、过人的胆略、精湛的骑射就从字里行间透露出来。

不仅奉敕撰写的神道碑文呈现雍熙平和的情感，在黄溍的私人传记中

---

① 《黄溍全集·金华黄先生文集》卷八《上都大龙光华严寺碑铭》，第 406 页。
② 《黄溍全集·金华黄先生文集》卷二五《湖广等处行中书省平章政事赠推恩效力定远功臣光禄大夫大司徒柱国追封齐国公谥武宣刘公神道碑铭》，第 666 页。
③ 同上书，第 667 页。

同样是不着痕迹地娓娓叙述。例如婺州永康吕氏，黄溍为一门三父子吕汲、吕机、吕权都作了墓志铭，吕权在天历二年（1329）去世，年仅 38 岁；吕机在至正三年（1343）去世，得年 50 岁；父亲吕汲在至正六年（1346）逝世，享年 79 岁。二子相继早逝，特别是亲手做儿子的茔圹，对于父亲而言这是常人无法体会的痛楚。黄溍在传记中只是用"哭之尤过乎哀"带过，并没有做过多情感上的渲染，对于二子的传记都只是强调其家学的严谨、为人忠孝笃厚。但黄溍在二十年间先后为父子三人作墓志铭，其内心情感是怎样的焦灼。同样韩愈也曾为郏城马氏祖、子、孙三代作墓志，看一下韩愈为孙辈马继祖所作的《唐故殿中少监马君墓志》：

> 君讳继祖，司徒赠太师北平庄武王（马燧公）之孙，少府监赠太子少傅讳畅之子。生四岁，以门功拜太子舍人。积三十四年，五转而至殿中少监，年三十七以卒。有男八人女二人。始余初冠，应进士贡在京师，穷不自存。以故人稚弟拜北平王于马前。王问而怜之，因得见于安邑里弟。王轸其寒饥，赐食与衣，召二子使为之主。其季遇我特厚，少府监赠太子少傅者也。姆抱幼子立侧，眉眼如画，发漆黑，肌肉玉雪可念，殿中君也。当是时，见王于北亭，犹高山深林钜谷，龙虎变化不测，杰魁人也。退见少傅，翠竹碧梧，鸾鹄停峙，能守其业者也。幼子娟好静秀，瑶环瑜珥，兰苕其芽，称其家儿也。后四五年，吾成进士，去而东游，哭北平王于客舍。后十五六年，吾为尚书都官郎分司东都，而分府少傅卒，哭之。又十余年至今，哭少监焉。呜呼！吾未耄老，自始至今未四十年，而哭其祖、子、孙三世，于人世何也？人欲久不死而观居此世者，何也！[①]

---

① （唐）韩愈：《韩昌黎文集校注》卷七《故殿中少监马君墓志》，马其昶校注、马茂元整理，上海古籍出版社 2014 年版，第 599—600 页。

短短三百余字，随处可见韩愈的身影，韩愈首先简要概括传主马继祖的生平，继而撰写自弱冠起就与马家数代通好的关系，最后抒发了自己对马氏三代的哀悼之情。文简辞约，情真意切，阅读此文，一股股情感浪潮扑面而来。可见韩愈在行文中毫不掩盖节制自己的情感，而是将浓郁的情感注入笔墨，特别是对马燧、马畅、马继祖三人的外貌描写，宛然一幅活灵活现的人物写真，而且极近小说笔法。这在黄溍传记中是鲜有的，就连情感都被处理得很妥帖，没有呼天抢地的哀伤。

在为吕机所作的墓碣铭文末，黄溍有一番感慨：

> 昔韩退之志殿中少监马君墓，谓吾年未耄老，自始至今未四十年，而哭其祖、子、孙三世，其言反覆感怆，读者莫不深悲之。予乃以二十年之间，铭君父、子、兄弟三人，而予亦既老矣，过君之墓而读予铭者，孰知予言之尤有足悲也夫？①

他对传主的情感需要读者自己去探寻发掘、细细咀嚼。如《安阳韩先生墓志铭》中传主韩性是浙东有名的理学家，受家学的影响，与永康经学之家胡之纲、胡之纯、胡长孺三兄弟为友，并且与前代理学大家王应麟、俞浙、戴表元等人为忘年交，自小就表现出异于常人的儒雅随和气质。黄溍在传记中对韩先生的脱俗气质有过描述，"每值风日清美，或同挟策于云门、禹穴，或共榜舟于耶溪、镜湖，逍遥容与，弥日忘返，望之者，疑其为世外人"。② 而对于韩先生的亲民形象，黄溍举了一个例子：

> 先生出无车马仆御，所过者息肩，行者避道，巷夫街叟，争前迎揖，童稚厮役，咸称之曰"韩先生、韩先生"云。③

---

① 《黄溍全集·金华黄先生文集》卷四《吕君墓碣铭》，第600页。
② 《黄溍全集·金华黄先生文集》卷三二《安阳韩先生墓志铭》，第457页。
③ 同上。

　　黄溍只是如实地叙述此事，在行文中没有灌注任何情感，而通过这一侧面细节描写，韩先生德高望重、为人随和的形象跃然纸上。在汉乐府诗歌《陌上桑》中也有一段侧面描写烘托秦罗敷之美："行者见罗敷，下担捋髭须。少年见罗敷，脱帽著帩头。耕者忘其犁，锄者忘其锄。来归相怨怒，但坐观罗敷。"① 爱美之心人皆有之，而罗敷之美对于异性有着更大的吸引力，通过不同年龄层的男性路人有意无意中做出的想取悦罗敷的种种举止，从他人之举感测主人公的别致之美，这种侧面烘托取得了很好的效果。黄溍在描写韩性的亲民形象时也用了侧面描写，但是结合通篇文章，黄溍都只是以一种谨慎的态度平实地叙述描写，不过多掺杂个人情感。

　　由此可见，受元代文坛整体追求复古的时代潮流所影响，黄溍传记不动声色地进行书写，不管是奉诏编撰的神道碑铭，还是一些私人传记，鲜有直接的情感抒发，而以从容的姿态、谨慎温和的笔法娓娓书写。

（三）"清和雅健"的表现特征

　　在重实用和情感表现春容盛大的影响下，黄溍传记书"清和雅健"的特征非常明显。"清和雅健"之语出自清代吴炯在《金华丛书·序》中评价黄溍的诗"含咀于汉魏六朝，而出以清和雅健，深得风人之旨"②。吴炯指出了黄溍诗歌创作的特点深受汉魏六朝的影响，黄溍传记书写同样继承这一风格，并糅合传记文学的固有体式，形成了独具一格的"清和雅健"之风。"清""和""雅""健"在中国古典美学中都是重要的范畴。"清"的本义指水清，在《说文解字》中的解释是："清曰朖也，澂水之皃。朖者，明也，澂而后明，故云澂水之皃。引申之，凡洁曰清，凡人洁曰

----

① （宋）郭茂倩：《乐府诗集》卷二八，中华书局 1979 年版，第 411 页。
② （清）吴炯：《黄文献集序》，（元）黄溍：《黄文献集 附录补遗》，《丛书集成初编》本，商务印书馆 1936 年版，第 17 页。

清。"① 后引申为没有混杂的一切事物以及人格、品性的高洁。而在美学范畴中,"清"是一个极具包容性的概念,有清丽、清雅、清空、清奇、清绮、清省、清畅、清旷、清和等审美意义与内涵。"和"是中国儒家传统的审美观,包括情感、气象、意境、辞采的中和、协调。"雅"即正,讲究正统、合乎规范。"健"在《说文解字》中解释为:"健,伉也,从人声。"② 原义指身体的强健,后被纳入文学审美范式的一种。"健"与"气"相佐,主要指文章的风骨,包括雄健、雅健、清健、刚健、老健等美学含义。故"清和雅健"指行文不枝不蔓、讲究矩度,在气度上呈现刚健中正的精神风尚。

"清和"是元代文坛的主流审美倾向。虞集在《天心水面亭记》中以水来阐释自己的文学主张:

> 月到天心,清之至也;风来水面,和之至也。……今夫水滔滔汩汩,一日千里,趋下而不争,淳而为渊,注而为海,何意于冲突? 一旦有风鼓之,则横奔怒激,拂性而害物,则亦何取乎水也? 必也至平之水,而遇夫方动之风,其感也微,其应也溥,涣乎至文生焉,非至和乎? 譬诸人心拂婴于物,则不能和,流而忘返,又和之过,皆非其至也。是以君子有感于清和之至,而永歌之不足焉。③

虞集将"清"与"和"融为一体。但他的终极目标"至"并不是无限制的"和",它还有度的限制,"拂婴于物"则不达,"流而忘返"又过之。虞集作为元代文坛的斗山式人物,在前续与后引上起到了关键作用,那么他所倡导的文学主张势必得到同时代的僚友、学生的应和追随。黄溍

---

① (东汉)许慎撰,(清)段玉裁注:《说文解字注》,上海古籍出版社 1981 年,第 550 页。
② 《说文解字注》,第 369 页。
③ 《虞集全集·道园学古录》卷二二《天心水面亭记》,第 755 页。

作为元代中晚期的文坛宗主，在文学创作上也主张"清和"之风，这也是其为人态度与文化底蕴在文学上的显现。

首先是为人的清淡平和。在黄溍传记中有一类清风高雅的厚德君子，他注重对这些人物居处环境的描写。黄溍将传主置于自然山水之间，自然环境的清幽淡雅与传主闲适不迫的品性相应和，而对于自然环境的描写，黄溍又运用了诗歌的艺术笔法，极具韵味。如在《奉训大夫婺源州知州致仕程公墓志铭》中，传主程郇以教官起家，终身居处州县。黄溍传写其晚年的居处生活环境："公既归老于家，杜门不出，手植五柳于前庭，扁曰柳轩。舍下环以松菊，时与诸老留连觞咏，置家事不问，四方来求文者，应酬无倦色。"① 程郇为人温良易直，出处无累，一生仕任教官、县令等职，均卓有治声。以古稀之岁谢事归家，从其手植五柳于庭院内可知，程郇所倾慕的是陶渊明率意而为、恬淡自足，可谓"不戚戚于贫贱，不汲汲于富贵"。程公又雅好松菊，闲日里在菊香四溢的环境里觞咏赋诗，这是何等美妙的事情。黄溍在传记中将传主置于其居处的环境，短短五十一字就把传主的人生追求与人格魅力表露无遗。

特别是黄溍传记中遗民隐士，特立独行的人格更加显现，像传写吴之隐君子袁易时，黄溍着重对其居处环境进行了一番描写：

> 所居西偏为堂，曰静春，壅水成池，周于四隅，池上累石如山，芰荷蒲苇、竹梅松桂、兰菊香草之属，敷舒缭绕。而其外，则左江右湖，禽鱼飞泳于烟波苍茫间。堂中有书万卷，悉君手中所校定，客至辄敛卷，相与纵饮剧谈，留连竟夕乃已。②

衣带江湖的静春堂，堂内山水如画、芳香四溢，自是一派天地。其间

---

① 《黄溍全集·金华黄先生文集》卷三二《奉训大夫婺源州知州致仕程公墓志铭》，第470页。
② 《黄溍全集·金华黄先生文集》卷三三《袁通甫墓志铭》，第475页。

蓄书万卷，一壶茶、一卷书，悠闲自适，这当是文人心心相随的理想生活状态，但束于现实的无奈，绝大多数只能随波逐流，累于身心。袁易独能不乐仕进，与山水诗酒为乐。连赵孟頫都景慕其高节的人格，曾取《后汉书》所记汉代司徒袁安卧雪一事绘图赠予袁易。黄溍在传记中重点描写袁易的居处环境，以四字、五字、六字为主，颇有诗意。

对于环境的描写还有，如为处州路教授王则之所作的墓志铭中，对其爱山水之盛的晚年生活这样描写道："晚复筑室城东，辟地引泉，树佳花美竹，日与学者游息其间，以咏歌先生之道。其地有忘归台，君倦憩台上，谓释曰：'吾死，必归吾骨于是。'"①《延福太监张公墓志铭》中，黄溍一开篇就写了传主特异的个性，曾自制棺椁，题曰茧隐，欲效仿陶渊明自为挽诗仿杜牧自作墓志铭，虽未达成，但传主鲜明的个性已经赫然再现。在官三载后，扁舟南归在常熟的别业，"遇春和景明，秋高气清，与名人胜士徜徉田野间。或小憩缃庐，焚香看画，啜茶赋诗，若与世相忘"。② 到元代中后期，一些蒙古贵族也深受儒学的熏染，像蒙古四大家族之一的赤老温四世孙脱帖穆耳以千户镇明州、越州，前后三十余年，因久居江南，且与汉人通婚，以致汉化甚深。黄溍在传记中有对其讲阅之闲暇生活的描写："日与贤士大夫游，清言雅论，亹亹不倦。悬车之后养高，城南辟斋阁，悬弓箭著壁间，聚古今图书布列左右，……每遇风日清美，辄缓辔郊外，徜徉竟日。或幅巾藜杖，命家童抱琴自随，散步闾巷间，稚耋迎笑，扶携而娱，亦不拒也。"③ 脱帖穆耳对子女的教育也很严格，其子皆从会稽名儒韩性游，而能在科场中争胜，三子月鲁不花为元统元年（1333）进士，四子笃列图则为至正五年（1345）进士。故其家族系由将

---

① 《黄溍全集·金华黄先生文集》卷三四《处州路儒学教授致仕王君墓志铭》，第496页。
② 《黄溍全集·金华黄先生文集》卷三五《延福太监张公墓志铭》，第503页。
③ 《黄溍全集·金华黄先生文集》卷三五《明威将军管君上千户所达鲁花赤逊都台公墓志铭》，第506页。

门转变为科第之家。传主平日所居处的环境最能体现传主的心性，从其所描写的环境中更能深刻地了解与把握传主。

黄潜在传记书写中除了以环境观照传主的内心清净超脱外，在人与社会的关系上，黄潜又以儒家思想的核心来尺度传主，这又主要体现在道德层面。官吏重清廉，君子讲孝友，妇女观清贞。如《屏山处士王君墓志铭》中，黄潜通过对传主语言的描写来表现传主的人格纯洁井然。传主王琰是剡之隐君子，当元朝恢复实行科举时，王琰慨然道："名宦之竞，孰若岩壑之逸乎？"遂绝意仕进，悠游自处，"上堂候温情甘旨，退则坐斋中阅经史"。治理家务井然有序，曾说："理家犹理国，失其术，则纲目紊矣。"① 在弥留之际，告诫诸子："吾平生不信僧道、巫觋，我且死，勿以此为我累，一遵士礼治丧事。汝曹能以诗书承家，不坠先业，吾死且瞑目矣。"② 在这篇传记中，黄潜记录了王琰的三句话，这三句话最能体现其品性与处世哲学，对功名的淡泊、对治家的有法、对死亡的超然，王琰都有自己的态度与原则。而其语言的择取也体现出黄潜传记语言的清简。

江阴乡贤吴方在临终之际对诸子的一番话，也使读者颇能清晰地了解把握传主。"人孰无死？古人重于得正而毙，吾殆庶几乎？其毋以侈靡之物敛，且毋以缁黄溷吾家法。汝等能守其身，而不坠诗礼之传，则吾所望也"③，两个问句，两个"毋"字，吴方看重的是礼法的固守、人格的坚守。没有繁复的言辞，在铿锵简洁有力中表达自己的态度，这同样是黄潜所倾慕与追求的人生境地。又如《危母欧阳氏墓志铭》中，传主欧阳氏是虞集的岳母，她对于孤子危昇的教育非常重视，教授儿子疡医良方，艺成，令子出游四方，以广见闻。当危昇医术名动公卿间时，夫人又告诫

---

① 《黄潜全集·金华黄先生文集》卷三七《屏山处士王君墓志铭》，第 548 页。
② 同上书，第 549 页。
③ 《黄潜全集·金华黄先生文集》卷三九《江阴吴君墓志铭》，第 567 页。

他："人而无恒，不可以作巫医。圣人善之，汝其守以为戒。临财，慎毋苟得。"① 恒心与坚守对于一份职业来说是最珍贵的品质，危母对此有深刻的体悟，由是危昇在往后的行医过程中，无论贫富贵贱，必尽心。黄溍在撰写时，着重刻画传主内心的清旷与豁达，以及在为人处事上取法有度。

其次是深厚的文学底蕴的把控。黄溍传记书写最大的特色是结构谨严、动中法度、整然不乱。黄溍的传记文章看似中规中矩，书写有一定的范式，不蔓不枝，自身主体情感的流露较少，并缺乏趣味性，但这正是黄溍对于文章格局与力道的把握，是深厚的文学素养与个性化的审美意识的介入，最终使文章呈现出另一种"清"。如黄溍在为张养浩所作的祠堂碑铭中，启篇就首先介绍张养浩祠堂所在地济南别墅云庄：

> 故滨国文忠张公家济南，而其别墅，在历城县北十里华不注鹊山之阳、历山之阴，号曰云庄。……文皇御极，以翰林侍读学士召，未至，改陕西诸道行御史台御史中丞，公乃幡然就道。时公年甫六十，到官仅三阅月，而薨于位，天历二年七月壬午也。……九月丙辰，公嗣子、今秘书郎引遵治命，奉枢以葬，而以清河郡夫人郭氏祔。至顺二年三月戊子，乃作祠堂。凡屋之为间者四，堂居其三，而室居其一。妥神有位，物器备完，岁时藏事，馈奠惟谨。②

黄溍在交代其祠堂的地理位置以及建祠的时间、经过都极为详细，并且把祠堂的方位、格局、物器的归置都一一交代。这就是黄溍传记的特色，在有限的篇幅中信息容量大，下意识地把与所作文章相关的、能突显目的的事情都叙写完整、清楚。但这并不是旁逸斜出、琐碎于细微的事物，如果跟文章主旨或者传主品性无关的事例，简略带过或者不著一字。

---

① 《黄溍全集·金华黄先生文集》卷三九《危母欧阳氏墓志铭》，第 579 页。
② 《黄溍全集·金华黄先生文集》卷八《张公祠堂碑铭》，第 412 页。

像此文承接下来是以概括性的语言介绍传主历任堂县尹、为御史、在中书、执法西台时的显著政绩，这本应是最能凸显传主张养浩一生功绩、品行的事例，但黄溍只是简单地概述，因为世次、官阀、行事在史传中已经有详细的介绍，"非有关祠事者，此不著"①。

其实这也是"雅"的表现，雅即正，要求作文正规、正统，主温柔敦厚，有助教化。黄溍在书写传记时，始终以史家的身份要求自己，以一种谨严的态度力图本原地叙写，因此趣味性较少，很难见到一种自由的口吻，没有自由洒脱的叙述，也没有疾言厉色的议论，而是以一种和谐、雅正的风格来行文。基于此点来说，元中期文坛盟主亦有"和"的特性。但是黄溍传记所体现的"和"又不同于虞集传记的"和"。虞集因曾站在时代的中心，人生阅历丰富、仕途圈子广阔以及大部分时间居于权力的核心，在人生中的所见所闻那都是一般士人所无法比拟的，有这样的经历与际遇，他在文章中所显示的"和"更具包容性。虞集传记也涉及相当多的多元民族人士，在传记中也注重记录元代多元文化融合下出现的新奇的民俗风情。可以说，虞集在传记中以汇融整合的创作理念进行书写，更贴合大元四海混一的恢宏气象，而黄溍作为中晚期的文坛宗主，在传记创作中也呈现平和的气度，这种"和"是力图消解外力的影响，较少出现有特色与趣味性的事件。

如果说"清和"的审美范畴偏于阴柔的话，那么"雅健"主阳刚，就是倚重文章的风骨，是一种积极向上的精神风貌。《周易·乾卦》云："天行健，君子以自强不息。"②《周易》认为这种自强不息的向天的进取精神值得追摹，是美的最高典范。"健"不仅局限于审美范畴，更升华于道德和价值层面。黄溍在传记书写中秉承史家意识，以一个正统的儒家子弟的

---

① 《黄溍全集·金华黄先生文集》卷八《张公祠堂碑铭》，第413页。
② 邓秉元：《周易义疏》，上海古籍出版社2011年版，第28页。

风尚来要求自我，也作为行文的准则。在创作上表现为如"澄湖不波，一碧万顷，鱼鳖蛟龙，潜伏不动，渊然之色，自不可犯"①，是一气呵成的自然倾泻，是精神上一以贯之的畅行无阻。虽然黄溍在传写时基本以写实的手法原本地记述，但在一些传文中也有直接表露态度的时候，如黄溍在传末以"赞曰""金华黄溍曰"等形式来表达感触，这些又主要存在于以"传"为名的篇章中，这些议论性文辞也以雅健为主。如《俞器之传》，传主俞时中是金华人，在宋元战争之际，被挟至北方，后以儒家子弟名益诸公，以布衣身份入对翰林，晚年，为亲老求便养遂南归。但是时不我待，双亲已故，俞时中制作牌位，晨夕号恸如初丧，且自作祭文。黄溍也为俞时中"穷不失仁，达不失义"的品质所折服，在传记末尾，黄溍这样论道：

> 予睹器之踆踆然，为卑让君子哉！迹其遭值艰难，蹈白刃而不奢，诚亦能勇矣。至身为系累，摧刚下志穷而不能自财，又何戾也。彼固隐忍畏约，以有所待，独死为难乎？故曰：生有轻于鸿毛，死有重于泰山。无所愧而已耳。嗟夫！以器之之材，穷不失仁，达不失义，岂俟他日，然后信耶？②

黄溍对俞时中的人生轨迹作了精练的概括，并对其隐忍畏约的性格是理解与认同的，这一切都是"有所待"，为了终有一日返归故里侍养父母。但是时不我予，父母已故，里中少年不识。黄溍这段议论注入了敬佩、同情的情感。

"清和雅健"是黄溍传记书写的美学特征，这四字在中国古典审美范畴中最具特征，内涵丰富广阔，黄溍因受元代春容盛大的时代风貌以及务

---

① 《宋濂全集·潜溪后集》卷一〇《金华先生黄公行状》，第4册，第1854页。
② 《黄溍全集·金华黄先生文集》卷三《俞器之传》，第415页。

实文风的影响，加之个人的文学素养，在传记书写上就呈现出谨严有度、和平渊洁、刚健中正的审美风范。

黄溍对元代传记创作的书写内容与风格也有一定的拓展与完善。黄溍的传记创作作为元代传记文学乃至整个中国古代传记文学的重要一环，因其创作内容与风格的迥异而呈现出独特的魅力。黄溍传记的传主选择与元代在政治、经济、文化、宗教上的各项政策不可分割。四等人的族群等级制度是元代的一项基本国策，这使元代的居民被分为蒙古、色目、南人、汉人四等，不同等级的族群享有不同的权利。元代时兴时废的科举制度历来为人诟病，并且对于儒生的出路选择也有导向性的影响，但作为延祐首科进士，黄溍个人却是不折不扣的受益者，从而跻身仕途，施展人生。元代政府对各类宗教基本持扶持政策，开放的宗教政策使各类宗教派别人士都积极奔走各方活络各界人士，特别是与文士的交游，这使僧道人士频繁出现于传记中。游牧民族所带入的各项风俗与中原传统伦理道德产生冲击，黄溍以传统儒士来要求自己，在传记中力图表彰忠孝节义者来诠释传统的理学道德观念。像在黄溍传记中有一类传主是漕运使，这在前代乃至同时期的传记创作中都是较为鲜见的，这与元代的漕运特别是海运发达有关。漕运是元代的经济命脉，"终元之世，海运不废"①。专掌漕运的官吏漕运使便成为当时南北经济的调度师，对元代的经济与社会影响不凡。黄溍为这一人群作传，丰富了传主类别，也可从中窥见元代的漕运情况。同样，黄溍传记的书写风格呈现独有的特色与面貌，受婺学的影响，他在传记创作中奉行宗经的创作原则，并以此为最高典范，并且以一种严谨的态度如实、客观地反映社会特征。与黄溍自身外化情绪波动大的性格不同，在文学创作特别是传记书写时主要呈现的是一种雍熙平和的态

---

① 《元史纪事本末》卷十二《运漕》，第99页。

度与面貌，这符合元代主流创作风尚。黄溍传记在审美上呈现清和雅健的特征。"清和"侧重于阴柔，重在文章结构、理路的不蔓不枝，传主人格的高尚清雅。"雅健"主阳刚，倚风骨，使传记创作在格局气象上是刚健大美、恢宏向上的，更具道德规范与美学价值。而值得注意的是，这些特点为其学生宋濂、王祎、傅藻、金涓、朱廉等人所发挥与推崇，黄溍的文学创作成为他们模仿的范本，很大程度上影响了明前期的古文创作走向。

附录　四家传记传主简介^①

元宪宗蒙哥汗七年　宋理宗宝祐五年　丁巳　1257 年

王恽《金故忠显校尉尚书户部主事先考府君墓志铭》。

王恽《先妣夫人靳氏墓志铭》。

王恽《南郦王氏家传》。约宪宗七年

元宪宗蒙哥汗八年　宋理宗宝祐六年　戊午　1258 年

王恽《文通先生墓表》。

王天铎（1202—1257），字振之。正大初，自州户曹辟，权行部令史。试京师，擢吏员甲首，选充运司案长，转补户部令史。开兴初，授户部主事。壬辰兵乱，北还乡里。朝廷遣断事官耶律买奴括诸道户口，从李祯

---

① 　a.总体按传记创作时间为序，同一年份内按作家先后（王恽、虞集、黄溍、欧阳玄）排序，同一年份内同一作家传记按主要体类排序（传状、碑志）；传记创作时间不能明确者，推断且标注大略时间系于相关年份下；完全无时间线索者，别立"时间无考之篇目"置于末；少数作时间相近的同一传主篇目并系以示。b. 四家传记篇目分别据点校本《王恽全集汇校》《虞集全集》《欧阳玄全集》《黄溍全集》所收为基础，参以《全元文》补对。凡四位作者作品引自其集者，不特意注出，如王恽作品引自《王恽全集汇校》者，在第一条之后便不再出注。

荐，署行台从事。读书养晦，晚年洗心于《易》，集历代《易》说为《王氏纂玄》。官至忠显校尉。学者称文通先生。事迹另见《秋涧集》中《南鄘王氏家传》卷四九、《文通先生墓表》卷五九、《宋元学案补遗》卷七八。

王恽《碑阴先友记》。

在列者：曹居一、刘祁、牛天祥、孟道、赵澄、司之才、卢武贤、王之纲、邢敏、李祯、释朗秀、杨果、董瀛、董民誉、刘方、宰沂、张豸、赵鹏、石盏德玉、勾龙瀛、乌古论贞、周惠、王昌龄、李瑞、王赞、刘冲、马寅、丁居实、马佐、完颜孟阳、沈侃、张善渊、王磐、徒单公履、陶谅、程和、胡琏、朱万龄、杨弘道、王信、李班、赵非熊。

元世祖中统二年　宋理宗景定二年　辛酉　1261 年

王恽《故权左司都事赵君墓铭》。约中统二年

赵谦（1205—1261），字和之，世为盖州人。中统初，以荐补行台左三房提控令史。与王恽同考政上都。南还，谦为中书省苟留。后得怪疾，恽以其同僚之情，侍左右。

元世祖中统三年　宋理宗景定三年　壬戌　1262 年

王恽《故真定五路万户府参议兼岭南卫州事王公行状》。

王昌龄（1197—1259），字显之，河北沧州人。正大末，授帅府经历官，因功迁明威将军，陈州防御判官，后荐历幕府参议官、领为州之事。多有惠政。因不忍甫息之民在苛猛之法下遭受侵暴，遂道巴峡，哀鸣相府，因此致疾而卒。事迹另见《（嘉靖）河间府志》卷二二、《（光绪）重修天津府志》卷四一。

元世祖中统四年　宋理宗景定四年　癸亥　1263 年

王恽《太一二代度师赠嗣教重明真人萧公行状》。约中统四年

应太一五代度师萧居寿之请为太一二代度师萧道熙作。萧道熙（1157—？），字光远，河南汴州人。自小留养于道宫，受度为道士。大定六年，拜二代真人。九年，朝廷赠立万额碑，因此声教大振，门徒倍增。十四年，奉命主天长观事。次年，辞归乡里，后四年，归太清观。廿六年，遍礼名山，不知所踪。

元世祖至元六年　宋度宗咸淳五年　己巳　1269 年

王恽《总管陈公去思碑铭》。

陈祐（1221—1277），字庆甫，世为赵之宁晋人。初以艺能应金穆王府辟，列侍从官。至元初，授奉政大夫、南京路治中，寻授嘉议大夫，卫辉路总管。大起孔子庙，至风化大行，吏民称美。宪台初立，以材擢授山东东西道提刑按察使，尝以"太子、中书、人才"三本陈事，虽不报，士论伟焉。改授南京路总管，兼开封府尹。进拜中奉大夫、浙东道宣尉使。后剿玉山贼盗，不幸遇害。王恽作诗悼念（《秋涧集》卷八《归梦谣丁丑岁九月二十三日夜梦陈总管作时为浙东宣尉使十二月二十日密县王县尹至知公于九月七日为越之玉山贼所害》），又有《故中奉大夫浙东宣尉使赵郡陈公哀辞》（《秋涧集》卷六二）。至元十五年又作《大元故中奉大夫浙东道宣尉使陈公神道碑铭》。事迹另见《元史》卷一六八、《新元史》卷一六九、《（隆庆）赵州志》卷七、《明一统志》卷三、《（雍正）河南通志》卷五五。

元世祖至元七年　宋度宗咸淳六年　庚午　1270 年

王恽《烈妇胡氏传》。

文中所述烈妇胡氏事发生于至元七年，此文当在此事发生后不久作。

胡氏，刘平之妻。至元庚午（1270），平与胡氏携二子南戍枣阳，途遇虎，
曳平而去。胡氏追之，杀虎救夫，平以伤死。王恽亦作《题刘平妻胡氏杀
虎图》《再题胡烈妇杀虎图》诗记之。胡氏之事迹屡为时人与后人咏赞，
若徐世隆《胡氏杀虎歌》、张之翰有诗《题胡氏杀虎图》、张翥《为古绍
先题刘平胡氏杀虎图》、杨载《胡氏刺虎图》、赵孟頫《烈妇行》、陈旅
《题胡氏杀虎图》、杨维桢《杀虎行并序》、明程敏政《刘平妻杀虎图》
等。此外，姚燧、任士林亦分别作有《烈妇胡氏传》。

元世祖至元八年　宋度宗咸淳七年　辛未　1271 年

王恽《大元故国关西军储大使吕公神道碑铭》。约至元八年

吕嗣庆（1218—1260），字昌龄。气貌魁杰，学通经史。时朝廷远控
北庭，以时务所急及便益民编者十数事以憾，以国士许焉。北觐太宗皇
帝，收隶于御帐下。前后被赐只孙锦服十余袭。宪宗九年，蒙哥汗下诏伐
宋，充关西兴利军储大使。

元世祖至元十年　宋度宗咸淳九年　癸酉　1273 年

王恽《大元故蒙轩先生田公墓志铭》。至元十年后

田文鼎（1211—1273），字仲德，其先为京兆人，自祖徙居蒙城。
善挽强，以劳授武节将军、西南面元帅府总领。汴梁下，北渡途中，救
浑源刘氏二子。居相州，以读书为事。后擢为彰德本道课税所经历。中
统初，为参政商挺辟，署河东行台幕僚，寻罢归。少负气挺节，自视以
为一世奇士。善作诗，工书学。事迹另见虞集《道园学古录》卷五《田
氏先友翰墨序》。

元世祖至元十一年　　宋度宗咸淳十年　　甲戌　　1274 年

王恽《大元故广威将军宁晋县令李公墓碣铭》。

李让（1188—1274），河北宁晋人。贞祐初，辍耕垄上，团结乡豪，
打击盗寇。武仙叛，收合余众，破其麾下郑进等副将。太师木华黎以奏，
授公行鼓城帅府右监军，并授银符，后以宁昌为世封。宪宗元年，以老
致仕。

元世祖至元十二年　　宋恭帝德祐元年　　乙亥　　1275 年

王恽《开府仪同三司中书左丞相忠武史公家传》。

史天泽（1202—1275），字润甫，河北真定人。祖史成珪，父史秉直，
兄史天倪、史天安。元太祖八年，随父归降木华黎。二十年，接替其兄史
天倪都元帅职，历授五路万户、河南等路宣抚使、中书右丞相、枢密副
使、中书左丞相等职。至元十一年，奉命与伯颜等统军出征南宋，至鄂州
时因病北还。次年，病逝于真定，累赠太尉、太师、镇阳王，谥忠武。传
另见《元史》卷一五五、《新元史》卷一三八、《蒙兀儿史记》卷七八、
姚燧《牧庵集》卷十六《平章政事史公神道碑》、苏天爵《元名臣事略》
卷七、王磐《中书右丞相史公神道碑》（《元文类》卷五八）、刘元《丞相
史天泽赠谥制》（《元文类》卷一一）、《（嘉靖）邓州志》卷一五、《（光
绪）顺天府志》卷九六、《（乾隆）永清县志》卷一九、《古今名将传》卷
一四等。王恽另作有《史公祭文》《故开府仪同三司中书左丞相赠太尉谥
忠武史公挽词有序》《左丞史公哀辞》《奉诔大丞相忠武史公赠太尉敕撰神
道碑翰林学士王磐文》。

王恽《淇州创建故江淮都转运使周府君祠堂碑铭》。

周惠，字德甫，晋之隰人。蒙元经略江淮，擢为诸道转运军储使，置
司于胙。以事北觐，诏以彰德、大名、卫辉漏版扈五千实焉，易号曰淇

州，敕领其事。于是中令讲治，设官府，建仓廪，表疆例外，开阡陌，自是商通工易，余粮亩栖，建孔庙，立学师，内外修治，井井可观。事迹另见《新元史》卷二二九。

王恽《大元故宣武将军千户张君家传》。至元十二年后

张思忠（1236—1275），字正言，卢龙永清人。父张全（1196—1256），岁壬辰，以千夫长从元帅史天泽略地河南。后以疾终于邓之官社。张思忠为张全长子，初嗣父职。至元五年，从攻襄樊。充唐州新野等处提举粮漕使。以劳宣授行省都镇抚。十一年，参与渡江平宋之战，驻军武昌，授宣武将军，受丞相阿术及伯颜器重。事迹另见《（光绪）顺天府志》卷九六、《（乾隆）永清县志》卷二〇。

王恽《大元国故河中府南北道船桥总管谢公墓碣铭》。至元十二年后

谢企石（1221—1275），字仲进，其先燕之香河人，世守儒业。父某，金吾卫上将军、河东路总帅。尝从父西破川蜀，用劳充秦巩路军储大使。

元世祖至元十三年　宋恭帝德祐二年　端宗景炎元年　丙子　1276 年

王恽《共岩老人石盏公墓碣铭》。（第 2630—2631 页）

石盏德玉（1191—1276），字君宝，原籍辽东盖州，女真人。贞祐初，以良家子从军，积劳至武德将军。北渡后，历仕在相、卫间。王恽评曰："贫而乐有类乎黔娄，心而隐似慕夫德翁。"孙楷第《元曲家考略》以为即石君宝，由金入元，作有杂剧 10 种，现存《鲁大夫秋胡戏妻》《李亚仙花酒曲江池》《诸宫调风月紫云亭》3 种。

元世祖至元十四年　宋端宗景炎二年　丁丑　1277 年

王恽《故金吾卫上将军景州节度使贾公行状》。

贾德（1192—1274），字克仁，景州人。贞祐初，群盗起河朔，设方

略捕之，数月，寇荡平。元兵入城，降，拜定远大将军，赐金符，提控本州兵马事。从太师伯颜以行，破上党、马武、大名、济南等，获大功。迁镇国上将军、节度副使兼右副元帅，改佩金虎符。破海寇侵轶，授金吾卫上将军、景州节度使。事迹另见《（嘉靖）河间府志》卷十七。

王恽《故将仕郎汲县尹韩府君墓表》。

韩澍（1222—1269），字巨川，其先陈留人。初为安阳府属吏，朝廷以相之五县封太弟为采邑，以民计从行，擢本府户曹孔目官，后转彰德路按牍提控官。至元二年，授县尹，劝农为务。五年，用新铨法，授将仕郎，主高唐县簿。

王恽《故南塘处士宋公墓志铭》。

宋珍（1193—1269），字子玉。能诗善谈玄。为耶律楚材器重，荐为朝廷侍从官，不就。后自云中徙家燕都，得地十余亩，日以琴书自娱。

王恽《苏门林氏家传》。

元世祖至元十五年　宋端宗景炎三年　祥兴元年　戊寅　1278 年

王恽《故蠡州管匠提领史府君行状》。

史忠，字良臣，蠡州博野人。以谨身节用闻名于乡间。贞祐年间，元兵入夏，蠡州被困，与乡间诸老持牛酒向太师国王求情，使乡间诸生免遭屠掠。战后，出粮五百石以缓乡里饥疫。每至冬夏，设粥济民。州总管王兴秀荐为工匠提领。生二子，长曰伯祥，次曰伯福。伯祥子史弼，得耶律楚材重用，官至扬州达鲁花赤。

王恽《大元故中奉大夫浙东道宣尉使陈公神道碑铭》。

参见至元六年王恽撰《总管陈公去思碑铭》条目。

王恽《金故朝请大夫泌阳县令赵公神道碑铭》。

赵鹏（1182—1254），字搏霄，蒲之河东人。弱冠，擢贞祐三年词赋进士。先主芮城簿，行台廉其能，俾摄县务。既而调同州澄城令。后入补尚书省掾，授泌阳县令。寻迁丰衍库使，北渡后，有欲以一县相屈者，拒之。事迹另见王恽《碑阴先友记》、《中州名贤文表》卷二六。

元世祖至元十七年　宋祥兴三年　庚辰　1280 年

王恽《管勾推公墓碣铭》。

推德（1188—1260），字永亨，世行医。贞祐兵后，与父调汤剂以抑时疫。壬辰，归隐苏岭。

王恽《故提刑按察签事刘公墓志铭》。

刘济（1216—1279），字巨川，其先真定人，世在野。中统初，擢贤举能，补省左曹掾。已而充中书磨勘官。至元七年，授承直郎、太原路总管府判官，集众力治涝除旱，兴利除害。九年，授奉训大夫、知献州事。其间束吏以法，拊民以宽。新州治以具视瞻，崇儒学以敦教本。秩满，宪司廉其能，迁奉议大夫，佥书燕南河北道提刑按察司事。《新元史》卷二二九有传。

王恽《顺德路同知宝坻董氏先德碑铭》。

王恽《资德大夫中书右丞益津郝氏世德碑铭》。

元世祖至元十八年　宋祥兴四年　辛巳　1281 年

王恽《大元故大名路宣差李公神道碑铭》。

李益立山（1191—1259），唐兀昔里氏。少负气节，通儒释。岁丙戌（1226），降归蒙古，隶国王木华黎帐下。从攻沙洲，力阻用权者屠城。西征阿思部，策功居第一，擢千夫长。佐行台于燕上，充大名路都达鲁花赤。凡政之不便，民所欲而未得者，率力行而更张之。己未春，从征南伐。事迹另见《（正德）大名府志》卷六。

元世祖至元十九年　　宋祥兴五年　　壬午　　1282年

王恽《太一五祖演化贞常真人行状》。

应太一教六代师萧全祐之请作。萧居寿（1221—1280），字伯仁，道号淳然子，卫州汲县人。年十三拜太一四代祖中和仁靖真人为师，受戒为道士。壬子初，圣主居潜邸，召中和真人，于是荐李居寿为太一五代祖，易姓为萧，赐号"贞常大师"。中统初，奉诏设坛以祭江淮战役中战死将士，赐号"太一演化贞常真人"。至元十一年，特旨于奉先坊创太一广福万寿宫。十五年，奉旨祭七元星君。越明年，以事辞结遁坛。著有《易传》《皇极》《三式》等书。事迹另见《元史》卷二二〇、《长春道教源流》卷一、《新元史》卷二四三。

王恽《大元国故尚书省左右司员外郎韩公神道碣铭》。

韩仁（1199—1282），字义和，正大间举孝廉，辟为州孔目。壬辰北渡，隐居乡间，后充尚书省都事。岁癸卯，北觐忽必烈，夺哀起授左右司员外郎。明年以祔母事得告南归，事毕携内子张氏弃俗入道，自号逍遥子，西游太华、终南诸山，皇冠野服，偲然阅世。晚节专以方书济人为事。道人谢志贤等"歆公进退有道，心存济物，殆非寻常所可及"，建观奉之三十余年。

元世祖至元二十年　　癸未　　1283年

王恽《故云中高君墓碣铭》。

高祐（1218—1282），字仲和，其先云中人，后燕云失守，迁汴梁，后迁卫，主货殖为业，为人笃信明敏。

王恽《故真靖大师卫辉路道教提点张公墓碣铭》。

应太一六代祖师萧全祐之请作。张善渊（1206—1275），字几道，赵郡人。太一四代祖中和真人之弟子。壬辰北渡，先随中和觐太后，奏授真定路教门提点。又从中和北觐忽必烈，加号"真靖大师"，改提点卫辉路道教事。后奉五代贞常真人赴燕长春宫。于《老子》最有得。

元世祖至元二十二年　乙酉　1285 年

王恽《大元故奉训大夫尚书礼部郎中致仕丁公墓碑铭》。

丁居实（1203—1277），字仲华。仕金官昭信校尉，勋云骑尉。金亡，流寓天德黑水间。蒙古方事江淮，充军储经历官。中统建元，史天泽宣抚河外，荐为咨议幕府事。四年，署大名宣慰司幕官。调中外官，授吏部员外郎。以能升奉训大夫、尚书、礼部郎中。《秋涧集》卷六三有《故尚书礼部郎中致仕丁公祭文》，生平另见卷五九《碑阴先友记》。

元世祖至元二十四年　丁亥　1287 年

王恽《故太一二代度师先考韩君墓碣铭》。

应太一六代度师萧全祐之请作。韩矩，大梁人，太一教道士。父为金进士，举家从太一始祖真人清修。矩幼养于道宫，封"太一二代嗣教重明真人"。

王恽《太一三代度师先考王君墓表》。

应太一六代度师萧全祐之请作。王守谦，字受益，博之堂邑人，世以播种为业，太一三代度师王志冲之父。王志冲，有赐号曰"玄通法师"，又敕定仙号为"体道虚寂真人"。

元世祖至元二十六年　己丑　1289 年

王恽《凝寂大师卫辉路道教都提点张公墓碣铭》。

应太一教六祖萧全祐之请作。张居祐（1218—1289），字天锡，汲郡人。初拜入太一四代度师中和真人门下为弟子，后随中和北觐。五代祖贞常真人以其贞干有节，命知宫事，升充提举。至元十九年，六代纯一真人以其道行纯粹，恪行有功，言于朝，宣授凝寂大师、卫辉路道教都提点。

王恽《故正议大夫前御史中丞王公墓志铭》。

王复（1226—1289），字子初，号春山，初名趾，字麟伯。初袭父职，领卫州务。中统初，授卫、辉二路同知。至元初，授朝请大夫。累官正议大夫、河东、山西道行台侍御史，以事免归。事迹另见《（嘉靖）河间府志》卷二十二。王恽于此年另作有《中丞王公祭文》《路祭中丞王兄永诀文》（《秋涧集》卷六四）。

王恽《大元故怀远大将军万户唐公死事碑铭》。至元二十六年后

唐琮（1240—1289），父讳庆，仕宋，以边功起身，自保义郎京西副将，累迁至左领军上将军诸君统制。归附蒙元，终江淮军民安抚使。至元十三年，琮袭父职，授武略大将军、管军总把。明年，转武德，复安抚使。十六年，进阶宣武，管军总管。十八年，升怀远大将军、万夫长。二十年，改授唐州军府万户。二十五年，移镇泉道，屯驻春陵。时安南保蕞尔城，负固不庭，奉诏伐之。初，北兵不习地里且疾疫者过半。二十六年，率众人大战于监场之三江口，力战而亡。事迹另见《新元史》卷一八一、《蒙兀儿史记》卷九八。

元世祖至元三十年　癸巳　1293 年

王恽《大元国赵州创建故开府仪同三司中书右丞相赠太尉忠武史公祠堂碑铭》。

传主史天泽，生平参见至元十二年王恽《开府仪同三司中书左丞相忠武史公家传》条。

王恽《故武节将军侍卫亲军千户董侯夫人碑铭》。

夫人某氏（1233—1293），故武节将军董士元夫人。按：董士元

（1235—1276），河北藁城人，一名不花，字长卿，董文炳长子。受儒学，善骑射。从征蜀，屡立功，世祖初，为千夫长。从征襄汉，分领禁军戍淮上。伯颜南征，士元数与宋军战，拔淮安堡，以功迁武节将军。复从行省阿里攻扬州，阿里遁之，土元赴前死战，陷泥淖，身中十七创，伤重而亡。《元史》卷一五六有传。

王恽《故善士张君墓碣铭》。

张从礼（1238—1293），字仲和，顺州龙山人。喜读书，不乐仕进，自号柏溪主人。

王恽《大都通州郭氏迁茔碑铭》。

元成宗元贞元年　乙未　1295 年

王恽《大元光禄大夫平章政事兀良氏先庙碑铭》。

兀良氏，其先世出蒙古兀良合部，曾祖讳速不台（1176—1248），初为百夫长。从征灭里吉部、征回回国、征钦察，取撒里、畏兀儿、的斤、寺门等部，攻围汴京，助诸王拔都征兀鲁思，攻秃里哥城，战功赫赫。兀良合台（1200—1271），初扈定宗征女真国。世祖在潜，奉诏征西南诸夷，平大理五城、八府、四郡洎乌白等蛮三十七部，又奉命铲秃剌蛮三城。破交趾，与宋战。阿术（1234—1287），初从父征西南蛮夷，至平大理、降交趾、践宋部，无不在焉。中统初，自宿卫将军拜征南都元帅，治兵于汴，复立宿州。至元初，掠庐江、入滁阳，进襄阳，取仙人、怗城等栅。六年，大破宋将夏贵、范文虎。九年，破襄守将吕文焕，擒维扬骑将王都统。十一年，入觐，请伐宋。继而攻沙阳、新城。取鄂、汉，继下池州。大破贾似道。降扬州、泰州，平两淮。廿三年，北伐叛王昔剌木等，继而西征哈喇至霍州，以疾薨。兀良家族成员传记见《元史》卷一二一（速不台、兀良合台传）、卷一二八（阿术传）；《新元史》卷一二二（速不台、兀良合台、阿术、不怜吉歹合传）；《元史类编》卷一七（速不台传）、卷一九（兀良合台传）；《元史新编》卷二二（速不台传）、卷三七（兀良合台传）、卷二九（阿术传）；《元书》卷五二（阿术传）、卷三四（速不台传）；《元文类》中辑有阎复《丞相阿术赠谥制》卷一一。

王恽《大元故郑州宣课长官卢公神道碑铭》。

卢元（1210—1291），世为许之颖县人。壬辰兵乱，避地管城，出私廪以留民耕种于此。举充郑六县课税长官。后优游田间。子卢天祥，官大中大夫、福建闽海道提刑按察使。

王恽《故赵州宁晋县善士荆君墓碣铭》。

荆祐（1199—1257），字伯祥，赵之宁晋人。自远祖板行《五经》等书。贞祐乱，取《五经》《泰和律义篇》《广韵》板闭墟埌中。

王恽《大元故濛溪先生张君墓碣铭》。

张著（1224—1292），字仲明，世为襄陵人。戊戌试，以词赋中选，自是以乐育诸生为业。中统初，擢主潞城簿，至元间，用荐授平阳路儒学教授，士风为之变。著有诗文集《濛溪集》。

元成宗元贞二年　丙申　1296 年

王恽《大元故中顺大夫徽州路总管兼管内劝农事王公神道碑铭》。

王道（1227—1296），字之问，陕西京兆人。少读儒书，长喜武事。至元初，上书请置执法官。适朝家遴选文学士充东宫讲书官，用窦默荐，入侍经筵。十三年，福建蛮夷乱，裕宗参听朝政，选充福建行省左右司郎中。廿四年，授中顺大夫，泉州路总管兼府尹。生平另见《中州名贤文表》卷二六、《新元史》卷一九〇。

王恽《大元嘉议大夫签书宣徽院事贾氏世德碑铭》。

宣徽院事贾脱里不花介驸马高唐王阔里吉思奏其先祖事请敕赠典，典下，传翰林文诸石碑，王恽奉诏撰文。曾祖讳昔刺，时睿宗驻和林，典私御食。中统建元，特授提点尚食、尚药二局，兼领进纳御膳生科，佩金符。祖讳丑妮子，从征大理。显考讳忽林赤，中统间，扈上北巡。至元初，袭父职，提点尚食、尚药二局。继授嘉议大夫、宣徽院兼尚膳监事。卒赠荣禄大夫、绛国公，谥曰忠靖。《元史》卷一六九、《新元史》卷一七五有传。按：阔里吉思（1232—1298），汪古部贵族首领。习武尚文，筑"万卷堂"于私第，常与儒士讨论经史。先后尚忽必烈孙女忽答的迷失公王、重孙女爱牙失里公主。奉命屯戍和林，御叛王海都。复讨平宗王也不干叛军。成宗即位封为高唐王。大德二年，为叛王笃哇军执，诱降不屈，被杀，追封赵王。九年，诏谥忠献王，推恩三代，阎复撰《附马高唐忠献王碑》。事迹另见《元史》卷一一八、《新元史》卷一五四。

王恽《大元故广威将军屯田万户聂公神道碑铭》。

聂祯（1228—1289），字正卿，世为定兴人。其父从张柔起家。十七袭父职。从伐宋。中统三年，李璮叛变，围历城接战。至元六年，授千户。十二年，分隶元帅字鲁欢，收连海、淮安等州，升武节将军，继攻招信、泗州，阶进宣武。后攻静江城，加授宣武将军、行军总管。十七年，从张柔入觐，进拜明威将军，亳军副万户。十九年，选充江淮都漕运使。二十五年，改任广威将军，大都屯田万户。

元成宗元贞三年　大德元年　丁酉　1297 年

王恽《大元朝列大夫秘书监丞汴梁申氏先德碑铭》。

秘书监丞申敬诣太史王某请铭。申氏，医传世家，世居汴梁。曾祖申天禄，宋徽宗朝以婴儿科供奉内庭。祖申良辅，以方技知名西土。

王恽《大元国故卫辉路监郡塔必公神道碑铭》。

塔必迷失（1233—1271），系出瀚海大族。中统初，世祖即位，俾就宿卫。至元三年，卫由州升路，遂来监治。诸王秃忽鲁南征，道出淇右，塔必迷失远迓，下教申严。平冤案，申民情，重修孔庙，使淇大振。六年，上以宪宗嫔赐之。

王恽《大元故清和妙道广化真人玄门掌教大宗师尹公道行碑铭》。

尹志平（1169—1251），字太和，全真道士，山东莱州人。师丘处机。金末主潍县玉清观，后随丘处机赴元太祖之召。丘处机逝，尹继任掌教，赐号"清和演道至德真人"。有《葆光集》3卷、《北游录》传于世。事迹另见《元史》卷二〇二、弋毂《尹宗师碑铭》（《甘水仙源录》卷三）、元武宗《加封清和真人尹志平制词》。

王恽《故普济大师刘公道行碑铭》。约至元大德间作

刘志真，字子常，陕之三堂人。全真道士。初师披云真人宋德方。时忽必烈在邸潜，闻其名，召见参验诸事，遂加号普济大师。中统初，诏就长春宫设罗天清醮，奉旨祝香岳渎。以至元某年卒。事迹另见《长春道教源流》卷六。

王恽《提点彰德路道教事寂然子霍君道行碣铭》。约至元大德间作

霍志真，字明道，号寂然子，河南安阳人。幼不好弄，既长，性淡泊，弱冠亲道学，礼重玄子为门人。事迹另见《长春道教源流》卷六。

王恽《平阳程氏先茔碑铭》。

元成宗大德二年　戊戌　1298 年

王恽《大元故昭勇大将军北京路总管兼本路诸军奥鲁总管王公神道碑铭》。

王遵（1225—1288），字成之，世家平州人。初袭父职，佩金虎符。入觐宪宗，授本路总管兼万户。至元间，转官制行，授怀远大将军，授太原路总管兼府尹、本路诸军奥鲁总管。迁北京路总管兼大定府尹。持法谨

严，听断明察，所至修庙学，民安俗阜。

元成宗大德三年　己亥　1299 年

王恽《故卓行刘先生墓表》。

刘德渊（1209—1286），字道济，河北邢台人。戊戌试，魁河北西路。中统初，授翰林待制。晚节以不能与时阿匼，潜心著述。著《三为书》数万言，敷析《通鉴》数百条，推崇朱熹《纲目》。又通古奇文字，士多传习。事迹另见《元书》卷九一、《新元史》卷二三四、《宋元学案》卷九〇、《（雍正）畿辅通志》卷七九。按：《（雍正）畿辅通志》卷一一〇收此文，题曰《翰林待制刘德渊墓表》，署名戎益，而戎益是为刘德渊垒石表墓的门生，官拜户部尚书。

王恽《卢龙赵氏家传》。

元成宗大德四年　庚子　1300 年

王恽《大元故正议大夫浙西道宣尉使行工部尚书孙公神道碑铭》。

孙公亮（1216—1300），字继明，世家浑源，因善造甲胄而被蒙元几代君主宠信，委以重任。太祖时，赐名"也可乌兰"，佩金符，充诸路甲匠总管。中统初，授都总管。至元初，上章奏设御史台以肃正纲纪。宪台肇建，擢为监察御史，后历官山东东西道提刑按察司事、山北辽东道提刑按察副使、彰德路总管、浙西道宣尉使兼行工部事、江西等处行工部尚书。子孙拱。事迹另见刘因《静修集》卷一六《浑源孙公先茔碑铭》、《元史》卷二三〇、《新元史》卷一四七、《元史类编》卷四一、《明一统志》卷二一。

王恽《大元中奉大夫参知政事稷山姚氏先德碑铭》。应姚天福之请作

姚氏，占籍绛州稷山。其先素以方技行。父姚居实，以孤童子流寓代

之雁门。以医未精，不为利趋，阐庠为业。子姚天福历官宪台，政声显著。生平详参至顺元年虞集奉诏为姚天福所撰《姚忠肃公神道碑并序》条。

元成宗大德五年　辛丑　1301 年

王恽《泰安州长清县朱氏世系碑铭》。

长清朱氏世为黄山人。朱楫，从东平严实起家。严氏归太师国王，楫以功从，授怀远大将军、同知济南府事，殁于战中。朱存，楫之弟。以信武将军俾领军务。翼严公复东平，就取徐、邳。战枣阳，进攻黄光。迁广威将军，继升昭勇大将军，充东平路行军千户。朱克正，朱存之子。既嗣昭勇军务，仍佩金符，改授东平路长清县行军万户，伐宋屡建战功。朱启，授武略将军、本翼管军千户，守戌临安。

元成宗大德七年　癸卯　1303 年

虞集《翰林学士承旨董公行状》。

董文用（1224—1297），字彦材，董俊第三子，河北藁城人。弱冠以词赋考试中选。后以分地长官子入质，从兄长董文炳谒太后于和林。侍世祖于潜邸，主文书讲说，常见许重。宪宗年间，从忽必烈征大理，复征鄂州。世祖即位，以张文谦荐，为大名宣抚司左右司郎中。至兵部尚书，转官礼部尚书，迁翰林、集贤二院学士，知秘书监。继拜御史中丞、翰林学士承旨。成宗继位，诏修《世祖实录》，任知制诰兼修国史。大德元年请老，卒封赵国公，谥忠穆。事迹另见苏天爵《国朝名臣事略》卷一四《内翰董忠穆公》、吴澄《元荣禄大夫平章政事赵国董忠宣公神道碑》（《吴文正公集》卷三二）、《元史》卷一四八。

元成宗大德八年　甲辰　1304 年

王恽《浑源刘氏世德碑铭并序》。约大德年间

所述刘氏家族人员有：刘撝，字仲谦，天会二年以词赋第一人中选，后擢大理正，迁平阳府判官，安东节度副使，两贰大理寺，出刺石州，累官中大夫。其才气振金国之词学。刘汲，字伯深，号西岩子。天德三年进士，累官朝散大夫、应奉翰林文字、西京路转运司都判官，著有《西岩集》行于世。刘渭，字仲清，号朴轩老人。登第，授承德郎，知秦州陇城寨事，调隰州军事判官，终朝列大夫、岢岚州刺史。刘濬，官至安远大将军、饶阳令。刘似，字推行，官宣武将军、真定府军姿库使。刘似，字稚章，授承仕郎、华州教授、再仕承直郎，主沂水县簿。刘从益，字云卿，大安元年进士，调鄢阳丞、长葛簿、陈州防御判官。后闲居淮阳，与诸生讲明伊洛学。起孔子庙，风化大行。后召入翰林为应举。雷渊志其墓，赵秉文勒铭神道。刘从恺（1209—1263），字舜卿，以荫补官，终官河南府路经历。刘祁（1203—1250），字京叔，弱冠举进士。退居陈，讲六经。壬辰，北还乡里，筑室曰"归潜"。应戊戌试，魁西京，选冲山西东路考试官。王磐志其墓（佚）。著有《神川遁士集》22 卷、《处言》43 篇、《归潜志》3 卷。刘郁，字文季。中统初，辟左右司都事，出尹新河，召拜监察御史。刘鄜（1250—1294），字君美，平江路匠人提举。刘从益事迹另见《金史》卷一二六、《长春道教源流》卷五、《宋史新编》卷一九六、《宋元诗会》卷六三、《宋元学案》卷一〇〇；刘祁事迹另见《河朔访古记》卷下、《元诗纪事》卷二。另苏天爵撰有《浑源刘氏传家集序》（《滋溪文稿》卷五）。

虞集《邓母田孺人墓志铭》。

元成宗大德十年　丙午　1306 年

虞集《祝母周孺人墓志铭》。

元成宗大德十一年　丁未　1307 年

黄溍《山南先生述》。

刘应龟（1244—1307），字元益，号山南，义乌人。自少潜心义理之学，每以古人自期。南宋末为太学生。至元末，出任义乌教谕，后调月泉书院山长，又改杭州路学学正。黄溍亦师从之，受其影响至深。著有《梦稿》《痴稿》《听雨留稿》共 20 卷。

黄溍《福州路总管赠嘉议大夫太府卿上轻车都尉追封天水郡侯谥景惠赵公墓志铭》。

赵执中（1240—1309），子景贤，赵州晋宁人。至元初，河南武定王阿术为征南都元帅，以执中为吏，置幕府。襄阳下，淮安忠武王伯颜署为属。既渡江，取鄂州，俾从楚国武定公阿里海牙分治省事。宋降，自行省令史拜寿昌府知府，行同知真州路总管府事。句容武毅王土土哈不以有司常法限其资级，改同知泉州路总管府事。用荐为南雄路总管，除中顺大夫、福建等路都转运盐使。秩满，以少中大夫为福州路总管。卒后追封天水郡侯，谥景惠。

元武宗至大元年　戊申　1308 年

虞集《许州长社县王先生祠堂记》。（《王先生祠堂记》）

王德元（1194—1274），字仲元，河北邢台人。金末进士。

元武宗至大三年　庚戌　1310 年

虞集《项鼎墓志铭》。

项鼎（1254—1310），字用文，浙江临海人。宋末以迪功郎为浙东提刑司，准遣而国亡。大德中，尝具便宜二十事，为书数万言，将上之，既而叹曰："圣名在上，何必吾言而后治乎?"因自名"退翁"，以终其身。

虞集《彭母汪孺人墓志铭》。

元仁宗皇庆元年 壬子 1312 年

虞集《周母李孺人墓志铭》。

元仁宗皇庆二年 癸丑 1313 年

虞集《王伯益墓表》。

王执谦（1266—1313），字伯益，河南大名人。少敏慧，长游京师，得中书平章政事不忽木、翰林承旨唐仁祖赏识，用为符宝典书。大德初迁徽政院照磨，调真定路府事、陵州判官，改将作院照磨。后十余年，始为翰林应奉文字、同知制诰、建国史院编修官。游京师时，友张养浩、李京、田衍、元明善、杨载、柳唐佐、杜本、虞集等。杨载以其山水诗比之于陈子昂、李白。陆友仁《研北杂志》以之与西域诗人辛文房齐名。《元诗选》录其诗三首。

元仁宗延祐元年 甲寅 1314 年

虞集《揭志道墓志铭》。

揭道孙（1246—1314），字志道，江西丰城人。少业进士，世革，技无所施，则徜徉山水幽处，好痛饮狂歌，方醉时，视天地间无一物足婴其怀者。中乃力稼灌园，教授乡里。晚嗜浮屠，酒肉俱断。刺血手指写佛书，率从弟与族弟，出钱建圣寿报恩佛寺。岁时，合族人共祀其先祖寺中。事迹另见吴澄《揭志道墓表》（《吴文正集》卷六八）、《（万历）新修南昌府志》卷十八、《（雍正）江西通志》卷六七。

虞集《郑夫人墓志铭》。

元仁宗延祐二年　乙卯　1315 年

虞集《王诚之墓志铭》。

王仲信（1236—1315），字诚之，尝为州吏目，察习狱事，执法谨慎。子王敏，仕至陕西诸道行御史台监察御史。

黄溍《故参知政事行中书省事国信使赠荣禄大夫平章政事上柱国追封闽国公谥忠愍王公祠堂碑铭》。

王积翁（？—1284），字良存，福建长溪人。初为福建提刑兼招捕使。元兵攻城，降元。累迁刑部尚书、江西行省参知政事。至元间奉使日本，途中遇害。追封"敬愍侯"。皇庆初，追封闽国公，改谥忠愍。遂建祠以昭上恩。祠成三年后，子王都中请文于黄溍。事迹另见《宋史》卷四七《二王纪》、《元史》卷一三《世祖纪》一〇、《癸辛杂识》别集卷二、《明一统志》卷七八、《（雍正）江浙通志》卷一四六。王都中事迹参见黄溍至正元年作《正奉大夫江浙等处行中书省参知政事王公墓志铭》条。

元仁宗延祐三年　丙辰　1316 年

虞集《张隐君墓志铭》。

张埴（1253—1307），字直翁，其先江西永新人，宋末避兵湘中，遂为湖南耒阳人。幼习进士业有声，入元，或劝以仕，不应，大延宾客师友，课其子以学。乡居屡有义行，虞集以为"奇士"。

虞集《虞氏史夫人墓志铭》。

元仁宗延祐五年　戊午　1318 年

虞集《林彦栗墓志铭》。(《全元文》五七五)

林宽,字彦栗,浙江吴兴人。年十二以书于东平徐琰,徐以神童视之。居家二十年,开门授徒以为业。延祐间,手书其文十余篇以示虞集,旋以病卒,卒年三十九。

虞集《元故奉训大夫江淮等处财赋都总管府副总管郑侯墓志铭》。

郑昭祖(1261—1310),字孔明,号敬斋,安徽歙县人。元初,以荐授广南西道儒学提举,未赴任。家居十余年,改保定等路管民提举。次年升江淮等处财赋总管府副提举。两年后即辞归故里。前进士鲍云龙明朱子之学,著《天原发微》,刻之而传。

元仁宗延祐六年　己未　1319 年

虞集《杨氏先茔碑》。

中书刑部主事杨益请于虞集。杨氏,居河南洛阳。曾大父仕金,为中原酒使。金亡,酒使殁兵中,兄弟五人,逃难莫知所之。独大父自平阳得归,奉守先茔。

元仁宗延祐七年　庚申　1320 年

黄溍《江浙行中书省左右司都事刘君墓志铭》。

刘济(1260—1314),字仲源,河北肃宁人。父祖皆不仕。至济始以东江场同管勾迁昌国正监管勾,入御史台为宣使。肃政廉访司立,选授江南浙西道管勾承发架阁兼照磨。秩满,调婺州路司狱。用举者,复入江南诸道行御史台为令史,授湖州路总管府经历,又选擢江浙行省左右司都事,超升承德郎。

虞集《岭北等处行中书省左右司郎中苏公墓碑》,《苏氏先茔碑》延

祐年间

苏志道（1228—1320），字子宁，河北真定人，苏天爵父。历官岭北行中书省左右司郎中，和林大讥，救荒有惠政，时称能吏。事迹另见许有壬《敕赐故中宪大夫岭北等处行中书省左右司郎中赠集贤直学士亚中大夫轻车都尉追封真定郡侯苏公神道碑铭并序》（《至正集》卷四七）、《元史》卷一八三。《苏氏先茔碑》为延祐年间苏志道命其子苏天爵奉状所请，姑并系于此。苏氏，世居河北真定。自曾大父苏元老从金主徙汴，汴乱，失其弟，至元十三年卒。大父苏诚，善治生。父苏荣祖，以节行才学著名，从都转运使辟监真定税务。以亲老辞，终身不复仕。苏天爵，字伯修，仕至翰林待制、江浙行省参知政事。

黄溍《四明乾符寺观主容公塔铭》。延祐七年后

普容大师（1251—1320），字太虚，俗姓毛氏，浙江余姚人。出家于里之屿山，祝发于杭之昭庆，受具戒于明之开元。后从石林介公归延庆寺，得止观法门于桐溪济公。后返屿山，重建乾符寺，半岩全公、北溪谦公咸委以兴造。著《圆修要义》1卷。

元英宗至治二年　壬戌　1322 年

虞集《玉溪先生墓表》。

谢仲直（约1237—1318），字玉溪，江西崇仁人。治举子业有声，尝从欧阳守道为文章议论，又从包恢问学。晚以诗自名。平生以教授为业，里中儒者，十八九为其弟子。虞集于同年作《谢先生诔》（《道园学古录》卷二〇）。

虞集《玄门掌教孙真人墓志铭》。

孙德彧（1243—1321），字用章，四川眉山人。自幼隐修于终南山。为京兆路讲经师，提举重阳宫玄坛事。至元间，侍安西王掌祠事，充京兆路道录，提举大重阳万寿宫。大德间，授陕西五路西蜀四川道教提点，领重阳宫事。寻拜诸路道教都提点。至大间，加体仁文粹开玄真人，领陕西道教事。著有《希声集》。事迹另见邓文原《皇元特授神仙演道大宗师玄门掌教辅道体仁文粹开玄真人管领诸路道教所知集贤院道教事孙公道行之碑》。

虞集《刘正奉塑记》。

刘元（1254—1323 后），字秉元，河北蓟州人。善塑像。至元间，世祖建大护国仁王寺，严梵天佛像，求奇工为之，刘元应之。后师从阿尼哥，学西天梵相，深思妙合，遂为绝艺。凡两都名刹有塑，上范金搏换为佛者，一出其手。深得皇帝垂青。时人称为"刘正奉"。入《新元史》卷二四二《方技传》。

黄溍《外姑夫人李氏墓志铭》。

虞集《赵夫人岳氏墓志铭》。

元英宗至治三年 癸亥 1323 年

虞集《王贞传》。

王贞，字吉甫，河北保定人，本为枢密院掾史。至治三年八月七日发生南坡之变，英宗与丞相拜住被弑，反贼召集百司欲夺中书印，以勇谋护住大印，未致大乱。其后事定，召为中书丞相掾。

黄溍《鄞胡君墓志铭》。

胡珙（1250—1322），字伯玉，浙江鄞县人。祖上皆不仕，至珙始推择为郡列曹掾，用久次司郡仓，积劳当序迁，辄弃不就。为人孝顺，有隐德，子孙繁茂，好古法名画。晚年聚书，构精舍，延师儒教诸孙为举子业。

黄溍《管军下百户赠敦武校尉孙君墓志铭》。

孙政（1263—1323），祖籍山东德州，随父显迁戍杭州。显，始占军籍，署管军正百户。政袭父职。至元二十六年，奉敕为真阶进义副尉，平宁波、奉化等地叛贼有功。大德五年，感瘅气成目疾去官。卒，用覃恩赠敦武校尉。

欧阳玄《元处士刘公梅国先生墓铭有序》。至治三年后

刘隆瑞（1265—1322），字立贤，世为安成望族。家居孝友，疏财乐施。畅适泊然，无求于时。所居多梅，因号梅国先生。父刘天福，号恕斋。与文丞相有姻好，与刘克庄、刘辰翁、赵文、王梦应、崔君举、彭巽吾皆有过从。事迹另见《（万历）吉安府志》卷二七、《西江诗话》卷六小传。

元泰定帝元年　甲子　1324 年

虞集《两浙运使智公神道碑》。

智受益（1254—1323），字仲谦，河南南阳人。以善书负时望。至元中，擢荆湖行省都事，终两浙转运使。为虞集父虞汲好友。事迹另见《万姓统谱》卷九三、《（嘉靖）邓州志》卷一六、《六艺之一录》卷三五七、《佩文斋书画谱》卷三八《书家传》。

黄溍《方君墓碣铭》。

方泽（1290—1328），字玉泉，浙江诸暨人。有孝行。曾、祖为宋太学生，父处士。

黄溍《济南高氏先茔碑铭》。

高仁，字寿之，山东济南人。以吏起家，会天兵南伐，署招讨司提控案牍，历万户府知事。辟湖广行中书省掾，从征安南，受知丞相顺德忠献王哈剌哈孙。既而丞相改莅江浙行中书省，奏以为检校官，寻迁左右司都

事。擢中书工部主事，俄复入江浙行中书省为左右司员外郎，除江西行中书省理问官。泰定初，以镇江路总管致仕，被旨追赠二代。

黄溍《杨仲弘墓志铭》。

杨载（1271—1323），字仲弘，福建浦城人。父潜，补京学诸生，因家于杭，遂为杭州人。年四十犹未仕，因朝臣荐，以布衣召为翰林国史院编修官，与修《武宗实录》，调管领系官海船万户府照磨，兼提领案牍。延祐初，登进士第，授承务郎、饶州路同知浮梁州事，迁儒林郎、宁国路总管府推官，未上。与虞集、范木亨、揭傒斯齐名，称"元诗四大家"。赵孟𫖯在翰林，亟称其文。黄溍评其文博而敏，直而不肆。著有《杨仲弘诗集》8 卷。事迹见《元史》卷一九〇、《新元史》卷二三七、《元诗选》初集、《蒙兀儿史记》卷一二〇、《元诗纪事》卷一三。

虞集《黄中黄墓志铭》。约泰定帝元年。

黄元吉（1279—1324），字希文，江西丰城人。年十二入西山万寿宫，先后师从朱尊师、王月航、刘玉。于西山建玉真、隐真、洞真三坛，传授净明法道。至治三年以其说游京师，公卿士大夫多礼问之。道教天师张嗣成、玄教大宗师张留孙皆荐之于朝，有玺书之赐。

元泰定帝二年　乙丑　1325 年

虞集《户部尚书马公墓碑》。

马煦（1244—1316），字得昌，陕西扶风人。至元间初补大司农使，后历职宪台。大德间，拜户部侍郎。至大间，拜刑部尚书。延祐间，以户部尚书致仕。入官四十年，凡十四迁、八进秩，治绩之著，不可胜纪。《新元史》卷二三〇有传。

虞集《牟伯成先生墓碑》。

牟应龙（1247—1324），字伯成，其先蜀人，后徙居浙江湖州。宋牟嵲之子。登咸淳进士第。宋亡，故相留梦炎为吏部尚书，以书招之，不答。已而起家教授溧阳州，晚以上元县主簿致仕。以文章大家称于东南，学者称隆山先生。传另见《元史》卷一九〇、《元儒考略》卷二、《宋元学案》卷八〇、《新元史》卷二三四。

虞集《吏部员外郎郑君墓碣铭》。

郑大中（1270—1325），又名石抹大中，字义甫，河北真定人，唐兀氏。初补中书户部令史。历詹事掾史，出官纳绵总管府经历。仁宗在东宫时，尝因事得见，得为中书掾掌选调，升吏部主事。后历东平、嘉兴二路推官，甫召为吏部员外郎。出调广东，官于江西，归至京师，以疾卒。其子为国子生，与苏天爵同舍，以苏天爵状求铭于时为国子博士的虞集。

黄溍《吴府君碑铭》。

吴森（1240—1313），字君茂，浙江嘉兴人，尝与赵孟頫游。为元朝画家吴镇之叔。至大三年，朝廷旌表其门曰"义"。泰定间，屡以子吴汉杰获追赠。遂以四明黄向之状来谒文。黄溍以"府君之里居世绪、年寿卒葬，列于吴兴赵公所为志；趣操行事，施予惠利，播于永康胡公所为铭。庸敢掇取其大者，以为植德储祉之符而显志之"。所言赵志，即赵孟頫《义士吴公墓铭》；所言胡铭，应即永康胡长孺曾为之铭，但文已佚。

黄溍《冯君墓志铭》。

冯华（1241—1300），字君重，福州闽县人。尝以漕荐上春宫，不合，将南归，道梗于兵，乃即太湖上授弟子业。至元十三年，大军下常州，有以君名闻其主帅者，版受南剑州儒学教授，不果行，因留为宜兴人，终其身不复仕。著有《四书直解》若干卷，文3卷，诗5卷，乐府1卷。

元泰定帝三年　丙寅　1326年

虞集《管军中千户刘侯神道碑》。

刘济（1240—1291），字济川，河北大名人。祖为金义军千户，金亡，父归降蒙元，从攻宋，有战功，授管军千户。济从攻襄阳，有功，以修武校尉为千户。至元十六年，以功加武略将军。十八年，移戍海上。二十二年，选镇饶州。次年，移戍他郡。二十八年，加授中千户。子刘元亨，仕至福州总管，尝从征交趾。

虞集《大元清河郡侯张公神道之碑》。

张珪（？—1326），以子张居敬贵，赠清河郡侯。祖仕金，为郑州节度使。父善骑射，柏乡之人，咸依以为主。金主迁汴，据其城邑，元兵南下，降太师伯颜，以为柏乡尹。珪晦迹丘园，读书教子，乡党称为善士。张居敬，官济南路总管。

虞集《淮阳献武王庙堂之碑》。

张弘范（1238—1280），字仲畴，河北定兴人。张柔第九子。中统初，以行军司马从征李璮。世祖罢士侯子弟兵权，被免职。至元初，为顺天路管民总管，移守大名。六年，从攻襄樊。十一年，从伯颜伐宋，为前锋。积功升蒙古汉军都元帅，南取闽广，俘文天祥于海丰五坡岭。十六年，破宋师于厓山，勒石纪功而返。卒谥武略。至大间改谥忠武，延祐间再改谥献武。弘范资兼文武，幼尝学于郝经，善马槊，能歌诗。著有《淮阳集》1卷，附录《诗馀》1卷。事迹另见王磐《张弘范墓碑》、李谦《故镇国上将军江东道宣慰使蒙古汉军都元帅张公墓志铭并序》、《元史》卷一五六。

虞集《张宗师墓志铭》。

张留孙（1248—1321），字师汉，江西贵溪人。少入龙虎山学道。至元十三年，随三十六代宗师张宗演入朝，侍留京阙。十五年，授玄教宗师，江南诸路道教提点。大德中，加号玄教大宗师，知集贤院道教事。卒后追赠道祖神应真君。玄教一宗因其而兴盛。事迹另见袁桷《有元开府仪同三司上卿辅成赞化保运玄教大宗师张公家传》（《清容居士集》卷三四）。

虞集《熊与可墓志铭》。

熊朋来（1246—1323），字与可，江西豫章人。宋咸淳进士，授宝庆府判官，未上而宋亡。入元不仕，引退州里，著述讲学。后经行省参政徐琰等列荐为福建、庐陵教授。既归，调建安簿，不赴。后又以福清判官致仕。延祐初复科，参与制定江西行省乡试规程，江浙、湖广两行省先后致礼聘为考官，以儒士为重，皆应之。至治间，英宗拟亲祀太庙，奋然制礼作乐之事，翰林学士元明善以熊朋来为荐，未及召而卒。门人陕西行省左丞廉惇、前进士曾翰等，使以书来京师求铭。事迹另见《元史》卷一九〇、《元儒考略》卷三、《宋元学案》卷四九、《新元史》卷二三四。

黄溍《董秉彝墓碣铭》。

董复礼（1294—1326），字秉彝，浙江奉化人。家贫嗜书，衣败絮无以御寒，拥纸被挟册坐竟日，人莫见其有不堪之色。尝从乡先生鲁月卿为举子业，试有司不中，遂不复践场屋。翰林侍讲学士袁桷甚器重之。

黄溍《处州路儒学教授致仕王君墓志铭》。

王则之（1252—1324），字则之，以字为名，处州丽水人。宋咸淳末，待补太学诸生。太学事废，弃举子业，读书山中，为道德性命之说。至元三十年，起为缙云县教谕，迁处州路学正，升兰溪州学正。至治二年，以将仕郎、处州路儒学教授致仕。子释亦以儒学官借补潮州揭阳县湖口巡检。

元泰定帝四年　丁卯　1327 年

虞集《真大道教第八代崇玄广化真人岳公之碑》。

岳德文，真大道教第八代掌门，故家绛州，金元兵乱，迁涿州范阳。年十六，辞亲入道龙阳宫，后师从太玄宫希成真人。至元二十一年，宣授崇玄广化真人掌教宗师，统辖诸路真大道教事，又赐玺书褒护之。自是眷遇隆渥，中宫至召见，亲赐袍焉。

虞集《御史中丞杨襄愍公神道碑》。

杨朵儿只（1279—1320），世家河西宁夏，唐兀人。少孤，初事仁宗于藩邸。成宗崩，佐仁宗平定内乱，迎立武宗海山。仁宗即位，累官御史中丞。与萧拜住揭发丞相铁木迭儿奸贪，使之罢相。仁宗崩后，铁木迭儿复相，责以前违太后旨之罪杀之。泰定间得昭雪，追封夏国公，谥襄愍。《元史》卷一七九有传。

虞集《贺丞相墓志铭》。

贺胜（1264—1321），字贞卿，一字举安，小字伯颜，大都留守贺仁杰子。尝从许衡学。初入宿卫，世祖甚器重之。至元间，从征叛王乃颜有功。至元末，拜中书参知政事。至大间，进左丞相，行上都留守，兼本路总管府达鲁花赤。后被燕帖木儿冤杀。泰定初，昭雪其冤，追封秦国公，谥惠愍。至正间，追封泾阳王，改谥忠宣。至顺年间，虞集又为之作有《上都留守贺惠愍公庙碑》《贺丞相神道碑》。子贺惟一，后改名太平，顺帝朝仕至中书左丞相、兼修国史。事迹另见《元史》卷一七九、《新元史》卷一七五。

虞集《段氏阡表并铭》。

段氏，世居绛之稷山。宋司理参军讳应规为十一世祖。司理之六世孙讳矩，为金武威郡侯。生三子：钧、镛、铎。铎以正隆二年进士，官至华州防御使。与镛以文行称，谓之河东二段。钧生汝舟，汝舟生恒，恒生克己、成己、修己。克己、成己幼时，金礼部尚书赵秉文名之"二妙"。成己登至大进士第，主宜阳簿。入元不仕。克己终隐于家。一时诸侯大夫士，皆师尊之。兄弟著有《二妙集》传世。段辅为克己孙，以文行，迁应奉翰林，三为御史，遍历陕西、江南及中台，以司业教国子生，判太常礼仪院。

虞集《王知州墓志铭》。

王知州为王振鹏之父，以恩受封赠。王振鹏，字朋梅，号孤云处士，浙江永嘉人。以善界画受知于仁宗，尝为《大明宫图》以献，世称为绝。识者推为元界画之首。官至五品漕运千户。

虞集《史母程氏墓志铭》。

黄溍《蒋君墓志铭》。

蒋朋龙（1247—1327），字飞卿，浙江诸暨人。曾师事于石一鳌。黄溍为诸暨判官时与其结识，有同门之谊。

虞集《威宁井氏墓志铭》。约泰定帝四年

黄溍《亚中大夫汉阳知府致仕卢公墓志铭》。泰定年间

卢克治（1250—1323），字仲敬，河北开州人。至元十三年，从军取淮甸，入淮东都元帅府为令史。次年授承务郎、汉阳府判官。又换从仕郎、龙兴路总管府经历，用荐擢江西行尚书、中书两省左右司都事，以材敏见知于东平徐琰。迁江浙行中书省左右司都事，改两浙都转运盐副使，江浙等处财赋都总管，后调常熟、溧水知州。有《琴川集》《钱唐集》若干卷。

元泰定帝五年　致和元年　元文宗天历元年　戊辰　1328 年

黄溍《胡景吕先生墓志铭》。致和元年

胡渭（1245—1326），字景吕，浙江诸暨人。父为南宋承议郎、江南东路转运司主管文字。渭尝入太学。会元兵南下，学废士散，侍父隐居乡里，无复当世志，乃益致力于学，为文壹主乎理，至于诗歌俪语率不苟，有《鸡肋集》若干卷。

虞集《大宗正府也可札鲁火赤高昌王神道碑》。

月鲁哥（1261—1305），高昌畏兀儿人。少随祖父内迁大都。成宗时率兵镇守北方。后为大都兵马都指挥使，终大宗正府也可札鲁花赤，子买

间阶荣禄大夫，深得仁宗器重，是以延祐中特诏追封其父为高昌王，以为"异数"。

虞集《句容郡王世绩碑》。

燕帖木儿拥立文宗即位有功，追封其先世之绩，特赐碑勒铭。燕帖木儿，钦察人，先世自忽鲁速蛮归太宗。宪宗时，忽鲁速蛮子班都察又举其国来归，从征蔑乞思有功。后从世祖征大理、伐南宋。中统初，讨阿里不哥之乱，班都察与其子土土哈皆有功。土土哈（1237—1297），袭父职，至元间，从伯颜北征叛王脱脱木儿、昔里吉，又从平海都之叛。大德初，迁同知枢密院事，兼钦察亲军都指挥使。床兀儿（1260—1322），土土哈第三子。至元间，从太师玉昔帖木儿战百搭山有功，又随父从征叛王海都。大德初，袭父职，领北征诸军，累建大功。成宗崩，拥立武宗即位，加封句容郡王。仁宗即位，特授平章政事、知枢密院事、钦察亲军都指挥等。败叛王也先不花，帝念其功而悯其老，召入商议中书省事，知枢密院事。子燕帖木儿为文宗朝宰相，先世自忽鲁速蛮以下皆追封为句容郡王。

虞集《朱宜人吉氏墓碣铭》。

虞集《中书平章政事蔡国张公墓志铭》。

张珪（1263—1327），字公端，张弘范子。初擢管军万户。至元间，镇压太平、宣、徽等地起义。大德间，奉命出使川陕。升浙西肃政廉访使。延祐间拜中书平章政事。泰定初，与宋文瓒上奏疏，抨击时政，竭力主张杀铁失，未被采纳。后知经筵事，因病辞归。传另见《元史》卷一七五、《宋元学案》卷八八、《蒙兀儿史记》卷一三五、《元书》卷六八。

虞集《胡彦明墓志铭》。

胡景先，字彦明，河南安阳人。乡居不仕。子胡彝，以儒学进用，历践台省，明识法令，出入经史。官工部侍郎，为时名臣。生平另见王沂《胡公行状》（《伊宾集》卷二四）、马祖常《胡公神道碑》（《石田文集》

卷一二）。

虞集《赵曼龄墓志铭》。

赵曼龄（？—1328），讳某，字曼龄，河南相州人。游京师，自尚书工部辟知印，转八作司提举，翰林国史院管勾，留守司照磨，京畿运粮提举，彰德路林州知州，户部司计覆实司提举，典设署丞拜监察御史，太子家丞，积官中议大夫。

黄溍《故民应公碑铭》。

应普（1236—1304），字德施，浙江杭州人。早习举子业，后以非本志弃之，以进武校尉入南宋李庭芝幕下。入元不仕。自著峨冠大裙，逍遥城市中，日以教弟子、接宾客为事。曾识杨载为佳士，俾子本与之共学。应本生平参见至正九年黄溍撰《应中甫墓志铭》。

黄溍《黄彦实墓志铭》。

黄叔英（1273—1327），字彦实，浙江慈溪人。宋进士黄震子。历官晋陵、宣城、芜湖教谕，又为采石、和靖两书院山长。其居曰戆庵，学者称之为戆庵先生。与袁桷、黄溍皆有至交。著有《戆庵暇笔》3卷，诗文杂著总20卷。

黄溍《富阳朱君墓志铭》。

朱伯清（1236—1307），字源之，浙江富阳人。无他嗜好，好读书，日以切磨道义为务，不专取为举子业。会科举事废，得肆力于圣贤之遗言，所为诗文益就平实。县尹慕其为人，询其政事得失。尝与故尚书右丞叶李同事宋太学博士施南一。既殁且葬，孙天麟奉先友乡贡进士陈杞状请文。

黄溍《前承务郎王公墓志铭》。

王昌世（1268—1327），字昭甫，号静学。浙江鄞县人。父王应麟，宋淳祐进士，仕至朝请大夫、礼部尚书，学者称厚斋先生，以"宋三百年文献所存"，为东南学者宗之。昌世以恩补承务郎，未及禄，宋亡。不仕，从父修学，经史百家靡补究悉。搜集考订父之著述。尤精于《易》。主张"务学以实，勿事虚文"。著有文集《静学稿》20 卷。

欧阳玄《元故将仕郎临安路录事罗君墓志铭》。约天历元年

罗曾（1283—1327），字求师，江西庐陵人，登延祐首科进士第。居位勇退，以风义先天下。同年萧立夫子霁为其婿，霁为江西乡贡进士。

元文宗天历二年　己巳　1329 年

虞集《曹南王勋德碑》。

阿剌罕（1233—1281），扎拉尔氏。初袭父职为诸翼蒙古军马都元帅。平叛王阿里不哥、李璮之乱。从元帅阿术伐宋，有功。至元十三年，以参知政事佩金虎符，行江东宣慰使。十八年，召拜中书左丞相、行中书省事，统蒙古军四十万征日本，行次庆元，卒于军中。与其祖、父三代封曹南王。《元史》卷一二九、《新元史》卷一六〇有传。子也速迭儿，拥立文宗上位有功。子脱欢，顺帝朝拜中书平章政事。

虞集《翰林学士承旨刘公神道碑》。

刘赓（1248—1328），字熙载，河北洺水人。祖刘肃仕元，以外官召拜右三部尚书。赓历官国史院编修官、应奉翰林文字、同知德州事、太庙署丞、太常博士、监察御史、翰林直学士、礼部尚书、侍御史、翰林学士承旨、国子祭酒、集贤大学士。至治初，复入翰林为承旨。薨于位。

虞集《智觉禅师塔铭》。

中峰明本（1263—1323），临济僧，俗姓孙，法号智觉，浙江杭州人。少即求佛甚切，往参天目山高峰和尚。即所闻受传录刻印，行于四方。元仁宗聘之，不至，制金襕袈裟赐之，赐号佛慈圆照广慧禅师。一时王公驸马，莫不致礼。有《中峰广录》30 卷行于世。事迹另见《两浙名贤录》

卷六二、《元诗选》二集《中峰广录》、《元诗纪事》卷三四。

虞集《大辨禅师宝华塔铭》。

大辨禅师（1247—1322），临济僧，俗姓何，讳希陵，字西白，浙江义乌人。年十九落发于东阳资寿院。大德中住持袁州仰山太平兴国寺，延祐间移杭州径山寺。卒后，天历二年赐号大辨禅师。有诗名，所著《瀑岩集》及语录、偈颂行于世，均无传本。事迹另见《两浙名贤录》卷六二、《元诗选》壬集上、《新续高僧传》卷六一。

虞集《晦机禅师塔铭》。

晦机禅师（约 1241—1322），临济僧，俗姓唐，世为豫章儒家。初与兄子唐元龄学进士业。元龄登第，后从文天祥起兵遇难。师则落发从族父学佛。闻物初禅师住玉几寺，往依之十年，字之曰晦机。当时贵人多致师出世者，皆不答。至元中，杨琏真迦总统释教江淮，因旨与其俱朝京师。元贞年间，住江西黄龙寺。至大初，应请住净慈寺。至之日，行中书省、行宣政院之长，各率其属拜伏迎请，中国、高丽、日本之僧，前愿致师而不得者，皆争见门下以千百数。后归杭之大仰寺。度弟子数百，参学者数千人。虞集评为"一代之宗匠"。

虞集《故丹阳书院山长马君墓碣铭》。

马元椿（1264—1324），字景庄，浙江建德人。年三十，举孝廉，为丹阳书院山长，不就辟。卒，其子马泰至京师，请进士程谦引荐，求集铭其父之墓。

虞集《叶谦父墓志铭》。

叶逊（1262—1328），字谦父，国子学生叶恒之父，浙江鄞县人。欲以事功见于世，而无遇于用，乃退而自修于家，以儒法自约，自诩"叶氏儒家"。遣恒宦学京师。虞集尝吊其于程端学馆，后应程端学请为之作墓铭。

虞集《建宁路崇安县尹邹君去思碑》。

邹伯颜，山东高唐人，尝任建宁路崇安县尹。尝得《牧民忠告》于张养浩。

欧阳玄《秦长卿传》。至顺元年前

秦长卿，世祖时召在宿卫，与故御史中丞刘宣为友，以气岸相高。后被阿合马构陷杀害。仲子秦从龙预修《经世大典》，以欧阳玄所作《秦长卿传》上之史馆。传另见《元史》卷一六八、《历代忠义录》卷一一、《新元史》卷一八三。

欧阳玄《涿郡历代名贤碑有序》。

元文宗天历三年　至顺元年　庚午　1330 年

虞集《张氏先茔碑》。

陕西邢台御史中丞张晏使其子张孝则来谒，求文以志先世碑铭。张氏，世为河北邢州人。祖张文谦（1215—1282），字仲谦。幼与刘秉忠同学。尝召居潜邸。曾与窦默请立国子学。累赠推诚同德佐运功臣、太师、开府仪同三司、上柱国，追封魏国公，谥忠宣。于元朝统一、元初经济恢复发展、制定《授时历》诸方面有巨大贡献。事迹另见王磐《张氏先德之碑》、李谦《中书左丞张公神道碑》、苏天爵《左丞张忠宣公》（《国朝名臣事略》卷七）、《元史》卷一五七。张晏，字彦清，张文谦长子。成宗初授集贤侍读，升集贤学士兼枢密院判。累官至御史中丞。至治初归老，赠陕西省平章政事，封魏国公。谥文靖。事迹另见《元史新编》卷三、《新元史》卷一五七。张孝则，官奉训大夫、林州知州。

虞集《姚忠肃公神道碑》。

姚天福（1230—1320），字君祥，山西稷山人。初为县吏，后任监察御史，廷斥阿合马之奸，世祖嘉其直，赐名巴儿思。后历任淮西、湖北、辽东、山北等道按察使，刑部尚书、陕西肃政廉访使、真定总管等职，所至之处，皆有政声。大德间拜参知政事、大都路总管。传另见孛术鲁翀《大都路总管姚公神道碑铭》、王恽《大元中奉大夫参知政事稷山姚氏先德碑铭》、《元史》卷一六八、《蒙兀儿史记》卷七一、《元书》卷五九、《新元史》卷一八四。

虞集《赵文惠公神道碑》。

赵淇（1239—1307），字元德，湖南衡山人。仕宋为广南东路发运使。入元，初署广东宣慰使。见世祖于开平，拜湖南道宣慰使，佩金虎符。至元十五年，拜中奉大夫、湖南道宣慰使。尝与集父相往还。传另见卢挚《湖南宣慰使赵公墓志铭》（《元文类》卷五一）、《（光绪）湖南通志》卷一六四。

虞集《知昭州秦公神道碑》。

秦仲（1243—1293），字山甫，河南洛阳人。大父和，仕金为河南安抚使。归降蒙元，父安为河南三路提举。先事裕宗皇帝于潜邸。尝护送郝经还京师。世祖即位，召为宿卫。季父秦长卿上书奏阿合马之奸，被阿合马杀。因是去官，不复于仕。至元末，由行台治书侍御史裴道源举为昭州知州。

虞集《徽政院使张忠献公神道碑应制》。

张九思（1242—1302），字子有，大都宛平人。初入宿卫，后以工部尚书兼东官都总管府事。至元十九年，千户王著矫太子令杀阿合马时，适值宿官中，识破其伪，捕杀王著等人。迁詹事院丞，荐名儒宋衟衟、刘因、夹谷之奇、李谦等。三十年，拜中书左丞。成宗立，改徽政院副使，进中书右丞，领修世祖、裕宗实录。文宗时追赠鲁国公，谥忠献。子金界奴世其官，为大都留守，深受文宗宠睐。传另见《元史》卷一六九、《新元史》卷一八六。

虞集《宣徽院使贾公神道碑应制》。

贾秃坚里不花（？—1321），世为大兴人。大父尝自大兴谒元太祖于大漠，俾在宿卫治饔事，赐名昔剌，命其氏族，视蒙古人。从睿宗皇帝于和林，迎皇后于雍吉剌之地。从太宗皇帝灭金。从宪宗伐宋。世祖即位，赐金符，领尚食、尚药。卒赠嘉议大夫、闻喜郡侯，谥敬懿。后追封冀国公，谥忠隐。

虞集《曾巽初墓志铭》。

曾巽申，字巽初，江西庐陵人。虞集友。至大初，以所著卤簿图5卷、书5卷、郊祀礼乐图5卷、书30卷，上之江西行省。闻于天子，得对玉德殿，奏为大乐署丞。延祐中，为国史院编修官，著《周礼治鉴》等。进翰林应奉文字。英宗兴礼乐，作太庙。巽申又领造五辂事，未几，国有大故，事遂已。天历间以集贤照磨召。以图书见于奎章阁，未报；虞集荐其太常博士，亦未报。传另见《元书》卷八八。

黄溍《养斋蒋君墓志铭》。

蒋景（1255—1330），字君谟，浙江杭州人。学为医，然不专以其技自用，恒蓄善药，为丹济汤饵，以售于人。正一派第三十九代天师张嗣成尝为其书养斋两大字，前太常博士柳贯记之（佚）。子元龙介前进士汴梁段君以状谒铭。

黄溍《道一书院山长戚君墓志铭》。

戚象祖（1255—1332），字性传，婺州人。少尝师事王冕，益达于命义，杜门不出。有书数十百卷，隙然自放。大德中，用举为东阳教谕，迁绍兴和靖书院山长。年未七十，辄求致仕。复用为信州道一书院山长，辞不就，侨居永康以终。

欧阳玄《曾秀才墓志铭》。

曾秀才（1306—1330），名一汉，字明善，江西永丰人。不尚浮靡，不事货殖，笃志道德性命之书。未及仕，有学行。年二十有五，病痰喘以卒。其兄德元在京师，奉行述乞铭于欧阳玄。

虞集《王公信墓志铭》。约至顺元年

王孚（1248—1327），字公信，云南永平人。以子贵封从仕郎。子与奎章阁鉴书博士柯九思同以说书侍英宗皇帝于潜邸，因柯博士求而书其父之事。柯九思于本年拜博士。

黄溍《蛟峰先生阡表》。至顺元年后

方逢辰（1221—1291），字君锡，淳安人，宋淳祐十年科第状元，与黄溍曾大父为同年。原名梦魁，理宗改赐今名。累官兵部侍郎，国史修撰。德祐初，召为礼部尚书，不拜。入元不仕。授徒讲学，学者称蛟峰先生。有《孝经解》《易外传》《尚书释传》《学庸注释》《蛟峰文集》。事迹另见《万姓统谱》卷四九、《弘简录》卷一八一、《两浙名贤录》卷三、《宋元学案》卷八二、《宋史翼》卷一七、《元书》卷九一。

黄溍《真定路深州知州致仕刘公墓志铭》。至顺元年后

刘守谦（1257—1331），字谦甫，河北真定人。以吏起家，历任秘书监奏差、御史台殿中司知班、浙东海右道肃政廉访司管勾、承发架阁库兼照磨。后调婺州路总管府知事，升江南诸道行御史台为令史，又转霍州灵石县尹，以奉训大夫、真定路深州知州致仕。容止言论，闲雅不迫，有古君子风。善属文，尤喜为诗歌。事迹见《（雍正）浙江通志》卷一一六。

欧阳玄《元赠应奉翰林文字从仕郎安成刘聘君墓碑铭》。至顺元年后

刘蒙正（1270—1312），字圣功，号山泉先生，江西安成人。因其子刘闻升国子助教，推恩赠以应奉翰林文字、从仕郎。刘闻为欧阳玄至顺元年校艺南宫所得士，又同在胄闱，因为之作铭。蒙正幼习举子业，号曰奇童。年方富，世改科废，自以用不适时。性豪举旷达，笃于孝友。乡先生王圣与、赵仪可、崔君举、刘将孙，皆折行辈友之。著有《美暎集》若干卷。

元文宗至顺二年　辛未　1331 年

虞集《高鲁安公神道碑》（《全元文》题为《高庄僖公神道碑》）。

高觿，字彦解，渤海人，自祖徙居上党。初备宿卫。至元十八年，授工部侍郎。十九年，与张九思擒王著等以矫诏杀阿合马之人。二十二年，迁同知大都留守司事，又迁河南等路宣慰使。后追封鲁国公，谥庄僖。《元史》卷一六九、《新元史》卷一八六有传。

虞集《孙都思氏世勋之碑》。

孙都思氏，蒙古贵族。初有锁儿罕、世剌子、赤老温、八都儿者，父子俱事太祖，以忠勇见知。至以衣物缔交，结为安答，世袭答剌罕。赤老温、八都儿子阿剌罕，阿剌罕子锁兀都从太子阔端镇河西，后又与事太子只必帖木儿，子唐兀觯领怯薛官。唐兀觯长子建都班，天历初备入宿卫，官至侍御史。遂制赠其先辈，立碑西凉州先茔。事迹详见《元史氏族表》、《蒙兀儿史记》卷二八。

虞集《高昌王世勋之碑》。

高昌王族，世居畏兀儿之地。自巴而术阿而忒的斤亦都护（畏兀儿国王号），始臣于契丹。后归降蒙元。子马木剌的斤从宪宗伐宋，攻钓鱼山有功，还火州卒。子火赤哈儿的斤嗣亦都护，后战死。子纽林的斤（？—1318），武宗时继任亦都护，仁宗时封高昌王。长子帖木儿补化，嗣为亦都护高昌王。至治中，领甘肃诸军，仍治其部。天历初，佐文宗上位。召拜开府仪同三司、上柱国、录军国重事、知枢密院事，寻进中书左丞相，加太子詹事。《元史》卷一二二、《新元史》卷一一六有传。另《虞集全集》收录《嘉兴县风泾仁济道院高王祠记》一文，所记之人为纽林的斤子帖木儿补化。按：王颋认为此文为伪托之作，参见王颋《内陆亚洲史地求索（续）》，兰州大学出版社 2012 年版，第 325 页。

虞集《张宣敏公神道碑》。

张懋（1218—1280），字子美，河南涿州人。父张子良（1194—1271），仕至昭勇大将军、大名路总管府尹。初镇下邳，知归德府事。至元九年，从王师伐宋，屡有功。授明威将军、泗州安抚司达鲁花赤。官终怀远大将军、吉州路总管。子张珪，官拜监察御史。元好问为之作《归德府总管范阳张公先德碑》（《金文最》卷四一）。《蒙兀儿史记》卷六二、《新元史》卷一四四有传。

虞集《慕公世德碑》。

慕氏，本慕容后，有所避，去容易完。系出隋西河府君三藏，至宋进士姚始显。其后有讳津者，自新乡徙卫城，以学称推为吏。金亡入元，累授卫州等处提领。至元间卒。后以子完贵，受封赠。慕完，累官刑部尚书、中奉大夫、侍御史。《万姓统谱》卷九五、《（雍正）河南通志》卷五八有传。

虞集《佛国普安大禅师塔铭》。

普安大禅师（1217—1267），讳至温，字其玉，河北邢州郝氏子。宪宗八年，主上都大龙光华严寺，为开山祖师，统中原释氏。后赐号佛国普安大禅师，总摄关西五路、河南、南京等路州僧尼之事，刻印赐之。中统建元，纳印辞职。

虞集《广铸禅师塔铭》。

广铸禅师，讳广，俗姓黄，住持荆门当阳玉泉景德禅寺。殁，其弟子入京师，介奎章阁学士典签斡玉伦徒来求塔铭。

虞集《国子助教李先生墓碑》。

李凤（1254—1317），字翔卿，山东东明人。大德间除国子助教。著有诗集《西林集》，今不传。子李好文，字惟中，至治元年进士。至正间，累官太常院同知，寻以治书侍御史与修三史，出为西台治书，除翰林侍讲，累迁太常院使。帝开端本堂，命好文以翰林学士兼太子谕德。升翰林学士承旨，致仕归。

虞集《倪文光墓碑》。

倪文光（1282—1331），少入乡校，为歌诗，有出世之意。元贞初，东平徐琰按察浙西，招文光议幕中，甚奇之。荐诸行省，授学道书院山长。秩满，从金应新为玄学，又从杭州王寿衍游。玄教大宗师张留孙伟之，召而荐诸朝，以亲老辞。署为州道判，又进道正，以领祀事。延祐初，住持提点杭州路开元宫事，特赐真人号，是为玄中文节贞白真人。

虞集《元故宣武将军前卫亲军千户皇公墓志铭》。

皇毅（1231—1297），其先为金将领，归蒙元，以其军属木华黎国王。从征云南、伐宋，平判将李瓘、叛王乃颜，皆有功，进宣武将军。

黄溍《智者勤禅师塔铭》。

勤禅师（1250—1316），讳道勤，族何氏，字彦和，浙江浦江人。年十五，皈依佛门，依天宫善净师，年二十，得度受具，师从东叟禅师于杭之净慈寺。寻掌藏铨于湖之凤山寺，领同邑之大楼崇照寺。延祐初赴智者寺。

黄溍《格庵先生阡表》。

赵顺孙（1215—1276），字和仲，号格庵，学者称格斋先生。浙江缙云人。宋淳祐十年进士。淳祐间进士，自秘书郎五迁至侍御史，皆兼讲读之职。累官福建安抚使。知宋将亡，忧愤而卒。其父曾师事朱熹门人，有得于四书之学，赵顺孙承其家学，撰《四书纂疏》。另著有《中兴名臣言行录》《近思录精义》《孝宗系年录》《格斋集》等。事迹另见《（正德）姑苏志》卷四〇、《（同治）苏州府志》卷六〇、《宋元学案》卷七〇、《（雍正）浙江通志》卷一一〇。

黄溍《乡贡进士项君墓志铭》。

项良才（1218—1283），初名圭，字公望，台州临海人。精于说《诗经》。

虞集《陈焰小传》。至顺二年后

陈焰，字光伯，毗陵人。宋咸淳年间进士。入淮东帅印应雷幕府，掌笺翰。元兵攻宋，大兵渡江，将功常州。宋命故参知政事姚希德子姚訔守常，命焰任通判以佐之。二人励士气以守。城破，訔死之，焰犹调兵巷战，力尽而亡。

黄溍《吴母赵氏墓志铭》。

元文宗至顺三年　壬申　1332年

虞集《上都留守贺惠愍公庙碑》《贺丞相神道碑》。

参见泰定四年虞集作《贺丞相墓志铭》。

虞集《倪行简墓志铭》。

倪居敬（1289—1331），字行简，江西永丰人。延祐间游京师，得入国学。至顺年间，归省亲。还京师，病卒舟中。

黄溍《江浙儒学副提举致仕龚先生墓志铭》。

龚璛（1266—1331），字子敬，江苏镇江人。父潗，宋司农卿。德祐内附，士大夫居班行者，例遣北上，潗行至莘县，不食而卒。璛与弟理，力学不仕，时人以楚两龚比之。璛为文卓伟殊绝，自成一家。其文字交，与莫崙、俞德邻为丈人行，与戴表元、仇远、胡长孺、盛彪为忘年友。东平徐琰持辄右宪节，辟置幕下。寻举教官，历平江之和静、学道两书院山长。大名高公时参与外省，欲用其材，不就。用例调宁国路儒学教授，迁上饶县主簿，阶俱将仕郎，遂以从仕郎、江浙等处儒学副提举致仕，命下已卒。婿陈方为之状。著有《存悔斋稿》若干卷。事迹见《新元史》卷二三七《文苑传》、《吴中人物志》卷七、《（同治）苏州府志》卷一一一、《六艺之一录》卷三五六、《四库全书总目》卷一六六"存悔斋稿提要"。

黄溍《茶陵州判官许君墓志铭》。

许晋孙（1277—1332），字伯昭，江西建昌人。父炎，仕元为郁林州儒学教授。晋孙弱冠游京师，尝谒赵孟頫，得遍游大人、先生之门。以荐补国子学生，一时名师儒皆大奇之，太常博士姚燧尤器重之。登延祐首科进士第，授建昌南城县丞。断案有法，为民称道。调湖州路常兴州判官，后转茶陵州判官。

欧阳玄《元故隐士更斋先生刘公墓碑铭有序》。

刘过（1259—1327），字益翁，号更斋，江西庐陵人。受学里中王珏。尝侍先君子登巽斋欧阳守道之门，与须溪刘辰翁、中斋邓光荐皆以忘年友之。生平裕有才谞，薄于宦情。

黄溍《霁峰李先生墓志铭》。至顺年间

李洧孙（1243—1329），字甫山，号霁峰，浙江宁海人。咸淳进士，授迪功郎、黄州司户参军，未上，宋亡，黄州已归蒙元。栖迟海滨20余年，有终焉之志。大德二年，强起诣京师，述《大都赋》以献。居无何而归。六年，乃得杭州路儒学教授。延祐元年，选为江浙同考试官。三年，以从仕郎、台州路黄岩州判官致仕。侍御史冯翼尝荐其台职，不报。学者尊称之为霁峰先生。著《霁峰集》20卷，又重修《台州图经》等，现唯《大都赋》存世。事迹另见《（光绪）浙江通志》卷八一。

黄溍《张弘道墓志铭》。至顺年间

张士元（1266—1329），字弘道，浙江山阴人。延祐首科进士，历任庆元路鄞县丞、池州路贵池县尹、太平路总管府经历。以承直郎、同知铅山州事致仕。

元文宗至顺四年　元惠宗元统元年　癸酉　1333年

黄溍《刘君墓志铭》。至顺四年

刘君（1269—1332），浙江金华人。元贞、大德间，用荐者补儒学官，累迁处至石门洞书院山长。以母老，不赴，母殁后，绝意仕进。黄溍与其家为世姻。

欧阳玄《有元赠奉议大夫冀宁路中骁骑尉孝义县子殷府君碑》。约至顺四年

殷珍（1242—1289），家世汝南。家居有儒者风。自弱至壮，州郡荐辟，皆辞不就。子仲温，延祐中官奉宸副使，五迁至朝列大夫同佥中政院事。孙殷忠，国学生，从欧阳玄游。

虞集《临川先生吴公行状》。

吴澄（1249—1333），字幼清，号草庐，江西崇仁人。尝举进士不第。泰定间，任经筵讲官，主修《英宗实录》，以此诏加资善大夫，遂弃职南归。卒赠江西行省左丞，追封临川郡公，谥文正。著有《吴文正集》100卷。虞集亦为之作《祭吴先生文》（《道园学古录》卷四）。事迹另见揭傒斯《大元敕赐故翰林学士资善大夫知制诰同修国史赠江西等处行中书省左丞上护军追封临川郡公谥文正吴公神道碑》（《吴文正集》附录）、危素所撰年谱、刘岳申《祭草庐先生吴公文》（《申斋文集》卷一二）、《元史》卷一七一、《新元史》卷一七〇、《元儒考略》卷三、《宋元学案》卷九二、《（嘉靖）抚州府志》卷一〇。

虞集《敕赐琅玡郡公王氏先德碑》。

王懋德，字仁父（一作仁甫）。山东高唐人。由中书省掾吏授户部主事。至治间任南台御史，历官台宪。后至元二年擢中书左丞。与虞集、吴澄、马祖常交往密切，吴澄为其撰《善乐堂记》（《吴文正集》卷四三）、马祖常为其作《王仁甫左丞德符堂铭》（《石田集》卷八）。《元风雅》卷一四编入王懋德诗11首。事迹另见《高唐州志》卷五、《元诗选》三集《仁父集》。

虞集《靖州路达鲁花赤鲁公神道碑》。

鲁铁柱，字明善，号诚斋，高昌畏兀儿人。先人伽鲁纳答思，以高昌令族，通竺乾之奥学受知于世祖，出纳君命，以通四方之使，以达万国之情，积官至开府仪同三司、大司徒。居汉地久，其子又为圣贤之学，乃因父字，取鲁以为氏。铁柱初以奉议大夫佐江西行省狱讼之事，后升中顺大夫、安丰路达鲁花赤，继以嘉议大夫监衢州郡，再转监桂阳，终监靖州路。皆有惠政。

虞集《故修职郎建昌军军事判官雷君墓志铭》。

雷昇（1261—1333），字则顺，江西丰城人。兄为宋礼部尚书，宋元之交时殉国死。昇初辟建昌军军事判官，出官修职郎。入元，荐为清江丞，不就，遂终其身。

虞集《王宜之墓志铭》。

王得福（1236—1315），字宜之，山西太原人。居京师，善教其孙。孙辈最著名者即王守诚（1296—1349），字君实。历职馆阁，屡迁礼部尚书。尝与修《经世大典》、三史。出为河南行省参知政事，风采耸动天下。传见《元史》卷一八三、《大明一统志》卷一九、《元诗选》癸集。

黄溍《陈子中墓碣铭》。

陈中（1298—1333），字子中，涿郡人。曾从游于黄溍。邓文原曾为之居室匾书为"庸斋"。尝应乡试，不中。至顺四年卒于杭之寓舍。其友哲理埜台篯仕丹徒，适以事如杭，买石谒黄溍以铭。按：哲理埜台，蒙古人，至顺元年进士，早年肄业西湖书院，与陈中同游于黄溍门下，仕至湖广行省理问所官。

黄溍《赠承事郎尹公墓志铭》。

尹尧道（1262—1307），字道夫，安徽和州人。父尹京为咸淳进士，迁庐州教授。入元不仕。尧道幼习明经，入元科举事废，亦遂绝仕进意，屏居黄山。

黄溍《成全郎江浙官医提举葛公墓志铭》。

葛应雷（1264—1323），字震父，江苏平江人。父葛从豫业儒，而于九流百家无所不通，尤工于医。葛应雷幼年为举子业。宋亡，科举事废，亦以研习医术为务，四方士大夫奉币迎致之无虚日，延誉益广。大德十年，用荐补平江路医学教授。寻用省、台交举，擢江浙等处官医副提举、提举，阶自医愈郎升成全郎。前后在官十年，其学大行于东南。著有《医学会同》20 卷。传见李濂《葛应雷补传》（《嵩渚文集》卷八七）、《国朝献征录》卷七八、《医史》卷九、《（正德）姑苏志》卷五六、《（同治）苏州府志》卷一〇九、《古今医史》卷七、《（乾隆）江南通志》卷一七〇。

黄溍《吕君（权）墓志铭》。

虞集《平江路达鲁花赤黄头公墓碑》。元统元年后

黄头公，别名世雄，唐兀氏，世居濮州鄄城，占籍于塔思火你赤万户之军。始从事浙西帅府，摄清流、武平二县之长。新行至元钞法，署进义副尉、濮州平准行用库提领。例革除兴国路大冶县达鲁花赤，迁安丰路怀远县兼领蒙城、怀远秋夏之税。升嘉兴等处运量千户，改海道都漕运万户，凡九渡海。又迁郴州路达鲁花赤，改平江路达鲁花赤。未上卒。

虞集《元故武君明德墓志铭》。元统元年后

武亮（1283—1333），字明德，河南汴梁人。其兄买地集庆城中，作禅庵焉，御史中丞马祖常题之，又求文于虞集。

黄溍《青阳县尹徐君墓志铭》。元统元年后

徐泰亨（1269—1333），字和甫，自号可可道人，衢州龙游人。作诗善体物写情，凡所著有《端本书》《忠报录》《自警录》《可可抄书》各 1 卷，《历仕集》2 卷，《效方》3 卷、《吏学大纲》《折狱比事》各 10 卷，及家谱、诗集并藏于家，而《海运纪原》《福建总录》皆列于官书。

元惠宗元统二年　甲戌　1334 年

虞集《李仲华墓表》。

李荣，字仲华，江西抚州人。为行军令史。至元十九年，宜黄盗起，从监郡虎翼招讨郭昂捕之。逆众意，主不擅杀平民。

虞集《刘宗道墓志铭》。

刘自诚，字宗道，江西金溪人。乡居未仕。应其兄刘自得与其子刘儆请作。

黄溍《玄门高士陆君碑铭》。

陆应祥（1262—1333），字景云，江苏平江人。少失怙，能自刻厉检饬。性淡泊无嗜好，勤俭承家。生逢盛时，颇欲以才自奋，百未一试，辄去为道士。

黄溍《袁通甫墓志铭》。

袁易（1262—1306），字通甫。江苏长洲人。父元枢仕于宋。易不乐仕进，而有时名。部使者拟荐于朝，谢不应。行中书省署为徽州路石洞书院山长，欣然就职。秩满归，隐而不仕。筑室名静春，校订藏书万卷。赵孟頫尝作《卧雪图》（《高士图》）赠之，以其比汉代高士袁安，并称其与龚璛、郭麟孙为"吴中三君子"。工于诗，著《静春堂诗集》4 卷。事迹另见《吴中人物志》卷七、《元诗选》初集小传。

黄溍《松江嘉定等处海运千户杨君墓志铭》。

杨枢（1283—1331），字伯机，浙江嘉兴人。大德五年，致用院俾以官本船浮海至西洋（今印度洋一带）贸易，遇亲王合赞所遣使臣那怀等如京师，遂载之。贡毕，仍请护送西还。丞相哈剌哈孙如其请，奏授忠显校尉、海运副千户，佩金符，与俱行。以八年发京师，十一年至其登陆处忽鲁谟思（即波斯湾忽里模子），船只、粮食自备。又用私钱市其土物，以进平章政事察那等，引见宸庆殿而退。至大二年以疾归。家食者二十载，绝圭角、破崖岸，自号默默道人。泰定四年始用荐者，起家为昭信校尉、常熟、江阴等处海运副千户。俄升松江、嘉定等处海运千户，命下已卒。事迹另见《（雍正）浙江通志》卷一七，钱大昕《潜研堂集》诗集卷二有诗志其航海事。

黄溍《姜君墓志铭》。

姜君（1262—1332），由宋入元，遁迹弗仕，自台徙杭，又徙鄞、昌国。不以所居所养易其素，扁其读书之室曰敬斋。

黄溍《武义县尉萧君墓志铭》。

萧资（1282—1333），字深之，浙江兰溪人。初不汲汲于禄仕，后以门荫自陈，持文书诣京师赴吏部铨，与黄溍游。得调婺州路武义县尉，命下已卒。好作近体诗，有《双溪小稿》2卷藏于家，不传。

欧阳玄《元赠效忠宣力功臣太傅开府仪同三司上柱国追封赵国公谥忠靖马合马沙碑》。

马合马沙，户部尚书忽都鲁沙父。父也黑迭儿，大食人。侍世祖于潜邸，领茶迭儿局，掌管营造。至元三年奉命修筑大都宫城，为元大都主要设计缔造者。此碑实为父子勋绩共载之碑。《新元史》卷一五一有传，误作也里迭儿。

黄溍《故陕西诸道行御史台御史中丞赠摅诚宣惠功臣荣禄大夫陕西等处行中书省平章政事柱国追封滨国公谥文忠张公祠堂碑铭》。约元统二年

张养浩（1270—1329），字希孟，号云庄，济南历城人。初为监察御史，后累迁礼部尚书，又迁参议中书省事。以亲老，弃官归养。文宗起为陕西行台御史中丞，天历二年薨于位。卒谥文忠。至顺二年，制赠摅诚宣惠功臣、荣禄大夫、陕西等处行中书省平章政事、柱国，追封滨国公，谥文忠。乃作祠堂，以黄溍曾为其门生，俾述其碑。为学务实用，工散曲及诗。著有《归田类稿》22卷、《云庄休居自适小乐府》、《云庄类稿》及

《三事忠告》4 卷。《金元散曲》录存其小令 162 首，套数 2 套。文中有言"今皇上又申敕词臣，勒诸石章，昭揭墓隧矣"，推知与元统二年张起岩所撰《大元敕赐故西台御史中丞赠摅诚宣惠功臣荣禄大夫陕西等处行中书省平章政事柱国追封滨国公谥文忠张公神道碑铭》（《归田类稿》卷首）稍相先后。事迹另见危素《张文忠公年谱》（《说学斋稿》卷二）、《元史》卷一七五、《新元史》卷二〇二本传。

元惠宗元统三年　至元元年　乙亥　1335 年

虞集《九万彭君之碑》。

彭南起（1284—1335），号九万先生，江西庐陵人。年十二，入城府学于紫极宫，遂为道士。稍长，游湖湘，有文名，尤长于诗。著有诗文若干卷，道释仪文若干卷。

黄溍《南稜先生墓志铭》。

王炎泽（1253—1332），字威仲，浙江义乌人。幼习举子业，宋改元后，场屋事废，专意圣贤之旨，从徐侨传朱子之学。用荐起为东阳、常山两县教谕，迁石峡书院山长。以善教称，学者尊之为南稜先生。黄溍"自总角忝预弟子列"。著有《南陵类稿》20 卷。传见《两浙名贤录》卷一、《（雍正）浙江通志》卷一七六。

黄溍《鄱阳朱君墓志铭》。

朱明普（1259—1335），字升朝，自号止善，江西鄱阳人。少思自奋于科目，及宋改元，场屋事废，逮科目复，而明善已老。

欧阳玄《元中书左丞集贤大学士国子祭酒垂宪佐运功臣太傅开府仪同三司上柱国追封魏国公谥文正许先生神道碑》。

许衡（1209—1281），字仲平，号鲁斋，河内人。学者称鲁斋先生。忽必烈即位后，为集贤大学士兼国子祭酒，累拜中书左丞，封魏国公。至元初，上书《时务五事》，载录《元史》本传。卒追谥文正。与姚枢、窦默等讲习程朱理学。皇庆年间，从祀孔庙。著有《大学鲁斋直解》1卷、《鲁斋许先生直说大学要略》1卷、《小学大义》、《读易私言》、《孝经直说》1卷、《孟子标题》、《四箴说》、《中庸说》、《语录》、《鲁斋心法》等合为《鲁斋遗书》8卷、附录2卷、《揲蓍说》1卷、《阴阳消长论》、《鲁斋词》1卷。事迹见耶律有尚《许文正公考岁略续》、苏天爵《左丞许文正公》（《国朝名臣事略》卷八）、《元史》卷一五八、《中州名贤文表》卷六、《宋元学案》卷九〇、《元儒考略》卷一、《历代名儒传》、《新元史》卷一七〇、《蒙兀儿史记》卷八六等。另清郑士范编有《许鲁斋先生年谱》。

黄溍《筠岩律师塔铭》。（后）至元元年

筠岩律师（1246—1335），讳大节，俗姓赵氏，浙江会稽人。年二十六辞家入道，得度于上虞法果寺中孚禅师。其祖钦律师住台之妙果寺，遣从同郡花泾铦法师为天台性具之学。大父为律中宗匠，遂依石峰印律师于杭之灵芝寺。不数年，究悉其宗旨。

黄溍《承德郎中兴路石首县尹曹公墓志铭》。（后）至元元年

曹敏中（1265—1334），字子讷，浙江衢州人。延祐二年进士，授承事郎、同知奉化州事。至治二年，任定海县尹。后起为承直郎、宁国路总管府推官。秩满，迁承德郎、中兴路石首县尹，未上卒。

黄溍《嘉议大夫武昌路总管致仕张公墓志铭》。约（后）至元元年

张德荣（1258—1335），字显卿，山西晋宁人。弱冠，入福建平海等处行中书省为令史，迁湖广。后从其省官征两江叛蛮有功，授本省检校官。用御史中丞魏初荐，寻升左右司都事。转承直郎、出为宁国路宣城县尹，政绩卓著，擢陕西等处行中书省左右司员外郎。后佥殊祥院事、信州路总管。以嘉议大夫、武昌路总管致仕。

虞集《临川隐士孙君履常甫墓志铭》。

孙辙（1262—1334），字履常。少孤，以母教克自树立。与处士吴定翁、翰林学士揭傒斯为文字交。开门授徒为业。翰林待制柳贯提举江西儒学，礼为郡学宾师，辞之。江西行省平章政事岳柱等欲致师礼，亦不就。奉使宣抚齐履谦以遗逸举，不报。著有文集20卷，吴澄为之叙，今不传。虞集与燮理溥化皆为之作有祭文。传另见危素《临川隐士孙先生述》、《元史》卷一九九、《元儒考略》卷二、《续高士传》卷四、《元书》卷九一。

虞集《故临川隐士娄君太和墓志铭》。

娄志冲（1284—1336），字太和，江西临川人，系出宋仕宦家族。

黄溍《谷城县尉蒋君墓志铭》。

蒋吉相（1274—1321），字迪卿，号溪逸，浙江东阳人。父蒋沐，立义塾，延时巨儒方逢辰为师。入元后，沐受江东宣慰使左丞廉希宪荐，授进义副尉、南康路建昌县主簿。谢病而归，终身不复出。廉公念沐之不置，会婿平章政事孔公宣尉浙东，嘱其访其子孙。孔公一见君，深加器重，居馆下。后随孔公北上，有旨令备宿卫，驱驰两京，侍上起居服御以恭谨，数被称奖。又事仁宗于东宫。仁宗即位，春坊僚属并以恩超迁，独吉相止调穀城尉，阶不过初品。人皆以铨曹失其平。终于位。

欧阳玄《元封秘书少监累赠中奉大夫河南江北等处行省参知政事护军追封齐郡公张公先世碑》。

张起岩（1285—1354），字梦臣，山东禹城人。延祐二年左榜状元，生于累代仕宦之家。高祖官至元帅右监军权知济南府，曾祖张福为济南路军民镇抚兵钤辖权府事，祖父张铎为东昌录事判官，父张范官至四川儒学副提举。起岩列官中书，参崇国议，寻进二品。张起岩与元文宗生于同年同月同日，受其青睐，累官翰林学士承旨，总裁辽、金、宋三史纂修，修三朝实录。著有《华峰漫稿》《华峰类稿》《金陵集》各若干卷。传见《元史》卷一八二。除此先世碑外，欧阳玄亦为其父张范作《齐公墓志铭》（佚）。

欧阳玄《元故中奉大夫江南诸道行御史台侍御史刘公墓碑铭》。

刘宗说（1268—1336），字传之，号雪峰，世成都华阳人。幼侍祖父远宦岭外，既孤，既遭宋亡，克自树立，从乡先生赵抃学于宜春。又从卢挚学诗，卢甚赞之。弱冠以荐补广西宪使，再辟湖南贡南台察院史，官至江南行台侍御史，积阶中奉大夫。与欧阳玄父友契，尝遣其子受业于玄馆下。事迹另见许有壬《祭刘传之御史文》（《至正集》卷六九），李祁《云阳集》卷一有诗《挽刘雪峰侍御》。

欧阳玄《元安平王氏世德之碑》。

虞集《颖川夫人黄氏墓志铭》。

虞集《杨母夫人墓志铭》。

元惠宗至元三年　丁丑　1337 年

虞集《正议大夫江南湖北道肃政廉访使特赠宣忠效力翊戴功臣大司徒金紫光禄大夫上柱国夏国公谥襄敏杨公神道碑》。

杨教化（1278—1310），西夏唐兀氏，杨朵儿只之弟。幼事武宗于潜邸。成宗崩，佐仁宗平定内乱。武宗即位，任江南湖北道肃政廉访使。传见《新元史》卷一八三。

虞集《蒙古拓跋氏先茔碑》。

拓跋氏，自朔方至中原，居东平，及阔阔出之官东南，始久居长沙。曾大父按札儿从攻金国，为先锋，镇太原，屡有战功。子阔阔出历职台宪，官终岭北湖南道肃政廉访使。阔阔出子燕帖木儿，继拜监察御史。燕帖木儿长子观音奴，以宪府通事，除广东宣尉元帅府架阁库照磨。按札儿传见《新元史》卷一三〇。

虞集《袁仁仲甫墓志铭》。

袁公寿（1254—1311），字仁仲，江西临川人。历宋亡之际寇起之乱。自经史、医药、辨方、卜日之书，靡不精究。

虞集《故临川黄君东之墓志铭》。

黄大明（1254—1337），字东之。年二十遭宋亡，临川兵盗旁起未宁，父与幼子避之他所，皆遇害于盗。从乡人学医，著《集验良方》等医书若干种，藏于家。虞集患疾，曾得其治愈。

虞集《高州判墓志铭》。

高士贵（？—1335），字华父，官至承事郎、平江路吴江州判官。与虞集同为蜀人，世为姻好。虞集为其母作有《高氏贞节堂记》。

黄溍《赠奉议大夫大名路滑州知州骁骑尉追封白马县子王府君墓志铭》。

王思孝（1223—1290），源出金之完颜氏，字移忠，世居磁州，徙大名，入元后居宣城。以子大有贵受推恩封赠。王大有，仕至平江路总管府推官。

黄溍《临川李君墓志铭》。

李宗庆（1261—1337），字可善，江西金溪人。同乡危素述其行。

黄溍《秋江黄君墓志铭》。

黄一清（1263—1337），字清夫，安徽休宁人。曾用门生礼，拜中书平章政事李孟里第。年逾四十，始游京师，无所知名而归。适李孟以旧学相仁宗，贤才汇进，复游京师，李孟延为上座。赵孟頫亦欲荐之当路，辞而归。事母甚孝，集贤大学士陈颢以其母为节妇，其为孝子，奏赐旌表曰"节孝"。元朝徽人受旌表者，自斯母子始。母丧，走京师乞铭于虞集（《孝节黄母吴夫人墓志铭》），张珪时当国，问士于韩式，韩式荐之，张欲擢置馆阁，以葬母辞。终丧，复至京师，遍谢前为铭及哀挽者。中书、集贤皆欲用之，辞，去入玉莲山中。"其在京师，所主皆朝廷重臣"，"累朝元老、台阁名公，至于卑官下僚、新进之士，无不与之交。其死也，无不悲之"。

黄溍《奉训大夫武昌路诸色人匠提举漆君墓志铭》。

漆荣祖（1271—1336），字仲华。历任黄池、建康、杭州三地织染局副使，后迁武昌路诸色人匠提举。为人敦行孝弟，喜周人之急。翰林学士承旨姚燧至江东，喜其沉静寡言，进退闲雅，为之取号曰"可心"。

欧阳玄《元故承务郎建德路淳安县尹眉阳刘公墓志铭》。

刘彭寿（1273—1336），字寿翁，号象环，先居蜀，后寓居衡山。父渊，字学海，以《春秋》三领全蜀乡解，仕永州学正。彭寿得其家传。初荐为本县教谕，武冈路学正。登延祐首科进士第，赐同进士出身。历任县丞、库使，官终淳安县尹。为政勤于治民，疏于奉上，是以湖广平章虽力荐之，终不得大用。著有《四书提要》《春秋正经句释》《古今要略》诸书传世。事迹另见《（嘉庆）大清一统志》卷三六三、《元史类编》卷三六。

欧阳玄《边氏崇孝阡表》（第738—739页）（后）至元三年后

元惠宗至元四年　戊寅　1338 年

虞集《断崖和尚塔铭》。

断崖和尚（1263—1335），俗姓杨，浙江湖州人，临济僧。六岁，始能言。幼从母习《法华经》。后师从天目山高峰和尚。元贞初，高峰示寂，断崖亦韬晦。中锋明本禅师大扬高峰之道，法席之盛，中外罕及。明本逝，断崖继坐正宗禅寺，参学之众，辐辏而至。至顺间，文宗闻其道行，敕有司加护。元统二年，赐号佛慧圆明正觉普度大师。

虞集《铁牛禅师塔铭》。

铁牛禅师（1240—1302），俗姓王，讳特定，江西吉安人。年三十一，始得从肯庵勤禅师于其乡之西峰寺。又从雪岩钦公禅师于宜春之仰山寺。应岩请住东净寺。度弟子凡七十余人。

虞集《皮棨维桢墓志铭》。

皮棨（1297—1336），字维桢，江西清江人。虞集外甥。父滑曾任岳州路平江州判官，母为虞集妹。弱冠以文学成于乡。翰林学士吴澄、集贤大学士岳柱皆尝欲荐之。卒时年仅三十九。

虞集《故奉训大夫衡州路总管府判官致仕杨君墓志铭》。

杨壮行（1269—1339），字伯学，四川眉山人。系出宋仕宦之家。入元，父杨公巘以嘉议大夫为南安路总管。壮行倜傥好学问，喜交游，与当时名公邓光荐、刘辰翁、陈黄裳为忘年友。以江西参政徐琰荐，始以父荫除修武校尉、韶州路仁化县尹，历吉州税务提领、永新州判官、邵武路邵武县尹、广西庆远南丹安抚司经历，以衡州路总管府判官致仕。

欧阳玄《有元赠中奉大夫湖广等处行中书省参知政事护军追封鲁郡公许公神道碑铭有序》。

许熙载（1261—1327），字献臣，河南安阳人，许有壬父。以行省檄辟德庆路提控案牍，由是以本职历永、衡两路、湘潭凡三考成资，调长沙税使，迁临江、抚州两路总管府照磨将仕郎、湖广行中书省理问所知事，改从仕郎、会福院照磨，兼管勾承发驾阁库。张起岩撰其行状，马祖常志其圹。许有壬，字可用，与欧阳玄、张起岩、马祖常同为延祐首科进士。至正间官拜中书参知政事。

黄溍《成全郎江浙官医提举张公墓志铭》。

张去非（1246—1328），号实堂，浙江东阳人。精医学，尤擅以太素脉，言人吉凶贵贱寿夭，率皆奇中。人称"张太素"。至元二十六年，尚书左丞史弼宣尉浙东，治其疾。大德五年，获荐于朝。奏用为尚医奉御，食五品禄。大德六年扈从上京，治愈阿忽都楚王及其孙之奇疾，受上嘉赐，名闻朝野。

虞集《光州马氏桐乡阡表》。约（后）至元年间

马氏，其先出西域聂思脱里贵族。始来中国者曰和禄罙思，辽主道宗欲官之，辞，但请以临洮之地以畜牧，遂家临洮。和禄罙思生帖穆尔越歌，以军功累官马步君指挥使，人称马元帅，因以为氏。帖穆尔越歌生伯索麻也里東，年十四辽亡，为金兵所掠，归还后居静州之天山，金主熙宗数遣使征之，不就。伯索麻也里東生习礼吉思，一名庆祥，字瑞宁。善骑射而知书，凡诸国语言文字，靡所不通。金章宗时入卫绍王藩府。泰和中，以六科中选，试尚书省译史。卫绍王嗣位，始通问于蒙古成吉思汗。成吉思汗爱其谈辩，赐名也而添图古捏，汉言能士。暨再往，因留不遣。习礼吉思直陈归志，乃厚礼而归之。贞祐末，挈家从金主宣宗南迁汴，成吉思汗复遣使谕旨曰"宁无岁币，必得斯人"，宣宗幸和议之成，强遣之，申言不可，遂辍不行。元光二年，蒙古攻凤翔，战死。太宗窝阔台闻其忠义，遣内臣撒吉思不花抚问其家，得其三子，俾入觐于和林。宪宗蒙哥嘉之，使备宿卫。中统初，丞相线真等引见于世祖忽必烈。三子：曰三达，累有战功，官终中书左司郎中；曰天民，从伐宋，以功佩金虎符，为太平江州等路达鲁花赤；曰月忽难，一名贞，字正臣，官终礼部尚书。子十一人，其中马世荣生马祖常。马祖常登延祐二年进士第，卒官御史中丞，仕最显。《桐乡阡表》为马祖常请虞集铭其先世茔域，姑并系于此。马氏葬光州，皇庆年间，始表其茔域曰桐乡阡。

黄溍《马氏世谱》。约（后）至元四年

元惠宗至元五年　己卯　1339 年

虞集《非非子幽室志》。

　　余岫云（1286—1345），讳希圣，一字非非子，江西崇仁人。年十五，入道于宜黄县南华山昭福观。后辞师而去，遍历江汉、淮海，游乎齐鲁燕赵之间。入终南，登太白，而后还武当、衡岳、罗浮，出武夷，过天台，后归临川，居仙游山。吴澄之夫人余氏，乃岫云之从姑。有弟子彭致中，为仙游山昭清观住持提举。

　　虞集《通议大夫签河南江北等处行中书省事谥文肃陈公神道碑》。

　　陈思济（1232—1301），字济民，河南柘城人。初召入世祖潜邸以备顾问。中统初，从廉希宪等行中书省于陕西，又行省山东。至元间，拜监察御史，后历知沁州、同知绍兴路总管府事、两浙都转运司事、陕西汉中道提刑按察副使、浙东道宣慰司事、岭北湖南道肃政廉访使、池州路总管，累迁通议大夫、佥河南江北等处行中书省事。皆有廉政惠绩。《元史》卷一六八、《新元史》卷一九五有传。

　　黄溍《承务郎松江府判官致仕王公墓志铭》。

　　王肖翁（1272—1336），字传朋，浙江金华人。宋太师左丞相、鲁国文定公王淮之玄孙。起家衢、婺二路儒学录，大德中升婺郡儒学正。年未及格，授静江教授。居亡何，移病而归。延祐末，复起教授南康。至治初，辟江西行中书省掾史。泰定间，授海道都漕运万户府知事。转嘉兴录事，以松江府判官致仕。善书。《（雍正）浙江通志》卷一七〇、《新元史》卷二二九、《佩文斋书画谱》卷三七、《六艺之一录》卷三五七有传。

　　欧阳玄《元封河东郡公何公神道碑》。

　　何汝丽（1245—1308），字清父，世为汴大家。以子何约贵，累赠至中奉大夫、河南江北等处行中书省参知政事、护军，追封河东郡公。何约奉其行实谒铭于玄。何约字仲博，蒲州人。起家以儒试吏，累辟中书掾，除吏部主事，升中书左司都事，拜监察御史，俄迁台都事，转浙东宪副，选为河南行省左右司郎中，历曹州尹，复为山东宪副，入为都漕运使，就迁陕西行省参知政事，改湖北宪使，复奏留为陕西行省参政，迁河东宪使，召拜内台侍御史，稔为上知遇。子孙多贵显。事迹另见《（成化）山西通志》卷九。

欧阳玄《元故正议大夫福州路总管赠兵部尚书上轻车都尉追封渤海郡侯谥正肃吴公神道碑铭》。约（后）至元五年

吴恭祖（？—1339），字景庄，河南孟州人。祖益以医事世祖，父祯，皆以恭祖贵受追赠。恭祖姿貌魁特，性沉毅，有才谞。因不类汉人，与蒙古人无异，赐蒙古名，令入宿卫。为政以德化为务，居官多善政，第平生耻为声誉，唯以长厚见称于时。尝遇异人，授以异方，祖父用之，富不责报，贫不受直，全活甚多，故世称吴氏厚德。

元惠宗至元六年　庚辰　1340 年

虞集《昭文馆大学士中奉大夫夏公神道碑铭》。

夏希贤（？—1314），字圣可，江西广信人。少从乡先生谢枋得游。延祐初，起家超拜昭文馆大学士。受命未几，以疾薨。子夏文泳历仕内廷，累官中政院判官，名闻中朝；夏文泳为张宗演门人，拜元成文正中和真人，领江淮荆襄都提点。虞集与其兄弟交游四十余年，故文泳以碑铭嘱。

虞集《江西行省平章政事伯撒里公惠政碑》。

伯撒里（？—1366），康里部人。至顺年间，由燕王宫相拜中书平章政事。（后）至元年间，出为江西平章政事，进江西左丞。至正二十五年，拜中书右丞相，封永平王。传见《新元史》卷二〇〇。

虞集《故临川处士吴仲谷甫墓志铭》。

吴定翁（1263—1339），字仲谷，江西临川人。世为儒家，隐居不仕。与同乡揭傒斯、孙辙等为友，富有诗名，吴澄以为有盛唐之风，揭傒斯则

以之比涿郡卢挚。传另见陈绎《金罍子》中篇卷一二、《续高士传》卷四、《宋元学案》卷八四、《新元史》卷二三八。

虞集《黄县尹墓志铭》。

黄逵（1268—1340），字君谟。以子昭贵，恩封从仕郎、新州路罗田县尹。子昭登至顺元年进士第，虞集时为读卷官。

虞集《孝子谈君、节妇廖夫人墓铭》。

谈采（？—1306），字文卿，江西临江人。元故清江县尹谈济之子。济疾，采祈天以己之年寿益父寿，已而己亡而父存。

虞集《灵惠冲虚通妙真君王侍宸记》。

王文卿（1093—1151），字予道，号冲和子，宋宣和间江西临川人。曾作凝神殿侍宸之官，为道教神霄派创建者之一，善道法，人称"王侍宸"。

黄溍《宛平王氏先茔碑铭》。

宛平王氏，先家辽之盖州，自高祖璘由金降元，与二兄从睿宗攻汴，二兄死事。汴下，授虎符，管领女真、汉军都元帅。葬兄宛平，遂为宛平人。曾祖讳德彰，袭父职。祖讳堮，通文史，尤善译语，事宪宗为必阇赤。又受知世祖，擢礼部侍郎。父讳承良，尝由行工部怯怜口总管府令史补徽政院掾史，调将仕郎、冀州等处纳绵提举，迁从仕郎、崇祥监知事，监升为院，以承事郎为其院都事，又以承务郎为其院之规运提点。（后）至元六年，以子洪贵，父、祖皆受推恩封赠。王洪，字彦弘。初由晋王内史府掾升记室，遂入掾中书，以文林郎任礼部主事。官拜中顺大夫、江浙等处财赋都总管。

黄溍《饶州路儒学教授许君墓志铭》。

许熹（1275—1335），字华甫，浙江东阳人。始分教于武义，再调处之丽水。遂复调台之天台，用累考，充湖之东湖书院山长。秩满，调饶州路儒教教授，拜命而卒。

黄潘《许村场盐司管勾谢君墓志铭》。

谢瑞（1283—1339），字信翁，浙江杭州人。至顺间，关陕饥荒，朝廷募民入粟，谢父输米五百石，有司用例授以官。瑞初由衡浦场盐司管勾改吉安路永新州昇乡寨巡检。后调许村。

欧阳玄《大元敕赐故礼部尚书赠中奉大夫河南江北等处行中书省参知政事护军追封河东郡公傅公神道碑铭有序》。

傅杰（1257—1328），字虞卿，世家晋宁之汾西。以长子傅岩起贵，赠中奉大夫、河南江北等处行中书省参知政事、护军，追封河东郡公。傅岩起，初辟中书省掾，历陕西行省都事，入为吏部主事、太子太师。泰定元年，拜监察御史。迁左右司郎中、参议中书省事。四年，擢吏部尚书。文宗即位，起为同金枢密院事。授两淮都转运盐使，以淮漕称职，赐御酒金币，迁湖北、燕南、山东三道廉访使、陕西行台治书侍御史，入为中台治书侍御史，以言事忤旨。谢病归。（后）至元五年，召拜中书参知政事。进左丞，阶资政大夫，累封河东郡公。卒谥正献。（后）至元末年，傅岩起居中书，以隐逸之士荐同郡人张翥。至正初，张翥被征为国子助教，分掌教育上都生（参见《元史·张翥传》卷一八六）。事迹另见《（嘉庆）大清一统志》卷一三九、《新元史》卷二七〇。

欧阳玄《慕容氏先茔碑》。

慕容氏，来自睢阳，一迁于卫，一迁于曹。卫郡之族，至侍御史慕完显，其先茔在新乡县者已立碑，虞集至顺二年为之作《慕公世德碑》、许有壬作《故中奉大夫侍御史慕公墓志铭》（《至正集》卷五九）；曹郡之族，至武略将军章显。慕容章，武略将军。起家甘肃宣慰司奏差，岁满除河间运司阜民场监司管勾，改淮东淮西屯田打捕总管府提举司提举。所至克称厥职，岁进内饔，尝蒙金币之赐。至顺初，以云州银场提举致其事，进阶武略将军。

欧阳玄《元故赠中奉大夫河南江北等处行中书省参知政事护军追封清河郡公张公神道碑》。

张思忠（？—1290），字诚之，河南鞏县人，以子赠封，以孙吏部侍郎张惟敏赐碑。宋本撰有《清河公张思忠墓碑》。张惟敏，字孟功，泰定间以儒官补集贤院掾史，后追封梁郡公，累官至河南河北等处行中书省参知政事，谥文定。传见《明一统志》卷二九、《（雍正）河南通志》卷五九。

欧阳玄《永新龙母吴氏墓铭》。不晚于（后）至元六年

元惠宗至元七年　至正元年　辛巳　1341 年

虞集《江西省左丞史公神道碑》。

史壏（1273—1340），字彦和，河北真定人。出自元初汉人世侯真定史氏家族，曾祖史秉直，父史耀。初守瑞州，延祐间，超拜陕西行中书省参知政事。泰定初，改参知江西，寻进本省左丞。

虞集《亡弟嘉鱼大夫仲常墓志铭》。

余槃，字仲常，江西崇仁人。虞集弟，少从吴澄学。延祐五年试第，赐同进士出身，除吉安永丰丞。丁父忧，不及上。服除，除湘乡州判官。秩满，至京师与虞集相见，于道中卒。

虞集《吴提举墓志铭》。

吴善（1280—1339），字养浩，历官翰林国史院编修、太常博士、集贤待制、江浙儒学提举。平生所著有诗文各数十卷，《翰林应制》《太常谥议》数卷。

虞集《灵隐景德寺东屿海和尚塔铭》。

东屿和尚（1256—1327），讳德海，台州临海陈氏子，临济僧。至元

间，出世天台寒岩寺。大德中，受请居姑苏寒山寺，学徒云集。至大间，迁昆山东禅寺。武宗皇帝赐玺书金襕衣。皇庆初，迁杭之中天竺。延祐间，领净慈大刹。卒赐明宗慧忍禅师，有《六会语》传于世。

虞集《广西都元帅章公平徭记》。

元统二年十月，徭寇以其众起贺州富川县之境，入其县，大掠其民。乃以处州万户章伯颜拜镇国上将军、广西宣慰使兼都元帅，佩金虎符，以总其军，讨平之。王光鲁《元史备忘录·顺帝诸臣第九》载：章伯颜，顺帝朝左丞，抚州人，以便宜自署守城有功。

黄溍《正奉大夫江浙等处行中书省参知政事王公墓志铭》。

王都中（1278—1341），字元俞，号本斋，福建长溪人。父王积翁，至元间出使日本，遇难于海上。世祖念之，授都中为平江路总管府治中。秩满，除浙东宣慰副使，历郴州、饶州两路总管。迁两浙盐运使，历福建、浙东、广东宣慰使元帅。（后）至元间，以户部尚书领两淮盐运，终江浙行省参政。卒谥清献。《元诗选》三集辑有其《本斋集》1卷。《元史》卷一八四有传。史称："元时南人以政事之名闻天下，而位登省宪者，惟都中一人而已。"据《千顷堂书目》卷一〇与《补辽金元史艺文志》载，欧阳玄撰有《王清献公神道碑》1卷，今佚。

黄溍《元故徽州路儒学教授陆君墓志铭》。

陆德原（1282—1340），字静远，江苏平江人。家资殷实，谨守之。尚义好礼，以兄事永嘉林宽，从问古今体诗。于学校之事，尤致意焉。捐赀建甫里书院，馈重币迎儒先生为师，如陆文圭、龚璛、柳贯等。郡守赵凤仪为请于行中书省，署为山长，后调徽州路儒学教授。墓志铭由康里巎巎书，虞集篆额。事迹另见《吴中人物志》卷四、《（同治）苏州府志》卷八五、《（康熙）吴郡甫里志》卷六。

黄溍《乐平朱君墓志铭》。

朱以寊（1263—1331），字寋传，江西乐平人。年十四而宋亡，遂绝意仕进，恬淡自适。长于《易》，有诗文集《偶得集》若干卷。子朱公迁，任婺州路儒学正。

黄溍《安阳韩先生墓志铭》。

韩性（1266—1341），字明善，其先相之安阳人，扈跸南渡后，遂为浙江会稽人。博综群籍，精究性理之说。四方从学者甚众。永康胡之纲、胡之纯、胡长孺皆推重之。前代遗老，若王应麟、俞浙及文章大家戴表元往往折行辈与之交。同里与游最密者唐珏、王易简、吕同老，皆一时名士。为文一主于理，不为甚高论，而义理自胜，不期文之工而不能不工。尝有荐为慈湖书院山长，受而不起。张昇、王克敬、于九思前后为绍兴郡守，政事多所咨访于性。天历中，平章政事赵世延首以其名闻于于上。后门人李齐以进士第一为御史南台，又力举其行。及卒，月鲁不花请于朝，谥庄节先生。著有《礼记说》《诗音释》《书辨疑》《五云漫稿》等。事迹另见《元儒考略》卷三、《元史》卷一九○、《两浙名贤录》卷四、《宋元学案》卷六四、《新元史》卷二三五。

黄溍《元故中奉大夫湖南道宣慰使于公行状》。

于九思（1268—1341），字有卿，蒙古名伯颜。其先仕金，居汴梁。金亡，迁云中，再迁蓟丘，遂为蓟丘人。祖伯仪以经义试中程，得占儒籍。至元间，以刘秉忠荐，召见大安阁。预定朝仪，授尚医局使，久之，进丞太常，积皆朝列大夫。父夔受知左丞姚枢，为中书省掾。九思以善为译语，入尚书、中书两省为必阇赤。至元末，授承直郎、尚舍监丞。大德间，累官诸暨知州，迁知奉化。皇庆初，除两浙盐运副使，历江浙理问官、杭州路总管。至治间，除海漕万户。泰定间，迁绍兴路总管。天历间，升湖南宣慰使，致仕居杭。据文，九思曾受追赠二代，欧阳玄奉敕制其碑文，但文今已佚。

黄溍《丹阳县尹致仕薛君墓志铭》。

薛观（1271—1340），字处静，浙江鄞县人。至治癸亥以特科分教平江之常熟州。秩满，迁杭州。用累考补将仕郎，主常德之沅江县簿。援礼引年，授承事郎、镇江路丹阳县尹致仕。

黄溍《雅州知州钱公墓志铭》。

钱文煜（1272—1337），字光远，先由嘉兴徙无锡，后定居新安。许衡曾招文煜至辇下，欲署其官，后又力荐之于朝，以为承事郎、知雅州，皆辞之。

黄溍《玄明宏道虚一先生赵君碑铭》。

赵嗣祺（1277—1340），初学道于武夷山天游道院张德懋，后从杜道坚居吴兴升元报德观。杜为广其见闻，勉之出游京师，遂诸公贵人，多慕而与之交。若张留孙、吴全节等咸加礼遇，因挽置馆下，声誉日起。延祐初，主仙都玉虚观、少微紫虚观提点，又住金陵玄妙观。至顺初，赐号教门真士、玄明宏道虚一先生。寻诏改玄妙观为大元兴永寿宫。

黄溍《蒋君墓碣铭》。

蒋宗简（1311—1341），字敬之，江苏金坛人。师事程端礼，凡天人性命之本、古今治乱得失之迹，靡不参究。郡庠延为小学师。试有司不偶，辄散弃旧作，潜心古文。危素欲偕之至京师，以母老辞。柳贯赏其文，欲荐之，而宗简以疾不起。著有《易集义》《诗答问》《春秋三传要义》若干卷，文集 10 卷，不传。

欧阳玄《王氏世德碑》。

王氏，其先京兆之同州朝邑县都仁乡人，中叶避兵，迁平阳，已而复还。四世以下，以由义贵，始有封爵。并以由义事君之贤，有敕命欧阳玄属笔制文，叙其世次先德。王由义，字仲方，号慎斋，朝邑人。为御史，累有献替，从幸上京。后至元六年除大都副留守。至正初，迁彰德路总管。未终更，征为兵部侍郎。生平另见《（嘉庆）大清一统志》卷二四五、《（雍正）陕西通志》卷三三、《（雍正）河南通志》卷五五。

欧阳玄《元赠鄱阳郡君宣文阁授经郎周君伯琦曾祖妣宋封安人方氏墓道碑铭有序》。

虞集《胡母李孺人墓志铭》。

元惠宗至正二年　壬午　1342 年

虞集《贞节夫人怯烈牟氏传》。

怯烈牟氏（1285—1329），故河南参政庄武公之妻，蒙古人。年二十八而寡，孝上慈下，至正二年旌表贞节。子字颜帖木儿仕至江西廉访副使。

虞集《靖州路总管捏古台公墓志铭》。

十里牙秃思（1284—1341），蒙古族捏古台氏，官终正议大夫、靖州路总管府兼管内劝农事。子笃列图，字敬夫，至顺元年右榜进士第一，居江西永丰，仕至江南诸道行御史台监察御史。事迹见王逢《故内御史捏古氏笃公挽词》（《梧溪集》卷三）、《新元史》卷二一三。

虞集《熊同知墓志铭》。

熊昶（1262—1342），字昶之。少用父命，习文史法律，以待世用。至元中，得陈元凯荐，徙官临江。江西行省辟掾，又调南康南安巡检，改尉崇仁，稍迁湖南常宁州判官，遂以承事郎、瑞州同知新昌州致仕。

虞集《傅民德墓志铭》。

傅师道（1270—1340），字民德，江西崇仁人。至大中，昆季兄弟先后游京师。弟师孟、师愈先后除衢州路儒学教授。师道不欲久留京师，达官以其意，为荐尚书省，移书江浙而用之，不复计其成。

虞集《故梅隐先生吴君墓铭》。

吴辰子（1267—1339），字君明，江西金溪人。其家五六世，自宋绍兴，至于宋亡，皆得与贤士大夫游。尝举家游于陆九渊之门。临川内附，学者多废，君明亦从儒先生冯德一、傅阳凤、谢元礼，卒业而后已。

虞集《中山处士汪君墓铭》。

汪应新（1259—1338），字元美，安徽新安人。尝受业于宋儒饶鲁。居乡有义行。有子五人，皆业儒。第四子汪克宽（1304—1372），字德辅，元泰定年间中举，会试以忤直见黜，遂弃科举，尽力于经学。执教弟子甚众。元亡，不仕。明洪武初，聘至京师，与修《元史》。精于《春秋胡氏传》。著有《环谷集》。

虞集《艾圣传墓志铭》。

艾道孙（1271—1340），字圣传，江西临川人。出于宋世儒家。

黄溍《太傅文安忠宪王家传》。

柏铁木尔（1282—1326），又译伯帖木儿，西域哈剌鲁氏，曲枢之子。幼从曲枢事爱育黎拔力八达，深受宠信。大德末参与宫廷政变，武宗即位，爱育黎拔力八达被立为太子，以为太子府正。至大间，为陕西行省参知政事，除太子家令。爱育黎拔力八达即位，授大都留守兼少府监、武卫亲军都指挥使，掌环卫官。建议行科举法。延祐间，拜中郎平章故事。复翰林学士承旨，兼职如故。仁宗崩，英宗逝，泰定帝登位，召复为留守，以疾辞。有子名蛮子，以才行历官华要，顺帝追念其先烈，始诏中书议王父子恤典，皇太后命欧阳玄赞柏铁木尔画像。至正元年，复敕翰林学士欧阳玄制柏铁木尔神道碑铭（佚）。

黄溍《径山元叟禅师塔铭》。

元叟禅师（1255—1341），俗姓何，讳行端，浙江临海人。大慧禅师四世孙。年十一从卒叔父得度于杭之化成院。累师高僧名宿。大德间，出住湖州资福寺。至大、延祐间，受行宣政院札，先后住持杭州中天竺、灵隐，赐号慧文正辩，入觐仁宗后，又加号佛日普照。泰定初，受命住持径山。传另见《释鉴稽古略续集》集一、《元诗选》二集卷二六、《续传灯录》卷三六、《全浙诗话》卷二六。

黄溍《上天竺湛堂法师塔铭》。

湛堂法师（1265—1342），俗名孙姓澄，号湛堂，浙江会稽人。初投佛果寺禅师石门殊律师。后依佛鉴铦法师为天台之学，闻鼎山举法师讲席之盛，更往依焉。寻归侍石门。逮石门示寂，谒云梦泽和尚于南天竺。当时，天台国清寺，实智者大师行道之所，有人据而有之，且易教为禅，湛堂不远数千里走京师，白于宣政院，卒复其旧。成宗时，欲游高丽，求天台遗书，彼国答以无有，于是不行。英宗时，被旨校正经、律、论三藏。校正事毕，特赐金襕袈裟，加以御用衣段。在白塔寺建水陆大会，法师说法众皆悦服，上降玺书加护，进号佛海大师。一时文学侍从之臣，皆赋诗以美之。泰定初，以选住上天竺观音教寺。著有《金刚经集注》《心经消灾经注》《阿弥陀经句解》《仁王经如意轮呪经科》。

黄溍《真如观主寿公塔铭》。

徐正寿（？—1342），别号松壑，浙江杭州人。家故业儒，初学浮屠法于南天竺崇恩演福寺。从住持柳塘权公法师得度于沙门。后玉冈润公法师来住是山，闻其妙教，道誉日广，遂升居第一座，为学者师。

黄溍《玄和明素葆真法师陈君碣铭》。

陈彦俭（1289—1342），字鹏举，世为鄱阳望族。年十五，至龙虎山，见玄门高弟何恩荣，遂受业于玄教大宗师张留孙门人薛义。泰定年间，特授玄和明素葆真法师，提点观事。顺帝初，迁提点龙兴玉隆万寿宫，辞不赴。

黄溍《龙泉章府君墓碣铭》。

章格（1267—1329），字元寿，浙江龙泉人。不意仕进，嗜黄帝内经、甲乙灵枢之学，多义治之举。

黄溍《翰林待制柳公墓表》。

柳贯（1270—1342），字道传，自号乌蜀山人，浙江浦江人。早年师从金履祥，又执弟子礼于方凤、吴思齐、谢翱。大德间为江山县教谕，至大初迁昌国州学正，延祐时除国子助教，升博士，泰定间迁太常博士，任江西儒学提举。至正初迁翰林待制，寻卒。门人私谥文肃。凡六经、兵刑、律历、数术、方技诸书无所不通。著有《柳待制文集》20卷、《字系》2卷、《近思录广辑》3卷、《金石竹帛遗文》10卷等。事迹另见宋濂《柳先生行状》（《文宪集》卷二五）、戴良《祭先师柳待制文》（《九灵山房集》卷七）、《元史》卷一八一、《新元史》卷二三七、《蒙兀儿史记》卷一二〇、《宋元学案》卷八二、《元儒考略》卷四、《两浙名贤录》卷四六、《吴中人物志》卷一〇、《金华先民传》卷二、《金华贤达传》卷一〇、《姑苏志》卷五七。

黄溍《绍兴路总管宋公去思碑铭》。

宋文瓉，字子章，河南南阳人。累掾台、省，由浙西宪司经历迁江浙行省左右司都事，入为兵部员外郎，历左右两司都事，拜监察御史，迁中书左司员外郎，出为江浙行省郎中，召除大宗正府郎中，迁中书左司郎中，出为江浙行省郎中，召除大宗正府郎中，进礼部侍郎，改同金储政院事，后擢杭州路总管。

黄溍《青田县尉郑君墓志铭》。

郑德璋（1245—1305），字子振，祖籍睦州，后迁浦江。历宋元易代之革，为人刚直，在乡党有捍卫乡民、诱捕作乱者、平大盗之绩。其族为元廷旌表"义门"。

黄溍《信州路总管府判官谢公墓志铭》。

谢晟孙（1257—1342），字唐卿，浙江临海人。咸淳间以恩补官。入元，用荐授承务郎、信州路总管判官，辞不赴。中州名老阎复、徐琰皆举之，终不以仕进屑其意。蓄书数千卷，日以教子为务。

黄溍《化州路儒学教授王君墓志铭》。

王勋（1259—1335），字仲昭，浙江山阴人。初由江山教谕迁慈湖山长，调肇庆，再调化州。

黄溍《溧阳孔君墓志铭》。

孔学诗（1260—1341），字文卿，江苏溧阳人。宋元之战中，赞其父降元，乡井赖之以完。

黄溍《汴梁稻田提举周公墓志铭》。

周应星（1269—1342），字辰翁，江西鄱阳人。周伯琦从父。延祐年间，用荐为汴梁稻田提举，辞不赴。

黄溍《赠从仕郎浙东道宣慰使司都元帅府都事赵府君墓志铭》。

赵孟赉（1273—1336），字仲良。其先为宋之宗室，世为汴人，南渡后定居浙江黄岩。父赵与𤇀，仕至翰林学士。幼习蒙古文字，用荐授温州路蒙古字学教授。至正二年，子赵由钦登左榜释褐第一，授七品官，以子贵，赠从仕郎、浙东道宣慰使司都元帅府都事。

黄溍《诸暨陈君墓志铭》。

陈嵩（1273—1342），字以高，浙江诸暨人。与兄以尚义称其乡。雅志丘壑，无意仕进，为人孝敬父母，友爱兄长。

黄溍《承直郎潮州路总管府知事孔君墓志铭》。至正二年

孔涛（1286—1342），字世平，孔子五十二世孙。宋绍兴初，自曲阜徙衢州，遂为浙江衢州人。年二十，举茂才异等，一时名士大夫若胡长孺、赵孟頫、邓文原皆器重之。执弟子礼于卢挚、姚燧。用察举，署宁国路儒学录。延祐首科失利落选，以特恩授溧阳州儒学教授。七年，江浙行省辟为掾史。泰定元年登进士第，超授从仕郎、平江路昆山州判官。后改

吴江州判官。用覃恩，转承事郎，被省檄点浙东诸仓库。又调桂阳州判官。秩满，升承直郎、潮州路总管府知事。赴潮途中，疾作卒。

黄溍《朱君墓志铭》。至正二年

朱君（1277—1336），从父学吏事，虽卑官下僚，却能行古道，仕不择禄。

欧阳玄《元故旌表高年耆德山村先生欧阳公墓碑铭》。

欧阳泾（1241—1335），字源清，号山村，江西防里人，欧阳玄族兄。曾祖安世，祖必恭，父起宗，皆教授乡里。世父龙瑞，登咸淳七年第。泾早年习举子业，精敏有声场屋，与季父同登，俱待补国学。至宋亡，科举废，乃更沉潜性命之学。卒年九十有五。至顺初，以高年耆德旌表之。

欧阳玄《居士欧阳南谷墓碑铭》。约至正二年

欧阳同寅，字同甫，号南谷，江西防里人，世为望族。幼为学质实。既长，赋性刚塞，居家庭有孝行，处乡党有直声，轻财而贱利，贵义而重德。于欧阳玄父欧阳龙生为族弟，欧阳玄为其族子。

欧阳玄《欧阳奇翁先生墓志铭》。约至正二年

欧阳文寿，号奇翁，欧阳玄族兄，防里人。仁宗族，义乡党，内外称之无间言。中年文学大进，不求利达，师表乡间。晚节深居，罕与人接见，唯幅巾藜杖，逍遥林壑间。欧阳玄在朝，奇翁尝遣侄访之，及至正二年欧阳玄谒告南归，又访之于家，嘱叙其谱。谱成而奇翁殁。

虞集《曾孺人墓志铭》至正二年

元惠宗至正三年　癸未　1343 年

虞集《立只理威忠惠公神道碑》。

立只理威（1254—1310），唐兀人，历官四川行省左丞、湖广行省右丞，

至大年间卒，谥忠惠。至正二年，追封秦国公。次年，其长子中奉大夫、山南江北道肃政廉访使买讷，自山西使人暑行三千余里至临川请虞集铭。

虞集《湖南宪副赵公神道碑》。

赵天纲（？—1343），字之维，河南安阳人。其先仕于金，多显贵。父赵思恭仕元，历仕至监察御史，佥河南宪。天纲能世其家学，尝见许衡于京师，刘因于保定。初以茂异举为灵辟县儒学教谕，升宿州儒学正，辟河南宪使。延祐间，起掾江浙行省。泰定初，掾南行台，后入掾内台。文宗时，除浙东宪司经历，拜南行台监察御史。至正初除岭北湖南道肃政廉访副使。事迹另见《（至大）金陵新志》卷六。

虞集《新昌王县尹墓志铭》。

王理（1242—1328），字伦卿，浙江诸暨人，以推恩赠新昌县尹。卒后十六载，其子江西行中书省左右司员外郎王艮以翰林待制柳贯叙录，天台向炯、遂昌郑明德所述遗事而请铭。

虞集《万安王县尹墓志铭》。

王孟（1268—1326），江西庐陵人，以恩赠万安县尹。子王充耘，登元统元年（1333）进士第，除承事郎、同知永新州事。

虞集《同安县主簿周君仁甫墓志铭》。

周胜孙（1259—1325），字仁甫，江苏上元人。宋时为乡贡进士。至元间辟为泉州同安主簿。辞官，归上元，不复仕，优游山水而终。

虞集《赵照磨墓志铭》。

赵谦（1291—1343），字仁卿，山东濮州人。延祐间，用御史荐起家为湖南宪使，后历湖北、江西、江东分司、浙西，皆有政声。至正三年除承事郎、江州路总管经历，命未下而卒。

虞集《朱环溪墓志铭》。

朱用中（1264—1343），字名表，江西建昌人，居环溪。家素贫，开门授徒为业，或从人招诸塾。子朱礼为庐陵学官，尝客于集。

虞集《游汝义墓志铭》。

游绍雅（1258—1341），字汝义，江西崇仁人。既习文史，又能从事道术。玄教大宗师尝举以为玄学讲师。居乡，与虞集为邻。

黄溍《嘉定等处万户郝侯政绩碑铭》。

郝天麟，河南宛丘人。务学若醇儒，为政若循吏，驭兵若古名将，无一毫贵官习。官拜平江十字路万户。事迹另见《（万历）嘉定县志》卷一五《兵防考》。另据《（光绪）嘉定县志·金石志》，揭傒斯撰有《万户郝天麟惠民记》，今已佚。

黄溍《下天竺玉冈法师塔铭》。

玉冈法师（1275—1342），俗姓顾，讳蒙润，号玉冈，浙江海盐人，居杭州天竺灵山教寺。

黄溍《朝列大夫杭州路总管府治中致仕范府君墓志铭》。至正三年后

范景文（1285—1343），字焕卿，河北真定人。至大年间，以茂才异等荐于中书，蜀真定路儒学正，未赴。皇庆时，辟廉访司掌书司官，分按嘉兴、建德。延祐初，入江南御史台为察院书吏，后入宣政院辟充令史，又擢宣政院掾史。至治间，授临安县主簿。泰定时，辟充本省掾史，寻升提控。天历间，迁松江府知事。用荐擢江西行中书省理问所知事，未上。（后）至元年间，除平江路总管府推官。至正间，迁湖州路总管府推官。

黄溍《危母欧阳氏墓志铭》。

虞集《赵夫人墓志铭》。

元惠宗至正四年　甲申　1344 年

黄溍《龙翔集庆寺笑隐禅师塔铭》。

释大訢（1284—1344），俗姓陈，字笑隐，江西南昌人。家世业儒，去而学佛，得法于晦机熙公。初住湖州乌回寺，迁杭州报国寺，再迁中天竺寺。文宗即位，以金陵潜邸为大龙翔集庆寺，特选为主寺事。时名颇著，一时名士贡奎、张雨、萨都剌、虞集、张翥等都与之唱和往还。顺帝时，加号释教宗主、兼领五山寺。与圆至（字天隐）、本诚（号觉隐），并称元僧"三隐"。有诗文集《蒲室集》15卷行世，虞集作序，流传较广。生平另见《大明一统志》卷四九、《元诗选》初集《蒲室集》、《元书》卷九五。

虞集《昔里哈剌襄靖公神道碑》。

昔里哈剌（1251—1321），高昌畏兀儿人，居江苏溧阳。初事裕宗，后从丞相安童事宫掖，备宿卫。中统建元，自内廷即拜监察御史。后授行中书省断事官，至元二十一年，出为同知扬州路总管府事。又召兵部侍郎以进，寻转吏部侍郎。后又出为建德、杭州二路达鲁花赤，入为户部尚书，佥河南江北等处行中书省事，改江东、广东道宣慰使，拜甘肃等处行中书左丞，改江西、湖广等处行中书省平章政事。卒赠陕西等处行中书省平章政事，追封秦国公，谥襄靖。子久住，用荫授资乘库大使，历临江、赣州两路治中，官武略将军。将改葬其父，使幕府胡震述其行状来求铭。

虞集《焦文靖公神道碑》。

焦养直（1238—1310），字无咎，山东堂邑人。祖、父为金进士。夙以才器称。金元之际，文籍泯绝，经史多手抄。至元十三年，以词赋经义中选，从河东辟为吏。二十三年，举茂异，除真定路儒学教授，一时名公问学不绝。董文忠亲任内廷典瑞监。二十四年，从征乃颜。大德间，迁集贤侍讲学士，进集贤学士，升太子谕德。至大初，授集贤大学士。卒赠河南等处行中书省右丞，谥文靖。《元史》卷一六四、《新元史》卷一九一有传。

虞集《董忠宣公家庙碑》。

至正四年七月，董守恕到任江西行省参政，虞集自临川山中出会之，应其请撰家庙碑。董士选，字舜卿，董文炳次子。仕至陕西行省右丞，谥忠宣。虞集昔在董士选之馆五十年。事迹另见吴澄有《元荣禄大夫平章政事赵国董忠宣公神道碑》（《吴文正公集》卷三二）、《元史》卷一五六。

虞集《故罗坊征官刘君畴墓志铭》。

刘宷（1273—1343），字君畴，江西鄱阳人。世儒业，有才略，不忍为迂阔，欲见诸行事，盖以为不择禄而仕者。为郡守推择，历吉、抚、江三州史，迁宜黄、新建两县，吉水州总文书，调临江路罗坊征官。先世为故宋名臣遗族。祖刘斗元，为宋丞相江万里甥，仕至江淮都大坑冶帐管，江万里兄弟赴水殉国死时，亦被杀。父刘振宗，入元，以儒业自隐，与元明善、曹元用相知，后用太子詹事刘云卿荐，教授龙兴以终。子刘璨官江西行中书省检校史，使前进士、同知永新州事王充耘述其家世来求铭。

虞集《汪县尹墓志铭》。

汪应辰（1276—1344），字斗南，江西高安人。以子推恩，得封承事郎、武昌路江夏县尹。子汪英，泰定帝四年进士，除新昌州同知。郡人翰林修撰谢升孙与汪英为同年进士，叙其行状，为之来请铭。

黄溍《元故正议大夫卫辉路总管兼本路诸军奥鲁总管管内劝农事知河防卢公行状》。

卢景（1283—1343），字彦达，河南濮阳人。年二十为成宗宿卫，后累迁奉政大夫、资乘库大使，朝散大夫、沙糖局提点，升中大夫、衢州路提点。

黄溍《华亭黄君墓志铭》。

黄允恭（1253—1339），字敬翁，松江华亭人。自曾祖以下，皆不仕。元统年间，以高年耆德受旌表。子黄璋两试乡闱，皆不中。乞铭于校文者黄溍。

黄溍《松溪县丞王君墓志铭》。

王严（1258—1342），字敬之，浙江丽水人。元初，用荐补建宁路松溪县丞，命下，拜而不赴，家居终老。

黄溍《钱翼之墓志铭》。

钱良右（1278—1344），字翼之，江苏长洲人。工书法。初游徐琰之门，至于前代遗老周密、龚开，当世宗工戴表元、牟应龙、胡长孺，亦无不接其绪论。其余中州雅望若李衍、鲜于枢等，皆折行辈与之交。赵孟𫖯、邓文原遇之甚厚，数引拔之。至大间署吴县教谕，得代即不复仕。晚自号江村民。人因以江村先生称之。著有诗文杂著若干卷，由虞集作序，但未流传至今。《元诗选》三集选入钱良右诗十首，题为《江村先生集》。《全元文》收其文九篇。传见《书史会要》卷七、《吴中人物志》卷九、《元诗选》三集《江村先生集》。

黄溍《楼文翁墓志铭》。

楼如浚（1270—1354），字文翁，浙江婺州人。事亲孝，善治生，作义塾以教子弟。至正十二年，出粟二千余石以佐军饷。中岁颇好老氏之说。

黄溍《上都新军管军千户夹谷公墓志铭》。

夹谷明安答而（1286—1344），别名思齐，字齐卿，女真族，河南郏县人。曾祖讳留乞，受知太宗，封万户，数立战功，积阶昭勇大将军。祖讳唐兀，以才自荐于宪宗，又从世祖取宋，官拜上都路等路新军万户府管军千户。父讳秃满，以忠翊校尉袭管军千户。明安达而习尚文雅，京师公卿大臣不以武人子遇之，被命以忠翊校尉为管军千户，覃恩进忠显校尉。

欧阳玄《大元敕赐故顺天路达鲁花赤河西老索神道碑铭》。

老索（？—1314），唐兀氏，世为宁夏人。参与蒙金野狐岭之战、南京之战、成吉思汗第一次西征的铁门关之战、蒙夏之战。其子忙古参加了蒙宋合州钓鱼山之战。因不满于阿合马馨产鬻官，遂无仕进意。曾孙讷怀曾为河南等处行中书省参知政事、集贤侍读学士。据《(嘉靖)清苑县志》卷五：讷怀即不花子。甫三岁，父没，母守义鞠育。既长，从师问学，涉猎经史，授中书直省舍人，以能声闻。擢监察街史，寻拜河东廉访副使。有世袭知府怙宠不法，辄发其奸，狱成而逃，诉于朝，由是坐黜中蕈，上其赃真，知府于法，赐纳怀币帛。佥宣徽院事，历工部尚书，拜参知政事。

欧阳玄《大元敕赐故资政大夫御史中丞赠纯诚肃政功臣开府仪同三司太傅上柱国赵国公谥清献董公神道之碑》。

董士珍（1256—1314），字周卿，谥清献，河北真定人。藁城董氏第三代，董俊孙，董文忠子。幼从许衡学。至元中参议中书省事，至元末，除山东东西道肃政廉访使。成宗即位，历兵部尚书、吏部尚书、江浙行省参知政事、中书省参知政事。皇庆间迁御史中丞。大司农张宴状有其行，元明善铭其墓。至正四年冬，敕赐神道碑，命欧阳玄为文、张起岩书丹、姚庸篆额。

按："藁城董氏"以忠烈公董俊为第一代，至"文"字辈、"士"字辈、"守"字辈四代子孙百余人，计有43位大夫，22位将军，13位国公，为元朝汉人之最。史称"功不绝于信史，名不染于罪籍"。据元明善撰写的《藁城令董府君神道碑》记载，董俊及其子董文炳、董文直父子三人相继担任藁城县令。有元一代，为藁城董氏一族所撰墓志碑文之数大为繁盛。正史列传见《元史》卷一四八、《元史》卷一五六、《新元史》卷一四一、《蒙兀儿史记》卷五五；时人所撰墓志碑文、赠表行状，虞集《道园学古录》中有《讲毕奏特加藁城董氏封赠表》（卷一二）、《藁城董氏世谱序》（卷五）；《元文类》辑有虞集《董忠宣公家庙碑》（《道园类稿》三七之三〇、《江西省参政董公守恕神道碑》（《道园类稿》四三之一）及姚燧《金书枢密院事董文忠公神道碑》（卷六四）；苏天爵《元朝名臣事略》有撰《左丞董忠献公》（董文炳）、《内翰董忠穆公》（董文用）、《枢密董正献公》（董文忠）；元明善《清河集》有《平章董士选赠三代制》（卷二）、《藁城令董府君神道碑》（董文直神道碑，卷六）、《藁城董氏家传》（卷七）；黄溍《黄文献集》有《陕西诸道行御史台御史中丞董士恭神道碑》（卷一〇）、《冀国公谥忠肃董守简神道碑》（卷〇）；吴澄《吴文正公集》有《元荣禄大夫平章政事赵国董忠宣公神道碑》（董士选神道碑，卷三二）、《有元翰林学士承旨资德大夫知制诰兼修国史加赠宣献佐理功臣银青荣禄大夫少保赵国董忠穆公墓表》（董文用神道碑，卷三四）；《常山贞石志》载有《追赠董俊圣旨碑》（卷一八）、欧阳玄《太傅赵国清献公董士珍神道碑》（卷二三）、揭傒斯《陇西武献公董士表神道碑》（卷二三）、虞集《冀国忠肃公守简神道碑》（卷二三）、《陇西昭懿侯董守义神道碑》（卷二三）；其他还有柳贯《董士选谥忠宣》（《柳待制文集》卷八）、王恽《故武节将军侍卫亲军千户董侯夫人碑铭有序》（董士元夫人神道碑，《秋涧集》卷五二）、揭傒斯《董守中神道碑》（《揭文安集》卷一二）、苏天爵《忠肃公董守简墓志铭》（《滋溪文稿》卷一二）。

欧阳玄《元翰林侍讲学士中奉大夫知制诰同修国史同知经筵事豫章揭公墓志铭》。

虞集《罗母郭氏孺人墓志铭》。

虞集《大元广智全悟大禅师太中大夫住大龙翔集庆寺释教宗主兼领五山笑隐䜣公行道记》。

元惠宗至正五年　乙酉　1345 年

虞集《马景道传》。

马景道（1274—1340），字师鲁，河南河内人。少孤，躬耕。为古学，游学东平。过睢阳，有蔡氏妻以女。留且久，育一子。妇兄弟责以生产作业，乃违而归河内，居学官授徒为生。缙绅先生来与之游，士大夫以朝事过河内者，莫不停车见谒。学问行谊，遂闻于朝廷。用荐除南阳府儒学教授。大府强景道举一豪家子为吏，不肯，即弃官归隐。居十余年，朝廷召为国子助教，议多不合，又去之。改陕西儒学副提举，不为起。事迹另见《（雍正）河南通志》卷六六。

虞集《江西省参政董公神道碑》。

董守恕（1277—1345），字子道，出于藁城董氏家族。祖董文炳，父董士选。大德间，授武略将军、金右卫亲军都指挥使，武宗朝拜定远大将军，文宗朝拜嘉议大夫，擢枢密院判官，后历云南诸道、河南江北、湖广等处行中书省。至正间，起为江西等处行中书省参知政事，多有政绩。虞集亦为之作《祭董参政文》（《道园类稿》卷五〇）。

虞集《天水郡侯秦公神道碑》。

秦起宗（1273—1337），字元卿，以通习国语文字入官，由武卫大都留守，升太师御史台中书省译史。后历太仆寺经历、中书省断事官经历、知苏州兼管本州训军奥鲁劝农事、江南诸道行御史台监察御史、金江南湖北道肃政廉访司事、四川等处行中书省左右司郎中、京畿都漕运使、抚州路总管兼管内劝农事，以兵部尚书致仕。《元史》卷一七六、《新元史》卷一九六有传。

虞集《顺德路总管张公神道碑》。

张震（1264—1243），字震亨，河北保定人。初选为中书省书诏史。中书平章政事段天佑留守大都考功事，用为译史。岁满，出官同知潭州路浏阳州事，转抚州路总管府判官，瑞州蒙山银场同提举。延祐间，知荆门州。泰定初，知真州。至顺初，同知庆元路总管府事。以顺德路总管致仕。牧民颇多政绩。

虞集《河东李氏先茔碑》。

河东李氏，居山西绛州，岭南广西道肃政廉访副使李思敬先世。大父讳安生，不仕。父讳英，初署为稷山税务大使，又为绛州税务提领。以子贵，赠中顺大夫、同佥太常礼仪院事，追封陇西郡伯。李思敬，少从乡先生贾茂之学。学成，母遣之游学京师。延祐间，以贞节旌表其门，朝之名公卿大夫纷纷为之赋诗。以孝廉举为河东宪府使，迁河南。贡刑部，历宗正府、中书西曹掾，除工部主事、中书检校官，拜监察御史。

虞集《任氏先茔碑》。

任氏，先世为西京人，中统初，始徙于汴。始祖任德麟，生五子，长子珪，世祖皇帝时曾随使节仿安南。珪生三子，次亨。亨生任处一，自汝宁、归德府两府史，累官杭州路总管、江西廉访副使、江西都运使，秩三品，得封赠二代。至正五年，自九江以书来告虞集请为其铭先茔。

虞集《杨氏番禺茔域碑》。

杨氏，虞集外祖家，葬广东番禺县茔域。外祖杨文仲，宋工部侍郎给事中、集英殿修撰，与宋末君臣走海岛以死。从弟杨庚应，有子曰杨豫立，登开庆元年进士第。母弟杨潮南，知严州，立豫立子琛老为孙。孙有名杨世隆者，字德夫，入元，居广东，耕于海滨，不能北还。至元二十五年，以盗获功，江西行省署为广州路香山县寨巡检，迁肇庆高要县瞿塘寨巡检。延祐年间卒。始虞集承乏京师馆阁时，德夫尝寓书京师，求述先世之事。后适虞集子虞安民试邑东莞，佐郡惠州，其子又数来请，遂撰之。

虞集《都漕运副使张公墓志铭》。

张仲温（1237—1305），字子润，河北任丘人。父官至顺德铁冶提举。仲温既长，知名公卿间，尚书石抹公荐诸朝，又引见于元世祖，得赐名嗒剌弘必阇赤，入宿卫。出为祁州库大使，至都漕运司经历。至元十二年，护送使宋大臣郝经还朝。升判官。十四年，母卒，去官，遂隐不复出，居道官。在廷文学之臣，咸赠以诗。孙张汝楫，事舅氏清河元明善，仕大都警巡院副使，得从中朝名公吴全节、蔡文渊、张起岩、马祖常、欧阳玄等游。孙张汝楫于至正四年迁抚州路推官，次年使其子国学生恒来请撰碑文。虞集另为之作有《跋商左山诸公所赋张运判归隐诗》（《道园类稿》卷三五）、《怀隐堂记》（《道园类稿》卷二七）。

虞集《保定崔君墓志铭》。

崔君（1269—1333），年少入元，不乐仕进，以安土敦民为幸，敏于治生，不以货殖为利。子崔振举，治经明律，游京师以文史足用，习业于御史台，除官江西湖东道肃政廉访司照磨。

虞集《张掖刘氏下觞女子墓志铭》。

刘宣奴（1337—1345），初名般若，刘沙剌班之女。刘沙剌班，字伯温，官江西湖东道肃政廉访使，张掖人。与虞集过从密切，多有诗文往来，尝责成临川郡学重新刊印虞集文稿。

虞集《马清献公墓亭记》。

薛昂夫（约1267—1359），本名薛超吾，畏兀儿人，汉姓马，字九皋，居河南覃怀。初为江西行省令史，仁宗朝入京，官典瑞，眷遇日亲显。以恩赠其父御史大夫，谥清献，封覃国公。以覃为国而封之，实为异数，当是时，文学大臣赵孟頫、元明善、郭贯奉诏，各以能事致褒美，撰《元故上柱国御史大夫覃国清献公神道碑》（佚）。于是昂夫游于东吴求美石，载渡于墓下，树丰碑，又筑墓亭。壮丽奇绝，特出于江湖之间。

虞集《龙兴路东湖书院重建高文忠公祠堂记》。

高智耀，字显达，河西唐兀人，世仕西夏。登本国进士第。西夏亡，隐贺兰山。元太宗访求河西故家子孙之贤者，众以智对，召见将用之，遽辞归。力主用儒士，行儒术。世祖即位，召见之，用其言免役儒户。拜翰林学士。至元五年，用其议立御史台。擢西夏中兴等路提刑按察使。卒封宁国公，谥文忠。《元史》卷一二五、《蒙兀儿史记》卷八一、《元书》五

五、《新元史》卷一五六有传。子高睿，仕至南台御史中丞。

虞集《广东道宣尉使都元帅僧家讷生祠记》。

僧家讷，又作僧家奴，蒙古人，一名钧，字元卿，居晋。历山东都转运使、江西行省广东道宣慰使兼都元帅、江浙等处行中书省参知政事、福建廉访使。至治、至正间在世。

黄溍《昆山荐严寺竺元禅师塔铭》。

竺元禅师（1257—1345），讳妙道，俗姓陈，浙江宁海人。年十六，俾出家依杭之六和开化寺正严法师，十八，受具戒于大昭庆寺。至元二十六年，用举出世于台州慈源寺。后迁仙居紫箨山广度禅寺。仁宗时，诏住黄岩鸿福禅寺，赐号定慧玄明禅师。延祐初以不适引去，净慈、灵隐争欲致之，拒不就。居昆山荐严寺四年，拂衣归休于白贲、六和，自号东海暮翁。

黄溍《故处士金华王君墓志铭》。

王蕙（1289—1344），字光庭，浙江金华人。精于音韵、文字之学。有司以其善译语荐于翰林，辞不就。遗荣自适，优游卒岁。子介黄溍友张枢来谒铭。

黄溍《慈溪黄君墓志铭》。

黄正孙（1265—1345），字长孺，浙江慈溪人。父祖皆仕宋。年十二宋亡，即绝意仕进。晚自号尚绸翁。子黄玠，有文名。

黄溍《奉议大夫余姚州知州致仕范公墓志铭》。

范文忠（1275—1345），字焕章，浙江庆元人。至大间奏用为慈溪鸣鹤巡检，升歙县主簿，迁庐陵主簿，调吴江州判官，擢延平沙县尹，颇著政绩。至正五年卒，积阶承务郎。次年，有制授奉议大夫、绍兴路余姚州知州致仕。

黄溍《承务郎杭州路富阳县尹致仕倪公墓志铭》。

倪渊（1286—1345），字仲深，浙江湖州人。以元初科举事废，弃之而专习圣贤之文，从学于敖继翁。用荐为湖州儒学录。高克恭时为江浙行省左右司郎中，首以之与敖继翁、邓文原、陈康祖、姚式五人并荐于朝，人称"五俊"。调杭州、湖州二路儒学教授。后用累考入流，授太平当涂县主簿，颇以廉能闻。王士熙等人表荐于朝，以年老而归，授杭州路富阳县尹致仕。著有《周易集说》《易图说》《易卦说》，今不传。生平另见杨维桢《文静先生倪公墓志铭》（《东维子集》卷二四）。

黄溍《将仕郎建德录事刘君墓志铭》。

刘环翁（1303—1345），以字为名，浙江宁海人。至正五年进士，授将仕郎、建德录事，同年染疾卒。为南宋刘俊从曾孙，尝师从舒岳祥之叔献。

欧阳玄《元翰林学士承旨荣禄大夫知制诰监修国史赠江浙等处行中书省平章政事魏国赵文敏公神道碑》。

赵孟𫖯（1254—1322），字子昂，号松雪、松雪道人，系出故宋秦王德芳、太祖十一世孙，浙江湖州人。年十四，用父荫补官，试中吏部铨法，调真州司户参军。宋亡，家居。至元二十三年，世祖遣邢台侍御史程钜夫求贤江南，得二十余人应诏，赵为首选。由是被遇累朝，扬历中外。延祐三年，致位一品。追封魏国公，谥文敏。善书法，精绘画，工篆刻，能诗。著有《松雪斋集》10卷、外集1卷。事迹另见杨载撰《大元故翰林学士承旨荣禄大夫知制诰兼修国史赵公行状》、《元史》卷一七二，《书史会要》卷七、《两浙名贤录》卷四六、《新元史》卷一九〇。

黄溍《弘文裕德崇仁真人薛公碑铭》。至正五年后

薛玄曦（1289—1345），字玄卿，自号上清外史，江西贵溪人。年十二辞家入道，师从张留孙。延祐间授大都崇真万寿宫提举，复授上都崇真万寿宫提点。后辞归，士大夫咸送以诗，虞集作序。至正间授号弘文裕德

崇仁真人，佑圣观住持，兼领杭州诸宫观。与黄溍为方外交。工书法，陶宗仪《书史会要》称其行书得体。善为文，尤长于诗。著有《上清集》《樵者问》《琼林集》若干卷。

虞集《黄直夫墓志铭》。

虞集《黄母林宜人墓志铭》。

元惠宗至正六年　丙戌　1346 年

虞集《昭懿董公神道碑》。

董守义卒于延祐七年，然于至正八年九月始建碑。董守义（1270—1321），字子宜，出自真定藁城董氏家族。世父职，以怀远大将军佩金虎符，为洪泽屯田万户府万户。

虞集《吕简肃公神道碑铭》。

吕浍（？—1346），字蒙甫，山西汾州人。幼潜心性理。既冠，观光京师，以善国语文字授广平大名教授。泰定间，以优于理，改都府经历，拜大宗正府左右司都司。寻拜江南诸道行御史台监察御史。其后擢历宪台，官至山北辽东道肃政廉访司使。卒谥简肃。

虞集《何氏先茔碑》。

何氏，广东肃政廉访使都事何震先世，居四川简州。大父何明道，深遭宋元乱离之时，逃难云顶山。父何祖传，归居简州阳安，多善行。何震以儒生推择为潼川广元史，擢云南宪使，历西行台中台察院史、云南肃政廉访使知事，改知广东。虞集始识何震于上都，归田后十三年，震以承直郎除广东肃政廉访司知事，寓书求撰其先茔碑。

虞集《铁关禅师塔铭》。

铁关禅师（？—1340），临济僧，名法枢，俗姓林，浙江温州人。年十七出家常州华严寺，礼卓西坦和尚为师。二十受具，参天目山中峰明本。后又参仰山寺虚空陵和尚。延祐间，南游建郡，住天宝山寺。帝师命其寺日万寿正宗禅寺，号师日妙觉真空大师。

虞集《曹同知墓志铭》。

曹宪（？—1343），字仲常，官终同知奉化州事。祖为至元间劝农使，后教授平阳。父曹天锡，福州永福县尹。宪以才名，初署广东帅府奏差，调广东盐课招收场管勾，官至庆元路同知奉化事。子曹祖仁分宪行部临川属郡，介临川郡经历黄天觉来访请铭。

虞集《江西监宪刘公去思碑》。

刘沙剌班，字伯温，张掖人。至正间官江西湖东道肃政廉访使。六年五月去职适河南，郡人不忍其去，遣使求文，为作去思碑文。同时为之作有《刘伯温画像赞》（《道园类稿》卷一五）。

虞集《江西分宪张公盱江生祠记》。

张珪，字国祯，河北范阳人。曾祖张子良、祖张懋皆从伐宋，平定淮泗有功，元好问尝为张子良撰先茔碑（《金文丛》卷四一（《归德府总管范阳张公先德碑》），姚燧为张懋撰墓碑（今佚），虞集在至顺二年为之撰《张宣敏公神道碑》。父以荫任安丰县尹。张珪初为江浙、江西两行省蒙古掾，除新昌州同知，转高安令、江西检校。政绩显著。

黄潜《东阳李君墓碣铭》。

李谦亨（1295—1345），字伯让，自号卧云道人，浙江东阳人。出于宋仕宦之家，父仕元，终于平江路儒学教授。谦亨不慕仕进，以诵读先人遗书、教子诗书、躬耕田亩为业。著有《卧云小稿》若干卷。子李思齐由乡试补儒学官，历建德之遂安、集庆之句容两县教谕，以陈士元之状碣铭。

黄潜《从仕郎绍兴路诸暨州判官致仕蒋府君墓志铭》。

蒋葵（1262—1338），字昌南，自号竹斋，河南汝阳人。至元间以儒辟为两浙转运司。调平阳州判官。再调松江府，又请降八品知事印。后复平阳州幕。天历间奏授湖州路安吉县务税课大使。以绍兴路诸暨州判官致仕。卜居钱塘，与当时名公若周驰、仇远、邓文原、陈恕可皆为友。徜徉山水，以逸老志。卒葬八年后，子以陈绎曾状请铭。

黄溍《闽清县主簿张君墓志铭》。

张暨（1265—1344），字叔器，其先陇西人，南渡居杭，遂为浙江杭州人。用荐授福州路闽清县主簿，以亲老辞，不获，乃受而不赴。

黄溍《明威将军管军上千户所达鲁花赤逊都台公墓志铭》。

脱帖穆耳（1265—1344），字可与，系出蒙古逊都台氏，家河南郏县。元开国元勋赤老温为其高祖。祖父皆多战功。大德间用荐佩金符为武德将军、蕲县万户府东平等处管军上千户所达鲁花赤。又迁宣武将军、明威将军。性至孝，喜与人为善。有子五人，其中次子月鲁不花为元统元年进士，三子笃列图为至正五年进士。《新元史》卷一二一有传。

黄溍《赠文林郎江浙等处儒学副提举许公墓志铭》。

许嗣（1281—1325），字继可，浙江武义人。通经好古，不以事进取为名誉。子许广大登元统元年（1333）进士第，居官武义县尹兼劝农事，有政绩。以子贵，赠文林郎、江浙等处儒学副提举。

黄溍《奉训大夫婺源州知州致仕程公墓志铭》。

程郇（1269—1346），字晋辅，浙江湖州人。曾祖程公许为宋龙图阁学士。早慧善学，有奇气，同郡遗老若陈存、文及翁、牟巘咸器重之。《全元文》收其文五篇。用荐署嘉兴路儒学录，升平江和静书院山长。用累考，授台州路儒学教授，再调镇江路总管府知事。又历任江山、慈溪县尹，有治声。以婺源知州致仕。长子程游任两浙都运盐使司海沙场盐司管勾，奉国子助教宇文公亮之状征铭于黄溍。

黄溍《乾宁军民安抚司文昌县尹王君墓志铭》。

王文锷（1270—1346），字胜达，江西临川人。父王庆来，少从曾子良游。文锷初为瑞州高安县学教谕，迁吉安龙溪书院山长。以累考上铨部，授南海县黄鼎砦巡检。调攸州儒学教授，除乾宁军民安抚司文昌县尹。老即解印绶去。子王宗震为吉安路儒学教授。

黄溍《赠太常博士危府君墓志铭》。

危永吉（1272—1328），字德详，江西金溪人，危素之父。好读书，深于《易》、工于诗文。著有《医说》1卷。

黄溍《奉训大夫瑞州路总管府判官致仕黄公墓志铭》。

黄顺翁，字济川，江西南城人。危素外祖父。吴澄篆题于墓碣之首。尚气节。元朝取宋师次建昌，同宗黄万石为江西制置使，顺翁徒步叩军门言事，补保义郎，辟知抚州金溪。察万石欲降元，辞不就。至元间，任武冈路新宁县尹，助平徭人有功，翰林学士承旨程钜夫、前荆湖宣抚司干官张山翁咸为文颂美其事。大德间，调龙兴路税课提领，迁抚州金溪县丞。皇庆初升江州路德化县尹，寻以瑞州路总管府判官致仕。

黄溍《叶审言墓志铭》。

叶谨翁（1272—1346），字审言，自号曲泉道人，浙江金华人。曾大父受业于吕祖谦，又得徐侨执弟子礼。父官将仕佐郎，以婺州路兰溪州儒学教授致仕。谨翁由家传之端绪，溯儒先之原委，卓然自立。与婺州贤达许谦、柳贯、黄溍、吴师道、张枢、胡助皆为友。历官浦江、义乌二县教谕、明正书院山长、缙云县官政乡巡检、吉水州学教授、晋江县主簿、婺州路司狱，以瑞州同知瑞安州事致仕。著有《四勿斋稿》《曲泉集》若干卷。事迹另见《两者名贤录》卷二《硕儒传》。

黄溍《广福司提举封奉训大夫太和州知州周公墓志铭》。

周方平（1280—1344），字吉甫，江西庐陵人。仁宗时，以驸马都尉、鄱阳王嗣主高丽国事署为高丽西海道劝课农使，辞不赴。居数岁，用荐为广福监丞。泰定间，升提举，旋即辞归。优游家林二十余年以终。在京师时，与程钜夫、赵孟頫等皆有结交往来。

欧阳玄《元赠从仕郎吉安路吉水州判官周君潜心墓碑铭》。

周晞颜（？—1288），初字景颜，后字潜心，湖南安成人。年十六父丧，奋自树立。既足自强，又能为姻族乡井捍御外侮，众皆倚之为安。江西行省郎中杜仲宽闻其贤，荐之进用，俄抱病归，未几卒于家。以子贵，赠从仕郎、吉水州判官。

欧阳玄《元故征士段公礼廷墓碑铭》。

段士龙（1269—1336），字云亨，号礼廷，湖南长沙人，元征士。曾祖仲仁、祖文郁、父子开，三世皆有德至士。平生读书，一见随了大义，有所得辄加体验而行。当道荐以文学掾，力辞不就。

欧阳玄《故赠中顺大夫礼部侍郎王公墓碑》。

王佑（1238—1324），字贤甫，世为衮州嶫阳人，兵部侍郎王思诚之大父。少务农，壮岁尝以户役戍和林。至正六年，以孙贵受赠。王思诚，字致道。至治初举进士，历监察御史，累疏时政，皆见嘉纳。出金河南山西道廉访司，异绩著闻。召修辽、金、宋三史，调秘书监丞，累迁国子祭酒，卒谥献肃。欧阳玄尝铭其父集贤公之墓（佚），致道复具其大父之遗事求文以为之表，遂依其状作此文。传另见《元史》卷一八三、《（嘉靖）山东通志》卷三〇、《续通志》卷四九三等、《（嘉庆）大清一统志》卷二二、《元书》卷七九、《新元史》卷二〇八。

欧阳玄《安成刘氏儒行阡表》。

刘粹衷，安成人。五世皆业儒。曾擢进士第一，拜命新昌。调宣之旌德宰。至正四年，以翰林应奉文字转后宋局修史官。与欧阳玄为姻友，又同修《宋史》，为欧阳玄天历三年庚午科考试南宫所得士。名其先世茔域曰儒行阡。

黄溍《水西翁吕府君（汲）墓志铭》。

欧阳玄《高昌偰氏家传》。约至正六年

高昌偰氏，宗暾欲谷（646—765）为始祖，子孙世为回鹘贵族，遂为畏兀儿人。祖上尝居偰辇河上，因以偰为氏，为不忘本。暾欲谷出生于唐朝，官至毗伽暾欲谷裴罗莫贺达干，历事骨咄禄、默啜及毗伽可汗三朝，为毗伽可汗之岳父、谋主，年百二十而终。传数世至克直普尔袭国相。克直普尔有子岳弼，袭国相。又七子。二子亚思弼生二子：长曰仳俚伽帖穆尔，袭国相、答剌罕；次曰岳麟帖穆尔，精畏兀儿书，年十五以质子从太祖征讨，多战功。七子多和思生二子，次曰撒吉思，从宪宗功钓鱼山，建言乘势定江南，必有骏功，又随世祖，平李璮反。第四代岳麟生十子：四子都尔弥势从撒吉思讨李璮，位列平南大臣；八子合剌普华，倜傥有节概，好义如嗜欲，恤穷若姻戚，临危蹈难，徇国忘身。扬历中外，以才干称，以死节著。合剌普华有二子：长曰偰文质，次曰越伦质。偰文质官至吉安路达鲁花赤，有子五人：曰偰玉立，登延祐五年第；曰偰直坚，登泰定元年第；曰偰哲笃，登延祐二年第；曰偰朝吾，登至治元年第；曰偰列箎，登至顺元年第。越伦质未仕而殁，有一子，曰善著，登泰定四年第。偰哲笃子偰伯辽逊，登至正五年第，善著子正宗及阿儿思兰共登至正八年第。事迹参见《元史》卷一二四《岳麟帖穆尔传》、卷一三四《撒吉思传》、卷一九三列传第八十忠义一《合剌普华传》、黄溍《金华黄先生文集》卷二五续稿二二《广东道都转运盐使赠推诚守忠全节功臣资德大夫河南江北等处行中书省右丞上护军追封高昌郡公谥忠愍合剌普华公神道碑》、许有壬《至正集》卷五四《合剌普华墓志铭》、孔齐《至正直记》卷三《高昌偰氏》等。

黄溍《魏郡夫人伟吾氏墓志铭》。约至正六年

月伦石谠笃（1301—1341），字顺贞，系出畏兀儿氏。归高昌偰氏家

族，傒文质妻，傒哲笃母。熟习《孝经》《论语》《女孝经》《列女传》。

黄溍《吕君（机）墓碣铭》。至正六年后

黄溍以二十年之间，铭吕氏父子、兄弟三人。吕权（1290—1329），字子义，浙江永康人。尝从许谦游。父吕汲（1268—1346），字仲修，晚号水西翁，与黄溍有雅故。弟吕机（1294—1343），字审言。

虞集《黄母詹宜人墓志铭》。

元惠宗至正七年　丁亥　1347 年

虞集《怀孟路总管崔公神道碑》。

崔侃（1208—1277），河间人。金元之际归降蒙古，事太宗，佩金符，为南京路管民长。中统建元，以次子瑾入为质。至元间，历洺州、陕州、绛州、中山府尹，加怀远大将军、怀孟路总管。

虞集《鲍君实墓志铭》。

鲍鼎（1261—1303），字君实，浙江龙泉人。尝以处、杭二郡史，擢浙省理问史，将迁浙东元帅掾，未至而殁。子鲍澄官抚州路总管府知事，使其从子鲍桂孙至崇仁求铭。鲍桂孙为龙兴史。

虞集《歙士吴宁之以宁墓志铭》。

吴以宁（1284—1346），字宁之，安徽歙县人。居郡城，能处其家，以善人长者目于一时。其子吴国英受业于汪克宽，请汪述其事而来请铭。

黄溍《翰林侍讲学士中奉大夫知制诰同修国史同知经筵事追封豫章郡公谥文安揭公神道碑铭》。

揭傒斯（1274—1344），字曼硕，号贞文，江西丰城人。家贫力学，父子兄弟自为师友。大德年间出游湘汉。延祐初由布衣荐授翰林国史院编修官，迁应奉翰林文字，前后三入翰林，官奎章阁授经郎、迁翰林待制，拜集贤学士，翰林侍讲学士阶中奉大夫，封豫章郡公，修辽、金、宋三史，为总裁官。《辽史》成，得寒疾卒于史馆，谥文安。与虞集、杨载、范梈同为"元诗四大家"，又与虞集、柳贯、黄溍并称"儒林四杰"。著有《揭文安公全集》14卷。刘闻撰其行状（佚），欧阳玄于此年亦作《翰林国史院祭揭侍讲文》。事迹另见《元史》卷一八一、《蒙兀儿史记》卷一二〇、《新元史》卷二〇六。

黄溍《集贤大学士荣禄大夫史公神道碑铭》。

史惟良（1273—1347），字显夫，山东郓城人。历仕七朝。文宗时拜为中书左丞，主持纂修《经世大典》。元统初，出任山东东西道肃政廉访使。后历任燕南河北道肃政廉访使、江南诸道行御史台御史中丞，又召拜集贤殿大学士。史惟良自幼聪敏，少有大志，不拘小节。器宇凝重，性资刚直。遇事洞见其情，与人不为苟合。喜读书，藏书万卷。晚年阅历精熟，诗文博敏而纯实，有奏议、杂文、诗歌若干卷，自题曰《泛蒿》。

黄溍《沿海上副万户石抹公神道碑铭》。

明里帖木儿（1281—1347），别名继祖，字伯善，自号北野兀者，契丹族，柳城人。负才尚气，不肯为下人。大德间入备宿卫，后分镇台州，仁宗时又移镇婺州、处州，驭军严肃而恩意周浃。晚年乐台州山水之胜，买田筑室而居。著有《抱膝轩吟》若干卷。

黄溍《灵隐悦堂禅师塔铭》。

悦堂禅师（1234—1308），俗姓周，讳祖闿，江西南康人。灵隐寺第四十八代禅师。幼不茹荤，骨气清伟。年十三岁即祝发受具。曾受学于宋进士冯去非。至元末，被命主东林。元贞初奉诏赴阙，赐号通慧禅师。大德间主灵隐，居四岁而逝。

黄溍《亚中大夫同知湖州路总管府事张公墓志铭》。

张光祖（1285—1346），字载熙，山西晋宁人。高、曾二祖皆仕金为管军千户。金亡，祖不仕，父任同知福建等处都转运盐使司事。光祖幼刻志于学，于文法吏事无所不知。用父荫补将仕郎、提领建德在城税务。迁绍兴上虞县簿。除两浙都运盐使司清泉场盐运，寻调京畿庆丰仓使。以才谞谋虑受知当路，配金符为松江嘉定等处海运千户。在官五年，涉距海至及京师者四，所转漕米以石计者总若干万，竣事者皆有宴犒赐赉，宠数殊渥。官终同知湖州路总管府事。编有《言行龟鉴》8卷。传另见《四库全书总目》卷一二三"言行龟鉴提要"、《（民国）杭州府志》卷一一八。

黄溍《邹府君墓志铭》。

邹德修（1264—1331），字君永，江苏无锡人。时无科目，不以文鸣。遗荣自通，优游卒岁。

黄溍《真定路总管府达鲁花赤致仕道家奴嘉议公墓志铭》。

道家奴（1268—1339），蒙古人。至元十四年，入见世祖皇帝，留备宿卫，寻用为必阇赤。从讨判王乃颜，复护驾亲政海都。元贞初，特授资成库副使。大德间，历迁左、右藏库副使。至大初，升提点。出为大同路朔州达鲁花赤兼管本州诸军奥鲁、劝农事，后转丰润署令、同知晋宁、道州二路总管府事，以真定路总管府达鲁花赤致仕。夫人奴伦氏，至正七年卒，祔葬其墓左。子阿牙赤以墓铭未刻，请于翰林学士承旨岳柱，俾黄溍为之铭。

黄溍《白云许先生墓志铭》。

许谦（1269—1337），字益之，号白云山人，浙江金华人。师承金履祥，北山四先生之一。入元不仕，延祐初居八华山，开门讲学，声誉远播。及门弟子，鉴于著录者千余人。学者称白云先生。著有《白云集》《读书丛说》《诗集传名物钞》等。传另见《元史》卷一八九《儒学传》、《元儒考略》卷三、《万姓统谱》卷七六、《两浙名贤录》卷四、《续高士传》卷四、《宋元学案》卷八二、《元史类编》卷三二、《金华征献略》卷五、《元史新编》卷四六、《学统》卷四一、《元书》卷八八、《新元史》

卷二三四。

黄溍《项可立墓志铭》。

项诇（1278—1338），字可立，浙江临海人。端行积学，通群经大义，为时名儒。晦迹不仕，一时名公硕士多从之游。工诗，有《可立集》。

欧阳玄《江陵王新庙碑》。

阿里海牙（1227—1286），畏兀儿人。聪敏善辩，弃耕习畏兀儿书。因荐入王忽必烈王府宿卫。从攻宋，有大功。加光禄大夫、湖广行省左丞相，卒赠开府仪同三司、上柱国，封楚国公，谥武定。至正七年，进爵江陵王，诸孙修建新庙备列，曾孙慈利监郡阿思兰海涯至浏阳谒玄为之记。子忽失海牙，湖广行中书省左丞；贯只哥，江西行中书省平章政事，贯云石父。事迹另见姚燧《牧庵集》卷一三《湖广行省左丞相阿里海牙神道碑铭》、袁桷《清容居士集》卷三六《丞相太师郡王制》、黄溍《金华黄先生文集》卷七续稿四《阿里海牙追封江陵王制》《阿里海牙妻帖力并郝氏追封江陵王夫人制》、苏天爵《元朝名臣事略》卷二《丞相楚国武定公》、宋濂《宋文宪公全集》卷三九《国朝名臣序颂》之《楚国武定公阿里海牙》、《元史》卷一二八、《（嘉靖）常德府志》卷一二、《（嘉庆）大清一统志》卷三五三。

欧阳玄《元故翰林待制朝列大夫致事西昌杨公墓碑铭》。约至正七年

杨景行，字贤可，号吟窗，江西吉安人。登延祐（1314）首科进士第，赐同进士出身。调会昌州判官，教养兼备，州士习一新，民丕变为善。又迁永新州判官，升抚州路推官，听断明允，用法不颇，政绩斐然。转湖州路归安县尹。年七十以翰林待制、朝列大夫致仕。平生所历州县，有惠政，民皆立石颂之。入《元史》卷一九二《良吏传》。事迹另见《（嘉靖）赣州府志》卷八、《（万历）吉安府志》卷一八、《敬由编》卷一〇、《明一统志》卷五六。

黄溍《祁门李君墓志铭》（第 593—594 页）。至正七年后

李与廉（1292—1347），字子常，安徽歙县人。为人至孝，笃于伦理。与人交，无亲疏各尽其情。刚直尚气节，临事果敢。平生最留意于《大学衍义》之书，盖有志于致君泽民之事，慨念兄弟无存，不忍远其亲，未仕进。

元惠宗至正八年　戊子　1348 年

黄溍《元故翰林学士承旨中书平章政事赠旧学同德翊戴辅治功臣太保仪同三司上柱国追封魏国公谥文忠李公行状》。

李孟（1255—1321），字道复，号秋谷，世居潞州上党，自父徙居汉中。元成宗去世，仁宗爱育黎拔力八达迎其兄海山入都，李孟主其事。武宗即位，李孟隐居许昌陉山。仁宗即位，拜中书平章，赐爵秦国公，延祐初改封韩国公，又任翰林承旨。卒谥文忠。习儒通经，开门授徒，远近争从，一时名人如商挺、王博文，皆折行辈与交。为文长于说理。著有《秋谷集》。传另见《元史》卷一七五、《元诗选》二集、《续通志》卷四八九、《元史类编》卷一四、《蒙兀儿史记》卷一三七、《元书》卷六七、《新元史》卷一九八。

黄溍《湖广等处行中书省平章政事赠推恩效力定远功臣光禄大夫大司徒柱国追封齐国公谥武宣刘公神道碑铭》。

本姓乌古伦，山东益都人。元初由军卒升益都新军千户，从张弘范攻宋，有功于襄樊战役，升武德将军、管军总管。后又从伯颜南征，在郢州、沙洋、丁家洲、焦山等战斗中频建奇勋。加怀远大将军，赐号霸都，人称"刘二霸都"。元灭南宋后，升镇国上将军、汉军都元帅。镇守北方，平叛王脱脱术，加辅国上将军。又任征东省左丞，驻广陵。抵御日本海盗，镇压福建抗元义军黄华。后历任湖广省左丞、右丞，湖广行枢密院副

使、湖广、安南行平章事和湖广等省平章政事等职，先后镇压了广东、广西、湖南、江西等地反元起义军数十起。大德间，镇压西南各少数民族的起义军。卒封齐国公。子脱欢世其官。至正八年，孙忽都不花任监察御史，以祖、父墓辞未刻，上其功状于中书以闻。黄溍奉敕撰文，同时别敕欧阳玄撰脱欢之碑（今佚）。传另见《元史》卷一六二、《元史类编》二〇、《元史新编》卷三七、《元书》卷五三、《新元史》卷一六二。

黄溍《江浙行中书省平章政事赠太傅安庆武襄王神道碑铭》。

也速觯儿（1254—1298），蒙古人，原名帖木儿，避成宗讳改名。弱龄入侍世祖，列职环卫。从兄阿术伐宋，屡有功。宋降，朝廷第功行赏，授行中书省断事官，寻除淮东道宣慰使、迁镇国上将军，奉省檄驰报边事。熟习汉语。以宰相安童荐入中书。有平叛王乃颜、诛奸臣桑哥之功。官拜江浙等处行中书省平章政事。至正八年诏赠忠宣力守正佐理宫城、太傅、开府仪同三司、上柱国，追封安庆王，谥武襄。传另见《新元史》卷一二二。

黄溍《宣徽使太保定国忠亮公神道第二碑》。

答失蛮（1258—1317），西域人，系出哈剌鲁氏。自曾祖来归成吉思汗。父哈只事太宗为宝儿赤（内饔之职），扈从西征，有功。答失蛮少袭父职，得世祖爱重。直言敢谏权臣阿合马之非。扈跸成宗亲征叛王海都。仁宗即位，金宣徽院事，历副使、同知院事、院使。卒赠推诚定力守正功臣、太保、金紫光禄大夫、上柱国，追封定国公，谥忠亮。其后六年，史臣、礼部尚书曹元用奉敕撰次其行业以为神道之碑。至正八年夏，翰林学士承旨岳柱为奏请，命黄溍继曹元用为之铭。《第二碑》主要补叙答失蛮子买奴、忻都及其他子孙历官与事迹。买奴累官河南江北等处行中书省平章政事，时任翰林学士承旨，忻都任上都留守兼本路都总管府达鲁花赤。传另见《蒙兀儿史记》卷一二八、《新元史》卷一七八。

黄溍《御史中丞赠推诚佐治济美功臣荣禄大夫河南江北等处行中书省平章政事柱国追封冀国公谥忠肃董公神道碑铭》。

董守简（1292—1346），字子敬，董士珍三子。始备宿卫，仁宗时授金典瑞院事。后历官淮安、汴梁二路总管，北海南、江东、山东、浙西廉访使，湖广行省左丞，江南行台御史中丞。又入朝任御史中丞，升左丞，主持御前讲经事务。至正六年卒。八年，制赠推诚佐治济美功臣、荣禄大夫、河南江北等处行中书省平章政事、柱国，追封冀国公，赠谥忠肃，又复赐以神道之碑。

黄溍《辽阳等处行中书省左丞亦辇真公神道碑铭》。

亦辇真（1296—1347），畏兀儿人。初为英宗必阇赤，泰定初，为内八府宰相。仁宗时除翰林学士、资善大夫。顺帝初，擢资政大夫、河东山西道肃政廉访使。召还，除通政院事，奉诏巡视驿传。迁山东东西道宣慰使，俄拜辽阳等处行中书省左丞。

黄溍《中书右丞相赠孚道志仁清忠一德功臣太师开府仪同三司上柱国追封郓王谥文忠神道碑铭》。

札剌尔氏，蒙古开国四杰木华黎之后，祖安童。初袭父职为宿卫长，后拜太常礼仪院使。好儒学，通汉礼。英宗朝拜为中书平章政事，又升左丞、兼修国史，并为之虚左丞之席。君臣着手改革，推行新政，起用儒士，访求人才；罢徽政院及冗官冗职；行助役法，减轻徭役；岁减江南海运粮二十万石；制定和颁行《大元通制》，史称"至治新政"。至治三年，与英宗同薨于由政治敌对势力制造的"南坡之变"。传另见《元史》卷一三六、《新元史》卷一一九。

黄溍《敕赐康里氏先茔碑铭》。

康里氏，康里国王族，元太祖亲征康里时获其二孤子（牙牙与曲律）来归，太宗抚育之，宪宗时召入宿卫。世祖即位，给以土田、人户，俾居河北兴和。牙牙生顺宁忠烈王阿沙不花和宁忠献王亦纳脱脱，脱脱生冀宁文忠王铁木儿达识、达识帖睦迩。阿沙不花（1263—1309），年十四入侍世祖，封千户，从成宗北征海都，数有功，入为大宗正府也可扎鲁忽赤。成宗崩后，联合丞相哈剌哈孙迎立武宗有功。武宗朝拜中书平章政事，卒后追封顺宁王，谥忠烈。《元史》卷一三六、《新元史》卷二〇〇、《元书》卷六七有传。脱脱（1271—1327），历仕世祖、成宗、武宗、仁宗、英宗五朝。亦有功于平定海都、迎立武宗二事。至大间拜中书右丞。仁宗朝出为江浙行省左丞，又迁江西行省左丞。英宗嗣位，召拜御史大夫，改江南行台御史大夫。泰定四年卒。至正初，追封和宁王，谥忠献。子九人，最著名者即铁木儿塔识与达识帖睦迩。《元史》卷一三八、《新元史》卷二〇〇有传。铁木儿塔识（1302—1347），又作帖木儿达识、帖睦尔达世，字九龄。少补国子学诸生，读书颖悟绝人。事明宗于潜邸。文宗初，由同知都护府事累迁礼部尚书，进参议中书省事，擢陕西行台侍御史，留为奎章阁侍书学士，除大都留守，寻同知枢密院事。（后）至元年间拜中书右丞。至正初，升平章政事。为元修三史总裁官。达识帖睦迩（？—1364）字九成。幼与其兄俱入国学为诸生，读经史，悉能通大义。初以世胄补官，历官至中书右丞、翰林承旨，迁大司农。至正七年，出为江浙行省平章政事，次年复入为大司农。又出为湖广行省平章政事。十一年，方国珍起事，奉诏招谕之。十六年，张士诚陷平江，七月，逼杭州，弃城遁于富阳。十七年，降张士诚。二十四年，为张士诚拘于嘉兴，饮毒自杀。二子皆有传于《元史》卷一四〇、《新元史》卷二〇〇。

黄溍《荣禄大夫大司空大都大庆寿禅寺住持长老佛心普慧大禅师北溪延公塔铭》。

北溪禅师（1257—1335），讳智延，俗姓高，河南彰德人。幼恳求出家，师事凤林某公。既得度受具，出游诸方，闻汴、洛、汝、汉之间讲肆甚盛，往受业于孝严温公。又走京师谒大庆寿寺西云安公（西云子安为海云印简三传弟子），益务韬晦。西云逝，仁宗赐号佛心普惠大禅师，主领大庆寿寺。仁宗每幸庆寿，数顾而与之语，且特授荣禄大夫、大司空，领临济宗事。年七十九卒。至正八年春，大司农笃麟铁穆尔建言赐碑。

黄溍《佛真妙辩广福圆音大禅师大都大庆寿寺住持长老鲁云兴公舍利塔铭》。

鲁云禅师（1274—1333），讳行兴，俗姓李，山东郓城人。继北溪居庆寿者，与北溪为法门兄弟。十岁出家，师从西云子安。英宗朝时，受命于圣寿万安寺与一时高德名流校雠《三藏》。文宗朝，赐玺书、玉印，命主大庆寿寺，领临济一宗。至鲁云行兴起，皇帝对临济宗接班人下发任命玺书、佩以玉印成为定制。

黄溍《体仁守正弘道法师金君碑铭》。

金善信（1273—1331），字实之，江苏长洲人。好为老子之学。受知正一道教第三十八代天师张与材，起为广德路道录，提点仁寿观，畀之号曰体仁守正弘道法师。

黄溍《处士苏公墓表》。

苏诚（1221—1298），字诚夫，河北真定人。苏天爵之曾祖。生于戎马间，慷慨尚气节。兵难流离之际，人鲜知学，苏诚首延师教其子。年七十八卒于家。

黄溍《赠从仕郎某官陈府君墓志铭》。

陈某（1241—1313），江苏常州人。父祖皆业儒，病时人溺于场屋之文，绝去弗为。求良医而师之，遂以医名家。

黄溍《奉议大夫同知诸路金玉人匠总管府事傅公墓志铭》。

傅进（1252—1312），字仲与，大都开平人。父以艺自荐于宪宗，锡金符，备宿卫。世祖选用世劳，以傅进为金银器盒提举，官至同知诸路金玉匠人总管府事。每制器以进，无不称旨，赏赉优渥，不可胜计。

黄溍《奉议大夫御史台都事李公墓志铭》。

李拱辰（1268—1324），字廷弼，河北磁州人。以善译语得备宿卫，历官高邮府判官、绍兴路新昌县尹、温州路归安县尹、中书户部司计、监察御史、福建闽海道肃政廉访司事、御史台都事。

黄溍《将仕佐郎台州路儒学教授致仕程先生墓志铭》。

程端礼（1270—1345），字敬叔，号畏斋，浙江鄞县人。程端学兄。受业于史蒙卿，学宗朱熹。至治、泰定间历稼轩、江东两书院山长。其说以闭门穷经为手段，以读书做官为号召，影响颇大。著有《集庆路江东书院讲义》、《晦庵读书法》4卷、《程氏家塾读书分年日程》3卷、抄校《昌黎文式》2卷、《畏斋集》6卷。传另见《两浙名贤录》卷四、《甬上先贤传》卷一一。

黄溍《上海县主簿吴君墓志铭》。

吴福孙（1280—1348），字子善，自号清容野叟，浙江杭州人。初以察举补嘉兴路儒学录，迁宁国学正，又以教官借授潮州青洋山巡检摄县事。至顺间赴选于京师，元文宗坐奎章阁，以所作小楷上，得召见。将用为阁职，有阻之者。（后）至元初，调常州儒学教授，升上海县主簿，卒于位。善楷法，兼工篆籀。著有《清容轩手钞》《乐善斋集》《古文韵选》《古印史》等，传见《元史类编》卷三六、《佩文韵府画谱》卷三七、《新元史》卷二三七。

黄溍《嘉议大夫佥宣徽院事致仕孙公墓志铭》。

孙伯颜（1284—1347），字元晋，江西赣州人。精于译语，大德初，游京师，得备扈从，命监修国史译史，辞。天历初，还自上京，改辟为大司农司译史。后至元年间，授京畿运粮同提举。至正初，除广东市舶都提举。拜肇庆路总管兼劝农事。以佥宣徽院事致仕。一门冠盖，后先相望于千里之内，人以为荣。

欧阳玄《元故翰林侍读学士中奉大夫知制诰同修国史贯公神道碑》。

贯云石（1286—1324），又名小云石海涯，字浮岑，号酸斋，自号芦花道人，畏兀儿人，世家北庭，为元开国名将阿里海牙之孙，父贯只哥。始袭父爵为两淮万户府达鲁花赤，后让位于其弟，家居数年，从姚燧学。仁宗即位，被任为翰林侍读学士、知制诰同修国史。后以病辞职，卖药于钱塘市中，以诗酒自娱。卒赠集贤学士，追封京兆郡公，谥文靖。著有《新刊全像成斋孝经直解》1卷、《酸斋集》。与徐再思（号甜斋）齐名，后人合辑其所作为《酸甜乐府》。据此神道碑文，知欧阳玄与贯云石颇为相契。事迹另见《元史》卷一四三、《新元史》卷一六〇、《两浙名贤录》卷五四。

黄溍《倪君墓志铭》。至正八年后

倪君（1291—1348），浙江黄岩人。居乡未仕。

黄溍《中宪大夫淮东道宣慰副使致仕王公墓志铭》。至正八年后

王艮（1277—1347），字止善，浙江诸暨人。读书务明理以致用，不苟事言说。初由淮东廉访司辟为书吏。迁淮西，以新制南士不得入宪幕，改两淮都转运盐使司书吏。后历官庐州录事判官、淮东宣慰司令史、峡州总管府知事、江浙行省掾史、建德县尹、两浙都转运盐使司经历、扬州路总管府推官、江浙行中书省检校官、广州市舶提举、江西行中书省左右司员外郎，以淮东道宣尉副使致仕。所至兴利除害，事迹详见于省、台荐牍及安阳韩性、国子监丞陈旅所为善政记、惠政歌者。论作诗，宜取法古人之雄浑，而脱去近世萎靡之习。尝携其文登隆山牟应龙、永康二胡（胡长孺兄弟）、吴兴赵孟頫、巴西邓文原等诸大老之门。黄溍与其纳交逾四十年。著有《止止斋稿》。

黄溍《宣徽使太保定国忠亮公神道碑铭》。

黄溍《宜人贺氏墓志铭》。

元惠宗至正九年　己丑　1349 年

黄溍《广东道都转运盐使赠推诚守忠全节功臣资德大夫河南江北等处行中书省右丞上护军追封高昌郡公谥忠愍合剌普华公神道碑铭》。

合剌普华（1246—1284），畏兀儿氏，父岳璘帖木尔。幼习畏兀儿书及汉文经史，始召为世祖宿卫。以劳授商山铁冶提举，让其弟。蒙元伐宋，被选为行都漕运使。黜阿合马，出为宁海路达鲁花赤，改广东都转运盐使，兼领诸番市舶。讨平陈良臣、欧南喜等剧盗。右丞相唆都督兵征南城、交趾，嘱护饷道。遇贼，不屈而死。事迹另见《元史》卷一九三《忠义一》、许有壬《至正集》卷五四《合剌普华墓志铭》。

黄溍《岭北湖南道肃政廉访使赠中奉大夫江浙等处行中书省参知政事护军追封南阳郡公谥文肃邓公神道碑铭》。

邓文原（1259—1328），字善之，自父由蜀入杭，遂为浙江杭州人。宋末应浙西转运司试中魁选，至元间辟为杭州路儒学正，后历官崇德州教授、应奉翰林文字、翰林修撰、江浙儒学提举、国子司业、翰林待制、江南浙西道肃政廉访司事、集贤直学士兼园子祭酒。至正间召拜翰林侍讲学士、岭北湖南道肃政廉访使，皆辞。卒谥文肃。博学善书，著有《巴西文集》1 卷、《读易类编》、《内制稿》、《素履斋稿》。事迹另见吴澄《元故中奉大夫岭北湖南道肃政廉访使邓公神道碑》（《吴文正集》卷六四）、《元史》卷一七二、《宋元学案》卷八二、《元诗选》二集小传。

黄溍《特进上卿玄教大宗师元成文正中和翊运大真人总摄江淮荆襄等处道教事知集贤院道教事夏公神道碑铭》。

夏文泳（1277—1349），字明适，别号紫清，江西贵溪人。大德四年，与吴全节同至京师侍张留孙。八年，受命抚视诸道流于大江之南。又授玄道文德中知法师、崇真万寿宫提点。皇庆初，特授元成文正中和真人、江淮荆襄等处道教都提点。至顺二年，吴全节告老，遵嘱嗣教，至正六年，正式继任掌教，授玄教大宗师、大政人，总摄江淮荆襄等处道教、知集贤院事。

黄溍《盘峰先生墓表》。

孙潼发（1244—1310），字帝锡，一字君文，号盘峰，浙江桐庐人。宋咸淳年间进士，授衢州军事判官。蜀人史绳祖侨寓桐庐，相与研究先儒性理之学。后辟为御前军器所干办公事。宋亡入元，程钜夫求贤江南，辞不受，隐居东峰下。与乡先生袁易、魏新为三友。传另见《两浙名贤录》卷四三、《宋元学案》卷八二、《新元史》卷二四一。

黄溍《御史中丞赠资政大夫中书右丞上护军追封平阳郡公谥文靖徐公神道碑铭》。

许毅（1254—1314），字伯弘，山西平阳人。早年受业于许衡。弱冠辟掾，调同知檀州事。世祖闻其名，擢为监察御史。此后历仕宪台，为时名臣。遗书奏议5卷、诗文3卷，吴澄为之序。

黄溍《应中甫墓志铭》。

应本（1272—1349），字中甫，浙江杭州人。延祐首科进士。尝与杨载共学。明于《礼》《春秋》，喜为歌诗，颇有志于宦游而弗遂。赵孟頫提举江浙儒学，辟主教仁和县，辞不就。后游京师，集贤大学士王约力荐之。以事已高，无仕进意，归隐西湖上。善鉴定古书画，旁通术数、方技，又最深于医，晚遂混迹于药市。著有《三家礼范辨》1卷、《注春秋世纪》1卷、五七言律诗5卷、《集验方》1卷。

黄溍《江浙行中书省左右司员外郎致仕陈君墓志铭》。

陈遘（1296—1344），字谨之，浙江临海人。父陈孚，世祖朝由翰林待制兼国史院编修官，出历建德、衢州、台州三路总管府治中，程钜夫为之铭。遘初用荫补台州录事判官，迁常州路总管府知事，调集庆路江宁县主簿，不赴，改庆元路总管府知事，复擢江浙等处儒学副提举，以江浙等处行中书省左右司员外郎致仕。尝备修三史，未及用而卒。

黄溍《承务郎建德路建德县尹致仕徐君墓志铭》。

徐沂之，字圣与，河南汴州人。元初科举不行，杜门自守余二十年。时方尚文法吏事，郡长挽使任簿书，后辟为浙东宪府书史，累迁浙西、江东。仁宗朝，授温州路总管府提控案牍兼照磨，调两浙都转运盐使司仁和场盐司管勾。泰定年间，迁延平路将乐县主簿，俄有归志，遂以建德路建德县尹致仕。

黄溍《宜人陈氏墓志铭》。

陈氏（1271—1346），浙江东阳人，胡助之妻。胡助（1278—1355），字履信，别号古愚。两为儒学教授，两入翰林国史院编修官，以承事郎、太常博士致仕。

欧阳玄《元故太中大夫佛海普印广慈圆悟大禅师大龙翔集庆寺长老忠公塔铭》。

广慈圆悟大禅师（1275—1348），名守忠，字昙芳，江西都昌之黄金皇氏子。诞时多灵异。九岁恪慕舍俗，礼云居玉山珍禅师为师。年十一祝发，受具足戒。从此遍游诸方，来往诸禅师间，由是道价日重。至治初，移住蒋山。天历中，特授太中大夫、广慈圆悟大禅师，住持大崇禧万寿，兼领蒋山太平兴国禅寺，商议集庆万寿营缮都司事。至顺初，召与大龙翔寺住持释大䜣乘驿入京，受元廷隆重礼见。赐金襕袈裟，敕虞集撰《重兴蒋山寺记》。至正间，命住大龙翔集庆寺。复退居广慈庵。示寂于大龙翔寺集庆寺。门人编集其遗文曰《五会录》行于世。

元惠宗至正十年　庚寅　1350 年

黄溍《资德大夫陕西诸道行御史台御史中丞董公神道碑铭》。

董士恭（1278—1332），字肃卿，河北藁城人，董文忠第四子。成宗时入备宿卫，擢任典瑞少监，升太监。武宗朝，同知典瑞院事，出任江南行台侍御史。仁宗朝，拜典瑞监卿，出任陕西行台侍御史，升御史中丞。以病解职。

黄溍《嘉议大夫婺州路总管兼管内劝农事捏古觯公神道碑铭》。

忽都达儿（1296—1349），字通叟，系出蒙古捏古觯氏。世居云中，自父占籍金陵，后又徙湖北，而卜居沣阳。尝师从同乡霍希贤。延祐四年，充赋有司，为湖广乡试第一。次年会试京师，与霍希贤分别擢左右榜状元。授秘书监著作郎。后历湖广、江浙行中书省左右司员外郎，湖北道宣尉副使，同知饶州、衡州二路总管府事，济南、婺州二路总管。子捏古思中山东乡试第二名，用荫为平江路同知吴江州事。

黄溍《资善大夫河西陇北道肃政廉访使凯烈公神道碑铭》。

凯烈拔实（1308—1350），字彦卿，色目克烈氏，占籍大都。克烈是信仰基督教的部族，又译作凯烈、怯列等，此以族名凯烈为汉姓。元统初，任燕南宪佥，后历官翰林直学士、吏部尚书、浙东廉访使、大都路达鲁花赤、集贤学士、燕南廉访使，卒于位。有诗文名，与许有壬、周伯琦、成廷珪、张翥等唱和酬答，家有四咏轩，曾将诗友唱咏之作辑成《四咏轩诗》，许有壬作序，传颂词林。擅书。《元书》卷七有传。知经筵事、资政院使朵儿直班以经筵旧臣凯烈拔实神道之碑未建奏请。

黄溍《朝列大夫佥通政院事赠荣禄大夫河南江北等处行中书省平章政事柱国追封鲁国公札剌尔公神道碑》。

蒙古族札剌儿氏，元勋木华黎后人。仁宗时，擢佥通政院事。事母至孝，有刲肉治母疾之举。仁宗誉为"蒙古人中儒者"。《新元史》卷一二〇有传。子朵儿直班仕至顺帝朝中书宰臣。

黄溍《答禄乃蛮氏先茔碑铭》。

答禄与权奉状请文。乃蛮为蒙古诸部之一，有别号答禄者，因以为氏。其先亡其所部，有日敝温者始奔契丹。契丹灭，来归成吉思汗，从太宗、睿宗出征，屡有战功，擢万户。子别的因（1229—1309），初袭父职为副万户，世祖命为寿、颍二州屯田达鲁花赤，累迁陈州、唐州、信阳府达鲁花赤。乐陈州土俗之美，因家焉。仕至台州达鲁花赤兼管内劝农事。孙辈多出进士。答禄与权，别的因曾孙，字道夫，至正二年进士。仕元为河南北道廉访司佥事，仕明为翰林应奉。

黄溍《翰林学士承旨致仕脱脱公先茔碑铭》。

脱脱（1314—1355），亦作托克托、脱脱帖木儿，蒙古蔑里乞氏，字大用。师从汉儒吴直方。顺帝朝著名宰相。世居范阳。曾、祖二代皆晦迹弗耀，父仕元，历昌平、宁陵、穰、吴四县达鲁花赤。伯父伯颜为顺帝朝初期权臣。后至元六年，脱脱与顺帝合谋除去伯颜一党，顺帝亲政，脱脱遂拜中书右丞。君臣合力大改伯颜旧政，复科举，修三史，开经筵，行太庙四时祭等，史称"至正更化"，中外翕然称为贤相。至正四年以病辞归。九年，复诏为中书左丞。十一年，出师讨红巾军。十五年，革职流放云南，中书平章政事哈麻矫诏遣使鸩之，年四十二而卒。二十二年，昭雪复官，然未及报而国亡。传另见《元史》卷一三八、《元书》卷七六、《蒙兀儿史记》卷一二五、《新元史》卷二〇九。

黄溍《大庆寿禅寺住持秋亭禅师亨公道行碑铭》。

秋亭禅师（1300—1350），俗姓孔，讳洪亨，河北邢台人。家本业农，父嗜读书为善士，母崇佛。七岁出家于开元寺。年二十，得度受具。至京师，谒西云禅师于大庆寿寺。西云灭，从北溪禅师嗣领其众，又受命主广福寺。北溪退，鲁云禅师继之。鲁云逝，举秋亭补其处。后归隐开元逾十年，复奉命住持大庆寿寺。

黄溍《张子长墓表》。

张枢（1292—1348），字子长，浙江金华人。从许谦游。凡为文，务推明经史，不喜作雕琢、侈靡、诡谀、戏豫、放浪、无实之言。至正间以长史、翰林修撰、同制诰兼国史院编修官召，皆不就。专意著述，长于纪事。尝刊定《三国志》65 卷，又别撰汉本纪列传，附以魏、吴载记，为《续后汉书》73 卷。朝廷取其书，置宣文阁。另撰有《春秋三传归一义》3 卷，《林下窃议》《曲江张公年谱》《敝帚编》各 1 卷。

黄溍《中大夫延平路总管韩公墓志铭》。

韩国宾（1254—1320），字君玉，河南信阳人。身长七尺，美须髯、多艺能，尤善骑射，不屑为文字之学，而善谈论古今事。曾从伯颜攻宋。

黄溍《武略将军海道漕运副万户曹公墓志铭》。

曹某（1265—1324），字显道，江苏常熟人。元朝首任漕运官。大德间，制授金符、敦武校尉、海道运粮千户，后迁嘉定等处海运副千户。至大间，升武略将军、海道漕运都万户府副万户。

黄溍《赠承事郎同知奉化州事叶府君墓志铭》。

叶应咸（1283—1335），字心可，浙江丽水人。少有经济志，然无用于时。子叶琛仕处州路青田县尹。以子贵，赠承事郎、同知奉化州事。

黄溍《江阴吴君墓志铭》。

吴方（1289—1339），字季仁，江阴人。受经于乡先生陆文圭，而于诸子百家、医药卜筮、数术之书，靡所不知。作诗尚理致，不事雕琢。延祐中，故人荐为处州儒学录，辞不就，自号嬾庵居士，以示绝意仕进。

黄溍《颍川郡太君江氏墓志铭》。

江爱（1287—1349），其先燕之宦族，年十七归浙江永嘉陈氏。陈氏家族仕于宋，宋亡多执节而死。入元，子爱穆柯以门功入备宿卫，由奉直大夫、大都留守司判官迁朝列大夫、副留守。以子贵，追封颍川郡太君。

欧阳玄《元故奎章阁侍书学士翰林侍讲学士通奉大夫虞雍公神道碑》。

虞集（1272—1348），字伯生，号道园，人称邵庵先生，江西崇仁人。宋丞相虞允文五世孙。少受家学，从吴澄游。成宗大德初，以荐授大都路儒学教授，进国子助教、博士。仁宗时，迁集贤修撰，除翰林待制。文宗即位，累除奎章阁侍书学士。领修《经世大典》。与揭傒斯、柳贯、黄溍并称"元儒四家"；诗与揭傒斯、范梈、杨载齐名，人称"元诗四家"。著有《古字便览》1卷、《道园学古录》50卷、《道园遗稿》6卷、《新编翰林珠玉》6卷等。事迹另见赵汸《邵庵先生虞公行状》（《东山存稿》卷六）、《元史》卷一八一、《宋元学案》卷九二、《元诗选》初集小传、翁方刚《虞文靖公年谱》。

欧阳玄《元故隐士庐陵刘桂隐先生墓碑铭》。

刘诜（1268—1350），字桂翁，号桂隐，江西庐陵人。祖刘铨，父刘仁荣，皆为学养深厚之儒者。元延祐复科举后，肆力于名物度数训诂笺注之学，十年不第，乃刻意于古诗文。诗文成就见称于当时江西文派宗主刘辰翁，与刘将孙、刘岳申并称庐陵"三刘"。门人私谥文敏。有《桂隐文集》4卷、《诗集》4卷，虞集、揭傒斯及欧阳玄皆尝序之。传另见《元史》卷一九〇《儒学二》、程公许《撰先伯桂隐先生哀词》（《沧洲尘缶编》卷二）、夏以忠《刘诜行状》、《四库全书总目》卷一六六。

黄溍《蓝田王氏先茔碑铭》。约至正十年

浙东海道廉访司事王武分按婺州之属邑，时黄溍正以老归于乡里，应王武请铭其先陇。王氏，系出太原，徙居陕西蓝田已六世。五世祖王临渊，登金末进士第，累迁通判商州。四世祖王彪，卒官蓝田尉。曾祖王子山，始隐弗仕。祖王荣，字茂卿，仕元为奥鲁官。父王自迩，字远夫，历官陕西行省掾吏、荆阳尹、江南诸道行御史台监察御史。王武，字桓仲。由岁贡入仕，历西、南两台监察御史，入为大宗正府员外郎，拜监察御史，出金四川廉访司事。

黄溍《天童坦禅师塔铭》（第 616—617 页）。约至正年间

天童坦禅师（1245—1315），族金氏，讳妙坦，浙江浦江人。大德间，奉旨主华藏寺。至大间，迁天童寺。卢挚曾数从师游于慧山，匾其室曰竺西，人因以为称。

元惠宗至正十一年　辛卯　1351 年

黄溍《银青荣禄大夫大司徒陈公神道碑铭》。

陈萍（1269—1325），浙江兰溪人。父陈自中，殉宋而亡。伯陈宜中为宋末宰相。三子皆育于外家杨氏，陈萍为其仲。世祖皇帝以陈宜中不降而去，命物色其子弟之在江南者，外氏遂以三子归于京师。能自树立，刻意于学，无所不通，兼善梵学，被旨赐名辇真加剌思，俾事裕宗皇帝于东宫。成宗皇帝尤加眷遇，日侍左右，与闻谋议，拜吐蕃宣慰使。武宗朝，奉命抚宁边陲。以功拜大司徒，进阶银青荣禄大夫，并受推恩三代。仁宗、英宗亦皆礼遇之。

黄溍《山斋喻君墓志铭》。

喻高（1242—1325），字仲明，浙江义乌人。喻氏为义乌大姓。父祖皆仕宋。入元，子孙皆未有仕进者。为人庄重坦夷，持身处家，待人接物，务各尽其道。

黄溍《承直郎庆元路总管府判官致仕王君墓志铭》。

王奎（1253—1334），字宿之，浙江庆元人。初以才见，推择为吏于郡府，又以廉能，察举为浙东、西、福建三道宪司书吏。赴吏部铨，授婺州路总管府提控案牍兼照磨、承发架阁库管勾。浙东帅闻辟为令史，调建德路总管府知事，升延平路总管府经历。引年告老，以庆元路总管府判官致仕。

黄溍《秦君墓志铭》。

秦士龙（1269—1325），字仲翔，江苏上元人。天历间，易粟赈灾。江淮间，有巨商遗其金，拾而归之。平居无华实，读书务明大义。晚觞咏徜徉于山水花烛间，邈然若与世相忘。至正间，御史举茂异，又举遗逸，皆不应。张起岩为中执法，遇之尤厚。

元惠宗至正十三年　癸巳　1353 年

黄溍《嘉议大夫礼部尚书致仕干公神道碑铭》。

干文传（1276—1353），字寿道，号仁里，晚号止斋，江苏平江人。先世以武弁入官，父干雷龙始以文易武。十岁能属文，用荐为吴及金坛两县学教谕，后长饶州慈湖书院。登延祐首科进士第，授昌国州同知，历长洲、乌程两县尹，升婺源、吴江知州。至正三年，召入朝，预修《宋史》，书成，授集贤待制，不久以嘉议大夫、礼部尚书致仕。长于政事，其治行往往为诸州县之最，有古循吏之风。喜接引后进，考试江浙、江西乡闱，所取士后多知名。为文务雅正，不事浮藻。《元诗选》三集录其诗五首，题《仁里漫稿》。事迹另见《元史》卷一八五、《元诗选》三集小传、《元史类编》卷二七、《元书》卷九〇。

黄溍《延福太监张公墓志铭》。

张观（？—1328），字观道，自号湖山，江苏常熟人，后徙居浙江杭州。性好古而习于世务，于吏事、译语无所不通。大德间，出游京师，用荐入宿卫于中宫，扈从往来两都。至大间，授同知江浙财赋都总管府事。延祐间，以集贤大学士陈颢引见，被旨特授延福太监。三载后南归。生平于医药、卜筮、风鉴、地形皆有研究，晚醉心于道家炼丹以求长生之法。

黄溍《戚君墓志铭》。

戚崇僧，字仲戚，浙江金华人，移居永康。为宋官族。少不以荣进为念，端居苦学，间弄于诗文，皆积丽绵密可喜。年二十七，始尽弃其学，从许谦游，博通经史，旁及诸子百家，尤潜心于性理之说，同门推为高弟。清苦自处，居常默坐一室，环书数百卷。匾其居室曰朝阳，人称朝阳先生。著有《春秋纂例原旨》《四书仪对》《后复古编》《历代指掌图》《昭穆图》等。

欧阳玄《敕赐滕李氏先茔碑铭并叙》。

滕州李氏，世为齐青州人。自李稷曾祖显避兵滕州，始为滕人。祖克忠，字公瑾，号丽泉，为中顺大夫、同知吉州路总管府事，曾三度以安南达鲁花赤出使安南，使安南不废兵卒归附元朝，功绩颇大，补入《蒙兀儿史记》卷一〇八、《新元史》卷一七二；考希颜，字友仁，号静山。官至太常大乐署令，皆以李稷之贵赠封。李稷，字孟齿，滕州人。登泰定四年进士第，历官台宪。文学议论，烨然有声朝著间。许有壬为李稷之祖父撰有《元故中顺大夫同知吉州路总管府事李公神道碑铭》（《至正集》卷六一）。李稷事迹另见《元史》卷一八五本传、《（嘉靖）山东通志》卷三〇、李贤《明一统志》卷二三小传等。

欧阳玄《积斋程君端学墓志铭》。

程端学（1278—1334），字时叔，号积斋，浙江鄞县人，程端礼弟。通《春秋》。早岁不屑为举子业，朋友力劝就试。擢泰定元年进士第二，授仙居县丞、改国子助教。迁翰林编修，出为瑞州路经历。任职翰林国史院时受虞集推服。授太常博士，未受命而卒。著有《积斋集》5卷、《春秋本义》30卷、《三传辨疑》20卷、《或问》10卷。事迹另见《至正四明续志》卷二、《两浙名贤录》卷四、《甬上先贤传》卷四六。

元惠宗至正十四年　甲午　1354年

黄溍《青桩居士郑君墓志铭》。

郑钦（1291—1353），字子敬，自号青樗居士，浙江浦江人。为人外严内慈，尚气节，至孝，父死哀恸不已，因致病卒。子奉胡助之状请铭。

黄溍《许君墓志铭》。

许熊（1288—1351），东阳人。自号樵隐，性孝友，好周人之急。

欧阳玄《京畿都漕运使王君去思之碑》。

王时可，字德常。自国学出身，初筮从仕郎、利用监知事，迁归信县尹，选江南行御史台掾，历浙西宪司知事，复南台管勾。入为国子监典簿，拜南台监察御史。后入为宣文阁授经郎，拜中台御史，擢户部员外郎，迁礼部郎中。欧阳玄称其为"六馆之高弟子"，与完颜秉文、李藻、贡师泰同为中书改积分为升斋等第法后所得汉生数人中以清干致时名、为显官者。至正十二年，以礼部侍郎被选为京畿都漕运使，到官两年余，仓廪充实，国用以赢，颂声载途。十四年，朝廷追其治绩擢拜吏部尚书，以旌其能。

元惠宗至正十五年　乙未　1355 年

黄溍《故处士吴君墓志铭》。

吴景奎（1292—1355），字文可，浙江兰溪人。年三十，海道万户刘贞时为浙东宪府掾，辟为典文书。次年，刘去职，景奎亦归伏田里，绝意仕进。后用荐署兴化县儒学录，以母老辞。生平于天文、地理、星历、卜筮、医药之术皆能贯通。善为诗，著有《药房樵唱》3 卷、附录 1 卷。事迹另见《金华征献略》卷一一、《文学传》、《四库全书总目》卷一六七"药房樵唱提要"。

黄溍《屏山处士王君墓志铭》。

王琰（1295—1353），字汝圭，浙江剡县人。父、祖皆弗仕。琰能自奋，会科举行，出试有司，不合而弃。择所居静旷隙地，面山筑堂，题曰屏山，因以自号，虞集为之书。

欧阳玄《中书右丞相领治都水监政绩碑》。约至正十五年

定住，康里氏。至正年间官拜中书右丞相，自至正十三年被命领都水监事，数年之中，濬治旧规，抑塞新弊，水政大修。

元惠宗至正十六年　丙申　1356 年

欧阳玄《元故朝散大夫佥太常礼仪院事宋公墓碑》。

宋翼（1275—1330），字云举，自号松友。性沉静笃学，甫冠，以貌异除大都路儒学正，进中山教授，迁怀庆。延祐二年，以翰林国史院编修官召，进应奉翰林文字、同知制诰。至治二年，升修撰，迁承务郎。泰定初，佥淮西江北道肃政廉访司事。征入为国子司业，留任三年，士习新美，祭酒虞集举以自代。时欧阳玄为国子监丞，与其同寅之契甚厚。天历间，转奉议大夫、同佥太常礼仪院事，擢朝散大夫，进佥太常礼仪院事。著有《松友暇稿》若干卷。事迹另见《（嘉庆）大清一统志》卷一四五、《新元史》卷一九六。

欧阳玄《元赠奉议大夫枢密院判官骁骑尉追封浦江县子郑府君墓碑铭有序》。

郑锐（1289—1318），字景敏，其先荥阳人，迁浦江。延祐初科，以明经贡于乡，一试不偶，舍之。以子郑深进赠承直郎、国子监丞，又进枢密院判官，勋骁骑尉，爵浦江县子，阶奉议大夫。郑深，字仲几，一字浚常，浦江人。其族自建炎以迄于今，同居者十世，朝廷旌为"义门"。深负笈入京，以文行受知右丞相脱脱，被选为长史，迁宣文阁授经郎，监书博士，擢吏部员外郎。至正十六年，佥江南浙西道肃政廉访使司事。生平参见宋濂《故江东佥宪郑君墓志铭》。

欧阳玄《追封武威郡公贾琮神道碑》。约至正十六年

贾琮（1260—1306），字成之，定州人，因子惟贞之贵，累赠中书省

参知政事，追封威武郡公。贾惟贞，由中书掾声誉日起，扬历清涂，选为广东海南海北道奉使宣抚，擢永平路总管，绰有最绩。召为兵部侍郎，转尚书，历迁中台治书侍御史、司农少卿、河东山西道肃政廉访使、改燕南道肃政廉访使，中书省参知政事兼集贤院大学士，进封武威郡公。所至官守尽职，不亟不徐，不自衒暴，清慎公勤，表里如一。故中书赐碑之请，相臣特以"循分宣力"为言，朝野闻之，以为确论。《明一统志》卷三有小传。按：此文末署"元至正二十六年撰"，欧阳玄卒于至正十七年，姑推为至正十六年之误。

元惠宗至正十七年 丁酉 1357 年

黄溍《都功德使司都事华君墓志铭》。至正年间

华埜仙（1287—1312），一名铉，字子举，其先自汴徙浙江无锡。自祖父仕元，为无锡州税务提领，父以入粟振荒当补官，辞不受，用荐特授进义校尉、晋宁路冀宁等处打捕屯田都总管府总管。埜仙少有志功名，祖俾北游京师，以才受知月者罕、脱脱罕两院使，因荐得备宿卫。又因都功德使奏授使司都事。因病谒告南还。

黄溍《广莫子周君碣铭》。至正年间

周德方，别号广莫子，杭州海昌人。宋元干戈之际，流落野马毡裘之乡，其地宜瓜、宜蒲桃。间以进果至京师，见道家衣冠，心甚慕焉。求师于杜道坚。玄教大宗师吴全节以其善于译语，任以庚桑楚之役，住越之龙瑞宫，凡六载而谢事。至是，一意读书山中，余二十年。同门姚志恭雅爱重之，相与论说大道。姚志恭卒，揭傒斯为之勒文于碑（佚）。

欧阳玄《蒲城义门王氏先茔碑铭有序》。至正年间

蒲城王氏，由五季涉宋、金至于元四百余载，七世同居，父祖子孙，家庭告语，不忘同居之谊。延祐中，有司以其五世同居闻于朝，申命所属

旌其门；天历初，旌以六世，寻上其事，载之《经世大典》；至正间，又加一世。第五世王讷以其家七世同居事状来京师，谒铭于玄。是辈九人"皆习经史，谆尤博雅，相与润色其门庭"。危素撰有《义门王氏祠堂碑》[《（光绪）蒲城县志》]。

时间无考之篇目

王恽《员先生传》。

员炎，字善卿，同州人。性落魄，嗜酒业诗，有能声，不事生产。性疏荡。王恽于文中忆述其诗数首。又附载另一诗人撒奔生平。撒奔，字彦举，亦陕人。面黯惨，性狂易。初，不识文字，一日忽能作诗，有《函谷道人集》3卷行于世。

虞集《李象贤传》。

李象贤，讳崇德，湖南醴陵人。世以儒名家，自其父兄以上，多称乡先生。大德中，以才学辟湖南宪府史。故湖广丞相阿里海牙之子和尚私取贡服，诬陷廉访佥事李栋。象贤不惧权势，实证李栋清白。

虞集《元高唐大中大夫临江路总管程公之碑》。

程思温，字仲和，河北高唐人，驿官。至元初入官通政院掾，积阶三品。曾守广陵、东平。

虞集《河中张公墓志铭》。

张公，江西湖东道肃政廉访司知事、征士郎张汝遴之父。汝遴曾为虞集国子学生。

黄溍《桂隐先生小传》。

黄梦炎（1203—1272），字子阳，号桂隐，义乌人。黄溍曾祖。宋淳祐十年进士。历司农丞、枢密院编修官、户部左曹郎官。与贾似道不合，以朝请大夫致仕。有诗文杂稿10卷，笔记1卷。

黄溍《柳立夫传》。

柳森，字立夫，安徽当涂人。世代为医，立夫以善脉著称。当为早年作。

黄溍《俞器之传》。

俞时中，浙江金华人。在宋元之际被俘至北边，后以儒家子名动公卿间，以南人布衣入对翰林。为以亲老求便养，以诸暨判官致仕。当为早年作。

黄溍《梅孝子传》。晚年作

梅应发，江苏吴郡人。以孝行名天下。

黄溍《黄节妇传》。晚年作

黄溍《华府君其碑铭》。

华其，字德珍，先世家宋大梁，避兵徙江苏无锡。父为常州提领税务。贷人其钱，不厚取息。以粟赈灾，法当得官，辞。

黄溍《费氏先墓石表》。

海道漕运都万户致仕费雄嘱铭。费氏之先，湖之长兴人。祖仕宋，提举上海市舶司事，因占籍上海。仕元，卒官怀远大将军、浙东道宣慰使。父从征交趾有功，佩金虎符，为武德将军、平江等处运量万户。费雄，用荫授昭信校尉、海盐等处海运千户，四迁至武德将军、海道漕运副万户。涉巨海者数十，所输米有数百万石。

黄溍《元故处士陶君墓表》。

陶德生，字文立，浙江临海人。侍亲至孝，尚气节，重信义，好施与。

欧阳玄《韩尚书世德碑铭》。

韩尚书，先世居燕北，自尚书家于隰州。有投笔从军之策勋。

参考文献

一 古籍类

（一）子部

（东汉）许慎撰，（清）段玉裁注：《说文解字注》，上海古籍出版社1981年版。

（清）焦循：《孟子正义》，沈文倬点校，中华书局2015年版。

杨伯峻：《论语译注》，中华书局2015年版。

（二）史部

（元）苏天爵辑：《元朝名臣事略》，姚景安点校，中华书局1996年版。

（元）脱脱：《金史》，中华书局1975年版。

（元）脱脱：《辽史》，中华书局1974年版。

（元）脱脱：《宋史》，中华书局1985年版。

（元）《元典章》，陈高华、张帆、刘晓、党宝海校点，中华书局、天津古籍出版社2011年版。

（元）徐元瑞等：《吏学指南 外三种》，杨讷《元代史料丛刊》，浙江古籍出版社1988年版。

（元）陶宗仪：《书史会要》，徐永明点校，北京师范大学出版社 2016 年版。

（元）陶宗仪：《南村辍耕录》，中华书局 1959 年版。

（元）权衡：《庚申外史》，中华书局 1985 年版。

（元）《庙学典礼》，王珽校点，浙江古籍出版社 1992 年版。

（宋）杜大珪：《名臣碑传琬琰集》，台湾文海出版社 1980 年版。

（宋）欧阳修：《新唐书》，中华书局 1975 年版。

（宋）赵珙：《蒙鞑备录》，王国维笺证，《内蒙古史志资料选编》第三辑，内蒙古地方志编纂委员会 1985 年版。

（明）宋濂：《元史》，中华书局 1976 年版。

（明）陈邦瞻：《元史纪事本末》，中华书局 2015 年版。

（明）陈邦瞻：《宋史纪事本末》，中华书局 1977 年版。

（明）孔齐：《至正直记》，中华书局 1991 年版。

（明）胡应麟：《诗薮》，中华书局 1958 年版。

（明）冯从吾：《元儒考略》，清光绪知服斋丛书本。

（清）屠寄：《蒙兀儿史记》，中国书店 1984 年版。

（清）张廷玉：《明史》，中华书局 1974 年版。

（清）纪昀：《四库全书总目》，中华书局 1965 年第 1 版，2016 年第 10 次印刷版。

（清）黄宗羲：《宋元学案》，沈善洪主编《黄宗羲全集》，浙江古籍出版社 1999 年版。

（清）赵翼：《廿二史札记》，曹光甫校点，凤凰出版社 2008 年版。

（清）王士祯：《池北偶谈》，中华书局 1982 年版。

（清）钱大昕：《补元史艺文志》，《丛书集成初编》本，中华书局 1985 年版。

（清）张金吾：《爱日精庐藏书志》，柳向春整理，吴格审定，上海古籍出版社 2014 年版。

（民国）柯绍忞：《新元史》，中国书店 1988 年版。

（后晋）刘昫：《旧唐书》，中华书局 1975 年版。

王欣夫：《蛾术轩箧存善本书录》，鲍正鹄、徐鹏标点整理，上海古籍出版社 2002 年版。

（三）集部

《全元文》，李修生主编，凤凰出版社 2004 年版。

《全元诗》，杨镰主编，中华书局 2013 年版。

《全辽金文》，阎凤梧主编，山西古籍出版社 2002 年版。

《全宋文》，曾枣庄、刘琳主编，上海辞书出版社 2006 年版。

（元）苏天爵辑：《元文类》，上海古籍出版社 1993 年版。

（元）顾嗣立：《元诗选》，中华书局 1987 年版。

（元）王恽：《王恽全集汇校》，杨亮、钟彦飞点校，中华书局 2013 年版。

（元）虞集：《虞集全集》，王颋点校，天津古籍出版社 2007 年版。

（元）黄溍：《黄溍全集》，王珽点校，天津古籍出版社 2008 年版。

（元）黄溍：《黄文献集 附录补遗》，《丛书集成初编》本，商务印书馆 1936 年版。

（元）欧阳玄：《欧阳玄全集》，汤锐点校，四川大学出版社 2010 年版。

（元）揭傒斯：《揭傒斯全集》，李梦生标校，上海古籍出版社 2012 年版。

（元）刘敏中：《刘敏中集》，邓瑞全、谢辉校点，吉林文史出版社 2008 年版。

（元）许衡：《许衡集》，毛瑞芳、谢晖、周少川校点，吉林文史出版社 2010 年版。

（元）姚燧：《姚燧集》，查洪德编辑校点，人民文学出版社 2011 年版。

（元）马祖常：《马祖常集》，王媛校点，吉林文史出版社 2010 年版。

（元）程钜夫：《程钜夫集》，张文澍校点，吉林文史出版社 2009 年版。

（元）吴师道：《吴师道集》，邱居里、邢新欣校点，吉林文史出版社 2008 年版。

（元）袁桷：《袁桷集校注》，杨亮校注，中华书局 2012 年版。

（元）苏天爵：《滋溪文稿》，陈高华、孟繁清点校，中华书局 2007 年版。

（元）赵孟頫：《赵孟頫文集》，任道斌点校，上海书画出版社 2011 年版。

（元）元好问：《元好问全集》，姚奠中主编，山西人民出版社 1990 年版。

（元）甘复：《山窗余稿》，胡思敬校勘，《丛书集成初编》本，新文丰出版公司 1989 年版。

（金）刘祁：《归潜志》，崔文印点校，中华书局 1983 年版。

（金）王若虚：《滹南遗老集》，《丛书集成初编》本，中华书局 1985 年版。

（唐）韩愈：《韩昌黎文集校注》，马其昶校注，马茂元整理，上海古籍出版社 2014 年版。

（宋）欧阳修：《欧阳修诗文集校笺》，上海古籍出版社 2009 年版。

（宋）柳宗元：《柳河东集》，上海古籍出版社 2010 年版。

（宋）吕祖谦编著：《吕祖谦全集》，黄灵庚、吴战磊主编，浙江古籍出版社 2008 年版。

（宋）郭茂倩：《乐府诗集》，中华书局 1979 年版。

（明）宋濂：《宋濂全集》，黄灵庚编辑校点，人民文学出版社 2014 年版。

（明）徐师曾：《文体明辨序说》，罗根泽校点，人民文学出版社 1962 年版。

（明）杨士奇：《东里集》，上海古籍出版社 1991 年版。

（清）杨锡绂：《四知堂文集》，《四库全书未收书辑刊》本，北京出版社 2000 年版。

（清）姚鼐：《古文辞类纂》，胡士明、李祚唐标校，上海古籍出版社 2016 年版。

（南朝梁）刘勰：《增订文心雕龙校注》，黄叔琳注，李祥补注，杨明照校注拾遗，中华书局 2000 年版。

二 专著类

韩儒林：《元朝史》，人民出版社 2008 年版。

陈高华、史卫民：《中国政治制度通史》，人民出版社 1996 年版。

陈高华、史卫民：《元代大都上都研究》，中国人民大学出版社 2010 年版。

史卫民：《元代社会生活史》，中国社会科学出版社 1996 年版。

陈垣：《元西域人华化考》，上海古籍出版社 2000 年版。

陈垣：《南宋初河北新道教考》，中华书局 1962 年版。

李治安：《忽必烈传》，人民出版社 2004 年版。

李治安：《元代分封制度研究》，中华书局 2007 年版。

李治安等：《元代华北地区研究——兼论汉人的华夷观念》，南开大学出版社 2008 年版。

白寿彝：《中国通史》（元代卷），第 13 册，上海人民出版社 1997 年版。

龚书铎主编：《白寿彝文集·中国交通史》，河南大学出版社 2008 年版。

杨树藩：《元代中央政治制度》，台湾商务印书馆 1978 年版。

杨树藩：《中国文官制度史》，黎明文化事业股份有限公司 1982 年版。

罗贤佑：《元代民族史》，四川民族出版社 1996 年版。

马建春：《元代东迁西域人及其文化研究》，民族出版社 2003 年版。

萧启庆：《内北国而外中国：蒙元史研究》，中华书局 2007 年版。

萧启庆：《元代史新探》，新文丰出版公司 1983 年版。

萧启庆：《蒙元史新研》，允晨文化实业股份有限公司 1994 年版。

赵改萍：《元明时期藏传佛教在内地的发展及影响》，中国社会科学出版社 2009 年版。

申万里：《元代教育研究》，武汉大学出版社 2007 年版。

桂栖鹏：《元代进士研究》，兰州大学出版社 2001 年版。

朱耀廷：《正说元朝十五帝》，中华书局 2007 年版。

张树栋、刘广明主编：《古代文明的起源和演进》，南京大学出版社 1991 年版。

陈得芝：《蒙元史研究丛稿》，人民出版社 2005 年版。

周少川：《元代史学思想研究》，社会科学文献出版社 2001 年版。

钱基博：《中国文学史》（中），中华书局 1993 年版。

陈高华、张帆、刘晓：《元代文化史》，广东教育出版社 2009 年版。

邓绍基：《元代文学史》，人民文学出版社 1991 年版。

杨镰：《元诗史》，人民出版社 2003 年版。

杨镰：《元代文学编年史》，山西教育出版社 2005 年版。

么书仪：《元代文人心态》，文化艺术出版社 1993 年版。

张晶：《辽金元诗歌史论》，吉林教育出版社 1995 年版。

李修生、查洪德：《辽金元文学研究》，北京出版社 2001 年版。

邱江宁：《元代馆阁文人活动系年》，人民出版社 2013 年版。

邱江宁：《奎章阁文人群体与元代中期文学研究》，人民出版社 2013 年版。

俞樟华、邱江宁：《清代传记研究》，上海三联书店 2013 年版。

俞樟华：《古代传记真实论》，中国文史出版社 2013 年版。

俞樟华、林尔等：《宋代传记研究》，黑龙江人民出版社 2015 年版。

俞樟华：《中国传记文学理论研究》，湖南文艺出版社 2000 年版。

韩兆琦：《中国传记文学史》，河北教育出版社 1992 年版。

陈兰村、张新科：《中国古典传记论稿》，陕西人民教育出版社 1991 年版。

陈兰村：《中国传记文学发展史》，语文出版社 1999 年版。

耿云志、张国彤编：《胡适传记作品全编（四)》，东方出版中心 2002 年版。

杨正润：《现代传记学》，南京大学出版社 2009 年版。

赵白生：《传记文学理论》，北京大学出版社 2003 年版。

黄金明：《汉魏晋南北朝诔碑文研究》，人民文学出版社 2005 年版。

张宏生：《感情的多元选择——宋元之际作家的心灵活动》，现代出版社 1990 年版。

赵琦：《金元之际的儒士与汉文化》，人民出版社 2004 年版。

查洪德：《理学背景下的元代文论与诗文》，中华书局 2005 年版。

徐远和：《理学与元代社会》，人民出版社 1992 年版。

韩经太：《理学文化与文学思潮》，中华书局 1997 年版。

申友良：《马可·波罗时代》，中国社会科学出版社 2001 年版。

汪荣祖：《史传通史——中西史学之比较》，中华书局 2003 年版。

朱荣智：《元代文学批评之研究》，台湾联经出版事业公司 1982 年版。

王德毅等：《元人传记资料索引》，中华书局 1987 年版。

梁启超：《中国历史研究方法》，上海古籍出版社 1986 年版。

符海朝：《元代汉人世侯群体研究》，河北大学出版社 2008 年版。

姜一涵：《元代奎章阁及奎章人物》，台湾联经出版事业公司 1986 年版。

杨镰：《贯云石评传》，新疆人民出版社 1983 年版。

徐永明：《元代至明初婺州作家群研究》，中国社会科学出版社 2005 年版。

杨亮：《宋末元初四明文士及其诗文研究》，中华书局 2009 年版。

罗鹭：《虞集年谱》，凤凰出版社 2010 年版。

姬沈育：《虞集研究论稿》，中国社会科学院 2004 年版。

管敏义：《浙东学术史》，华东师范大学出版社 1993 年版。

［德］傅海波、［英］崔瑞德编：《剑桥中国辽西夏金元史》，史卫民等译，中国社会科学出版社 2007 年版。

［意］马可·波罗口述，［意］鲁斯蒂谦诺笔录：《马可·波罗游记》，余前帆译注，意大利对外贸易委员会特别印刷 2010 年版。

［法］鲁不鲁克著，［美］柔克义译注：《鲁不鲁克东行纪》，何高济译，中华书局 1985 年版。

［法］勒内·格鲁塞：《草原帝国》，江苏人民出版社 2011 年版。

John Man, *Kulbai Khan*: *From Xanadu to Superpower*, Bantam Press, 2006.

三 论文类

邵丽光：《元代散文研究》，博士学位论文，河北大学，2013 年。

郭晓燕：《王恽著述研究》，博士学位论文，安徽大学，2012 年。

樊婧：《〈史记〉在元代的传播接受研究》，博士学位论文，陕西师范大学，2014 年。

张延昭：《下沉与渗透：多元文化背景下的教化研究》，博士学位论文，华东师范大学，2010 年。

吴志坚：《元代科举与士人文风研究》，博士学位论文，南京大学，2010 年。

王昕：《赵秉文研究》，博士学位论文，黑龙江大学，2011 年。

王秀丽：《元代东南地区商业研究》，博士学位论文，暨南大学，2002 年。

骆为禹：《王恽研究（1227—1304）》，硕士学位论文，香港大学，1999 年。

管允：《王恽咏史怀古诗研究》，硕士学位论文，陕西师范大学，2014 年。

夏令伟：《王恽秋涧词研究》，硕士学位论文，暨南大学，2006 年。

于莹：《王恽法律思想研究》，硕士学位论文，上海师范大学，2011 年。

王玉珍：《元代北方人王恽的正统思想以及人才观念》，硕士学位论文，复旦大学，2006 年。

刘东明：《虞集之生平与交游》，硕士学位论文，华中师范大学，2012 年。

张佳丽：《黄溍文学思想研究》，硕士学位论文，沈阳师范大学，2012 年。

张丹丹：《柳贯文学思想研究》，硕士学位论文，沈阳师范大学，2012 年。

李卓娅：《元代女性墓志铭研究》，硕士学位论文，华中师范大学，2012 年。

杨畅吟：《论欧阳玄及其诗文创作》，硕士学位论文，北京师范大学，2007 年。

董飞：《成吉思汗西征史料：编年与研究》，硕士学位论文，南京大学，2013 年。

黄飞：《论忽必烈对亚洲的战争》，硕士学位论文，西北师范大学，2011 年。

郭军：《元末"至正更化"探究》，硕士学位论文，西北师范大学，2015 年。

吴绪星：《郝经文学思想研究》，硕士学位论文，南京大学，2008 年。

沈超：《金代文学地理形态与文人群体的文化认同》，硕士学位论文，浙江师范大学，2013 年。

宋福利：《王恽年谱》，硕士学位论文，河南大学，2013 年。

梁艳：《欧阳玄及其〈圭斋文集〉研究》，硕士学位论文，中南大学，2009 年。

张秀菊：《欧阳玄诗歌研究》，硕士学位论文，河北大学，2013 年。

刘绚蓓：《中国古代碑志文研究》，硕士学位论文，华东师范大学，2009 年。

张帆：《元朝的特性——蒙元史若干问题的思考》，赵汀阳、贺照田主编《学术思想评论》第一辑，辽宁大学出版社 1997 年版。

陈得芝：《成吉思汗墓葬所在与蒙古早期历史地理》，《中华文史论丛》2010 年第 1 期。

刘迎胜：《"拔都西征"决策讨论及相关问题》，《中国历代战争史》第 13 册，军事谊文出版社 1983 年版。

谢咏梅：《蒙元时期的兀剌赤与哈剌赤》，《南开大学学报》2001 年第 3 期。

胡小鹏：《试论元代边疆民族政策》，《中国边疆史地研究》2009 年第 4 期。

叶新民：《伯颜与平宋战争》，《中国蒙古史学会论文选集》，1980 年第 4 期。

杨志玖：《元代回回人的政治地位》，《历史研究》1984 年第 3 期。

张云：《答失蛮其人及其经略吐蕃考实》，《中国边疆史地研究》1993 年第 4 期。

托雅、嵇平平：《论蒙古古代战争中的女性》，《中央民族大学学报》1995 年第 3 期。

何兆吉：《元政权中的显赫家族〈康里氏先茔碑〉考略》，《西北第二民族学院学报》1994 年第 2 期。

王文成：《从"钱楮并用"到"银钞相权"——宋金元时期传统中国的市场结构与货币流通》，《思想战线》2014 年第 6 期。

门岿：《从佛道之争看元代宗教的宽容政策》，《殷都学刊》2001 年第 1 期。

余敏：《对王恽散文审美理论的评议》，《长春教育学院院报》2014 年第 24 期。

王利利：《二十世纪以来王恽研究述略》，《北京电力高等专科学校学报》（社会科学版）2012 第 1 期。

韦家骅：《胡祗遹卒年和王恽生年考》，《文学遗产》1995 年第 2 期。

邱江宁：《经典诗文的全球视野》，《文艺报》2014 年 7 月 14 日。

邱江宁：《奎章阁文人与元代文坛》，《文学评论》2009 年第 1 期。

邱江宁：《"一代斗山"虞集论》，《文学评论》2012 年第 3 期。

王树林：《金末文风嬗变与元好问的散文审美理论》，《民族文学研究》2008 年第 3 期。

牛贵琥：《金代文学与金代社会》，《辽宁工程技术大学学报》（社会科学版）2012 年第 6 期。

郭晓燕：《简论〈中堂事记〉及其史料价值》，《宁夏社会科学》2012 第 6 期。

蔡春娟：《李璮、王文统事件前后的王恽》，《中国史研究》2007 年第 3 期。

夏令伟：《论王恽的词学观念与词学渊源》，《周口师范学院学报》2009 年第 6 期。

徐黎丽：《略论元代科举考试制度的特点》，《西北师大学报》1998 年第 2 期。

俞樟华、冯丽君：《论宋代浙江家族文学家群体》，《浙江师范大学学报》2004 年第 5 期。

查洪德：《论古代文论中的"文与道一"说》，《古代文学理论研究》2011 年第 2 期。

李迪：《论元代王恽的科学活动》，《内蒙古大学学报》1999 年第 1 期。

俞樟华、郭亚磊：《略论姚燧墓志铭的史传文学价值》，《荆楚理工学院院报》2011 年第 8 期。

陈杉、刘康乐：《试论元代的宗教政策与宗教管理体制》，《西南民族大学学报》2011 年第 5 期。

宋福利：《王恽与太一教——兼论太一教之兴衰》，《开封教育学院学报》2011 年第 4 期。

李定乾：《王若虚著述考》，《文献》2011 年第 1 期。

温海清：《王恽中统初年的身份问题》，《中国史研究》2010 年第 2 期。

杨亮：《王恽家世背景及学术渊源考察》，《河南教育学院学报》（哲学社会科学版）2006 年第 3 期。

舒宜：《王恽不是曲论家》，《文学遗产》1989 年第 3 期。

余敏：《王恽研究述评》，《商丘师范学院学报》2011 年第 8 期。

邓绍基：《我对元代散文的探索》，冯仲平主编《中国文学史的理论维度：全国古代文学研究方法创新专题论文集》，广西师范大学出版社 2007 年版。

郑海涛：《元人王恽生卒年考——兼与韦家骅先生商榷》，《古籍整理研究学刊》2008 年第 11 期。

魏崇武：《忧"贱生于无用"而呼唤"有用之文"——元代初期文学功用观的时代特征之一》，《民族文学研究》2010 年第 1 期。

查洪德：《元代理学"流而为文"与理学的两相浸润》，《文学评论》2002 年第 5 期。

查洪德：《论古代文论中的"文与道一"说》，《古代文学理论研究》2011 年第 2 期。

查洪德：《在矛盾中求融通——黄溍学术思想探讨》，《郑州大学学报》2002 年第 6 期。

夏令伟：《〈元史·王恽传〉勘误》，《内蒙古农业大学学报》（社会科学版）2010 年第 2 期。

陈才智：《元人王恽对白居易的接受》，《文学评论》2011 年第 2 期。

余敏：《元代王恽散文创作论研究》，《黑龙江史志》2014 年第 23 期。

刘莉亚、陈鹏：《元代系官工匠的身份地位》，《内蒙古社会科学》

2003 年第 3 期。

陈超：《元代民族、宗教政策对画家的影响》，《美术学刊》2013 年第 2 期。

孙悟湖：《元代宗教文化的特点》，《中央民族大学学报》2001 年第 6 期。

张践：《元代宗教政策的民族性》，《世界宗教研究》1996 年第 4 期。

薛学仁：《元代宗教政策的演变及其特点》，《陕西师大学报》1994 年第 1 期。

杨镰：《元诗叙事纪实特征研究》，《文学评论》2012 年第 2 期。

周少川：《元代史学的世界性意识》，《史学集刊》2000 年第 3 期。

周少川：《元代关于历史盛衰之"理"的思考——论理学思潮对元代历史观的影响》，《史学理论研究》1999 年第 3 期。

林红：《元遗民诗人的群体文化特征》，《社会科学战线》2004 年第 4 期。

林邦钧：《元诗特点概述》，《北京师范大学学报》1990 年第 3 期。

徐子方：《元代文化转型与古典文学》，《文学研究》2007 年第 2 期。

高伟：《元代医家入仕现象初探》，《兰州大学学报》1994 年第 4 期。

萧启庆：《元代的通事和译史——多元民族国家中的沟通人物》，《元史论丛》第六辑，中国社会科学出版社 1996 年版。

么书仪：《元词试论》，《天津社会科学》1985 年第 2 期。

袁翼：《元王恽赴上都行程考释》，《元史研究论集》，台湾商务印书馆 1974 年版。

叶爱欣：《中州文士对元代儒学的贡献》，《殷都学刊》2000 年第 2 期。

邓绍基：《略论元代著名作家虞集》，《阴山学刊》1988 年第 1 期。

姬沈育：《20 世纪以来虞集研究综述》，《郑州大学学报》2004 年第 2 期。

喻学忠：《虞集——弘才博识的元代大儒》，《中南民族大学学报》（人文社会科学版）2002 年第 3 期。

蒋振华：《金元碑志体散文的文化价值考察——以道教人士碑志为中心》，《学术研究》2011 年第 7 期。

段海蓉：《元代海道都漕运万户西域唐兀人黄头事迹考》，《新疆大学学报》（哲学·人文社会科学版）2013 年第 1 期

王茂华、刘冬青：《虞集〈刘垓神道碑〉考析》，《河北大学学报》（哲学社会科学版）2007 年第 6 期。

马晓林：《〈张珪墓志铭〉文本流传研究——兼论〈元史·张珪传〉的史源》，《中国典籍与文化》2011 年第 4 期。

袁翼：《藁城董氏述评》，《元史研究论集》，台湾商务印书馆 1974 年版。

张建伟：《高昌廉氏与元代多民族士人雅集》，《中央民族大学学报》2014 年第 4 期。

衷尔钜：《理学"衣钵海外传"的欧阳玄——一位久被忽略的朱子学高丽传宗师》，《孔子研究》1998 年第 4 期。

罗小东：《论元代末年的士风与诗风》，《华中师范大学学报》2003 年第 6 期。

徐黎丽：《略论元代科举考试制度的特点》，《西北师大学报》1998 年第 2 期。

戴文葆：《历代编辑列传（二十六）：欧阳玄（1283—1357）》，《出版工作》1998 年第 3 期。

江湄：《欧阳玄与元代史学》，《北京师范大学学报》（社会科学版）

1997 年第 3 期。

刘梦初：《欧阳玄和他的诗文理论》，《求索》1994 年第 6 期。

刘再华：《欧阳玄与元代湖南散文》，《船山学刊》1998 年第 1 期。

熊江梅：《欧阳玄文论管窥》，《怀化师范学院学报》2008 年第 6 期。

李邵平：《宋辽金的实际主编欧阳玄》，《湖南师范大学社会科学学报》1991 年第 1 期。

张帆：《〈退斋记〉与许衡刘因的出处进退——元代儒士境遇心态之一斑》，《历史研究》2005 年第 5 期。

罗贤佑：《许衡、阿合马与元初汉法、回回法之争》，《民族研究》2005 年第 5 期。

熊江梅：《延祐文人集团文论思想研究》，《中国文学研究》2011 年第 2 期。

解国旺：《元代后期欧阳玄的文学批评观》，《河南大学学报》（社会科学版）2014 年第 5 期。

晏选军：《元代文坛"延祐极盛"说辨析》，《西南民族大学学报》2009 年第 6 期。

孟繁清：《"至大新政"与元武宗时期的海运》，《河北师范大学学报》2006 年第 1 期。

徐永明：《黄溍与婺州学风》，《远程教育杂志》1997 年第 6 期。

徐永明：《黄溍政治心态略评》，《远程教育杂志》1998 年第 4 期。

陈博涵：《论黄溍的诗学思想》，《北方论丛》2011 年第 1 期。

冯超、张义丰：《论元、明、清河漕与海运之变迁》，《安徽大学学报》，1987 年第 3 期。

冯国栋：《钱谦益塔铭体论略》，《文学遗产》2009 年第 5 期。

慈波：《试策与黄溍的政治关怀》，《四川大学学报》2012 年第 3 期。

潘锦全：《元代海运综述》，《北华大学学报》2004 年第 6 期。

李良品：《试论元代书院的特征》，《黑龙江民族丛刊》2005 年第 1 期。

瞿林东：《10—19 世纪：千年史学发展的启示》，《史学理论与史学史学刊》2013 年。

刘成国：《北宋党争与碑志初探》，《文学评论》2008 年第 3 期。

［美］尼·鲍培：《八思巴字蒙古语碑铭译补》，郝苏民译，陈庆英《元朝帝师八思巴》，内蒙古文化出版社 1986 年版。

［日］滕岛建树：《元朝治下汉人一族的发展——藁城董氏》，《大谷学报》1986 年 12 月 20 日。

［意］毕达克：《吐蕃与宋代中国及蒙古的关系》，陈得芝译，《国外藏学研究译文集》第 1 辑，西藏人民出版社 1985 年版。

后　记

　　《元代中期馆阁文人传记研究》是我与研究生们共同完成的一本著作。这种共同性不仅在于该书形式上是我们师生作品的组合，而且在研究路径和研究内容上也体现出较大的一致性。诚如我自己在代为序言的论述中所表达的那样，我认为传记创作具有非常强的时代性，而馆阁文人作为国家著作和国家意识形态的代言人，他们所创作的传记在反映时代特征上可能会更具有典型性。基于这样的理念，既然都是以元代馆阁文人的传记创作为研究对象，那么在研究和阐述的时候，就都需要从时代背景、从元朝的特性去解读所研究的传记作品。

　　王培培研究的是元代至元至大德时期的馆阁大家王恽的传记，她不仅着力挖掘以蒙元时期追随成吉思汗征略天下的四獒之一速不台及其家族事迹为撰述对象的传记名篇《大元光禄大夫平章政事兀良氏先庙碑铭》的创作意义，而且也从蒙古灭金战争的背景来解读其传记中大量涉及的北方大族豪右阶层的动荡变化。

　　宋启凤研究的是被誉为"元中期一代斗山"的馆阁大家虞集的传记，不仅作品数量多，而且所牵涉的时代背景内容极为庞杂、广泛，研究难度非常大。在研究中，作者不仅努力析理虞集传记中那些以"大跟脚"世家、汉人世侯为撰述对象而写就的鸿篇巨制所包含的丰富背景意义，而且对于那些看似无名的传主，也每每从时代背景的分析中指出他们实为当代名流。

唐云芝研究的是元统到（后）至元间的馆阁主笔欧阳玄。欧阳玄奉旨为"当代钜室之墓"作墓铭碑记或者为其时"南北大姓"作传极其频繁，除了那篇著名的《高昌偰氏家传》之外，欧阳玄的传记名篇所涉及的撰述对象如许衡、赵孟頫、虞集、贯云石、揭傒斯、阿里海牙、马合马沙、董士珍、刘宗说、刘诜等，涉及元代政治、经济、文化、思想等多方面，诚可谓"一代之典制史实"皆备于其中矣。唐云芝的研究也非常注意围绕一代典制史实来理解欧阳玄传记深邃、宏博的撰述特点。

江梦佳研究的是至正时期大放异彩的馆阁大家黄溍的传记，黄溍仅在"至正更化"期间奉旨为钜室大家作碑铭的篇数就有 21 篇，频繁程度和创作篇数均超过其他馆阁作家。像元代蒙古四大家族（博尔术、博尔忽、木华黎、赤老温）中，黄溍就为其中木华黎、赤老温两大家族中的三位子孙作碑铭，而所牵涉的历史背景几乎横跨整个蒙元王朝。这既给研究增加了难度，也增加了旨趣。

这些具有实验性的研究现在看来，显得有些粗糙，但每位研究者当初为此而爬梳文献、翻查史籍、组织文字的工作都是辛苦漫长且值得肯定的。在重新编辑整理这几篇论文以及我自己整理思路撰写序言之际，我也和唐云芝博士再次讨论了我们研究路径的合理性。唐云芝的博士毕业论文，将以整个元代馆阁传记创作为研究对象，作深入系统的探究。她这几年转益多师、学业精进，不仅对相关文献的爬梳极为细致全面，而且思考也非常深入透辟。她认为，馆阁文人在深刻而广泛地体察元代复杂的社会文化环境之际，面对不同文明的复杂心理和态度，在传记创作中应该也有深层次的体现，目前这本著作所进行的研究似乎鲜有涉及。这个看法非常有见地，不仅是我在指导中一直忽略的内容，也是我自身研究中很少触碰的环节，期望今后的指导与研究能慢慢补上。

　　紧张写稿、改稿的四、五月间，正是一年中最好的时节。总是在窗外喧嚷的鸟声中醒转，发现阳光满屋；窗前书架上茅根一样的石斛竟然开花了，那低入尘埃的微笑模样，让人看着心喜莫名。花鸟尚让人感动如此，何况是人呢？作为导师，我尤为愧疚的是错过了我的研究生们学习生涯中的一些重要环节：宋启凤、江梦佳读研阶段，我在社科院做博士后；唐云芝毕业阶段，我正在剑桥访学；而王培培的研究与学习，多有依赖唐云芝的教导和鼓励。没能时时同感于我的研究生们探研进程中的兴奋、焦灼与欢喜，这确实是我作为导师的极大遗憾。所以在这里也向他们的努力致敬，所有的点滴成绩都是他们自己付出所应得的，而所有可能有的龃龉错误，都是我才疏学浅、指导不力所致。另外，再向为此书注释及引文校对付出极大辛劳的唐云芝以及周玉洁、林乾浩致以深深的谢意，向给予本书出版资助的浙江师范大学人文学院致以最诚挚的感谢。

邱江宁

2018 年 5 月 17 日